W0185591

Gero von Randow

roboter UNSERE NÄCHSTEN VERWANDTEN

Ausgeschieden von den Städtischen Büchereien

Städtische Bücherei Nr. 35
(Artothek für Kinder)
16, Rosa-Luxemburg-Gasse 4
1160 Wien - Tel. 48 66 144

rororo
Rowohlt

rororo science

Lektorat Jens Petersen

Veröffentlicht im Rowohlt Taschenbuch Verlag GmbH,
Reinbek bei Hamburg, August 1998
Copyright © 1997 by Rowohlt Verlag GmbH,
Reinbek bei Hamburg
Redaktion Barbara Hoffmeister
Illustrationen Hans Baumer
Umschlaggestaltung Barbara Hanke
(Foto: ZEFA, Michael Knepper)
Alle deutschen Rechte vorbehalten
Gesamtherstellung Clausen & Bosse, Leck
Printed in Germany
ISBN 3 499 60553 8

Inhalt

Für Thomas von Randow

Vorwort zur Taschenbuchausgabe

Wieso haben die Götter keine Sklaven?

Jede Zeit stellt ihre eigenen Fragen. Im Mittelalter wurde das Problem debattiert, wie viele Engel auf einer Nadelspitze Platz nehmen können, heutzutage fragen wir uns: «Wieso gibt es hier nirgendwo einen Parkplatz?», und Aristoteles – nun ja, er wollte eben wissen, wieso die Götter keine Sklaven haben.

Ist doch merkwürdig, muß er sich gedacht haben: keine Sklaven. Wie kommen die da oben überhaupt klar?

Bis ihm einfiel: Die Götter haben keine Sklaven, weil sie keine brauchen. Ihnen dienen nämlich die «automata», selbständige und intelligente Werkzeuge. Diese Automaten arbeiten für die Götter.

Roboter! Sie kommen einen langen Weg, aber sie kommen. «Roboter weiter auf dem Vormarsch», tickerte die Nachrichtenagentur dpa im April 1998, als eine Spezialschau auf der Industriemesse Hannover dem Rest der Welt zeigte, was eine boomende Branche ist. Die Umsätze der Robotikspezialisten hätten sich in den vergangenen vier Jahren verdoppelt, meldete dpa, und: «Die rund vierhundert deutschen Firmen der Robotik und Automation erzielten nach Angaben des Verbands Deutscher Maschinen- und Anlagenbau (VDMA) 1997 Umsätze von rund 7,2 Milliarden DM» – Tendenz steigend. Die weltweite Wachstumsrate der Roboterindustrie wird, UNO-Angaben vom Ende 1997 zufolge, bis auf weiteres jährlich fünfzehn Prozent betragen.

Die Halle 17 der Hannover-Messe 1998 bestätigte noch eine weitere Prognose dieses Buches, die gelegentlich belächelt wurde. «Serviceroboter werden die Industrieroboter überrunden»: so titelten die *VDI-Nachrichten* (Nr. 16/1998), das Zentralorgan des Vereins Deutscher Ingenieure. In der Tat, in Hannover boten sich bereits vielerlei Maschinenwesen als Dienstleister der Zukunft an. Darunter befanden sich etliche Neffen und Nichten der im folgenden vorgestellten Serviceroboter.

All die neuen Serviceroboter zu beschreiben, die allein in Deutschland in den vergangenen anderthalb Jahren das Licht der Welt erblickten, würde den Rahmen eines Vorworts sprengen. Zu ihnen gehören Melkroboter, künstliche Putzfrauen, Blindenhunde, Gebäudereiniger, Krankenschwestern und sogar ein Massageroboter (wahlweise mit Moosgummi-, Noppen- und Bürstenhänden). Technische Details können Sie dem Buch *Serviceroboter – Produkte, Szenarien, Visionen* von Rolf D. Schraft und Gernot Schmierer entnehmen (Springer-Verlag, 1998). Der Band ist beeindruckend, und man fragt sich nach der Lektüre, wieso Förderungsanträge aus der Servicerobotik vom Bonner Forschungsministerium mit unschöner Regelmäßigkeit abgelehnt werden. Es kursiert das Gerücht, daß die ablehnenden Gutachter zum Teil aus der um Fördermittel konkurrierenden Produktionstechnik stammen – das wäre schlimm. Ein weiteres neues Fachbuch fand ich bemerkenswert: *Robotik in Deutschland*, herausgegeben von einem Forscherteam (Shaker Verlag, 1998). Es besteht aus einer unkommentierten Sammlung kurzer Selbstdarstellungen aus der Roboterforschung und zeigt, wie lebendig und vielfältig die deutsche Robotikszene geworden ist. Ich habe über fünfzig neue Robotertypen darin gefunden, die hierzulande in den vergangenen zwei Jahren entstanden sind und die ich mir alle noch anschauen möchte. Aber am liebsten würde ich wieder nach Japan fahren!

Dort arbeiten mehr als hundertfünfzig einschlägige Forschergruppen, und in diese Zahl sind die industriellen Teams noch nicht einmal eingeschlossen; das geht aus einer Übersicht hervor, die 1997 von der Gesellschaft für Mathematik und Datenverarbeitung veröffentlicht wurde. Die Strategie der Japaner ist nachahmenswert: Anstatt die Kräfte auf wenige, komplexe Großprojekte zu konzentrieren, fördern sie die Vielseitigkeit. Die Projekte werden typischerweise von je einem oder zwei jungen Wissenschaftlern verfolgt; ihre Systeme dienen Forschungszwecken, die Anwendbarkeit ist kein Kriterium für finanzielle Förderung.

Auf diese Weise kann eine Vielzahl von Ideen ausprobiert werden, bis sich zeigt, welche wirklich Bestand haben – wie in der natürlichen Evolution. Diese Strategie ist dem Entwicklungsstand der Robotik angemessen; die Disziplin hat den Raum der möglichen Konstruktionsideen noch bei weitem nicht erschöpfend erkundet.

Charakteristisch für die japanischen Projekte sind die Miniaturisierung, die Kooperation von Robotern und die Tatsache, daß sich die Wissenschaftler häufig von der Natur inspirieren lassen. Einmillimeterkleine Laufmaschinen, die ihre Energie aus mechanischer Resonanz beziehen, krabbeln beispielsweise durch das Labor von Isao Shimoyama an der Universität Tokio; etwas größere Roboterwesen wiederum können einer Duftspur folgen, weil in ihre Nasen Fühler von Seidenraupen transplantiert wurden. In einigen Labors tun sich Roboter zusammen, um einander die Treppe hinaufzuhelfen; andere Maschinenwesen hinterlassen an bestimmten Stellen im Raum Nachrichten, die ihre Mitroboter zur Navigation nutzen können. Ein intelligenter Schwarm aus kooperierenden Winzrobotern: dies scheint das auf einer Vielzahl unterschiedlicher Wege verfolgte Ziel etlicher Labors in Japan zu sein.

In den japanischen Teams arbeiten viele Ausländer mit, auch Europäer; die Japaner selbst wiederum verfügen häufig über Auslandserfahrung. Die GMD-Forscher berichten, daß ihre japanischen Kollegen sehr interessiert daran sind, Wissen auszutauschen. Alles in allem strahlt die Robotik gerade in Japan den Charme einer aufstrebenden, hoffnungsfrohen Disziplin aus, und deutsche Robotiker haben allen Grund, auf die dort realisierten unkomplizierten Bedingungen für robotische Grundlagenforschung neidisch zu sein. Sie hätten allemal das Zeug dazu, auch in Zukunft mitzuhalten; freilich wäre es notwendig, sie weitaus mutiger von dem Zwang zu entlasten, bei allem und jedem die Anwendbarkeit nachzuweisen – die wird sich schon früh genug ergeben. Weil Robotik letztlich immer auf reale Aktionen von realen Maschinen in der realen Welt zielt, ist sie nämlich im Prinzip anwendungsnah, selbst dort, wo sie zunächst als Grundlagenforschung betrieben wird. Jeder Roboter tut irgend etwas und wirft daher die Frage auf, ob er es sinnvollerweise für uns Menschen tun sollte.

Was Aristoteles wohl zu alledem gesagt hätte?

Die Sklaverei ist abgeschafft (im Prinzip). Die *automatoi*, die Roboter, arbeiten nicht mehr für die hellenischen Götter, sondern für die Menschen. Doch die menschliche Lebensweise ist weit davon entfernt, in irgendeiner Weise göttlich zu sein.

Irgend etwas ist schiefgegangen.

Zum Beispiel: Roboter malochen in der Automobilindustrie, und mit Autos, Straßen und dem ganzen Drum und Dran ruiniert Homo sapiens seine Umwelt – einmal abgesehen davon, daß er seine Mitmenschen totfährt, Hunderttausende pro Jahr. Noch ein Beispiel: Roboter bevölkern die Produktionshallen und Labors, aber draußen hängen Menschen herum, sind arbeitslos und frustriert. Zwar sind sie meistenteils nicht wegen der Robotertechnik arbeitslos geworden, aber einen widersprüchlichen Zusammenhang gibt es schon: Wir perfektionieren die Produktionstechnik, während die größte Produktivkraft der Welt, nähmlich der Mensch, millionenfach brachliegt.

Homo sapiens hat offenbar eine besondere Begabung, Sachen zusammenzubauen; weniger Talent zeigt er darin, die *richtigen* Sachen zusammenzubauen; aber ein völliger Versager ist er in den meisten anderen Disziplinen außer dem Sachenzusammenbauen: bei sozialen Erfindungen beispielsweise. Obwohl doch soziale Erfindungen nicht minder wichtig als technische sind. Hier besteht Nachholfbedarf.

Der Witz ist indes, daß das Soziale heutzutage nur richtig zu verstehen ist, wenn man eine gewisse Ahnung vom Technischen hat.

In der Vergangenheit war der Ingenieur für das Technische zuständig, der Kaufmann für das Wirtschaftliche, der Denker fürs Denken, der Arbeiter fürs Arbeiten, der Politiker für die Politik und so weiter. Diese Art Arbeitsteilung bildete eine Sozial- und Herrschaftsordnung, die stabil bleiben konnte, als Technik und Wissen noch nicht flüssig waren, also in der Vor- und Frühcomputerzeit.

Das Prä- und Paläoinformatikum endete spätestens mit dem Aufpannen des Internet.

Mittlerweile ist es nicht mehr selbstverständlich, sondern selbstverständlich ein Fehler, Technik, Wirtschaft, Denken, Arbeiten oder Politik als separate Systeme zu betrachten. Zugegeben: Technik existierte nie an sich, sondern immer im sozialen und kulturellen Kontext – aber heute durchdringt sie alle Sphären und ist von allen Sphären durchdrungen, viel intensiver, als dies je zuvor der Fall war.

Hier kommt die These dieses Buches ins Spiel: Der Roboter ist nicht nur ein technisches, sondern auch ein soziales und ein kulturelles Ding. Er ist das Symbol einer besonderen Art von Zivilisation. Nennen wir sie spaßeshalber die Tamagotchi-Zivilisation; die Kinder und Jugendlichen, die eine Zeitlang ihre Tamagotchis bemutterten, übten sich nämlich in der Lebensweise der Zukunft: in der Symbiose von Mensch und Maschine.

Unweigerlich fanden sich deutsche Psychologen, die davor warnten; Tamagotchis förderten Körperfremdheit, so viel war klar, und sie verleiteten zur Vernachlässigung des Mitmenschen. Es ist immer wieder aufregend, in welch kurzer Zeit die Psychologie zu gesicherten Ergebnissen kommt, und das, obwohl sie über keine einzige Methodik verfügt, die unter Kollegen unumstritten ist. Doch schneller, als ein Psychologe einen Antrag auf Fördermittel schreiben kann, verebbte die Tamagotchi-Welle wieder, und die Welt identifizierte sich mit einem anderen Apparat: mit dem Marsfahrzeug, das die NASA auf dem Nachbarplaneten herumgurken ließ. Das also war der Abgesandte der Menschheit, eine Kreuzung aus Meßvehikel, Faxgerät und Spielzeugauto. Aber alle liebten den kleinen Weltraumroboter, bangten mit ihm, freuten sich über jedes seiner – wissenschaftlich unerheblichen – Resultate.

Derlei Übungen im Umgang von Mensch und Maschine zeigen

uns, wohin die Reise geht: Maschinen werden Mitlebewesen. Insofern ist jeder Roboter ein Bote aus der Zukunft unserer Zivilisation.

Nach Erscheinen des Buches bin ich in vielen Sendungen und Veranstaltungen gefragt worden: Werden die Roboter die Menschen überflügeln? Als wäre irgend jemand in der Lage, das zu beantworten! Aber was wir wenigstens feststellen können, ist dies: Wir bauen die Roboter in unsere Welt derart ein, daß sie uns immer weniger fremd vorkommen. Im vergangenen Jahr sind enorme Fortschritte auf dem Gebiet des Mensch-Maschine-Interface gemacht worden: Industrieroboter lassen sich mittlerweile viel einfacher und bequemer bedienen als noch vor Jahresfrist (Interessierten sei dazu ein Buch empfohlen: *Roboter in der Werkstatt*, herausgegeben von einem Ingenieurteam, Maschinenbau Verlag, 1997). Wenn dies auch für Serviceroboter erreicht wird, die persönliche Dienstleistungen erbringen – Botendienste, Putzdienste und manches mehr –, dann wird die Robotertechnik etwas Beiläufiges bekommen, eine gewisse Selbstverständlichkeit. Bis sie uns zur Natur geworden ist.

Roboter werden dann unsere natürlichen Freunde sein. Wie Haustiere vielleicht. Zur Zeit entsteht in England ein landwirtschaftlicher Roboter, der Schneckenplagen bekämpft; seine Energie wird er aus einem Bioreaktor beziehen, der aus aufgelesenen Schnecken Biogas gewinnt, das wiederum einen Generator betreibt. Ein solcher Roboter wäre eine Art Nutztier. Die Robotersphäre, allgemeiner: die Technosphäre, als die neue Umwelt des Menschen – das ist eines der möglichen Szenarien, die dieses Buch gegen Ende skizziert.

Und diese Technosphäre könnte den Schutzraum darstellen, den der Mensch vielleicht in Zukunft benötigt. Etwa um sich vor einschlagenden Asteroiden, Ausbrüchen kosmischer Strahlen oder hausgemachten Umweltkatastrophen zu schützen.

In diesem Szenario wäre der Mensch Teil eines technischen Gesamtsystems aus biologischer und nichtbiologischer Natur. Auch die biologische Natur ist ja längst künstlich überformt; schon jetzt gibt es fast keinen Flecken Erde mehr, der nicht in irgendeiner

Weise vom Menschen rekonstruiert wäre. Es würden also – optimistische Variante! – die umgestaltete Biosphäre und die Technosphäre miteinander zu einem Ganzen verschmelzen, zu einer Weltmaschine, in der sich unsereins wohl fühlt. Auch wenn das Ganze womöglich intelligenter und stärker ist als wir.

Der Mensch hat festgestellt, daß er nicht von Gott erschaffen wurde. Also dreht er den Spieß um und erschafft sich Gott eben selbst.

Er übt schon: «Neu-Delhi (dpa) – Der alte Hindugott Krishna zeigt sich in der indischen Hauptstadt als Roboter im High-Tech-Gewand. Für einen neuen Tempel der Internationalen Gesellschaft für Krishna-Bewußtsein (ISCON) haben Hollywood-Techniker Lord Krishna und acht weitere Charaktere aus Hinduschriften zu mechanischem Leben erweckt. Die Roboter sollen Szenen spielen und religiöse Verse zitieren.»

Die Götter kommen wieder, und zwar als Roboter. Aber keine Angst, sie werden uns nicht unterdrücken. Sie brauchen ja keine Sklaven.

Gero von Randow
Mai 1998

Welche Erfahrungen [illegible]
[illegible]

[illegible]

[illegible]

[illegible]

[illegible]

[illegible]

Wir denken in Allgemeinbegriffen, aber wir leben im Detail.
Alfred North Whitehead

Einleitung

Roboter begegnen uns als Dreißigmetermonster, Dreimeterkreaturen und Dreimillimeterkrümel. Sie bewegen sich auf Rädern, Rollen oder Ketten, auf Schrauben, Beinen oder Wurmgliedern fort; sie schweben im Weltraum oder krabbeln am Meeresboden, sie bauen, beobachten, ernten, graben, inspizieren, kleben, lackieren, löschen, löten, melken, montieren, musizieren, pflücken, reinigen, schießen, schlachten, schleppen, schneiden, schweißen, sprengen. Einige rollen Sushi, andere spielen Fußball oder treten im Kino auf.

Alle zusammen ergäben die multikulturelle Einwohnerschaft einer Großstadt; die Gesamtpopulation beträgt ungefähr eine Million.

Roboter vermehren sich nicht von selbst, sondern über einen Umweg namens Mensch, und der erfindet unaufhörlich neue Roboter. Die Arten folgen einander Schlag auf Schlag, die Diversität explodiert. In den Robotiklabors der Welt entstehen pro Jahr etwa fünfzig neue Arten oder Unterarten; einige sind schon wieder ausgestorben. Allein in diesem Buch werden ungefähr hundertfünfzig verschiedene Roboter vorgestellt. Die Vielfalt verlangt nach Klassifikation, nach einem Linnaeus der Robotik, der die Kunstwesen systematisch sortierte wie einst Carl Linné die Bioformen.

In der Robotik treffen recht unterschiedliche Wissensdisziplinen aufeinander. Mathematik und Elektrotechnik, Materialwissenschaft und Mikrosystemtechnik, Neurowissenschaften, Psychologie, Verhaltensforschung und sogar Philosophie. Den

Treibsatz steuert die Computertechnik bei. Deren rasante Leistungskurve hat bisher noch alle Voraussagen übertroffen. 1949 zum Beispiel durfte als kühn gelten, was das grundoptimistische Technoblatt *Popular Mechanics* aus den USA prognostizierte: «Computer der Zukunft wiegen vielleicht nicht mehr als 1,5 Tonnen.» Wieviel wiegt Ihr Notebook?

Wie alles anfing

Unter den Robotern bildet die Arbeiterklasse die Mehrheit. Von ihrer Entstehung handelt die folgende Legende.

Ort und Zeit der Handlung: irgendwo in Connecticut 1956. Auf einer Cocktailparty lernen sich die Ingenieure George C. Devol und Joseph F. Engelberger kennen. Sie plaudern über Isaac Asimovs Roboterromane. Devol trägt ein Patent vom Dezember 1954 über ein «programmiertes, geschicktes Handhabungsgerät» in der Tasche, und im Gespräch mit Engelberger spekuliert er über den Bau von Robotern. Zwei Jahre später machen sich die beiden in Engelbergers Garage ans Werk. Sie gründen eine Firma namens Unimation (für «universal automation»), und bald darauf ist auch ein Industrieroboter in der Welt: Unimate. Installiert wird Unimate erstmals in einer Fabrik von General Motors in New Jersey, und zwar für das Hantieren mit schweren Spritzgußteilen; das war 1961.

So weit entspricht wohl alles den Tatsachen. Das Schöne an der Geschichte ist das Zusammenspiel von Erfindergeist, Unternehmungslust, Hemdsärmligkeit und Science-fiction. So ist Robotik.

Unimate war indes mitnichten, wie oft behauptet, der erste Roboter auf dem Markt. Und schon gar nicht der erste Industrieroboter überhaupt. Patente für Maschinen, die – von der Steuerung einmal abgesehen – echte Industrieroboter waren, wurden bereits in den dreißiger Jahren erteilt, ebenfalls in den Vereinigten Staaten. Die Blaupausen sind erhalten geblieben, aber es gab wohl auch Labormodelle; mit diesen begänne also die Genealogie des Blechproletariats.

Den ersten Roboter, der jemals industriell eingesetzt wurde, baute eine US-amerikanische Firma namens Planet Corporation. Die Maschine hieß Planetbot und bewegte schon 1955 heiße Metallteile, gleichfalls bei General Motors. Planetbot war ein Stahlarm mit Greifer, hatte fünf Achsen und konnte 25 verschiedene Bewegungen vollführen. Sein Antrieb war hydraulisch. Gesteuert wurde Planetbot von einem Klapparatismus, der kaum anders funktionierte als die Randeinstellung einer mechanischen Schreibmaschine. Es muß eine Qual gewesen sein, das Gerät zu programmieren. Deshalb brachte Planetbot keinen wirtschaftlichen Erfolg – anders als Unimate, der immerhin mit einer magnetischen Speichertrommel programmiert werden konnte. Das war zwar auch mühevoll, aber schon besser.

Heute, gegen Ende der neunziger Jahre, schuften schätzungsweise 770000 Industrieroboter in den Fabrikhallen dieser Welt, davon allein 445000 in Japan, und zwar vorwiegend in der Elektronikbranche; in anderen Ländern sind sie großenteils im Automobilbau beschäftigt. In Deutschland rackern derzeit vielleicht 68000 Industrieroboter, in den USA mögen etwa 76000 im Einsatz sein, was im Verhältnis zur Bevölkerungszahl dieses Industrielandes wenig ist (die Vereinigten Staaten sind gleichwohl in der Roboterforschung führend).

Joe Engelberger blieb beim Industrieroboter nicht stehen. «Mr. Robot» verkaufte Unimation und begeisterte sich für ein neues Projekt: Serviceroboter. Das sind Apparate, die beispielsweise im Krankenhaus oder an der Tankstelle, auf Bahnhöfen, Flughäfen oder in Großküchen Dienste leisten; Engelberger gelten sie als Vorstufe zum «Personal Robot», einem Hausroboter für jedermann.

«PR» als Abkürzung für einen Personal Robot wäre übrigens nicht schlecht gewählt. Viele Firmen haben eine derartige Maschine schon angekündigt – und doch nicht ausgeliefert. Bereits vor über dreißig Jahren prophezeite ein futurologisches Buch namens *Unsere Welt 1985*, zusammengetragen von dem britischen Wissenschaftsblatt *New Scientist*, den Siegeszug des Haushaltsroboters fürs «Bodenscheuern, Auskehren, Abstauben, Geschirrspülen, Tischdecken, Bettenmachen». Weil in der jüngeren Vergangenheit eine so «gewaltige Entwicklung der Elektrotechnik und Elektronik» stattgefunden habe, meinten die Zukunftsforscher, sei ja wohl «klar, daß das Problem der Umsetzung von Sinneseindrücken in mechanische Bewegung bis zum Jahre 1985 sicher gelöst werden kann».

Ein Dutzend Jahre nach dem vorausgesagten Zeitpunkt ist die Robotik noch immer himmelweit von einem derart flexiblen, klugen und geschickten Hausdiener entfernt.

Toiletten und Desaster

Die Tür zum Badezimmer springt auf, und ein Gerät kommt hereingefahren. Zielsicher steuert es die Kloschüssel an. Sein Metallarm langt nach hinten, schnappt sich eine Bürste und stupst mit ihr behutsam an den Deckel, klappt ihn auf und fängt an zu bürsteln, flink und mit Sorgfalt. Beinahe liebevoll. Nun schwenkt der Arm wieder zum Rücken des Gefährts, vertauscht Bürste mit Schwamm, und beim anschließenden Schrubben saugt Scrub-Mate, so heißt die stählerne Klofrau, mit lautem Schlürfen alles schön trocken. Anschließend wird der Boden gewischt und – auf Wiedersehen.

Das ist keine Fiktion, sondern Wirklichkeit, wenngleich bisher nur eine Versuchsanordnung. Joe Engelbergers Firma Transition Research hatte einen Industrieroboter auf eine Fahrplattform geschraubt und programmiert, und fertig war ein neuer Serviceroboter.

Mit *Service* sind «Dienstleistungen» gemeint, eine ausgesprochen unscharfe Kategorie. Sie bezeichnet den Sammelsuriumsektor des Wirtschaftslebens. In ihm werden Multimilliardengeschäfte gemacht, und er expandiert.

Bleiben wir im Sanitärwesen. Jeden Tag wollen weltweit schätzungsweise dreißig Millionen öffentliche und betriebliche Toiletten gesäubert werden. Angenommen, jemand benötige fünf Minuten, um eine Toilette zu putzen, dann haben wir 150 Millionen Kloputzminuten pro Tag, also 2,5 Millionen Kloputzstunden. Das macht 912,5 Millionen Kloputzstunden im Jahr. Man mag sich das gar nicht vorstellen.

Nehmen wir nun einen Kloputzerstundenlohn von zwölf Mark an, dann ergibt sich ein Gesamtwert dieser Dienstleistung von beinahe elf Milliarden Mark. Damit soll nicht gesagt sein, daß Scrub-Mate demnächst so viel Geld einbringen wird, aber doch dies: Der Markt für Dienstleistungen bietet einen enormen Anreiz für die Entwicklung neuer Roboter.

So schillernd der Dienstleistungsbegriff, so reich ist die Artenvielfalt von Servicerobotern. Hinzu kommen die Ausgeburten der Geländerobotik («field robotics»). Sie bringt die Roboter fürs Grobe hervor. Ein aussichtsreiches Gebiet; eine Studie der Firma Arthur D. Little nimmt an, daß in knapp zehn Jahren allein mit schweren Robotern für Landwirtschaft, Bergbau und Gütertransport etwa zwei Milliarden Dollar Umsatz gemacht werden.

Der Bau solcher Maschinen ist das Metier von Red Whittaker. Er leitet das Field Robotics Center am Roboterinstitut der Pittsburgher Carnegie Mellon University. Der «Wilde Mann der Robotik» ist für seine zyklopischen Vielbeiner bekannt geworden, zuletzt für Metallspinnen in Elefantengröße, die zu Forschungszwecken in aktive Vulkane kraxelten. Unverwandt fixiert der hagere Mittfünfziger seinen Gesprächspartner, beugt sich vor und sagt beschwörend: «Roboter sind der volle Ausdruck dessen, wer ich bin und was ich bin. Der Bau von Robotern fordert meine ganze Kraft heraus. Die Niederlagen sind gräßlich, die Triumphe total. Und jedesmal, wenn ich so ein Geschöpf weggebe, fühle ich Trauer.»

Manche Leute argwöhnen, Robotik sei eine Ersatzhandlung von Männern, die das weibliche Gebärmonopol attackieren wollen. Ich halte diese These für gewagt, fände aber auch nichts Böses daran.

Whittaker bringt etwa einen Roboter pro Jahr zur Welt. Seine Maschinenkinder sollen sich nützlich machen, allerdings nicht in der Industrie. Fabriken langweilen ihn, sie bieten zu wenige Überraschungen: «Der Weltraum, die Tiefsee, der Bergbau oder das

Bauwesen – das ist doch alles viel aufregender als das Zusammenmontieren irgendwelcher Autos. Wissen Sie, was mich wirklich motiviert? Risiken, Unfälle, Desaster. Überall auf der Welt liegen Minen herum: Roboter können sie finden und entschärfen. Die versunkenen Wrackteile der Challenger-Raumfähre, die Gebäuderuine von Oklahoma City, der Reaktor von Tschernobyl, die Trümmer von Kobe, eingestürzte Bergwerke, vergiftete Fabriken – schickt Roboter, Roboter, Roboter!»

Zur gleichen Zeit schrauben, stecken und falten Forscher in aller Welt Roboter zusammen, die sämtliche Industrie-, Service- und Geländemaschinen an Formenreichtum übertreffen. Sie sehen aus wie Autos, Schildkröten, Insekten, Mülltonnen oder Kleinkinder, sie fangen Mäuse, hüpfen auf einem Bein, haschen im schwerelosen Raum nach frei fliegenden Würfeln, kriechen Wände hoch oder suchen die Nähe von Menschen. Die Artenvielfalt explodiert.

Sonderbare Geschöpfe, die da entstehen. Sie wollen uns etwas mitteilen.

The medium is the message

Etliche Roboter sind biologischen Lebensformen nachgebaut. Doch selbst diejenigen, die kein natürliches Vorbild haben, bilden Vorstellungen des Menschen über die Natur ab: Sie spiegeln seine Begriffe davon wider, wie sich ein autonomes Wesen in seiner Umwelt bewegt, wie es seine Aktionen plant und bestimmte Aufgaben löst.

Biologen, Psychologen und Verhaltensforscher demonstrieren mit Hilfe von Robotern ihre Theorien. Sie setzen Aussagen über das Empfinden, das Handeln, das Bewußtsein, die Emotion und den Willen in Maschinen um. Roboter erlauben sogar, in Grenzen, eine Art experimenteller Philosophie: etwa dann, wenn die Frage beantwortet werden soll, ob Intelligenz notwendigerweise logisch und begrifflich ist. So werden Roboter zu philosophischen Instrumenten, ähnlich wie vor dreihundert Jahren die Mikroskope.

Wie die Mikroskope und wie viele andere experimentelle Aufbauten der Wissenschaft erfüllen Roboter eine Doppelrolle: Sie testen und zeigen, sie erproben und veranschaulichen Theorien. Roboter vermitteln Erkenntnisse und lösen Erkenntnisse aus. Sie sind ein Weg, Ideen zu gewinnen und vorzuführen. «Das ist das Schöne», schwärmt Dinesh K. Pai, Robotikprofessor an der University of British Columbia in Vancouver, «erst hast du eine Idee – und dann läuft sie im Labor herum.»

Roboter sind, mit einem Wort, Kommunikationsmedien. Ein Medium verbreitet nicht nur Botschaften, ein Medium ist auch selbst eine Botschaft. Die historischen Mikroskope beispielsweise waren Medien, die neue Erkenntnisse verbreiteten und gleichzeitig eine Wende signalisierten: Der Mensch sah nicht nur neue Objekte, sondern machte die Erfahrung, daß er inmitten der gewohnten Welt eine ungewohnte auftun konnte, in der er weitere versteckte Welten vermuten durfte. Auch die Robotik verwandelt Gewohntes in Ungewohntes, wie Sie in diesem Buch mehrfach feststellen werden. Die Robotik dringt beispielsweise in das Geheimnis einer altgewohnten Aktivität: des Gehens auf zwei Beinen – eine Meisterleistung. Mechanik, Federung und Balance fügen sich zum aufrechten Gang des Menschen; der Dadaist, Visionär und Schachspieler Marcel Duchamps erkannte dieses Zusammenspiel schon 1912 und malte Bilder einer Nackten, die eine Treppe hinabsteigt und dabei in einen Roboter verzaubert wird.

«The medium is the message» – als der kanadische Medientheoretiker Marshall McLuhan in den sechziger Jahren diesen Satz notierte, gab es noch kein Internet. Niemand dachte an Datenbahnen oder virtuelle Realität, und unter «Multimedia» verstand man öde Diavorträge mit musikalischer Untermalung. Der weitblikkende McLuhan schlug dem Computergiganten IBM vor, einen Computer für jedermann zu entwickeln, und wurde deswegen als utopischer Spinner verlacht. In den frühen achtziger Jahren machte die US-amerikanische Psychologin Sherry Turkle die Medientheorie McLuhans erneut fruchtbar, indem sie beschrieb, wie Computer ihre Benutzer herausfordern und verändern; Turkle bezeichnete den Personal Computer, mittlerweile gab es ihn, als «evozierende Maschine». Auch der Roboter ist eine evozierende Maschine. Er transportiert und transformiert in einem, er überbringt Botschaften und ist selbst eine Neuinterpretation der Welt.

Den Roboter umweht eine futuristische Aura. Er wird mit Science-fiction assoziiert, völlig zu Recht, wie ich finde. Roboter sind Botschafter einer Zukunft, in der sich der Mensch mit einer Technofauna umgibt, sie sind die Vorboten einer Kunstwelt, in der sich die Menschen bewegen werden wie die Fische im Wasser – vollkommen eingetaucht. Einer artifiziellen Natur, die auf menschliches Verhalten mit eigenem Verhalten antwortet, so wie sich heutzutage Türen öffnen, wenn sich ihnen Personen nähern. Das Empire State Building sei genauso Naturprodukt wie ein Ameisenhaufen, und falls es eines Tages denkende Computer, «künstliches Leben» gebe, werde selbst darin eine die natürliche Evolution durchflutende Gesetzlichkeit fortwirken, äußerte der Münchner Physiker und Nobelpreisträger Gert Binnig 1990 in einem Interview.

Roboter sind nicht die einzigen Vorboten dieses neuen Techniktyps. Am Media Lab des MIT in Cambridge (Massachusetts) habe ich vor Jahren miterlebt, wie jemand in sein Büro ging und eine Computerstimme sagte: «Hi Jim, Barbara war eben hier. Sie ist gerade in der Cafeteria. Willst du sie dort anrufen?» – die Maschine hatte Jim Davis an der Frequenz seines Senders in der Jakkentasche erkannt; den Aufenthaltsort seiner Kollegin wiederum hatte der Computer auf die gleiche Weise in der Cafeteria registriert. Vorboten sind das, Überbringer von Zeichen aus einem heraufkommenden Technorama. Wie die Roboter.

Unsere nächsten Verwandten

Roboter entspringen unserer Imagination. Sie sind «Kinder unseres Geistes», wie der Robotiker Hans Moravec gern sagt. In diesem Buch möchte ich Ihnen die neuen Familienmitglieder vorstellen, einschließlich der technischen Details, in denen nicht nur der Teufel steckt, sondern auch die Seele. Ich werde versuchen, in den

Schräubchen und Rädchen, den Daten und Programmen die Seele der Robotik offenzulegen.

Und deshalb ist dieses Buch nicht nach Robotertypen gegliedert, sondern nach Botschaften. Teil I stellt Ihnen die Wesen und ihr kulturelles Umfeld ein wenig vor; die Teile II bis IV gehen ins Detail und beschreiben Roboter als Materialisierung unserer Vorstellungen von Anatomie und Bewegung, Wahrnehmungsvermögen und Intelligenz. Teil V betrachtet Roboter als buntgemischte Einwohnerschaft der Menschenwelt, als nutzbringende Apparate. Teil VI beschreibt Roboter als mit dem Menschen interagierende Mitglieder von Gemeinschaften und als Wesen, die sich eines Tages womöglich selbst umkonstruieren können.

Dieses Buch enthält zwei Ebenen, eine technische und eine metatechnische; der Text oszilliert zwischen beiden. Vielleicht entspricht dies nicht dem klassischen Technikbuch. Aber das ist der springende Punkt – Technik besteht eben nicht nur aus Rädern, Schräubchen, Daten und Programmen; Technik ist ein Ensemble aus Normen, Verfahren, Verhaltensweisen und Denkweisen – plus der sachlichen Mittel, etwa der Werkzeuge und Maschinen. Die sachlichen Mittel sind das Substrat. Ihre Bedeutung wird vom Kontext der Gesellschaften und Kulturen bestimmt. Insofern ist sie historisch: Ändert sich der Kontext, dann auch die Bedeutung der Instrumente. Die Mikroskope des 17. Jahrhunderts dienten einigen Menschen zur Unterhaltung, anderen zur Entdeckung kleinster Lebewesen – uns Heutigen dienen sie als solche zur historischen Betrachtung. Einen «eigentlichen Sinn» hatten und haben sie nicht, es gibt da kein «eigentlich», es gibt stets nur ein konkretes «dieses».

Technik wird jeden Tag von jedem Menschen in der einen oder anderen Weise neu erschaffen. Robotertechnik dient beispielsweise der Kapitalverwertung, der militärischen Machtsicherung, wissenschaftlichen Karrieren, der forschenden Neugier, dem Vergnügen – Technik existiert nicht für sich, autonom oder als solche.

Doch selbst das ist kein Gesetz für alle Ewigkeit.

Vielleicht sind Roboter nämlich in noch einem weiteren, spekulativen Sinne unsere nächsten Verwandten. Zur Einstimmung lassen wir Jakob Grimm ein Märchen erzählen: «Die polnischen Juden machen nach gewissen gesprochenen Gebeten und gehaltenen Fasttagen die Gestalt eines Menschen aus Ton oder Leim.» Wenn sie wunderkräftige Formeln aussprachen, so wurde er lebendig: «Reden kann er zwar nicht, versteht aber ziemlich, was man spricht oder befiehlt; sie heißen ihn Golem, und brauchen ihn zu einem Aufwärter, allerlei Hausarbeit zu verrichten, allein er darf nimmer aus dem Hause gehen» – ein Serviceroboter.

Grimm fährt fort: «An seiner Stirn steht geschrieben amath (Wahrheit, Gott), er nimmt täglich zu, und wird leicht größer und stärker denn alle Hausgenossen, so klein er anfangs gewesen ist. Daher sie aus Furcht vor ihm den ersten Buchstaben auslöschen, so daß nichts bleibt als math (er ist tot), worauf er zusammenfällt und wieder in Ton aufgelöst wird. Einem ist sein Golem aber einmal so hoch geworden, daß er ihm nicht mehr an die Stirne hat reichen können. Da hat er aus der Angst dem Knecht geheißen, ihm die Stiefel auszuziehen, in der Meinung, daß er ihm im Bükken an die Stirne reichen könne. Dies ist auch geschehen, und der erste Buchstabe glücklich ausgetan worden, allein die ganze Leimlast fiel auf den Juden und erdrückte ihn.»

Algen, Menschen, Roboter

Mehr als eine halbe Milliarde Jahre ist es her, daß sich die Evolution der Arten beschleunigte; Wissenschaftler sprechen von der «kambrischen Explosion». In vergleichsweise kurzer Zeit entstanden bizarre Biester wie die Anomalocaris, ein bis zu zwei Meter langes Krabbelmonster vom Äußeren einer zahnbewehrten Raupe. Es war, als habe jemand (die Jahrmillionen hindern mich daran, «plötzlich» zu schreiben) ein Füllhorn voller Lebewesen über die Natur geleert und ausgerufen: «Der Beste möge gewinnen.»

Herzlichen Glückwunsch. Sie und ich gehören zu den Siegern. Ruhen wir uns ein wenig auf den Lorbeeren aus.

Die Forschung grübelt nach wie vor, was denn die Ursache der kambrischen Explosion gewesen sein mag. Eine verbreitete These lautet, daß Myriaden einzelliger Algen den Sauerstoffgehalt von Wasser und Luft irgendwann über einen Grenzwert geschoben hatten, jenseits dessen vielzellige, komplizierte Tiere überleben konnten. Bilden wir eine Analogie: Es könnte sein, daß wir Menschen jenen Einzellern gleichen, die neuem Leben die Bedingungen bereitstellten.

Zugegeben, der Vergleich hinkt. Roboter sind nicht die genetischen Nachkommen der Menschen. Wir zeugen und gebären sie nicht, wir entwerfen und bauen sie. Aber der Vergleich hinkt nur auf einem Bein. Der Mensch setzt technische Bedingungen für Roboterpopulationen, die eines Tages vielleicht nicht mehr des Umwegs über den Menschen bedürfen, um sich zu reproduzieren. In diesem Buch werden Wege zu Robotersystemen erkundet, die sich selbst vermehren und evolutionär verändern könnten. Am Ende wird darüber ein wenig spekuliert.

Dädalus, der sagenhafte Ingenieur des Altertums, soll eine hölzerne Aphrodite belebt haben, indem er sie mit flüssigem Quecksilber füllte. Das wäre heutzutage verboten, doch künstlich erschaffenes Leben ist noch immer ein Menschheitstraum. Wie einst das Fliegen. Oder wie die Reise zum Mond.

Das hat ja immerhin schon geklappt.

TEIL I: ERSTE BEGEGNUNGEN

erstes kapitel

In Fühlung mit der Robotik

Roboter sind ein Archetyp der Phantasie. «Und ihre Beine standen gerade, und ihre Füße waren wie Stierfüße und glänzten wie blinkendes, glattes Kupfer» – im Alten Testament schildert der Prophet Hesekiel atemlos seine Vision. «Und sie hatten Menschenhände unter ihren Flügeln an ihren vier Seiten», außerdem Räder mit Felgen, rundum mit optischen Sensoren bestückt. Die Räder waren sinnreich angeordnet, so daß sich die Cherubim auf dem Fleck zu drehen vermochten. Darüber hinaus konnten sie fliegen.

Über das technische Prinzip hinterließ der Prophet nur Andeutungen. «Und in der Mitte zwischen den Gestalten sah es aus, wie wenn feurige Kohlen brennen» – Düsenflugzeuge? Von einem Propeller ist jedenfalls nicht die Rede. Wohl aber von der Steuerung: «Wohin der Geist sie trieb, dahin gingen sie, und die Räder hoben sich mit ihnen empor, denn es war der Geist der Gestalten in den Rädern.»

Mehr als zweitausend Jahre später schaltet ein junger Mann namens Omead Amidi seinen elektrischen Robokopter ein.

Laut surrend hebt das Metallinsekt ab. Der halbmeterlange Hubschrauber wird per Funk von einem Computer gesteuert. Ein Gebilde von beweglichen Stangen beschränkt den Flug auf einen Luftraum in der kleinen Halle, die Amidi zum Experimentieren dient. Außerdem befinden sich hier: ein Heimtrainer, eine

Stereoanlage, ein Haufen Klassik- und Jazz-CDs, Lötkolben, Computer, Aktenordner, Colaflaschen (1,5 Liter), Rennräder, Eßstäbchen, Videogeräte. Omead Amidi ist in diesem Raum zu Hause. Nicht mehr ausschließlich allerdings, denn er hat geheiratet.

Die Halle fungierte ursprünglich als Stellplatz für die Mülltonnen des Robotics Institute in Pittsburgh. Das ist eine Einrichtung, die Robotiker zuweilen den «Vatikan» nennen. Ungefähr fünfzig Priester – pardon: Wissenschaftler und ebenso viele ausgewählte Studenten bilden hier eine kritische Masse, die pausenlos Neues hervorbringt. Zu ihnen gehört Omead Amidi, der wild entschlossen ist, einen kleinen Roboterhubschrauber zu bauen.

Das Fluggerät könnte beispielsweise Geldtransporte überwachen. Zu Amidis Team gehören ein Japaner, den eine Firma für Sicherheitstechnik entsandt hat, sowie ein Pittsburgher Techniker, der Modellhubschrauber fernsteuern kann. Das vermögen nur wenige, denn die Viecher verhalten sich extrem instabil. Und dieses Moskito hier, angetrieben von einem 0,5-PS-Motor, kann selbst der versierteste Modellpilot nicht kontrollieren.

Amidis Computer konnte das zunächst auch nicht. Von Resonanzschwingungen wild durchgeschüttelt, lockerten sich die elektrischen Kontakte und produzierte die Kamera nur Schnee. «Es ist eben keine Papierstudie, sondern eine echte Maschine», tröstete sich Amidi. «Das also war unser erstes Modell. An den Führungen der Stangen haben wir Encoder angebracht – Schalter, aus denen der Steuerungscomputer die Position des Hubschraubers ablesen kann.» Unter freiem Himmel wird es keine Stangen mehr geben, statt dessen Videokameras: «Wir haben uns eine eigene, extrem schnelle Video-Hardware gebaut, die nach unten blickt und mit der die Position dann anhand des Bodenbildes jederzeit erkannt werden kann. Die Hardware ist übrigens so gut, daß die japanische Bierfirma Kirin unsere Idee gekauft hat und in einem Bildverarbeitungssystem zur Qualitätskontrolle einsetzt.»

Seither finanzieren die Bierbrauer Amidis Arbeiten auf dem Gebiet des maschinellen Sehens, was auch dem Robokopter zugute kommt. Das Robotics Institute ist führend in der *machine vision*. Sie ist auch die Domäne seines Chefs, des fünfzigjährigen Japaners Takeo Kanade.

Irgendwann war es dann soweit: Amidi bat Kanade zur Demonstration. «Der knipste das Licht aus, ruckelte an den Stangen herum und verstellte sie auch noch extrem – aber der Hubschrauber flog stabil. Daraufhin bekamen wir einen dieselbetriebenen Kleinsthubschrauber, der normalerweise in Japan zum Spritzen von Gemüsefeldern eingesetzt wird.» Diese Maschine war nun immerhin anderthalb Meter lang, mit einer Rotorspannweite von drei Metern. «Noch so ein fieses Biest», grinst Amidi. «Wir haben es in unserer Halle zu Testzwecken über diesem Tisch fliegen lassen, gefesselt an elastischen Seilen. Der Luftdruck und der Lärm wurden so gewaltig, daß wir uns beim ersten Flugversuch duckten und fast nichts sahen.»

Wochenlange Belastungstests verschiedener Seiltypen waren vorausgegangen – schließlich entfaltet der drei Meter messende Rotor gehörige Kraft. Die Pfeiler zur Befestigung der Seile ließ Amidis Team zuvor eigenhändig in den natürlich selbst angemischten Zement ein.

Alles, ja alles müssen sie selber machen. Sie löten die Platinen, schrauben die Mechanik, und den größten Teil ihrer Hardware klauben sie aus High-Tech-Schrott zusammen, den besser finanzierte Abteilungen des Instituts wegwerfen. Die Lüftungsanlage und den Beobachtungsstand mit schußsicheren Scheiben haben sie selbst zusammengebaut, die Metallteile des Experimentiertisches geschnitten, gebogen und geschweißt, und weil die Frequenzen der Neonröhren die Videotechnik störten, mußten sie sogar die Kameras umkonstruieren.

Amidi machen Schwierigkeiten offenkundig Spaß. Strenge finanzielle Vorgaben, geringes Maximalgewicht, sparsame Energiezufuhr – da lacht der Robotiker. «Jederzeit kann das Ding abstürzen, und alles, was wir zusammengebaut haben, wäre hin.» Der nächste Schritt: raus ins Gelände, in Wind und Wetter.

Hesekiel war ein Prophet. Amidi ist ein Jünger.

Kult und Subkultur

Hesekiel ist nicht der einzige Zeuge des frühen Roboterkults. Im Gilgamesch-Epos entsteht ein Android aus Lehm, in der griechischen Mythologie helfen mechanische Gehilfinnen aus Gold dem Hephaistos beim Schmieden. Der chinesische König Kung Mu baute einen künstlichen Menschen, der japanische Zauberer Mononaka gleich mehrere – immer wieder Japan. Einige Kreaturen des Magiers sollen gar führende Politiker geworden sein; eine Wendung, die dem Märchen eine gewisse Glaubwürdigkeit verleiht.

Heute springen Roboter aus der Fiktion in die Realität. Hadaly zum Beispiel hat es geschafft: ein «Campus-Informationssystem» der japanischen Waseda-Universität, ausgerüstet mit kamerabewehrtem Kopf, Mikrofon und Lautsprecher sowie einem Arm, der Besuchern den Weg weist. Sein Name stammt aus der Literatur, «Hadaly» heißt eine Roboterfrau aus dem Roman *Die Eva der Zukunft* des französischen Schriftstellers Villiers de l'Isle-Adam (1838–1889). Der Begriff «Roboter» ist gleichfalls die Schöpfung eines Künstlers. Das Wort «robot» stand erstmals in einem Stück namens *Opilek* zu lesen, das der tschechische Dichter Karel Čapek (1890–1938) in dem historisch bedeutsamen Jahr 1917 veröffentlichte. Er hatte das Wort aus dem alttschechischen «robota» gebildet, was soviel wie Fronarbeit heißt.

Čapeks utopisches Drama *Rossum's Universal Robots* (RUR), 1921 uraufgeführt, machte diesen Ausdruck populär; in dem Stück rebellieren Roboter gegen ihre Schöpfer. Im gleichen Jahr malte Max Ernst sein Bild «Der Elefant von Celebes», das ein traumhaftes Maschinenrüsseltier von hinten zeigt.

Ende der dreißiger Jahre erschienen die ersten Roboterromane von Isaac Asimov, der 1942 den Ausdruck «Robotik» erfand. Asimov gilt – neben Čapek und Stanislaw Lem – als der Roboterprophet des 20. Jahrhunderts; er warf beispielsweise die Frage auf, ob es wohl eines Tages als Mord gelten werde, wenn jemand einem Roboter den Strom entzöge. Der Trivialkultur schließlich sind Roboter wohlvertraut: Daniel Düsentriebs Helferlein, R2D2 und

C3PO aus *Star Wars* und Lt. Commander Data aus der kosmischen Seifenoper *Star Trek* haben ihren angestammten Platz in unserer Vorstellungswelt.

Robotik, das ist so etwas wie praktizierte Science-fiction. Zwischen Phantasie und Lötkolben, da ist ihr Platz, und da findet sich auch ihre eigene Subkultur: die Hobbyrobotik. Lassen Sie sich einmal den Katalog «Robot Store» der US-Firma Mondotronics schicken (info@mondo.com). Es handelt sich hier nicht bloß um einen Prospekt, sondern um das Glaubensbekenntnis einer neuen sozialen Bewegung. Darin findet sich sogar eine Art von Dekalog, die «Zehn wichtigsten Gründe, Roboter zu bauen»:

1. Simulationen zählen nicht.
2. Du machst aus Science-fiction Wirklichkeit.
3. Du arbeitest mit tollen Leuten zusammen.
4. Du mußt eine herausfordernde Vielzahl von Fähigkeiten beherrschen.
5. An jeder Ecke warten Überraschungen.
6. Es beeindruckt deine Freunde.
7. Du hast Spaß mit deinen Kindern.
8. Du verwirklichst deine Träume.
9. Es ist besser als Arbeiten.
10. Sie brauchen dich, um auf die Welt zu kommen.

Welche Gründe gefallen Ihnen am besten? Daß Roboter Medien sind, sagen 2, 3, 6, 7, 8. Zu meinen Favoriten gehören 1 und 5. Am schönsten finde ich Nummer 10. Roboter sind unsere Nachkommen.

In jedem Roboterforscher steckt ein Hobbyrobotiker. Im Gespräch mit Berufsrobotikern kann es geschehen, daß sie beinahe geistesabwesend zu irgendeinem Hampelmännchen greifen und es über den Tisch staksen lassen. Während meines Interviews mit Rolf Dieter Schraft vom Fraunhofer-Institut für Produktionstechnik und Automatisierung (IPA) in Stuttgart unterbricht der sachlich wirkende Institutsboß seine Darlegungen mit einem «Schauen Sie mal», erhebt sich grinsend und kramt ein gelbes Plastikdings aus seinem Bücherschrank. Ein Spielzeug aus Japan. Schraft läßt es auf dem Tisch umherfahren; schnarrend streckt es eine kleine Hand aus. Wenn jetzt eine Münze darauf gelegt wird, wirft das Wesen sie in seinen Schlund – so sollte es jedenfalls sein.

Doch bevor es dazu kommt, kippt das Maschinchen um. Schraft läßt vor Schreck die Münze fallen. Sie plumpst in meine Kaffeetasse.

So ist Robotik.

Spielzeugunfälle von Spielzeugrobotern. Havarien von großen Maschinen («5. An jeder Ecke warten Überraschungen»). Vielleicht ist es diese Wiederkehr von Glück und Pech des Ingenieurs in der Spielzeugwelt, was Robotiker an den Apparaten für die Kinderzimmer so lieben.

Der Mondotronics-Katalog wird von einer Spielzeugparade eröffnet: Plastikmäuse, die auf Töne, Lichtsignale, gezeichnete Linien oder Berührungen mit einer Änderung der Bewegungsrichtung reagieren; Viecher auf Beinchen, Geschöpfe mit Acryl-Armen – und sie heißen «Hyper Peppy», «Piper-Mouse» oder «Medusa». Danach kommen die ernsthaften Dinge, die Bauteile und Programme, überhaupt jeglicher Bastelkram, den der Hobbyrobotiker braucht. Und was macht er mit seinen Robotern? Er schickt sie in Wettkämpfe.

Robotersumo und Atomhockey

Bei solchen Ereignissen lassen die Teilnehmer ihre Maschinen miteinander wettstreiten – die Geschöpfe rennen durch Labyrinthe, klettern Seile hoch oder hacken aufeinander ein. In *Robots!*, dem Vereinsblatt der «Robotics Society of America», habe ich einen Bericht über die «10th Annual Robot Competition» in San Francisco entdeckt, der die Szene so farbenfroh beschreibt, daß ich einige Passagen übersetzen möchte.

«Es herrscht verrückt gewordene Brownsche Bewegung: Vorbereitungen in allerletzter Minute, Aufgeregtheit, Transparente werden auf hohe Plattformen gehievt. Die Wettkämpfer stürzen sich wie Angehörige von M. A. S. H.-Einheiten auf ihre von Lampenfieber geschüttelten Roboter, um Notfalloperationen vorzunehmen. Währenddessen kleben die Konstrukteure des Labyrinths noch einige besonders problematische Hindernisse zusammen. Nebenan drückt Norman Maxwell auf die Schalter einer Fernsteuerung, um seinen Hero 1 zu einem Trainingslauf durch das Labyrinth zu veranlassen. Hero findet einen Weg durch den Irrgarten, indem Entfernungs- und Hindernissensoren ihn zwischen den Wänden hindurchführen und Kollisionen vermeiden; dabei entwickelt Hero eine Art Wegbeschreibung, nämlich eine Tabelle aller Raddrehungen. Sie erlaubt es ihm später, mit höherem Tempo durch das Gewirr der Wände zu rollen.» Das war zumindest beabsichtigt.

Aber ach, der Bericht über Heros schließliche Wettkampfleistung fällt ins melodramatische Fach: «Auf einmal, und ohne Vorwarnung, läßt irgend etwas auf dem Boden eines der Räder ein wenig rutschen, woraufhin der Roboter diagonal auf eine Wand zufährt und dort hilflos steckenbleibt, bis die Uhr abgelaufen ist. Das Publikum stöhnt vor Mitleid.» Der Fehlschlag demonstriert nebenbei die Grenzen dieses primitiven Navigationsprinzips: Die Methode ist zwar völlig in Ordnung, solange sämtliche Bedingungen gleichbleiben; aber es braucht nur ein Rad zu schlupfen, und schon geht die nachfolgend abgespulte Sequenz der Raddrehungen ins Leere.

Als nächstes: Robotersumo, ein Kampfsport. Die Gegner versuchen, einander aus dem Ring zu drängen. Als Ring gilt die etwas erhöht angebrachte und mit einem kreisrunden weißen Streifen markierte Sumomatte. Ein Sumoroboter im Ring muß den Streifen erkennen und sich von ihm fernhalten, damit er ihn nicht überschreitet, hinunterfällt und den Kampf verliert. Hören wir unseren Robosportreporter: «Wird irgend jemand fähig sein, den regierenden Champion zu entthronen, nämlich Carlos Bertocchinis unaufhaltsames Beast? Das in all den vergangenen Jahren ungeschlagene Monster ist aus einem Magnesiumblock gedreht, schwingt eine Schaufel aus Titan, erreicht auf seinen breiten, nahtlosen Traktorriemen maximale Zugkraft, manövriert aggressiv mit hohem Tempo und paßt gerade noch um Haaresbreite in die zulässigen Maße für Größe und Gewicht.»

Mehr als zwanzig Kilo darf ein Sumoroboter nicht wiegen, und seine Grundfläche ist auf zwanzig mal zwanzig Zentimeter beschränkt. Es folgt eine Beschreibung von Kampftaktiken, die jeweils eine bestimmte äußere Form des Roboters voraussetzen – eine Morphologie des Überlebens: «Eine der Taktiken besteht darin, ein flacher und schwarzer Herausforderer zu sein, der hart am Rand des Ringes parkt und den weißen Streifen an dieser Stelle verdeckt. Der herannahende Gegner kann die Grenze also nicht erkennen, rast auf den Herausforderer zu, über ihn hinweg – und kracht aus dem Ring. Eine andere Taktik: Der Herausforderer ist flach und weiß und parkt irgendwo im Ring. Sein Gegner soll ihn für den Rand halten, rückwärtig ausbüxen und dabei über den überraschend auftauchenden, nun echten weißen Ring geraten.»

Was passiert, wenn zwei Kämpfer aufeinandertreffen, die jeweils eine der beiden Kriegslisten verfolgen? Just dies geschah in San Francisco: «Stealth ist schwarz. Flower ist weiß, sieht erst aus wie ein hohes, rechteckiges Silo, rollt in die Mitte des Rings, entfaltet sich dann zu einer flachen Form, bestehend aus mehreren Auffahrrampen, und beginnt zu rotieren. Stealth wiederum bewegt sich an den Rand und parkt auf einem Teil des Streifens. So verharren die Maschinen, bis die Uhr abgelaufen ist. Unentschieden» – das war sogar beabsichtigt, denn beide Roboter waren nur für den Moment konstruiert, irgendwann auf Beast zu treffen. Der merkwürdige Kampf zwischen Stealth und Flower hat übrigens ein Pendant in der Geschichte des Kampfsports: das famose Treffen zwischen Muhammad Ali und einem japanischen Kampfmeister namens Inoki. Letzterer warf sich beim Gongschlag auf die Matte und erwartete Ali liegend, um den Boxer mit Beinschere, Tritten und ähnlichen fernöstlichen Künsten fertigzumachen. Ali tänzelte im notorischen Step um den liegenden Japaner, der drehte sich aufmerksam mit, sonst passierte nichts.

Inoki konnte froh sein, daß kein Beast im Ring stand. Dem Roboterchampion sind taktische Finessen nämlich schnuppe. Beast brettert einfach auf alles los, was sich im Ring befindet, und rammt es mit brutaler Gewalt von der Matte. Im Halbfinale traf Beast auf Flower. «Der Kampf beginnt. Flower entfaltet ihr weißes Kleid. Beast rumst auf eine der weißen Rampen und kippt dabei fast um – das Publikum hält den Atem an. Dann macht Beast urplötzlich kehrt und rast mit voller Kraft in Richtung Rand. Unsere Knöchel werden weiß. Im letzten Moment steigt Beast in die Bremsen, dreht sich erneut und rast mit Rammgeschwindigkeit auf Flower zu» – die Blume ward gebrochen.

Auch im anschließenden Finale siegt schließlich die rohe Gewalt, und ebenso im kollektiven Abschlußkampf, für den sämtliche noch intakten Gladiatoren gemeinsam in den Ring steigen. Die Angelegenheit ist nur von kurzer Dauer. Beast fegt alles beiseite, was ihm in die Quere kommt, «wie ein gedopter Staubsauger», heißt es in *Robots!*.

Die Grausamkeit dieses mechanisierten Hahnenkampfes verblaßt freilich gegen das «Critter Crunch», das «Viecherzermalmen», in Denver, Colorado. Dessen Ankündigungsformular warnt: «Bedenken Sie, daß Ihr Fahrzeug ernsthaft beschädigt oder sogar zerstört werden kann. Bei vergangenen Wettbewerben gab es Fahrzeuge mit pneumatischen Zylindern, speerwerfenden Kohlendioxid-Kanonen und Flammenwerfern. Bitte beachten Sie dies, wenn Sie Ihre Energiequelle zusammenbauen, sofern diese potentielle Gefahrenquellen wie Säuren (Batterien), brennbare Flüssigkeiten (Verbrennungsmotoren) oder Plutonium (Reaktoren) enthält. Keinesfalls empfiehlt es sich, zum eigenen Fahrzeug eine emotionale Beziehung zu haben.»

Dies als kleiner Einblick in die Kultur, in die Roboter hineingeboren werden.

Allein im Jahr 1996 fanden weltweit etwa vierzig solcher Treffen statt. In Santa Fe traten die Maschinen in den folgenden Disziplinen an: Unterwasserkampf im Aquarium, Hochsprung, Weitsprung, Wettlauf auf Roboterbeinen, Limbo-Dance. Der International Robotics Foundation Combat in Los Angeles rief sogar zum Schönheitswettbewerb, bei dem es auch hier lediglich auf ansprechendes Aussehen und ein paar elegante Bewegungen ankam. In

Hartford, Connecticut, mußten Roboter Feuer an einem Modellhaus löschen; im kanadischen Calgary spielten sie «Atomhokkey»: Die Roboter versuchen, möglichst viele Pingpongbälle (Protonen) einzusammeln und in ihrem Feld (Atomkern) zu horten, wobei sie herumliegende Ballfallen (Elektronen) vermeiden oder im Feld ihrer Gegner unterbringen müssen – eine ausgefallene Interpretation der Teilchenphysik.

Kannibalen der Technik

Das Atomhockey erinnert an die RoBoCon-Endausscheidung im britischen Cambridge. Zu diesem Studentenwettbewerb dürfen die Teilnehmer, allesamt Sieger aus nationalen Vorrunden, nicht etwa eigene Kunsttierchen mitbringen. Vielmehr werden sie in Dreierteams eingeteilt, und jedes hat zehn Tage Zeit, aus vorgegebenen 150 Einzelteilen eine Maschine zu bauen. Sind die Kämpfer konstruiert, werden jeweils zwei aufeinander losgelassen: Sie müssen, ferngesteuert, binnen neunzig Sekunden möglichst viele Tennisbälle eine Rampe hoch bugsieren und anschließend in eine Grube verfrachten. Wie im richtigen Leben gibt es zwei Taktiken, nämlich die eigene Arbeit gut zu machen oder dafür zu sorgen, daß der Konkurrent Probleme bekommt. Bei einigen Wettbewerben hinterließen die Maschinen glitschige Spuren auf der Rampe; sie spuckten Hunderte kleiner Bälle aus, um den Gegner zu verwirren, klauten ihm die Beute aus dessen eigener Grube oder störten seine Funkverbindungen.

Interessant ist das Aufeinandertreffen von Ingenieurstilen. Die RoBoCon-Organisatoren achten darauf, daß in den Dreierteams Studenten aus verschiedenen Ländern zusammenarbeiten. Resultat: Maschinen spiegeln Kulturen wider. Deutsche fangen üblicherweise mit einer Zeichnung an, Amerikaner hingegen experimentieren gleich mit Versuchskonstruktionen; Deutsche bevorzugen stabile Gebilde, sie bohren und schrauben, wohingegen Japaner und Amerikaner unbekümmert kleben und nageln. Im Grunde also nichts Neues. Überdies sind die deutschen Teilnehmer meist die ältesten, eine Tatsache, der das Ingenieursblatt *VDI-Nachrichten* Positives abgewinnt: «Sie haben dafür auch mehr Erfahrung und sind ohne Zweifel besser auf die praktische Arbeit vorbereitet. Sie übernehmen fast immer die Führungsrolle im Team und setzen sich vielfach mit ihren Ideen durch.» So macht man sich Freunde im Ausland.

Besonders aufschlußreich sind auch die Wettbewerbe an der Fachhochschule Gießen-Friedberg. Deren Teilnehmer durften schon Roboter bauen, die mit gleichem Geschick schwere Eisenrohre und dünnwandige Schokoküsse anheben, transportieren und ablegen sollten; 1996 wiederum mußte jedes Team eine Maschine zustande bringen, «die sich an lotrechten Glasflächen vertikal und horizontal entlangbewegt und dabei die Oberfläche reinigt» (Aufgabentext) – ein aktuelles Problem der Servicerobotik übrigens.

Zu den erlaubten Mitteln zählte «alles, was in einem Privathaushalt üblicherweise vorhanden ist (siehe: Küche, Kinderzimmer, Badezimmer, Geräteschuppen, Bastelkeller, Garage)». Die Wettbewerbsbedingung ist insofern lehrreich, als sie einen Charakterzug der Robotik wiedergibt: Das Fach lebt von Technik, die ursprünglich anderen Zwecken dienen sollte.

Robotiker bedienen sich aus Vorhandenem und bauen daraus Neues. Ihre Innovationen sind ebensogut Umwidmungen, Umdeutungen, Neuinterpretationen des technischen Arsenals.

Robotik stellt Technik in einen abweichenden Kontext. Sie beschafft sich ihre Bausteine aus den Magazinen der Rüstungstechnik, aus den Vorratslagern der Industrietechnik oder aus den Verkaufsregalen der Konsumtechnik, und in der Hand des Robotikers werden sie zu Organen künstlicher Wesen. In einer Roboterrallye, die 1994 vom US-Army Tank-Automotive Command ausgerichtet wurde, siegte ein umgebauter elektrischer Rollstuhl. An der McGill-Universität in Montreal habe ich in einem Roboterbein federnde Elemente bemerkt, die mir seltsam bekannt vorkamen, und tatsächlich: Es waren Latexschläuche, hergestellt für die Chirurgie.

Das klassische Beispiel für den kannibalistischen Stil der Robotik ist das Sonar, das Gerät zur Abstandsmessung durch Ultraschall. Ursprünglich für Torpedos entwickelt, wurden Sonare später serienmäßig als Entfernungsmesser in Polaroidkameras eingesetzt. Jahrelang haben Robotiker, anstatt selbst Sonargeräte zu entwickeln, diese aus Polaroidkameras ausgebaut und den Rest weggeworfen – so kamen sie an die besten und billigsten Sonare, die auf dem Markt erhältlich waren.

Zurück nach Gießen. Der Organisator des Wettbewerbs, der Hochschullehrer Ulrich Viebahn, veranlaßt seine Studenten, Journale ihrer Tätigkeiten zu schreiben. Diese Tagebücher sind anschauliche Einführungen in Denkweisen der Robotik. «Zunächst im Garten betrachtet, wie eine Spinne und eine Schnecke die Scheibe am Gewächshaus hoch- und runterklettern», schreibt etwa ein Mitkonstrukteur des Roboters «Wischermanns Friend», und: «Die Fliegen z. B. haben mikroskopisch kleine Saugnäpfchen an den Beinen. Deshalb werden wir wohl auch dieses Prinzip verwirklichen. Nach dieser Erkenntnis habe ich erst mal den Handtuchhalter aus der Küche entfernt und ein erstes Experiment gemacht: Zugversuch eines Handtuchhalters. Mit Hilfe einer Federwaage, welche ich an den Haken des Saugnapfes gehängt habe, wurde die Haltekraft bestimmt. Dabei kam heraus, daß man ohne Probleme, bei leicht ruckartiger Belastung, ca. 11,5 kg an den Saugnapf hängen kann, bevor er sich von der Scheibe ablöst. Dies erschien mir sehr hoch. Zu hoch, als daß die Maschine diese Kraft aufbringen könnte. Deshalb ist es besser, einen kontinuierlichen Antrieb mit vielen kleinen Saugnäpfen zu realisieren, weil dann das Abreißmoment von jedem einzelnen Saugnapf kleiner ist.»

Ein geradezu klassischer Text. Das biologische Urbild bietet Lösungswege an, doch die Robotik geht nicht notwendigerweise denselben Weg wie die Natur.

Der amerikanische Robotiker Mark E. Rosheim zum Beispiel entwickelte Ideen für Roboterglieder, die sich bei kleineren Verletzungen selbst heilen. So könnte man etwa eine Keramikröhre mit einer elastischen Schutzhülle versehen und in die Röhre eine plastische Masse pressen. Bricht die Röhre irgendwo, so drängt die Masse in die Bruchstelle und reagiert dort chemisch mit der

Schutzhülle zu einer festen Substanz. Vorbild ist auch hier eine natürliche Leistung: die Selbstheilung. Doch das Verfahren selbst weicht von dem natürlichen Vorbild sehr weit ab. Takeo Kanade: «Die biologische Natur gibt uns Hinweise, zeigt interessante Lösungen und beweist uns oft, daß bestimmte Dinge prinzipiell möglich sind. Aber ihre Lösungen sind nicht unbedingt die besten, nehmen Sie nur die geringe Signalgeschwindigkeit unseres Nervensystems. Die Natur enthält hochinteressante Systeme, und wenn wir fragen: Wie funktioniert das?, dann ist das eine gute Frage; hingegen wenn wir fragen: Können wir den Mechanismus nachahmen?, dann ist das eine schlechte Frage, denn die Robotik kann sich auf die natürlichen Lösungen nicht beschränken.»

Kanade hätte seine Freude an den Gießener Tagebuchaufzeichnungen. Ein Student kam beim Füttern seiner Fische ins Grübeln: «Zu diesen Fischen gehört ein Saugwels, der sich saugend die Scheibe entlangzieht und dabei die Algen abfrißt, quasi ein Mähdrescher der vertikalen Ebene» – und hier kommt sie wieder, die typische Rekombination von Ideen: «Bei dem Stichwort Mähdrescher fällt mir auch gleich eine Möglichkeit ein, den Schmutz von der Scheibe zu bekommen: eine rotierende Bürste mit einer Achse parallel zur Glaswand.» Keine «natürliche Lösung», obwohl die Naturbeobachtung am Anfang stand.

Die Natur regt zu Lösungen an, beschreibt aber nicht den gesamten Lösungsraum. Raubvögel fliegen nicht mit Photonenantrieb, Sehnen bestehen nicht aus Kevlar, Gelenke drehen sich nicht um 360 Grad. Die natürliche Evolution sucht nicht die optimale Lösung, sondern diejenige Verbesserung, die naheliegt und einen Vorteil gegenüber Konkurrenten oder Feinden verschafft. «Natura non facit saltus» – vielmehr fügt sie Schritt an Schritt. Nur weil genug Zeit für Wege und Irrwege, für vielerlei experimentelle Entwürfe zur Verfügung stand, bildeten sich Organismen heraus, die ein Ingenieur als erstaunliche, gar als geniale Lösungen bezeichnen würde.

Zum Schluß des Wettbewerbs fragte Viebahn die versammelten Teilnehmer, was sie gelernt hätten. Die Antworten waren typisch. «Der praktische Versuch ist durch nichts zu ersetzen», hieß es beispielsweise. Andere Studenten schrieben «Gute Ideen sind nicht unbedingt gute Lösungen» oder «Die Zahl der Alternativen und Varianten ist überwältigend» – alles Themen dieses Buches. Und schließlich: «Wechsel von Euphorie und Haß.» Wie sagte Red Whittaker, der wilde Mann? «Die Niederlagen sind gräßlich, die Triumphe total.»

Manche finden so etwas kindisch.

Nun, Kinder sind die geborenen Robotiker.

Sie hauchen Plüschtieren, Puppen und Plastikindianern Leben ein, und sie funktionieren von jeher vorhandenes Gerät um, etwa indem sie aus einem Kochlöffel und einem Holzklotz einen Bagger bauen. Irgend etwas, heiße es Erziehung oder Kultur, zwingt die meisten von ihnen später, etwas anderes zu werden als Roboterforscher.

Im Kinderzimmer finden sich die Elementarbauteile für Roboter: Legosteine. Bisher wurden sie von etwa dreihundert Millionen potentiellen Roboterforschern für explorierende Designstudien verwendet. Da mochten die Erwachsenen nicht bloß zusehen: Legosteine sind mittlerweile an Schulen und sogar Universitäten zugelassen – sie werden für die Konstruktion nichttrivialer Roboter benutzt. Aus Legosteinen haben amerikanische Forscher die Vehikel des Kybernetikers Valentin Braitenberg nachgebaut, die er in seinem bahnbrechenden Buch über «Experimente mit kybernetischen Wesen» beschreibt.

Lego hat den Vorteil, sehr leicht zu sein und dennoch stabil; freilich: Sie müssen die Steine zusammenkleben. Tun Sie es nicht, so erfahren Sie, wie stark die inneren Spannungskräfte eines Roboters sein können – ebenfalls ein Problem der realen Robotik, etwa im Fall von Industrierobotern. Für fix produzierte Prototypen eignet sich auch Fischertechnik. Die Gebilde arbeiten zwar nicht genau, wiederum wegen der inneren Spannungen, wie ich aus eigener Bastelerfahrung weiß, dennoch ist Fischertechnik bis in Roboterlabors vorgedrungen.

Stunden, Abende, ganze Nächte habe ich mit dem Bau eines simplen Roboterarms aus Fischertechnik zugebracht. Und beim Zusammenfriemeln der 75 winzigen Glieder zu einer Antriebskette fragte ich mich: Was mache ich hier eigentlich? Doch als das Dings endlich auf dem Schreibtisch stand und programmgemäß ein Plastikrohr ergriff, um es anderswo abzulegen, stockte mir der Atem.

Es lebte. Jedenfalls irgendwie.

Techno-Animismus

Stephen C. Jacobsen hat Anfang der achtziger Jahre an der University of Utah und am Massachusetts Institute of Technology (MIT) eine humanoide Roboterhand konstruiert. Sachte schließt sie ihre Finger um die Menschenhand, die sie ergreift. «Die Leute machen dann immer ein komisches Gesicht, als wäre irgend etwas nicht in Ordnung», mokiert sich Jacobsen.

Ist es ja auch nicht.

Bei Studien zur Persönlichkeitsentwicklung des Kindes hat der Schweizer Psychologe Jean Piaget festgestellt, daß Menschen zu einem frühen Zeitpunkt lernen, ihre Umwelt in lebende und tote Dinge einzuteilen. Dieses Weltbild wird erschüttert, wenn sich etwas Mechanisches wie Lebendiges verhält. Eine plausible Erklärung des eigenartigen Schauders.

Auf den Fluren der Technischen Universität München fährt etwas herum, das wie ein Kühlschrank aussieht, an den jemand einen Robotergreifer montiert hat. Das Etwas heißt Roman und öffnet Türen mit irritierender Geschicklichkeit. Wie könnte jemand meinen, Roman sei ein toter Kasten? Viele der Roboter, die ich gesehen habe, scheinen zu leben. Das erste Mal hatte ich dieses Erlebnis vor knapp zehn Jahren, am Roboter-Institut der Universität Dortmund. Dort hantierten zwei Industrieroboter unterschiedlicher Fabrikate gemeinsam im selben Arbeitsraum; sie stapelten Klötzchen. Elegant wichen sie einander aus – und auch einem Metallrahmen, den ich in den Weg stellte.

Technik wirkt wie beseelt: Just deswegen ist Robotik faszinierend. Sie ist nicht nur ein Abenteuer der Vernunft. Sie ist nicht nur raisonné, sondern auch resonant: mit einem Grundton des Zeitalters schwingend, in dem die Menschen ihre «zweite Natur» zu einem interaktiven Technotop ausbauen, zu einer Kunstwelt, die belebt wirkt.

Während eines öffentlichen Vortrags über Marsfahrzeuge hörte ich auf einmal elektrisierendes Sirren, und ein sechsrädriges Gefährt kam hereingefahren. Es hatte die Ausmaße jener roten Plastikautos, auf denen sich Dreijährige fortzubewegen pflegen. Das Ding tastete seine Umwelt mit einem Laser ab, fand seinen Weg zwischen Tischen und Stühlen zum Rednerpult, wandte sich um und musterte uns. «Hi», grüßte der Vortragende den Roboter; «wer bist du?» dachte ich.

Diese Maschinen reagieren auf ihre belebte und unbelebte Umwelt wie Lebewesen. Sie passen in die Rolle unserer Mitlebewesen, denn ihnen sind Bewegung und Wahrnehmung eigen. «Das Beseelte (*émpsychon*) scheint sich vom Unbeseelten (*ápsychon*) durch zweierlei hauptsächlich zu unterscheiden, durch Bewegung (*kínesis*) und Wahrnehmung (*aistánesthai*)», schreibt Aristoteles in seiner Abhandlung *Über die Seele*.

Zu alledem sind Roboter auch noch äußerlich den Lebewesen ähnlich. Sie sind fast immer biomorph. Und wenn sie uns nicht gerade an Ameisen oder Schlangen erinnern, was einige von ihnen tun, dann sind sie gar anthropomorph. Wir können uns ihnen gegenüber verhalten, als seien sie Lebewesen. Das schließt eine Vorstellung vom Innenleben des anderen ein, gelegentlich sogar eine emotionale Beziehung. «Jetzt denkt er, die Tür ist zu», sagte Sebastian Thrun vom Roboterinstitut in Pittsburgh, als Xavier, die intelligenteste Blechtonne der Welt, durchs Labor navigiert. «Man kann die Dinger richtig liebgewinnen», sinniert Holk Cruse, Biokybernetiker in Bielefeld, während er drei simple, sensorgesteuerte Blechfahrzeuge beobachtet.

Haben sie etwa eine Seele? Wenn nichtmenschlichen Dingen eine Seele (lateinisch *anima*) zugedacht wird, heißt dieses Vorstellungsverhalten Animismus. Wer nicht von «Seele» reden möchte, kann Animismus genausogut als das Ausüben sozialer Beziehungen gegenüber nichtmenschlichen Adressaten definieren. Wie auch immer, Animismus tritt in allen Kulturen auf. Heutzutage müssen beispielsweise Stofftiere, Sexpuppen oder gar Autos dafür herhalten, daß Menschen sie mit sozialem und emotionalem Beschlag belegen. Manche sprechen mit ihren Pflanzen, damit sie besser gedeihen, andere behaupten, ihre Katze verstehe sie besser als jeder Mensch. Es gibt Friedhöfe für Haustiere. Nun gut: Pflanzen und Haustiere machen es ihren Besitzern leicht, sie als Interaktionspartner zu behandeln. Aber Computer auch.

«Wann habt ihr wieder die Chashewnüsse aus Angola?» – «Moment», antwortet die Frau hinter dem Tresen im Bioladen, «ich muß mal eben den Compi fragen.»

Den Compi. So weit ist es schon. Waldi der Dackel und Herbie das Auto lassen grüßen. Auf der CeBIT im Jahre 1990 bot eine Computerfirma Plüschteile an: Arme und Beine für Compi. Und wenn Compi nicht brav ist, gibt's eins mit dem Bit-Banger. Das ist ein Baseballschläger aus Schaumgummi, den eine US-Firma für Computerzubehör vertreibt.

Untersuchungen zeigen, daß Computerbenutzer sich vorstellen, sie kommunizierten mit ihren Maschinen; dies gilt auch für Personen, die im Gespräch einräumen, «eigentlich» ja nur an einer Maschine zu arbeiten. Diese Rückkehr zur Position «eigentlich ist es nur eine Maschine» wird uns von den heutigen, immer noch einfältigen Computern leichtgemacht. Doch es kündigen sich bereits Computertechniken an, deren Interaktion mit Menschen der rein zwischenmenschlichen Kommunikation ähneln wird – Computer, die auf Gesten, Augenzwinkern, fragende Gesichter, Untertöne im gesprochenen Satz reagieren. Unser Verhalten ihnen gegenüber wird animistisch sein, was immer wir an rationalen Vorbehalten, sicherheitshalber, in unseren Hirnen festschrauben mögen. «Eigentlich nur eine Maschine», das ist Selbstbetrug. In der Technik gibt es kein «eigentlich».

Was für Computer gilt, das gilt erst recht für Roboter. Sie sind Computer mit Gliedern und Sensoren («Computer sind amputierte Roboter», hat mein Freund und Kollege Klemens Polatschek einmal gesagt). Unser Umgang mit Robotern wird animistischer sein als der Umgang mit Computern, weil sie uns mehr ähneln.

Der Techno-Animismus kommt nicht von ungefähr. Die neuzeitliche Naturwissenschaft hat ihn vorbereitet, indem sie natürliche Lebewesen als Maschinen interpretierte.

Die ersten Mikroskopiker wie Antonie van Leeuwenhoek sahen Insekten als Mikromaschinen, als Automaten an, und René Descartes trieb diesen invertierten Animismus beinahe bis zum Äußersten: Dem in Sachen Physik geschulten Philosophen war der gesamte menschliche Körper ein Ensemble mikromechanischer Geräte.

Den Geist nahm er aus. Ihm reservierte er eine eigene Sphäre, einen anderen Raum als dem Stoff, aus dem die Lebewesen sind; Descartes war Dualist.

Jetzt mußte nur jemand kommen, der den Satz aussprach: Der Mensch ist mit Leib und Seele Maschine.

L'homme machine

Als der Arzt und Philosoph Julien Offray de La Mettrie im Jahre 1747 just dies niederschrieb, einhundert Jahre nach Descartes, da war das noch immer ein skandalöser Gedanke. Er ist es bis heute.

La Mettrie kannte aus eigener Anschauung die bewegten Meisterwerke von Jacques de Vaucanson (1709–1782). Nebst anderen mechanischen Figuren hatte Vaucanson ein Federvieh zusammengebastelt, dessen Knochenbau und sonstige Anatomie das zoologische Wissen der Zeit summierte; es schwamm, watschelte, schnatterte, pickte Körner, weichte sie im Gedärm und ließ sie schließlich als nasse Häufchen auf den kostbaren Böden der Pariser Salons zurück. Vaucansons künstlicher Flötenspieler wiederum blies und spielte auf einem echten Instrument (Hunderte Flöten soll Vaucanson ausprobiert haben, bis er die richtige fand – auch in der Rokokorobotik ging es also nur mühsam voran).

Der Kommentar La Mettries: «Wenn Vaucanson für die Herstellung seines Flötenspielers mehr Aufwand und Geschick aufbieten mußte als für seine Ente, dann müßte er sich für einen Sprecher eben noch mehr anstrengen (denn eine solche Maschine kann heute als Werk eines neuen Prometheus nicht mehr für unmöglich gehalten werden)» – alles eine Frage der Ingenieurkunst.

Dabei blieb La Mettrie nicht stehen. Er dachte die Ideen der Aufklärung rücksichtslos weiter und wurde damit zu ihrer Unperson. Voltaire nannte ihn einen betrunkenen Verrückten, Diderot schalt ihn einen schamlosen Narren – warum diese Wut? Weil La Mettrie eine anarchistische Schlußfolgerung aus seiner Maschinentheorie zog: Der Mensch ist ein ganz und gar diesseitiges Wesen. Kein Gott, kein Naturrecht, kein Prinzip von Gut und Böse schwebt über ihm. Normen existieren nur aus pragmatischen Gründen; wer sie bricht, ist kein niederer Mensch, ist nicht böse, ist ohne Schuld. Das mußte die staatsfixierten und religionstreuen Aufklärer auf die Palme bringen.

La Mettrie, der erste konsequente Materialist der Neuzeit, hinterließ ein Rätsel, an dem die Philosophie bis heute herumbeißt: Wenn der Mensch eine Maschine ist, was ist dann der freie Wille?

Anders gefragt: Können Roboter freien Willen haben? Ich schlage vor, wir beschäftigen uns erst einmal näher mit Robotern, bevor wir uns, gegen Ende des Buches, erneut an diese Frage wagen.

zweites kapitel

Was ist das, ein Roboter?

bitte anschnallen! Was nun folgt, stammt aus der VDI-Richtlinie 2860 und ist die offiziell abgesegnete Definition: Roboter sind «universell einsetzbare Bewegungsautomaten mit mehreren Achsen, deren Bewegungen hinsichtlich Bewegungsfolge und Wegen bzw. Winkel frei (das heißt: ohne mechanischen Eingriff) programmierbar und gegebenenfalls sensorgeführt sind. Sie sind mit Greifern, Werkzeugen oder anderen Fertigungsmitteln ausrüstbar und können Handhabungs- und/oder Fertigungsaufgaben ausführen.»

Sind Sie noch da?

Das ist das Verrückte: Es gibt Phänomene wie die Liebe oder das Übergewicht, die unsereiner zwar bemerkt, wenn sie gegenwärtig sind, die sich aber nur schwer beschreiben lassen. Roboter sind so ein Phänomen. Im Folgenden will ich versuchsweise Definitionen zusammenstellen und an Grenzfällen ausprobieren, um auf diese Weise das Gebiet der Robotik abzustecken.

Zunächst wird die umständliche VDI-Definition flotter gemacht. Das «universell einsetzbar» lassen wir gleich weg, denn nichts auf der Welt ist «universell einsetzbar». Hier kommt die Turbo-Variante: «Roboter sind Automaten mit mehreren Bewegungsachsen; ihre Bewegungen werden von umprogrammierbaren Computern gesteuert.»

Ich will mir diese Definition nicht zu eigen machen, aber sie läßt sich wenigstens handhaben. Als erstes Beispiel hält mein ganz normales Fahrrad her. Ja, es hat mehrere Bewegungsachsen, aber das war's auch schon. Von Automatismus keine Spur. Klarer Befund: kein Roboter.

Automaten, Waschmaschinen, Roboter

In der *Ilias* heißen die sich selbsttätig öffnenden Türen des Olymp «automata». Solche Selbsttätigkeit zeichnete bis zum Aufkommen der mathematischen Automatentheorie den Automaten aus. Heute können wir etwas genauer sein: Für einen Automaten braucht es viererlei, nämlich einen Input, einen Systemzustand, ein Programm und einen Output.

Ein Automat

- empfängt einen Input,
- checkt seinen derzeitigen Systemzustand
- und reagiert programmgemäß auf Input und Systemzustand: erstens mit einem Output und zweitens mit einem neuen Systemzustand. Alsdann kann das Spiel von neuem beginnen.

Ein Beispiel: Der Weinkellner sieht, daß ich mit den Augenbrauen unauffällig-auffällig zucke (Input), stellt nach kurzer Introspektion fest, daß er nichts Dringenderes vorhat (Systemzustand), und kommt pflichtgemäß (Programm) an meinen Tisch (Output), bereit, mir sein Ohr zu leihen (neuer Systemzustand). Also, das ist ein Automat.

Wie meine Waschmaschine, insoweit. Nein, ihr Input ist nicht die schmutzige Wäsche; den Input liefert die Schaltuhr. Der Systemzustand gibt an, was die Maschine gerade macht: Vorspülen, Hauptgang, Weichspülen, Sonstwasspülen, Schleudern oder bloß Herumstehen. Das Programm heißt beispielsweise «Feinwäsche»; der Output ist eine Kombination aus Trommeldrehung, Wasserfluß, Temperatur. Meine Waschmaschine ist ein Automat. Das steht ja auch auf der Bedienungsanleitung.

Vielleicht ist die Maschine sogar ein Roboter. Man kann nie wissen. Prüfen wir das nach. Sie wird von einem Mikroprozessor gesteuert, was letztlich ein Computer ist. Gut. Kann ich ihn umprogrammieren?

Gewiß doch. Ich muß ihn dafür zwar ausbauen und mir ein geeignetes Programmiergerät beschaffen. Aber über den technischen Aufwand sagen die Worte «frei programmierbar» oder «umprogrammieren» nichts.

Letztlich ist sogar die Wahl zwischen verschiedenen Waschprogrammen und Einstellungen ein Umprogrammieren. Denn sehen wir uns einen Computer an, den Inbegriff alles Programmierbaren: Heutzutage werden die meisten Programme in Hochsprachen wie C oder Pascal geschrieben; diese Sprachen enthalten bereits komplett zusammengeschriebene Miniprogramme, die jeweils mit einem einzigen Befehl aufgerufen werden können. Selbst die Programme in sogenannter Maschinensprache, deren Befehle beispielsweise «0F» oder «A7» lauteten und die ich vor Jahren nächtelang in meinen Commodore 64 getippt habe, riefen ihrerseits fix und fertig vorhandene Mikroprogramme auf. Wenn ich auf «Feinwäsche mit Wassersparen» schalte, ist das ebenfalls ein Programmaufruf.

Unterdessen ist die Wäsche fertig. Unbeantwortet blieb hingegen die Frage, ob meine Waschmaschine ein Roboter ist.

Sie hat nur eine einzige Bewegungsachse, die Rotationsachse. Obwohl – jeder Hausmann weiß, daß Waschmaschinen umherwandern können (siehe D. C. Conrad, W. L. Cleghorn, R. G. Fenton: «On the oscillatory walk of automatic washing machines»; in: *Journal of Sounds and Vibration*, Bd. 188, Nr. 3, 7. Dezember 1995, S. 301 ff) ... na gut, einverstanden, diese Bewegungsachsen sind vom Werk nicht beabsichtigt. Sie dürfen nicht mitgezählt werden. Doch nur einmal angenommen, eine Waschmaschine käme auf den Markt, die ihren Inhalt je nach Waschprogramm in mehrere Bewegungsrichtungen schütteln könnte – wäre sie deswegen etwa schon ein Roboter?

Nie und nimmer. «Programmierbar» und «mehrachsig» können nicht die entscheidenden Kriterien sein. An Robotern ist noch irgend etwas anderes, das sie zu ganz besonderen Maschinen macht. Um dies herauszufinden, sehen wir uns eine Maschine an,

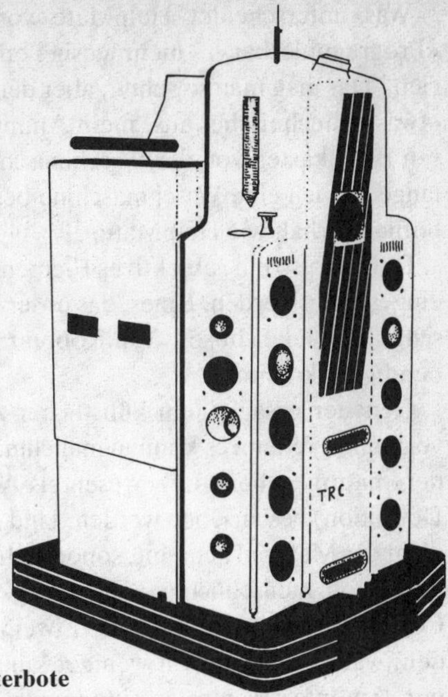

Abb. 1: HelpMate, der Roboterbote

die unstreitig ein Roboter ist: HelpMate, ein vollautomatischer Bote, entstanden in Joe Engelbergers «Transition Research» (Abbildung 1).

In der Versuchshalle des Stuttgarter Fraunhofer-Instituts IPA wartet HelpMate auf Befehle. Ein Robotiker, der mit dem krankenhausmäßig geweißelten Blechkasten experimentiert, tippt «Zielstation 33» in die Tastatur. HelpMate fährt los, aber da steht ein Papierkorb, der ihn stört. HelpMate hält an, versucht sodann, links vorbeizufahren. Das gelingt nicht. HelpMate fährt zurück, verharrt einen Moment bewegungslos, versucht es jetzt rechts herum. «Das ist das Schöne, er gibt eigentlich nie auf», kommentiert der Ingenieur. Nun ja, manchmal schon. Auch rechts herum geht's nicht: «Ein Hindernis versperrt meinen Weg», hören wir, und: «Bitte entfernen». Ich räume den Papierkorb beiseite. «Vielen Dank», sagt HelpMate und fährt weiter.

Was unterscheidet HelpMate von meiner Waschmaschine? «Programmierbar», «mehrachsig» oder andere technische Kriterien? Das mag man so sehen, aber den großen Unterschied macht etwas Untechnisches aus: mein Animismus nämlich. Er hebt diesen Blechkasten von der Waschmaschinenklasse ab. Jedenfalls so lange, bis ich eine Waschmaschine besitze, die sich annähernd so höflich verhält wie HelpMate.

Es muß also ein subjektives Element in den Roboterbegriff hineingewoben werden. Eines, das unser Verhältnis zur Maschine beschreibt. Vielleicht so: «Ein Roboter ist ein Automat, der uns lebendig vorkommt.»

Genauer gesagt: «ein künstlicher Automat, der uns lebendig vorkommt», denn es können manchmal auch Weinkellner und andere naturgegebene Lebewesen als Automaten (im Sinne obiger Definition) beschrieben werden. Und mit «künstlich» ist natürlich nicht das Material gemeint, sondern die Tatsache, daß der Gegenstand von menschlicher Kunstfertigkeit geschaffen wurde. Ein Computer, dessen Bauteile aus Eiweiß anstatt Halbleitern bestünden, wäre insofern nicht weniger künstlich als das Notebook vor mir. Am interessantesten sind immer die Grenzfälle: Was, wenn es möglich wäre, ausschließlich mit Gentechnik einen Primaten, einen Menschen gar, zu konstruieren? Dann wäre er eben auch künstlich – und zugleich wäre er natürlich, die Grenze beider Begriffe löste sich auf. Niemand kann allerdings absehen, wann oder ob das einmal der Fall sein wird.

Das «lebendig» in unserer neuen Definition läßt sich auch noch ein wenig präzisieren. Wir hatten schon gesehen, daß manche Dinge dem Animismus sozusagen entgegenkommen; für Roboter gilt: Je intelligenter sie sind, desto lebendiger wirken sie auf uns. In diesen Kontext passen zwei andere Definitionen:

- «Robotik ist das Eintreten künstlicher Intelligenz in die reale Welt» (Takeo Kanade).
- «Ein Roboter ist die intelligente Verbindung von Wahrnehmung und Handlung» (Michael Brady).

Was den problematischen Begriff der «Intelligenz» betrifft, so soll als Definition hier genügen, daß eine Maschine dann Intelligenz zeigt, wenn wir ein analoges Verhalten von Tieren oder Menschen als intelligent bezeichnen würden. Damit sind nun Merkmale für eine Roboterdefinition zusammengekommen, die nicht schlecht aussieht:

«Ein Roboter ist ein künstlicher Automat, der lebendig wirkt, weil er sich in gewisser Weise intelligent verhält.»

Die Tänzerin und der Asbestfresser

Vaucansons Ente war ein künstlicher Automat, der höchst lebendig wirkte, aber nicht etwa, weil der Mechanismus in irgendeiner Weise intelligent erschien. Fazit: kein Roboter. Was ist mit Marionetten? Sie mögen zwar aussehen wie Pinocchio, verhalten sich aber nicht wie die lebendige Holzpuppe – durchgefallen.

Es gibt, wie stets, einen Sonderfall. Er ist im äußersten Nordwesten Deutschlands zu besichtigen und ein Wunderwerk. Am Fachbereich Maschinenbau der Fachhochschule Emden gibt es einen Raum, der als Kombination von Kleinkunstbühne und Elektroniklabor eingerichtet ist. Computer, Oszillographen, blinkende Lämpchen, und in der Mitte der schwarz gehaltenen Bühne hängt eine lebensgroße Marionette, angestrahlt von rotem und gelbem Licht. Unbewegt hängen ihre Schleier herab.

Es ist dunkel. An den Computern macht sich der Maschinenbauprofessor Gernot Hoffmann zu schaffen, schiebt schließlich irgendwo eine Kassette ein. Orientalische Musik ertönt, und nach wenigen Takten fügt sich ein unaufdringliches Geräusch von Elektromotoren und Bahnführungen hinzu. Siehe da: Die Puppe beginnt, sich zu bewegen, ohne daß ein Mensch an ihren Fäden zieht. Erst die Schultern, dann die Hüften. Sie fährt ein wenig hin und her. Bald werden ihre Tanzfiguren raumgreifender und dynamischer, und immer passen sie zur Musik. Starre Augen, das Gesicht ohne Mimik, ihr seidenes Gewand, das die Bewegungen nachzeichnet, all das zusammen gibt der Puppe eine Aura von Melancholie und Laszivität.

Gernot Hoffmanns Marionette ist von ganz anderer Art als etwa die fiktive Tanzpuppe des Dichters E. T. A. Hoffmann: Die hieß Olympia, sah zum Verlieben schön aus, erschreckte aber ihren Bewunderer Nathaniel mit ihren allzu akkuraten Bewegungen.

Nein, was da in Emden tanzt, das schwingt und schwebt – zugegeben: für die Männergesellschaft von Robotikforschern –, als hätte es Seele.

Reizvoll wirkt die eindeutig weibliche Gestalt allerdings nur von vorn. Ihr Rückwärtiges ist spärlich bekleidet und entpuppt sich als Gestell, das aussieht wie zwei irgendwie zusammenmontierte Kleiderbügel; einer stellt die Schultern, der andere das Becken dar. Die Aluminiumbügel hängen an Seilen, die von elektrischen Motorwinden gewickelt werden. Eine Stange verbindet den Kopf mit einem Motor, der jenen drehen und nicken lassen sowie die gesamte Figur umherführen kann. Der Kopf ist starr montiert, damit er nicht unnatürlich wackelt; sanftes Schwingen des lose aufgehängten Beckens und der Schultern hingegen ist durchaus erwünscht. Soviel zum Körper der Puppe.

Ihre Seele ist das Programm, das die insgesamt zwölf Motoren steuert. Sobald die Musik erklingt, werden die Töne von einer schnellen Recheneinheit namens «Signalprozessor» statistisch analysiert. Hoffmanns Computer wertet die regelmäßigen Lautstärkeschwankungen aus und entdeckt Rhythmen, Strophen und sich wiederholende Motive; Psychoakustiker haben ermittelt, daß bereits die bloßen Schwankungen der Lautstärke einen Großteil der Informationen über ein Musikstück enthalten. Zweihundertmal pro Sekunde frischt der Rechner seine Statistik auf. Er wählt bis zu zwölf wiederkehrende Musikstrukturen aus, ein anderer Computer ordnet ihnen passende Bewegungen der Puppe zu – es wäre ja nicht schön, wenn die Marionette in rasendem Tempo eine Kreisbahn beschreiben und dabei gravitätisch mit dem Kopf nikken würde.

Ist die namenlose Tanzmaschine ein Roboter? Sie ist ein programmierbarer, künstlicher Automat, der höchst lebendig wirkt, das alles ganz gewiß. Und wenn eine Frau so tanzen würde wie die Emdener Figur, dann würde das jedermann für eine künstlerische Intelligenzleistung halten. Aber etwas läßt mich doch zögern, die metallene Tänzerin ohne weiteres als Roboter zu klassifizieren: Ihrem Tanz fehlt Autonomie.

Der schon im Altgriechischen immer auch politische Begriff «Autonomie» bedeutet Eigengesetzlichkeit und Unabhängigkeit. Nun ist eigentlich jeder Automat in gewissem Maße autonom, dafür sorgen seine inneren Zustände, die sein Programm genauso berücksichtigen muß wie den Input aus der Außenwelt; doch wenn man das Problem zu Ende denkt, stellt sich leider der Schluß ein: Alles, was existiert, ist letztlich autonom.

Angenommen, Sie liefen im «autonomen Block» einer Demo mit und würfen einen Stein. Wäre der Stein selbst auch autonom? Sie können ihn nur deshalb werfen, weil er ein bestimmtes Gewicht, eine bestimmte Größe, einen bestimmten Fundort und keine Verankerung am Boden hat. Er bestimmt, ob Sie ihn werfen können. Ist er zu groß, zu schwer, unauffindbar oder mit anderen Steinkollegen vermörtelt, er verweigerte sich Ihrem politischen Denk- und Wurfansatz. Ihr Wurf-Input würde wegen der versteinerten Systemverhältnisse nicht zu einem Flug-Output führen.

Autonomie ist folglich ein Maßbegriff. Jemand (oder etwas) kann nur so oder so viel (oder wenig) an Autonomie haben. Das Maß für Autonomie dürfte die Zahl der inneren Zustände sein, die ein System einzunehmen vermag. Also die Komplexität eines Systems. Je mehr Zustände in Frage kommen, desto schwerer läßt sich das System durch Inputs steuern. Je größer der Zustandsraum, desto schwerer ist das Systemverhalten aufgrund einer bloßen Inputfolge vorherzusagen, desto mehr eigene Antworten hat es auf Inputs – desto stärker ist es mithin selbstgesteuert. Von allen in diesem Buch vorgestellten Systemen besitzt der Stein das geringste Quantum an Autonomie. Lassen Sie ihn liegen.

Die Tanzmarionette scheint ein Grenzfall zu sein. Ihr Vater hat ihr künstlerische Vorstellungen aufgeprägt – seine eigenen. «Meine ganze Vergangenheit kondensiert sich in dieser Marionette», sagt Hoffmann. Wohl ist es Kunst. Aber nicht ihre, sondern ausschließlich seine. Das Unvorhersehbare ihres Tanzes liegt in der künstlerischen Phantasie des Schöpfers, nicht des Geschöpfes. Er ist in hohem Maße autonom, sie indessen kaum. Sie ist fraglos roboterverwandt, doch ihre Brüder und Schwestern sind eher die kinetischen Skulpturen von Jean Tinguely und Niki de Saint Phalle.

Nach so viel Schönheit mal wieder etwas Rabiates: «Boa», eine Maschine, die Asbest frißt.

Das Gerät wird am Field Robotics Center in Pittsburgh entwikkelt. Das wie ein Metallzylinder aussehende Ding hangelt sich mit geräuschvoll schniefender Hydraulik an Rohren entlang, überwindet Hindernisse wie zum Beispiel Aufhängungen, zerschnippelt mit rotierenden Messern sämtliche Verkleidungen aus Klebeband, Aluminium, Plastik oder Drahtgeflecht und beißt sodann die Asbestisolierung ab, bespeichelt das Zeug mit Wasser und spuckt es in einen Plastiksack; zu guter Letzt hinterläßt das Knabbermonster eine schnell härtende und abdichtende Schleimspur auf dem Rohr.

Bevor Boa loslegt, wird sie ans Rohr geklemmt, dann beginnt sie zu kriechen: erste Klammer auf, Klammer vorwärts schieben, Klammer zu, zweite Klammer auf, diese vorschieben, wieder zu, nun den Körper vorschieben, sodann die erste Klammer wieder auf – und so fort. Boas Sensoren (Fühlelemente) teilen ihr mit, ob sie es mit Asbestisolierung oder Metall zu tun hat, sogar um welches Metall es sich handelt. Ist sie ein Roboter?

Nach der offiziellen Definition keineswegs. Boa kriecht einfach das Rohr entlang, geht, je nach Rohrbeschaffenheit, nur wenige verschiedene Programmfolgen durch, und umprogrammiert wird gar nichts. Intelligenz? Keine Spur. Nach der inoffiziellen Definition ist Boa also ebenfalls unrobotisch.

Dennoch sehe ich Boa als Roboter, sooft ich an sie denke – und das aus einem einfachen Grund: Hagen Schempf, ihr Vater, ist Robotiker. Seine Biographie, seine Methoden und seine ganze Umgebung sind robotisch, er gehört zur *robotics community*. Eine Roboterdefinition, die Wissenschaftssoziologen Freude machen würde, könnte folgendermaßen lauten: Roboter sind Maschinen, die von der *robotics community* ersonnen werden. Diese wiederum ist eine Kommunikationsgemeinschaft von Leuten, die sich theoretisch und praktisch für eine Disziplin namens Robotik interessieren.

Ein Automat ist ein Roboter, wenn er von einem Robotiker abstammt. («10. Sie brauchen dich, um auf die Welt zu kommen.»)

Robotik

Die Informatik ist keine bloße Computerwissenschaft, und genausowenig ist die Robotik bloße Roboterwissenschaft. Der australische Robotiker Philip John McKerrow beschreibt seine Wissenschaft als «die Disziplin, die Folgendes umfaßt:

a) den Entwurf, die Herstellung, die Steuerung und Programmierung von Robotern;
b) den Einsatz von Robotern für Problemlösungen;
c) die Untersuchung von Steuerungsvorgängen, Sensoren und Algorithmen bei Menschen, Tieren und Maschinen und
d) die Anwendung dieser Erkenntnisse auf die Konstruktion von Robotern».

Hier wäre vielleicht kurz einzufügen, was unter einem Algorithmus zu verstehen ist: Ein Algorithmus ist ein Rezept. Es formt ein Problem in seine Lösung um wie der Bäcker die Zutaten zum fertigen Kuchen.

Ein wenig genauer: Ein Algorithmus liefert zu jedem Problem einer bestimmten Klasse nach endlich vielen, formal festgelegten Schritten eine Lösung. Wichtiger Zusatz: falls eine Lösung existiert. Das Verfahren zur Division mehrstelliger Zahlen, das Sie in der Schule gelernt haben, ist ein Algorithmus für Probleme aus der Klasse «Division». Input: die Aufgabe. Output: der Quotient. Und formal ist das Verfahren insofern, als Sie beim Rechnen nicht an den Sinn jedes Einzelschrittes denken müssen. Sie brauchen genaugenommen an gar nichts zu denken. Sie lassen einfach das Programm abspulen, bis es zu Ende ist.

«Programm», das ist das Schlüsselwort. Jedes Computerprogramm ist ein Algorithmus.

Robotik läßt sich auch als Wissenschaft von Algorithmen ansehen; McKerrow schreibt in seinem Lehrbuch *Introduction to Robotics*: «Im Gegensatz zur Informatik, die sich mit der Transformation von Informationen vom Input zum Output befaßt, geht es in der Robotik um die Transformation der physischen Welt von einem Inputzustand zu einem Outputzustand» – ein Beispiel: Erst ist Asbest auf dem Rohr, dann beginnt Boa zu fressen, und zwar so lange, bis das Rohr abisoliert ist. Ende der Vorstellung.

Den algorithmischen Gedanken radikalisiert der Robotiker Jean-Claude Latombe von der Stanford University in Kalifornien. Der Fachmann für Roboternavigation und Aktionsplanung fordert eine strikt algorithmische Reorientierung seiner Wissenschaft. Die Robotik, ebenso wie die Informatik, befasse sich im Kern mit Algorithmen. Und ebenso wie die Informatik müsse sie sich von der Technologie emanzipieren und theoretisch werden, die Frage nach den technischen Umsetzungen gelte es den Praktikern zu überlassen. Statt dessen seien Roboteralgorithmen zu erforschen, zu vermessen und zu vergleichen, als «abstrakte Beschreibungen von Prozessen, die aus Bewegungs- und Wahrnehmungshandlungen im physischen Raum bestehen».

Latombes Forderung mag zunächst verwundern. Sind denn nicht die Lehrbücher der Robotik längst mit Mathematik vollgepackt, mit streng formalen Beweisen und zahllosen Algorithmen? Schon, aber das meint Latombe nicht. Ihm zufolge muß der Roboter als «Medium zur Steuerung der physischen Umwelt» verstanden werden. Die Objekte der realen Welt, mit denen es ein Roboter zu tun bekommt und die den Naturgesetzen wie Schwerkraft, Massenträgheit und Reibung folgen, diese ganzen Umweltbedingungen des Roboters solle die Robotik gleichfalls modellieren, als *agents*, als Mitroboter sozusagen. Die ganze Welt – ein einziges robotisches Technorama. Vorausgesehen hat das wieder einmal ein Maler: Fernand Leger, in dessen Bildern aus den Jahren 1913 und 1914 alles maschinell wirkt, die Figuren, die Landschaft, die Gebäude.

Gegenstand der Robotik wären somit der Roboter und seine natürlichen Mitroboter, und die Robotik muß zeigen, wie dieses Ensemble vom Ausgangszustand X algorithmisch in den angestrebten Endzustand Y hinüberwechselt. Weltzustand X ist der Input, Weltzustand Y ist der Output. Dazwischen vermittelt der Roboteralgorithmus. Die meisten der heutigen Roboterprogramme enthielten hingegen nur ein implizites und oberflächliches Verständnis von Wechselwirkung zwischen Roboter und Umwelt, kritisiert Latombe. Das zeige sich dann beispielsweise daran, daß es immer wieder zu Überraschungen komme, wenn ein Roboter in eine leicht veränderte Umwelt verpflanzt werde.

Eine Reihe praktisch bedeutsamer Fragen könnte mit einer weiter gefaßten algorithmischen Robotik angepackt werden. Ein Robotergehirn muß Sensordaten verarbeiten, Aktionen planen, Glieder bewegen etc. Wie verteilt es Rechenzeit und Speicherplatz auf diese Aufgaben? Und wie hängt die Verteilung der Ressourcen vom Charakter der Aufgaben ab? Bisher antworten Robotiker auf diese Fragen häufig nur auf der Basis ihrer Kenntnisse bestimmter Spezialfälle. Das bringt notgedrungen Fehler und folglich Mehrarbeit mit sich.

Latombe fordert allgemeingültige formale Regeln für die Lösung solcher Probleme. Gäbe es derartige Regeln, dann müßten Robotiker weniger herumprobieren (weniger Niederlagen, mehr Triumphe). Es kämen leistungsfähigere Roboter zustande. Eines Tages könnten Roboter gar automatisch, auf Anfrage, neue Roboter bauen, die für eine bestimmte Aufgabe optimiert sind.

Latombe darf sich also auf eine alte Ingenieursweisheit berufen: Nichts ist so praktisch wie eine gute Theorie. In einem Punkt möchte ich dennoch widersprechen. Denken wir an die Parallele zur Informatik, die Latombe zieht: Ist denn die theoretische Informatik die ganze Informatik? Mitnichten. Da gibt es noch die technische Informatik, die sich sehr wohl mit echter Hardware befaßt, und die praktische Informatik, die das Zusammenspiel von Mensch und Maschine erforscht. Robotiker beschäftigen sich ebenfalls technisch und praktisch mit Maschinen sowie deren Verhältnis zum Menschen. Es bleibt auf absehbare Zeit unmöglich, diese Probleme zu formalisieren. Und das gilt für die Robotik noch viel mehr als für die Informatik, denn das physische Leben der Roboter ist unendlich reicher als das der Rechner.

Latombes Programm paßt zwar problemlos unter die Definition der Robotik, wie McKerrow sie gibt, aber die Robotik auf Algorithmisierung zu reduzieren hieße denn doch, aus einem lebendigen Wechselspiel von Theorie und Praxis eine aseptische Rechnerwissenschaft zu machen.

Für Leute wie Red Whittaker wäre darin kein Platz mehr.

Robotiker beschäftigen sich mit Robotern. Was sind Roboter? Das, was Robotiker interessiert. Das Definitionsspiel dreht sich im Kreis. Mich stört das nicht. Wandern im Kreis strebt keinem Ziel zu, weshalb man in aller Ruhe die Landschaft betrachten kann.

drittes kapitel

Die Welt in der Hand

Eine einleuchtende Begründung für den Handkuß lautet: Irgendwo muß man ja anfangen. Dieses Kapitel soll eine anatomische Vorübung sein, und da sind Hände kein schlechter Start. Aus ihnen läßt sich die Zukunft der Robotik lesen: Die Hand weist einen Weg zu Geschicklichkeit und Intelligenz. Außerdem umfaßt die Handrobotik eine Vielzahl technischer und konzeptioneller Probleme, die in den nachfolgenden Kapiteln dann näher behandelt werden.

Japanische Ingenieure konstruierten bereits fünffingrige Roboterhände; sie begnügen sich freilich meist damit, die komplizierten Gebilde auf bestimmte Fertigkeiten zu spezialisieren, etwa auf das Klavierspiel. Auch Stephen C. Jacobsen hat seine Utah/MIT-Hand nahe am natürlichen Vorbild konstruiert: «Fehlfunktionen der mechanischen Hand kann der Experimentator besser verstehen, wenn sie der menschlichen Hand ähnelt. Von der wissen wir ja, daß sie funktioniert.» Die Utah/MIT-Hand hat drei Finger mit jeweils vier Gliedern, außerdem als vierten Finger einen sehr beweglichen Daumen. Die Glieder werden durch elektrisch angesteuerte Pneumatikzylinder bewegt. Die Kraft aus den Zylindern wird durch ein System von 32 Zugbändern aus superfesten Kunststoffasern übertragen, die über Umlenkrollen führen.

Allein um einen durchgetesteten, brauchbaren Prototyp für die Zylinder in Händen zu halten, benötigten die Konstrukteure der

Utah/MIT-Hand drei Jahre. Aber die Mühe lohnte sich; die Zylinder bestehen aus nur wenigen Elementen und entfalten bemerkenswerte Kraft. Zur Eleganz trägt die geringe Reibung bei; um diesen Effekt zu erzielen, konstruierte das Utah/MIT-Team eine neuartige Anordnung von Glaskolben und Graphitzylindern; störende Vibrationen wiederum reduzierte man mit Hilfe eines eigens ersonnenen Ventils. Liebe zum Detail – auch das ist Robotik.

Schön sieht sie aus, die Utah/MIT-Hand. Schwarze Fingerglieder mit silbrigen Gelenken, der Handrücken gleichfalls metallglänzend, und dann das feinnervige Zugsystem. Die Werbebranche beschäftigt «Handmodels» für ihre Spots; das sind Menschen, deren Hände ausgesprochen ansehnlich sind, der Rest ist schnuppe, denn er kommt ja nicht ins Bild, etwa wenn die Wirkungen des neuen Kombiprodukts von Spülmittel und Babycreme dargeboten werden sollen. Die Utah/MIT-Hand ist für mich das Handmodel der Robotik.

Zu den Systemanforderungen, die Jacobsen zu Beginn seiner Arbeit formulierte, gehört die «Fähigkeit zu grazilem Verhalten». Was heißt in diesem Zusammenhang «grazil»? Erneut und wie so häufig in der Robotik ist die Grenze zur Ästhetik berührt. Schweifen wir ein wenig dahin ab.

Auf der Industriemesse in Hannover berücken Roboterarme der Firmen ABB, Reis und Kuka regelmäßig das Publikum mit gymnastischen Übungen. Die Robotergruppen vollziehen ihre fließenden Bewegungen in vollkommener Übereinstimmung. 1983 erhielt ein Streifen namens «Ballet robotique» gar den Oscar für Kurzfilme: Industrieroboter von General Motors tanzten darin zu Musik von Bizet und Tschaikowsky. Viel weniger maschinenhaft übrigens als die Tänzer im «Triadischen Ballett» von Oscar Schlemmer, über das der Puppenkonstrukteur Gernot Hoffmann in einem Fachaufsatz schrieb: «Menschen tanzen wie Roboter – so wie man sich um 1922 Roboter vorgestellt hatte, die ihrerseits Menschen nachahmen.»

Was ist an maschinellen Ballerinen schön?

Unsere Urteile darüber, was das Schöne sei, sind unterschiedlichen Ursprungs. Geht es um die Schönheit von Lebewesen oder deren Nachbildungen, dann spielt gewiß ein sexuelles Moment hinein. Die Partnerwahl wird nicht zuletzt von Idealbildern gesteuert, denen die unbewußte Erwartung arterhaltender Reproduktion zugrunde liegt: Fruchtbarkeit, Jugend, Fitneß, vielleicht Intelligenz. In diesem Zusammenhang ist der Begriff des Grazilen und der Eleganz sinnvoll. Grazil ist ein Glied, das weit reicht und gleichzeitig wenig Masse hat, wie die Beine einer Giraffe. Mit wenig Bewegung eine große Wirkung zu erzielen, das ist elegant, wie der Gleitflug des Adlers. Und wenn ein Pneumatikzylinder, eine Roboterhand oder eine Tanzmaschine dem nahekommt, dann ist wirklich schon viel erreicht.

Es ist kein schlechtes Prinzip, zusätzlich zu allem Planen und Berechnen darauf zu achten, daß ein Roboter schön sei. Nicht nur, weil er zur Menschenwelt gehören und uns deshalb gefallen soll, sondern auch, weil auf diese Weise die Phantasie des Konstrukteurs dazu angeregt wird, interessante, grazile, elegante Lösungen zu finden. Auf diese Weise wird der Roboter auch zu einem Medium, das Vorstellungen vom Schönen wiedergibt und verändert.

Porträt eines natürlichen Mechanismus

Für die Herausbildung der grazilen und eleganten menschlichen Hand hat sich die Natur viel Zeit gelassen. 450 Millionen Jahre Evolution liegen zwischen der Brustflosse der Urfische und unserer Hand. In dieser Zeitspanne ist ein komplexes Gebilde aus Knochen, Bändern, Muskeln, Sehnen, Nerven, Haut und Haaren entstanden, das innig mit dem Gehirn zusammenarbeitet. Allein die Mechanik ist schon so kompliziert, daß Ingenieure nur die Hände ringen können.

Drei Glieder pro Finger, am Daumen zwei, fünf Mittelhand- und acht Handwurzelknochen machen unser natürliches Greifwerkzeug zu einem flexiblen Instrument. Es wird von einem System aus zahlreichen Muskeln in vielerlei Richtungen bewegt. Diese Muskeln entspringen teils in der Hand, teils am Unterarm und stehen mit dem Muskelsystem des ganzen Körpers in Verbindung. Die Hand verfügt infolgedessen über enorme Kraft im Verhältnis zu ihrem Gewicht, was feste und dennoch präzise Griffe erlaubt.

Jeder Muskel besteht aus einer Vielzahl feinster Fasern. Eine Faser hat eine bestimmte Schwelle für den elektrischen Reiz, der sie zur Aktion anregt. Sie kennt nur AN und AUS. Doch da unzählige Fasern zusammenwirken, kann die Zugspannung mit der Signalstärke fein reguliert werden. Unterarm, Handgelenk und Mittelhand umfassen insgesamt 39 Muskeln, die Hand und Finger bewegen. Hinzu kommen weitere 37 Muskeln an den Fingern. Die Muskelkraft wird von den Sehnen auf die Knochen übertragen. Einige Sehnen führen über mehrere Gelenke; damit sie besser gleiten, sind sie streckenweise von Sehnenscheiden umhüllt. Die Bänder schließlich verleihen dem ganzen Mechanismus Widerstandskraft und Elastizität. Die Handwurzel wird von einer Manschette aus Bändern umkleidet, andere Bänder liegen innerhalb der Handwurzel und der Mittelhand. Beide Bändergruppen dienen dazu, bestimmte Bewegungen zu erleichtern und andere zu erschweren. Das Ganze ist ziemlich raffiniert.

Für die Feinarbeit benötigt der Mensch vor allem seinen Daumen. Ursprünglich ebenfalls dreigliedrig, hat sich der Daumen zu einem kurzen, zweigliedrigen Finger zurückentwickelt. Doch der scheinbar benachteiligte «Pollex» – so nennen ihn die Mediziner – ist in Wahrheit der Vorarbeiter der menschlichen Hand. Seine Gelenkverbindung mit der Handwurzel ähnelt einem Kugelgelenk und befähigt ihn, sich jedem Finger gegenüberzustellen: Das ergibt den «Präzisionsgriff» im Gegensatz zum «Kraftgriff», bei dem die Finger gemeinsam etwas umschließen.

Die freie Beweglichkeit des Daumens teilen wir Menschen mit einigen Affen, etwa den Pavianen. Allerdings sind wir die einzigen lebenden Primaten, die einen zusätzlichen, besonders sinnreich konstruierten Daumenmuskel bewegen: den «Flexor pollicis longus», den «langen Daumenbeuger». Er reicht vom Unterarm bis zur Daumenspitze, beugt das letzte Daumenglied und verleiht diesem enorme Geschicklichkeit und Fixierkraft. Der Daumen schenkt uns mehr Fingerfertigkeit, als sie irgendein Tier besitzt.

Es gibt eine Theorie, der zufolge sich der Daumen zusammen mit dem «sozialen Lausen» entwickelt hat; der Superfinger wäre dann eng verbunden mit der Entstehung von Sozialbeziehungen und Intelligenz. Er ist gewissermaßen die Grundlage der Zivilisation. Daumen hoch für den Daumen!

Der Aufbau der Hand zeigt, worin ihre Stärke liegt: Sie ist ein Vielzweckwerkzeug. Der Mensch benutzt seine Hand jedoch auch als Sinnesorgan. Wir tasten uns durch die Welt. Eigenschaften wie glatt, rauh, samtig, klebrig oder elastisch sind begreiflicherweise mit der Hand am besten zu erkunden. Sie ist mit zahllosen Fühlkörperchen besetzt, den Rezeptoren. Mediziner unterscheiden interne und externe Rezeptoren (daher unterscheiden Robotiker interne und externe Sensoren). Interne Rezeptoren erfassen Muskelspannungen, Gelenkbewegungen, innere Erwärmung. So entsteht unsere Tiefensensibilität: Von den internen Rezeptoren erhält das Gehirn Informationen über die Stellung und Bewegung der Glieder sowie den Widerstand, der sich ihnen entgegensetzt. Die externen Rezeptoren hingegen reagieren unmittelbar auf äußere Reize.

Die über die Hand gespannte Haut ist reich an externen Rezeptoren. Einige reagieren auf ganze Reizspektren, andere sind spezialisiert, und es können mehrere, unterschiedlich funktionierende Rezeptoren für ein und dasselbe Eingangssignal zuständig sein. Auf jedem Quadratzentimeter der Fingerkuppen sorgen etwa 140 «Meissnersche Tastkörperchen» für Fingerspitzengefühl. Das sind ovale Gebilde, aufgebaut aus lamellenartig geschichteten Zellen und umgeben von einer dünnen Kapsel. Eine oder mehrere Nervenfasern sind in diese kunstvolle Architektur spiralförmig hineingewickelt. Die Meissnerschen Körperchen reagieren auf Zu- und Abnahme leichten Drucks. Ihr Signal ist abhängig von der Geschwindigkeit, mit der sich der Druck verändert. Sie liegen in den tieferen Hautschichten, zusammen mit den «Vater-Pacinischen Lamellenkörperchen»: Aus konzentrischen Schalen aufgebaut, sind diese Rezeptoren bis zu vier Millimeter groß und reagieren auf Beschleunigungen des Druckreizes. Mit anderen, mit mathematischen Worten: Die Meissnerschen Körperchen bilden die erste Ableitung des Drucks nach der Zeit ab, die Vater-Pacinischen Lamellenkörperchen die zweite. Die Erregung eines einzigen dieser Minimelder kann bereits genügen, um eine Empfindung hervorzurufen.

In den oberen Schichten der Haut wiederum melden kleine Gruppen von «Merkelschen Tastzellen» Druck und Verformungen. Auf Dehnungen der Haut reagieren die «Ruffini-Körperchen». Innerhalb jeder Handinnenfläche warten etwa 17000 solcher Fühlelemente auf Reize, und damit haben wir noch längst nicht alle Rezeptoren erfaßt. Hinzu kommen Zehntausende freier Nervenendigungen, deren Spitze nicht in einem Körperchen, sondern blank liegt. Für welchen Reiz eine Nervenendigung empfänglich ist, hängt ab vom Durchmesser der Nervenfaser, deren Reizschwelle, der Übermittlungsgeschwindigkeit sowie davon, ob die Faser von einer Schicht umhüllt ist. Manche freien Nervenendigungen sind temperaturempfindlich und dienen entweder dem Wärme- oder dem Kältesinn.

Auch die Körperhaare, etwa auf dem Handrücken, fungieren als Fühler. Ihre Wurzeln werden von «Haarfollikelrezeptoren» umschlungen: Sowie sich die Härchen bewegen, gibt der Rezeptor – nach dem Hebelprinzip – Nachricht. Haare sind Mehrzweckfühler. Sie registrieren Nähe und Luftbewegungen. Zugleich geben sie Signale an die Umwelt ab.

Robotikern sträuben sich die Haare, denken sie an die Datenflut, die von all diesen Rezeptoren ins Gehirn strömt. Und das sogar «in Echtzeit», wie es im Techno-Jargon heißt: Wenn mir das Weinglas entgleitet, kann ich meistens noch gerade rechtzeitig nachfassen – eine Glanzleistung (die viel zu selten gewürdigt wird). Die blitzartige Verarbeitung sensorischer Datenmassen ist das Gemeinschaftswerk ganzer Hirnregionen. Für die Empfindungen der Hand sind mehr Gehirnzellen zuständig als für die Signale der Rezeptoren in Nacken, Schulter, Rumpf und Bauchhöhle zusammen.

Sensible Roboterfinger

Und nun die künstlichen Finger. Sie müssen erst einmal lernen, was Druck ist.

Ein Drucksensor sieht beispielsweise wie folgt aus: Zwischen zwei metallenen Elektroden liegt eine Linse aus Gummi wie ein Fleischklops im Hamburger. Sie ist mit Kohlenstoff oder Silizium angereichert und daher elektrisch leitend, wenngleich mit einigem Widerstand. Die untere Elektrode liegt fest, die obere ist beweglich. Wird auf die bewegliche Elektrode Druck ausgeübt, preßt sie das Gummi platt. Dadurch wird die Kontaktfläche zwischen Gummiklops und Elektrodenscheiben größer, weshalb die Leitfähigkeit des gesamten Systems zunimmt.

Ein anderer Drucksensor besteht aus einer Kupferschicht, auf der nichtleitende Röllchen oder Klötzchen montiert sind, und darüber liegt leitfähiges Silikongummi. Bekommt das Gummi Druck, drängt sich seine Oberfläche in die Räume zwischen den Trennkörpern und gerät in zunehmend innigen Kontakt mit der Kupferplatte. Nach ähnlichen Prinzipien arbeiten Sensoren aus Kohlenstoffasern: Sie sehen aus wie die Stahlschwämmchen zum Reinigen von zerbratenen Pfannen; werden die Kohlenstoffknäuel zusammengepreßt, verkürzen sich die Wege des Stroms, vergrößert sich also die Leitfähigkeit des Ganzen. Kommerziell erfolgreich ist bereits ein Sensor mit einer Kontaktfläche aus nachgiebigem Material, die auf ihrer Unterseite eine Vielzahl von Zäpfchen aufweist. Wird das Material eingedrückt, so schieben sich die Zäpfchen in den Strahl einer Lichtschranke; je mehr Zäpfchen den Detektorstrahl blockieren, desto weniger werden die Photozellen erregt. «Magnetoelastische» Metallegierungen wiederum reagieren auf Druck mit Veränderung ihres magnetischen Feldes und gelten als vielversprechend, weil sie besonders robust sind.

Quarz und einige Keramiken verändern ihre elektrische Leitfähigkeit, wenn sie mechanischen Spannungen ausgesetzt werden. Derartige «piezoelektrische Materialien» finden sich in etlichen Drucksensoren; mit ihrer Belastbarkeit ist es jedoch nicht weit her. Widerstandsfähiger ist Polyvinylidenfluorid (PVF2). Dieser

Kunststoff wird in dünnen Schichten hergestellt, ideal zur Fingerkonstruktion. Er verhält sich nicht nur piezo-, sondern auch «pyroelektrisch»: Seine Leitfähigkeit wird zusätzlich noch von der Temperatur beeinflußt. Das kann Verwirrung bei der Interpretation der Signale stiften. Mittlerweile existieren einige, freilich sehr komplexe Algorithmen zur Unterscheidung der Druck- und Temperatursignale; besser wäre es schon, für jeden Reiz einen speziellen Sensor zur Hand zu haben.

Das Erfühlen der Temperatur eines Objekts spielt eine wichtige Rolle beim taktilen Erkunden, etwa bei der tastenden Differenzierung metallener und hölzerner Oberflächen. Einen Fingerzeig für die Konstruktion taktiler Temperatursensoren gibt uns das natürliche Vorbild: Der menschliche Finger ist selbst eine Wärmequelle, seine Temperatur liegt leicht über derjenigen seiner Umgebung. Was seine Nerven spüren, ist nicht nur die Temperatur eines Objekts, sondern auch dessen thermische Leitfähigkeit.

An der Universität im britischen Hull sind Robotiker auf eine originelle Idee verfallen: die Verwendung eines sogenannten Seebeckelements. Dabei handelt es sich um zwei Blöcke aus verschiedenartigen Halbleitern. Einer von ihnen wird geheizt, daraufhin entsteht zwischen den Blöcken eine elektrische Spannung, deren Höhe von der Temperaturdifferenz abhängt. Trifft nun ein Seebeckfinger auf thermisch leitendes Material, dann schwindet ein Teil der Wärme und trägt nicht mehr zur Temperaturdifferenz bei – infolgedessen sinkt die Spannung. Einer der Vorteile des Seebeckprinzips: Es paßt in die Chiptechnik und kann mit ihr gemeinsam auf Mikrogrößen schrumpfen.

Je kleiner die Fühlelemente, desto mehr lassen sich auf einer Fläche unterbringen. Die höhere Auflösung erlaubt ganz neue Sensationen. Legen Sie einmal Ihre Handinnenfläche, ohne hinzusehen, auf einen Kugelschreiber. Erkennen Sie die längliche Form? Jetzt auf die Kaffeetasse; spüren Sie die Kreisform? Bewegung tut ein übriges. Legen Sie die Fingerkuppen einer Hand auf Ihre Hose, die der anderen auf die Tischplatte; gut, und nun fahren Sie gleichzeitig mit den Fingerkuppen eine Teststrecke; Sie werden spüren, daß die fortdauernde Reizung bewegter Rezeptoren Ihnen einen neuen Eindruck von der Welt verschafft. Fährt ein mit vielen Drucksensoren ausgestatteter Roboterfinger über eine Textur, so kann aus der Signalfrequenz deren Rauhigkeit errechnet werden. Wer den Technofinger noch sensibler machen will, verpaßt seiner Spitze einen Kunststoffnagel, unter dem gleichfalls ein Drucksensor auf Reize wartet; anhand der einsetzenden Hebelwirkung kann so ein Fingernagel die Stabilität von Texturelementen testen.

All die Fühler, die bisher vorgestellt wurden, reagieren eigentlich nur lokal, dort also, wo sie nun einmal plaziert sind. Wie sollte es anders sein? Doch der Roboter muß an unsensorischen Körperstellen keineswegs gefühlskalt bleiben. Wir sind es schließlich auch nicht. Natürliche Hautrezeptoren reagieren auf Verspannungen, die in rezeptorfreien Nachbarzonen erzeugt wurden.

Unser ganzer Körper ist, zusammengenommen, ein einziger Rezeptor. Wir sind zu jeder Sekunde und mit jedem Quadratmillimeter unseres Körpers in Kontakt mit der Welt. Ihre Signale durchdringen uns und lösen etwas in uns aus, das uns wieder auf die Welt zurückwirken läßt. Und je sensibler Roboter werden, desto ähnlicher werden sie uns Menschen insofern sein.

Doch bevor wir nun die Roboterhand über die Oberflächen dieser Welt streichen lassen, müssen wir ihre Finger noch einmal genauer betrachten. Innen befinden sich die Metallknochen, dann kommen die Sensoren, und einen äußeren Schutzfilm braucht ein Finger wohl auch, damit er sich nicht infiziert, damit nicht Dreck und andere Einflüsse sein Innenleben beeinträchtigen. Aber was stecken wir zwischen Außenhaut und Sensoren? Hartgummi? Dann setzt sich noch die kleinste Schwankung der Fingersteuerung in wild ausschlagende Drucksignale um, und außerdem vibriert ein harter Finger viel zu leicht. Also benutzen wir für die künstlichen Hautschichten, vom feinen Außenfilm abgesehen, ein schön weiches Material.

Nur bitte nicht allzu weich. Sonst nämlich kommt es zu der gefürchteten «Stick-slip»-Reibung, ein oszillierendes Ruckeln zwischen Festhängen und Weggleiten. «Stick-slip» ist ein verbreitetes Phänomen, es läßt Tafelkreide kreischen, Reifen quietschen und die Erde beben (wenn zwei tektonische Platten aneinander reiben). Noch niemand hat den «Stick-slip»-Vorgang theoretisch in den Griff bekommen, er läßt sich also nicht berechnen und kann die Interpretation der Sensorsignale bis zur Unmöglichkeit beeinträchtigen.

Am besten eignen sich Fingerkonstruktionen aus weichen Lagen, und darüber eine Art Mattengeflecht, um dessen Täler und Bergzüge sich dann die Außenhaut legt; oder wieder eine Lage mit einer Vielzahl von Riffeln, von Kanälen auf der Außenseite. Bei nassen Oberflächen ist so ein Profil von Vorteil, wie die Autofahrer unter Ihnen wissen. Und werfen Sie einen Blick auf Ihre Fingerkuppen. Nein, was Sie dort sehen, hat die Evolution nicht zum Vorteil der Handleser oder der Kriminalpolizei entstehen lassen.

Begreiflichkeiten

Roboterhände werden nach Entstehungsorten oder Institutionen benannt: Belgrad/USC-Hand, Darmstadt-Hand, DLR-Hand, Hitachi-Hand, Karlsruhe-Hand, Odetics-Hand, Rosheim-Hand, SRC-Hand, Stanford/JPL-Hand, Utah/MIT-Hand, Victory-Enterprises-Hand. Griffige Bezeichnungen. Und alle diese Roboterhände haben Finger – insoweit folgen sie treu dem natürlichen Vorbild. Ihr Kraftantrieb hingegen hat schon nichts Biologisches mehr an sich. Eine Ausnahme bildet vielleicht die Erfindung der Battelle Pacific Northwest Laboratories in Richland (US-Bundesstaat Washington). Ihre Ingenieure haben eine Hand mit vier Fingern, Daumen und Handfläche gebaut, deren Glieder aufblasbar sind. An einer Seite der Gliedballons sind metallene Sehnen angebracht; werden die Glieder aufgepustet, so krümmen sie sich deshalb nach dieser Seite. Die Hand ist in etwa so stark wie die menschliche; anstatt mit Gas könnte sie auch mit Flüssigkeit gefüllt und bewegt werden, ein Prinzip, das in der belebten Natur verbreitet ist, etwa bei Schwellkörpern aller Art.

Zumeist werden Roboterhände von Elektromotoren betrieben. Diese lassen sich präzise steuern; ihre Kraft auf die Finger zu übertragen ist indessen keine triviale Angelegenheit. Die Glieder der Darmstadt-Hand erhalten ihre Kraft über Seilzüge; jedes Seil wird von einem Kabelmantel umhüllt, das Gewirr endet in einem unförmigen Block mit Elektromotoren.

Seilzüge haben Vorteile. Bei geschickter Anordnung der Seile, etwa wenn sie in entgegengesetzte Richtungen ziehen, läßt sich das Gesamtsystem steifen. Vor allem sind die Motoren ausgelagert, sie ziehen die Strippen von außerhalb – somit sind geringere Gewichte zu bewegen als bei Händen, deren Gelenke direkt von Motoren angetrieben werden. Wenn Fingerglieder einer Roboterhand einigermaßen kraftvoll sein sollen, haben die Motoren nämlich ein beträchtliches Gewicht und müssen noch dazu aufwendig gekühlt werden, etwa mit wärmeabführenden Ohren aus Metall (ein Prinzip, das der Natur abgeguckt ist, genauer gesagt: den Elefanten).

Doch leider werden Seilsysteme wie die Darmstadt-Hand von Reibungskräften geplagt, insbesondere zwischen Seilzug und Kabelmantel, und diese Kräfte sind schwierig zu berechnen («Stick-slip»). Außerdem wirkt das Mißverhältnis zwischen den drei schmalen Fingern der Darmstadt-Hand und dem gewaltigen Aufwand an Zugmechanik befremdlich. Zugegeben, wieder ein ästhetisches Urteil, dem ein anthropozentrisches Ideal zugrunde liegt – wie wohlproportioniert sind doch im allgemeinen unsere Arme, deren Muskeln und Sehnen die Hand ganz nach Wahl kräftig oder zart greifen lassen!

Je mehr Gelenke bewegt werden sollen, desto komplizierter werden die Seilgebilde. Aus diesem Grund propagiert eine andere Glaubensrichtung den Einsatz von je einem Direktantrieb pro Gelenk; die kleiner und leichter werdenden Elektromotoren verringern das Gewichtsproblem zusehends. Immerhin ersparen Direktantriebe die Seilerei. Dafür muß mehr verkabelt werden. Was das bedeutet, habe ich auf Kinderzimmerniveau bereits bei meinem Roboterarm aus Fischertechnik feststellen müssen: Er funktionierte ganz ordentlich, aber immer wieder verhedderte er sich in seinen eigenen Stromkabeln. Sagenhaft, an was der Robotiker alles denken muß.

Kraft und Gefühl allein genügen nicht. Es kommt auch auf den richtigen Griff an, ob beim Judo, beim Kuchenbacken oder in der Liebe. Als der Robotiker Mark R. Cutkosky von der Stanford University vor Jahren damit begann, die Handgriffe von Drehern und Fräsern zu untersuchen, staunte er nicht schlecht, denn nach kurzer Zeit hatte er bereits sechzehn Griffe ermittelt. Und das war erst der Anfang.

Es folgten weitere Grifforscher nach; einiges von dem, was sie herausfanden, sei hier vorgestellt, um die Vielseitigkeit der Hand, der Königin der Naturgreifer, zu demonstrieren. Sie dürfen mitmachen, dazu brauchen Sie: eine Stecknadel, ein Blatt Papier, ein Geldstück, einen Zigarettenautomat (optional), eine Zigarette, einen Bleistift, einen Tischtennisball und eine Musik-CD. Auf geht's:

- *Fingerspitzengriff:* Nehmen Sie eine Stecknadel mit zwei Fingern auf.
- *Fingerbeerengriff:* Nehmen Sie ein Blatt Papier in die Hand.
- *Fingerbeeren-Fingerseiten-Griff:* Halten Sie das Geldstück so, als wollten Sie es in den Schlitz des Zigarettenautomaten stekken.
- *Interdigitaler Griff:* Klemmen Sie eine Zigarette zwischen zwei Finger.
- *Tridigitaler Griff:* Halten Sie den Bleistift mit Daumen, Zeige- und Mittelfinger.
- *Tetradigitaler Griff:* Halten Sie den Tischtennisball mit vier Fingern.
- *Pentadigitaler Griff:* Legen Sie die CD in den CD-Player ein. Lauschen Sie der Musik, Sie müssen sich erst einmal entspannen.

  Bisher hatten wir nur die Fingergriffe geübt, nun folgen die
- *Handflächengriffe:* Es gibt sehr viele, man benutzt dabei die gesamte Innenhand. Einen Griff üben wir noch ein wenig: Sie benötigen dazu eine Weinflasche, einen Korkenzieher, ein Glas. Und morgen geht es dann weiter mit dem Ergreifen eines Takt-

stockes, einer Teetasse, einer Gabel, zweier Eßstäbchen; Sie drehen einen Kreisel, schneiden etwas aus, schöpfen Wasser, spielen ein Instrument – es gibt schier unendlich viele Griffe. Die richtige Wahl zwischen den Griffvarianten zu treffen ist mittlerweile Aufgabe von Computerprogrammen, deren Entwicklung zu einem eigenen Zweig der Robotik geworden ist.

Wenn nun der Gegenstand endlich in die Hand genommen ist, dann ist damit beileibe noch nicht alles geschafft. Nehmen wir wieder das aus den Fingern rutschende Weinglas als Beispiel: Es gibt bislang keine anerkannte Theorie des Rutschens, also keine adäquate Beschreibung in mathematischer Form. Und die wäre nicht nur nötig, um Sensorsignale richtig auswerten zu können, sondern auch, um gewisse Handlungen zu planen, insbesondere das absichtsvolle Rutschenlassen. Als Sie diese Seite aufblätterten, haben Sie Ihre Finger die Seite entlanggleiten lassen, nicht etwa aus Versehen, sondern weil das zu Ihrer – unbewußten – Strategie des Umblätterns gehört. Kontrolliertes Rutschen sei vielleicht die wichtigste Form geschickten Manipulierens, heißt es in einer Studie des Handrobotikers Kenneth Salisbury.

Die Karlsruhe-Hand diente nicht zuletzt der Rutschforschung. Die drei Roboterfinger reichen zwar aus, einen Gegenstand zu ergreifen, doch um danach dessen Lage in der Hand verändern zu können, müssen die Finger ihn kontrolliert an den Fingerkuppen entlangrollen und -rutschen lassen (probieren Sie das einmal aus: erst mit vier, dann mit drei Fingern). Vor allem muß vermieden werden, daß der umgriffene Gegenstand schon bei kleinen Ungenauigkeiten der Fingerbewegungen hinunterfällt. Die Karlsruher behalfen sich damit, erstens die Fingerkuppen nachgiebiger zu bauen; ein geeigneter Überzug sorgt für eine griffige Oberfläche. Zweitens brachten sie Sensoren in den Fingern unter. Registrieren diese Sensoren ein Rutschen, erhöht sich sofort die Greifkraft – ein Reflex. Schwieriger indes war der dritte Teil: das zielgerichtete Manipulieren des Gegenstandes mit den Fingern; zu diesem Zweck mußten sich die Karlsruher Ingenieure mit Programmen aus dem Vorrat der Künstlichen Intelligenz (KI) behelfen. Handrobotiker müssen ihre Systeme zudem befähigen, unausgesetzt neu zu planen, umzuplanen, auf bislang unerprobte Tricks zu verfallen. Gerade darin sind unsere Menschenhände unerreicht – etwa wenn wir ein Stück Seife in der Badewanne erjagen.

Alle Handentwickler arbeiten mit avancierten Rechnersystemen. Die zu programmieren macht einen großen Teil der Forschungsarbeit aus. Zumeist bestehen diese Systeme aus mehreren rechentechnischen Unterabteilungen, die miteinander verbunden sind. Wie ein Bastler Routine, Reflexe, Gefühl und Absicht einsetzt, so bedarf es auch im Greifrechner mehrerer Planungsebenen; viele Berechnungsvorgänge müssen gleichzeitig stattfinden. Daß paralleles Rechnen nötig ist, liegt auf der Hand, hat sie doch mehrere Finger, die sich zugleich bewegen.

Ich Bleibe Manuell (IBM)

Menschliche Hände empfangen Signale und senden Signale aus: taktile wie beim Händeschütteln, akustische wie beim Klatschen, visuelle ohne Zahl. Hände sind unser stärkstes Bindeglied zur Welt; handgreiflich mediatisieren sie uns die Umwelt. Vom Geldzählen bis zum Fäusteballen, vom Beten bis zum Boxen – unsere Lebensform ist handvermittelt. Arbeitskräfte heißen im Englischen «hands»; im Arbeitsprozeß, doch auch beim Tanzen, bei Abstimmungen, Menschenketten oder im Sport synchronisiert sich die menschliche Gesellschaft nach wie vor manuell, trotz aller elektronischen Medien – die ihrerseits mit Mäusen, Joysticks und anderen «haptischen Interfaces» manualisiert werden.

Wenn Roboter zu Mitlebewesen werden sollen, dann müssen sie «handsome» werden. Bis dahin wird es lange dauern. Handkonstruktion bleibt bis auf weiteres Grundlagenforschung.

Um den Reifungsprozeß ihrer Patienten zu diagnostizieren, fertigen Kinderärzte zuweilen ein Röntgenbild der Hand an. Nun, die Roboterhand ist ihrerseits ein guter Indikator für den Entwicklungsstand unserer nächsten Verwandten. Kenneth Salisbury, der Erfinder der Stanford-Hand, bringt es auf den Begriff: «Hochgradig funktionelle Mechanik, reichhaltiger Sensorinput und intellektuelle Fähigkeit ergeben zusammen die Geschicklichkeit des Menschen. Die maschinelle Geschicklichkeit dagegen leidet an Defiziten auf allen drei Gebieten. Sie ist noch immer nicht über das Kindesalter hinausgekommen.»

Noch jeder Handrobotiker, den ich besucht habe, machte mir anhand einfacher Gelenkbewegungen vor, wie bewundernswert der Naturgreifer ist und welche Schwierigkeiten die Zunft noch bewältigen muß, bis Roboterhände annähernd so geschickt sein werden wie die unsrigen. Dabei lernte ich einen der faszinierendsten Charakterzüge der Robotik kennen: Sie verzaubert das Selbstverständliche. Was alltäglich ist, führt sie als Naturwunder vor. Das Zubinden der Schuhe – ein rätselhafter, noch immer nicht durchschauter Trick.

Der belgische Maler René Magritte sagte einst in einem Interview: «Man hat allzuoft die Gewohnheit, das Fremdartige auf das Vertraute zurückzuführen. Ich bemühe mich, das Vertraute ins Fremdartige zurückzuversetzen.»

Der Mann hätte die Robotik kennenlernen sollen.

[illegible] der [illegible]
[illegible]
[illegible]
[illegible]

[illegible]
[illegible]
der [illegible] und [illegible]
[illegible]
[illegible]
[illegible]
[illegible]
vor [illegible] und [illegible]
[illegible]

Die beiden [illegible]
[illegible]
[illegible]
[illegible]

[illegible]

TEIL II: ANATOMIE UND BEWEGLICHKEIT

viertes kapitel

Glieder und Gelenke

Die historisch ersten Glieder tierischen Lebens auf der Erde dienten der Fortbewegung: zunächst Schwänze, später Flossen. Nachdem das Leben an Land gekrochen war, wurden Beine daraus. Die Mehrheit der Landtiere ist mittlerweile auf Beinen unterwegs – die Mehrheit der mobilen Roboter statt dessen auf Rädern. In seinem Robotik-Lehrbuch nennt Philip John McKerrow den Grund: «Räder sind einfacher zu steuern, bereiten weniger Stabilitätsprobleme, verbrauchen weniger Energie und sind schneller als Beine.»

Das Rad ist eine Glanzleistung menschlicher Kreativität. Auf der Suche nach einem natürlichen Vorbild für diese runde Sache fällt mir lediglich der Skarabäus ein. Vielleicht hat einmal ein Mensch im Zweistromland dieses Insekt beobachtet und sich gesagt: toller Käfer. Von dem kann man ja noch was lernen.

Nach Ansicht einiger Forscher ist das Rad zu der Zeit und im Zuge der gepflasterten Prozessionsstraßen entstanden. Auf ihnen rollten heilige Fahrzeuge, deren Räder die Sonne symbolisierten. Fahrzeug, Rad und Weg haben sich auch später gemeinsam vorangebracht. Der Ausbau des römischen Straßennetzes förderte die Wagenbautechnik. Die Erfindung des Automobils führte zum luftgefüllten Gummireifen, der seinerseits glatte Asphaltstraßen erforderte. So wurden weite Touren erträglich, weshalb die Ausdauer der Fahrzeuge und ihrer Pneus verstärkt werden mußte.

Später avancierte das Automobil zum Fahrgeschoß mit Stahlreifen, zum Prestigeobjekt mit Breitreifen. Dem Rad ist sein historischer Kontext ins Profil geschnitten.

Die heutige Allgegenwart des Rades spiegelt die technisch geformte und genormte Kunstwelt des Menschen wider, die Straßen, Plätze und Bodenbeläge. In diese Flachlandschaft paßt es optimal und wird so zur ersten Wahl für den Entwurf von Technowesen.

Räder, Ketten, Schnecken

Ein Roboter für ebenes Terrain sollte demnach möglichst als Radfahrzeug konstruiert werden. Der klassische Aufbau entspricht dem eines Autos. Vier Räder, an jeder Ecke eines. Und schon sind verschiedene Typen möglich: Vorder-, Hinter- oder Allradantrieb, Lenkung mit zwei oder mit allen vier Rädern. Es gibt Räder, die anstelle der Reifen Kränze aus Rollen aufweisen; die Drehachsen der Rollen liegen in Fahrtrichtung. Ein derartiges Rad ist zur Vor- und Seitwärtsbewegung fähig. Drei oder mehr solcher Räder an einem Fahrzeug geben dem Roboter bei geschickter Steuerung des Ganzen eine große Manövrierfähigkeit.

Verrückter sehen Illanator-Räder aus; sie liegen auf Rollen, deren Drehachse einen Winkel von 45 Grad zur Fahrtrichtung des Rades aufweist. Werden sie wie normale Reifen an allen vier Ekken angebracht, wobei darauf zu achten wäre, daß die Rollen der Vorderräder nach innen und die der Hinterräder nach außen zeigen (Abbildung 2), dann ist das Fahrzeug in der Lage, seitwärts zu fahren oder sich wie ein Uhrzeiger zu drehen. Mögen Sie es noch ausgefallener? Bitte schön: NASA-Ingenieure haben einen Roboter entworfen, der sich im Inneren eines gasgefüllten Plastikballs befindet; er ist mit drei Seilen an dessen Haut befestigt und bewegt das Gebilde, indem er durch Manipulation der Seillängen den Schwerpunkt des Ganzen verlagert.

Der Ballroboter blieb bisher nur ein theoretisches Konzept. «Kurt» hingegen ist ein realer Roboter aus dem Forschungszen-

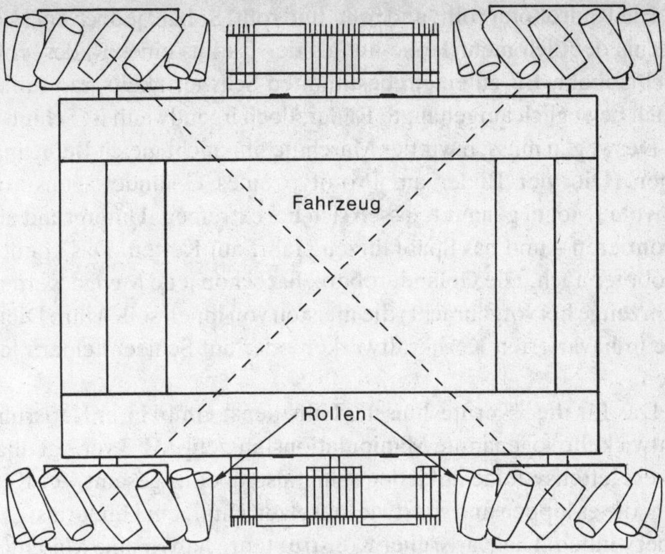

Abb. 2: Anordnung von Illanator-Rädern

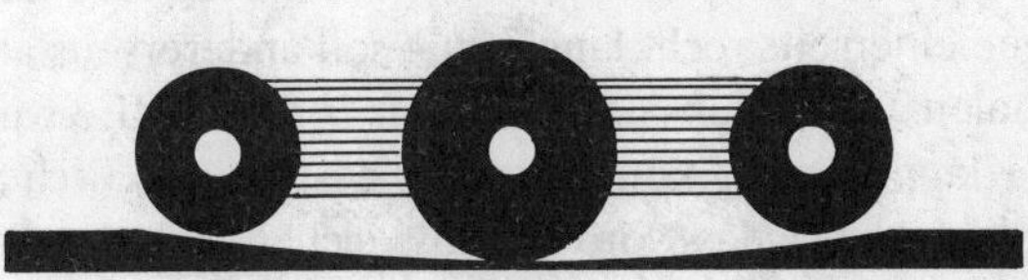

Abb. 3: Kurt aus Sankt Augustin

trum Informationstechnik (GMD) in Sankt Augustin, der sich eines Tages als Rohrreiniger nützlich machen soll. Er fährt auf sechs Rädern, an jeder Seite drei; das jeweils mittlere weist einen größeren Radius auf als die anderen beiden (Abbildung 3). Das auf diese Weise etwas unpassend wirkende Mittelradpaar bringt keine Manövrierprobleme mit sich, weil Kurt quasi schienengebunden fährt, nämlich im Rohr. Und der Vorteil des Radaufbaus: An Rohrkreuzungen etwa, also wenn das Rohr eine Delle aufweist, hat Kurt wenigstens noch mit den beiden Mittelrädern gute Bodenhaftung und kann daher eine komplette Drehung vollziehen.

Ein Radroboter rollt, und rollt, und rollt. Sobald jedoch ein Hindernis deutlich mehr Höhe hat als der Radius eines Rades, rollt nichts mehr. Bis zu einem bestimmten Schwierigkeitsgrad tun es noch beweglich aufgehängte Räder, doch irgendwann ist Schluß.

Deswegen müssen wir der Maschine nun nicht gleich Beine machen. Die vier Räder am Prototyp eines Geländewagens von Toyota, Mogul genannt, lassen sich bei extremem Untergrund abmontieren – und das Spaßfahrzeug fährt auf Ketten. Das können Roboter auch. Die Geländerobotik hat schon jede Menge Kettenfahrzeuge hervorgebracht; die meisten von ihnen sollen ihre Dienste in havarierten Kernkraftwerken oder auf Schlachtfeldern leisten.

Das für die «Kerntechnische Hilfsdienst GmbH» in Karlsruhe entwickelte sogenannte Manipulationsfahrzeug MF 3 verfügt über zwei Kettensysteme auf jeder Seite, also über insgesamt vier Ketten, die es kippen und sonstwie aufsetzen kann, um Hindernisse zu überwinden. Die Karlsruher Konstrukteure hatten eine Maschine angestrebt, die sogar in Treppenhäusern vom Fleck kommt. Dabei tut sich eine Schwierigkeit auf: Das Fahrzeug muß zum Treppensteigen einerseits recht lang sein – soll andererseits aber auch auf schmalen Treppenabsätzen wenden können. MF 3 wurde deshalb als Klappfahrzeug konzipiert. Es besteht praktisch aus zwei Kettenfahrwerken; das vordere läßt sich hochklappen, bis es senkrecht nach oben zeigt. Nun ist die Fahrfläche und damit der Wendekreis nur noch halb so groß.

Eine belgisch-amerikanische Maschine namens Acec, die man im Katastrophenfall in Kernkraftwerke schicken möchte, kraxelt auf drei beweglichen Kettensystemen (also sechs Ketten) über Beton- und Stahltrümmer. «Houdini» wiederum, ein von Boas Vater Hagen Schempf gebauter Tankreiniger, klappt sich zunächst zusammen, um durch enge Rohre zu passen; im Innern des Tanks angekommen, entfaltet er sich zu voller Länge und dreht nunmehr auf zwei Ketten seine Runden. Bizarrer noch nimmt sich der Prototyp einer Pioniermaschine namens «Spiral Tube All Terrain Robot» aus: Der von den Lawrence Livermore Laboratories (USA) gebaute Militärroboter weist auf jeder seiner beiden Seiten anstelle von Ketten archimedische Schrauben auf, Schnecken also, mit denen er vor-, rück- und seitwärts krauchen kann, wobei er minenfreie Pfade anlegen soll.

Schrauben- und Kettenfahrzeuge pflügen in innigem Bodenkontakt durchs Gelände. Das kann ein Vorteil sein, wie sich Ende 1995 bei einem Wettkampf in Ascona zeigte. Dort spielten Robotermannschaften der Universitäten Zürich und Brüssel gegeneinander Fußball. Den Ball vertrat ein durchsichtiger Würfel, aus dessen Innerem eine Lampe strahlte. Die Maschinen waren darauf programmiert, die Lichtquelle zu finden, den Würfel über eine gegnerische Torlinie zu schieben und dabei Kollisionen zu vermeiden. Brüssel gewann 4 : 1, denn die Kettenfahrzeuge aus Belgien krallten sich effektiver am Boden fest als die Radroboter aus der Schweiz. Der Nachteil der hohen Reibung: Sie kostet nicht nur Energie, sondern ruiniert auch die Genauigkeit; dies ist der Grund, weshalb ansonsten recht autonome Kettenroboter zumeist per Fernsteuerung geführt werden.

Stellen Sie sich nun bitte eine hügelige, bewaldete Landschaft vor. Unberührt. Sie mittendrin, im Geländewagen, im Kettenfahrzeug.

Geben Sie Vollgas, schlagen Sie eine Schneise! Irgendwann kommen Sie doch an einen Punkt, an dem Sie absitzen müssen.

Jetzt haben Sie allein Ihre Beine; Beine sind ein Wunderwerk. Mir hat einmal ein Bekannter gesagt: «Ich stehe auf Beine.» Seltsam, nicht wahr? Wo das Gehen doch viel aufregender ist.

Wandern, Staksen, Krabbeln

«Die Beine Ihres Autos», mit diesem vordergründigen Spruch und Frauenbeinen als Blickfang warb einst die Firma Pirelli für Reifen. Und so kraftstrotzend sich die Pneus neben den Beinen auch ausgemacht hatten, bei längerer, hingebungsvoller Betrachtung offenbarten sich eben doch gewisse Vorzüge des natürlichen Prinzips der Fortbewegung. Solche Beine, so viel stand fest, kommen überall hin.

Räder sind nicht immer die beste Wahl. Im arabischen Wüstensand zogen die Nomaden jahrtausendelang das Kamel dem Wagen vor, obwohl doch das Rad in ihrer unmittelbaren Nachbarschaft erfunden worden war. Auf weichem Grund sinkt ein Rad etwas ein, preßt den vor und unter ihm befindlichen Boden zusammen und rollt darüber hinweg. Gibt der Grund indessen zu sehr nach, bleibt es stecken. Radfahren im Sand macht deshalb keinen rechten Spaß. Auch ein Fuß sinkt ein, drückt auf den Boden unter und hinter ihm – hebt dann jedoch ab und schwebt darüber hinweg, läßt ihn größtenteils unberührt. Just aus diesem Grund ist Wandern weitaus naturfreundlicher als das Umherpreschen mit Mountainbikes.

Auf Sand und Matsch sind Beine besser. Auf Geröll und inmitten von Felsbrocken auch. Für Einsätze auf Trümmerfeldern und auf fernen Planeten, in Vulkanen oder auf Reisfeldern sind Beinroboter die ideale Besetzung. Etwa die Hälfte der Landmassen dieses Planeten bleiben für Rad und Kette unzugänglich; für Militärs muß das ein peinigender Gedanke sein. Noch in den frühen achtziger Jahren gab es daher Bestrebungen in der US-Armee, Maultiere einzuführen – ein Vorhaben, das lediglich am Imageproblem scheiterte.

Beine erlauben selbst bei rauhem Untergrund sachte Bewegungen, indem sie Höhen und Tiefen ausgleichen. Wie ein Kamel den Beduinen einigermaßen geradehält, so balanciert beispielsweise der mannshohe Odex aus South Carolina seine Nutzlast, während er sechsbeinig über Treppen und Betonblöcke stakst. Der französische Kernkraftkonzern Framatome hat einen Odex-Roboter mit einer Menge zusätzlicher Intelligenz ausgestattet; das auf «Sherpa» umgetaufte System soll verstrahlte Gebäude inspizieren.

Roboter mit Beinsystemen gehen entweder statisch stabil oder dynamisch stabil. Statisch stabile Roboter stehen zu jedem Zeitpunkt mit mindestens drei Füßen am Boden, der Schwerpunkt der Maschine liegt dann in der Fläche, deren Ecken die Kontaktpunkte bilden. Zum Gehen brauchen statisch Stabile also mindestens vier Beine, dann können sie zu jedem Zeitpunkt ihre Gehbewegung unterbrechen, ohne dabei umzukippen.

Soll es schneller gehen, muß die Zahl der Beine mit Bodenhaftung verringert werden. In diesem Fall ist der Roboter gezwungen, seine Stabilität immer wieder von neuem zu erzeugen: dynamische Stabilität. Er versetzt seine Glieder in Bewegungen, die das Umkippen verhindern. Menschen zum Beispiel sind dynamisch stabil. Wenn Sie laufen, ist zeitweilig keines Ihrer Beine am Boden.

Der Prototyp eines statisch stabilen Gehgeräts wurde in den achtziger Jahren in Japan gebaut. Dieser «frame walker» bestand im Prinzip aus zwei verschiebbaren Tischen: genauer gesagt aus zwei Rahmen, an denen jeweils vier oder mehr vertikal bewegliche Beine befestigt waren. Immer abwechselnd gab einer der Rahmen dem Ganzen Halt, während der andere sich nach vorn bewegte. Der Rüstungs- und Raumfahrtkonzern Martin Marietta baute später etwas Ähnliches namens «Walking Beam» zusammen, das als Prototyp eines Marswanderers gedacht war. Mit diesen Gehgestellen ist Red Whittakers legendärer Dante verwandt, ein Achtbeiner, der den antarktischen Vulkan Mount Erebus erforschte. Dante verhedderte sich beim Abwickeln seines Versorgungskabels und mußte früher als geplant zurückgeholt werden. Dante II, sein Nachfolger, krabbelte 1994 in den Vulkan Mount Spurr, der in Alaska brodelt; er verlor auf dem Rückweg den Halt, stolperte und geriet in eine hilflose Lage, aus der ihn ein Hubschrauber befreien mußte. Dennoch, beide Experimente zeigten, daß der Maschinengang in die Zukunft weist. Immerhin bewegten sich die Riesenspinnen bis in Regionen, die kein Mensch betreten kann.

Statisch stabil ist auch Andi, ein achtpfotiger Wanderer von der Größe eines Klappfahrrads, dessen Nachfahren dereinst die Außenhaut von Flugzeugen nach Rissen absuchen sollen. Stellen Sie sich eine römische Eins (oder den Buchstaben «I» in der Schrift «Times») vor: Das ist Andis Rumpf von oben gesehen. Vorn und hinten an den kleinen Streben (den Serifen des «I») sind jeweils zwei Saugnäpfe angebracht. Nun versehen Sie den Rumpf im Geiste mit zwei waagerechten Balken, die diesen, mit dem Rumpf beweglich verbunden, wie Brücken überqueren und sich in Längs-

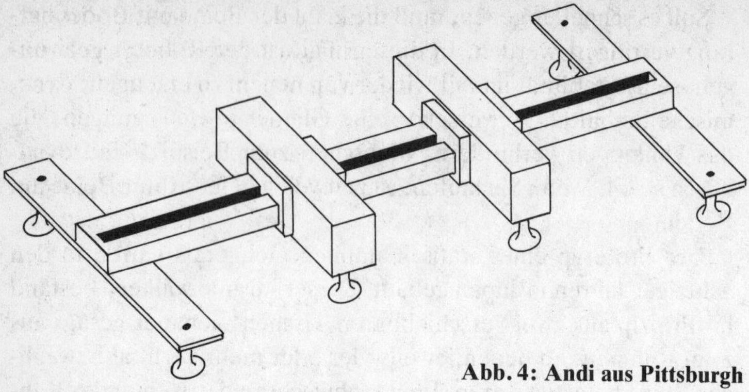

Abb. 4: Andi aus Pittsburgh

richtung nach vorn oder hinten verschieben lassen; die Enden der Balken werden gleichfalls mit Saugpfötchen versehen.

Das Ganze sieht dann aus wie in Abbildung 4. Jetzt wird die Preßluftmaschine für die Saugnäpfe angeworfen, und Andi beginnt, unter lautem Knacken und anderer Geräuschentwicklung in folgendem Zyklus zu wandern:

1. Alle acht Pfoten haben Bodenkontakt.
2. Der vordere Querbalken wird angehoben, ein Stück weiter nach vorn geschoben und wieder abgesetzt.
3. Mit dem hinteren Querbalken wird die gleiche Bewegung vollführt.
4. Nun heben beide Querbalken den Rumpf an; sie schieben ihn nach vorn und setzen ihn wieder ab.

Ein saugpfotiger Wandkrabbler aus London funktioniert ganz ähnlich. Er heißt Cart, und an sein Wandergestell ist ein kompletter Industrieroboter montiert. Solchen Maschinen geht einiges von den spezifischen Vorteilen der Beinarbeit verloren: Sie suchen keine Haltepunkte mehr für die Füße. Das macht so lange nichts, wie der Boden eben ist. Ein wenig hinausschieben läßt sich eine radikale Lösung des Problems dann noch durch ausgeklügeltes Design von Füßen, die elastisch aufgehängt sind. Werden sie mit Sensoren versehen, können sie gar intelligent treten.

Dort freilich, wo sich Löcher auftun, wo sich Hügel und Hindernisse auftürmen, dort sollten Marschiermaschinen denn doch mit allseits beweglichen, mehrgliedrigen Beinen ausgestattet werden. So macht es auch die Natur; variabel allerdings ist die Anzahl der Beine: Vögel und Menschen brauchen nur zwei; Kriech- und Säugetiere (an Land) haben vier Beine, Insekten sechs und Spinnen acht, Hummer zehn, Wasserflöhe bis zu zwölf – und der Tausendfüßler? Nicht mehr als 278, aber immerhin.

Die einfachsten Roboterbeine entkoppeln die Aufgaben des Stützens von denen des Schreitens. Ein lineares Stützgelenk bewegt sich in der Vertikalen, ein anderes in der Waagerechten, etwa wie das einfache, «orthogonal» genannte Bein in Abbildung 5. Auf sechs Beinen ähnlichen Typs wanderten die zwei Tonnen Aluminium namens «Ambler», ein weiteres Geschöpf von «wild man Whittaker», das Ihnen in diesem Buch noch mehrfach über den Weg laufen wird. Der sechs Meter hohe Zyklop sollte ursprünglich auf dem Mars umherstelzen; doch wie so oft in der Raumfahrtgeschichte entschied die NASA später anders.

Vergleichbar simpel ist die Beinkonstruktion der Zelebritäten im A-4- und A-5-Format, die im Insect Lab am MIT gebaut wurden. Die Beine von Attila, Genghis und anderen bereits medienbekannten Elektroviechern bestehen aus zwei rotierenden Gelenken; die Rotationsachsen bilden einen rechten Winkel (Abbildung 6). Für die Anatomie dieser Insekten gibt es übrigens ein selten erwähntes Vorbild: den zwei Kubikmeter großen Ohio State University Hexapod.

Komplexer als orthogonale Beine verfahren Pantograph-Beine (Abbildung 7). Ihr Vorteil besteht darin, durch geringe Gelenkbewegungen bereits große Distanzen zu überwinden. Außerdem befinden sich die Motoren oder Getriebe recht nah am Körper, weshalb die Massen nicht allzu weit umherbewegt werden müssen. Überdies sind Pantographen, wie sich aus einem Vergleich der Zeichnungen erschließt, bequemer als orthogonale Beine mit Schutzhäuten zu überziehen, was für den Einsatz im Gelände von Bedeutung sein kann.

Eine fünf Meter lange und 2,7 Tonnen wiegende Laufmaschine

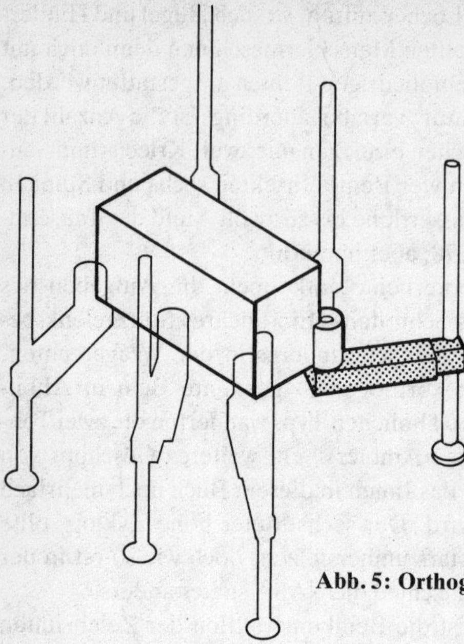

Abb. 5: Orthogonales Bein

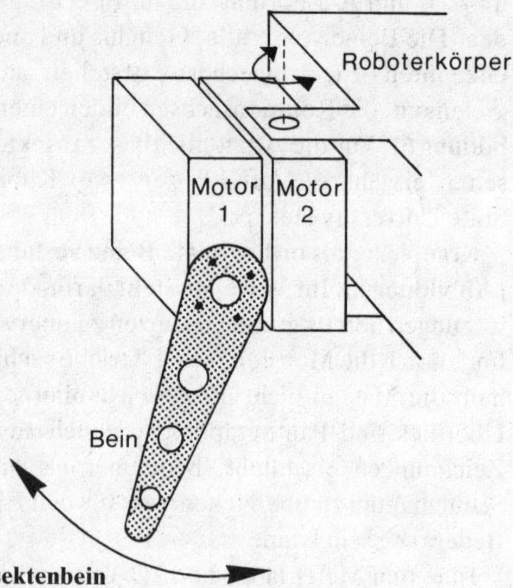

Abb. 6: Elektrisches Insektenbein

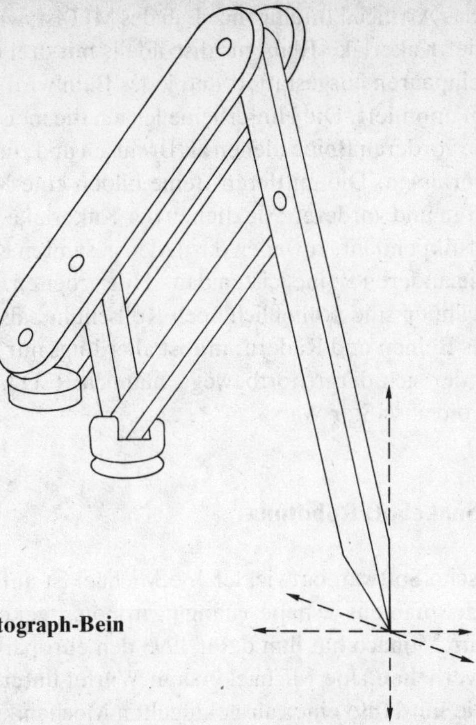

Abb. 7: Pantograph-Bein

namens Adaptive Suspension Vehicle (ASV), Mitte der achtziger Jahre an der Ohio State University gebaut, lief zum Beispiel auf sechs derartigen Pantographenbeinen. Sie wurden hydraulisch bewegt; die Energie lieferte ein Dieselmotor.

Leider benötigen die Glieder von Pantographen seitlich einigen Raum, um sich bewegen zu können. Daß die Knie verschiedener Beine aneinanderstoßen, kann wie im Fall des Aluminiummonsters aus Ohio durch geschicktes Design verhindert werden. Doch wenn so ein Wesen einen Ort zum Aufsetzen des Fußes sucht, dann muß dieser Punkt nicht nur Halt, sondern auch Beinfreiheit bieten – was die Auswahl empfindlich einschränkt.

Die Beine eines Roboters müssen übrigens keineswegs allesamt von gleicher Art sein. Das Plastikwesen Boadicea, dessen Geburtsort das Artificial Intelligence Lab des MIT ist, wird nach dem Vorbild der Kakerlake Blaberus discoidalis mit drei unterschiedlichen Beinpaaren ausgestattet, und jedes Bein wird für spezielle Aufgaben optimiert. Die Hinterbeine leisten die meiste Antriebsarbeit, die vorderen Beine dienen als Bremsen und zum Abstützen auf Hindernissen. Die mittleren Beine bilden eine Kombination der hinteren und vorderen; sie dienen der Kakerlake, und ebenso ihrem Plastikpendant, zuweilen dazu, den gesamten Körper anzuheben; die anderen Beine leisten dann Hilfsarbeiten.

Zu erwähnen sind schließlich noch Rollschuhe, also Kombinationen aus Beinen und Rädern; mir ist allerdings nur ein Roboter bekannt, der sich derart fortbewegt, nämlich R2D2, der tapfere kleine Droid aus «Star Wars».

Blorob, Snakebot, Robotuna

Der britische Softwareentwickler Joe Michael ist auf eine ausgefallene Idee namens «shape changing robots» gekommen; das Fürstentum Monaco hat ihm dafür 1995 den europäischen Erfinderpreis verliehen. Joe Michael ersann Würfel unterschiedlicher Größe, die mit Hilfe einer ausgeklügelten Mechanik aneinander entlanggleiten und sich zu kompletten Robotern verhakeln könnten; gleichzeitig sollen sie über Steckkontakte Daten und Energie untereinander austauschen. Da die Roboter im Prinzip aus Blökken bestehen würden, nenne ich sie «Blorobs».

Wie die Würfel sich dann zu Roboter-Architekturen formen, hängt von den Programmen ab, die auf die Mikroprozessoren in den Blöcken verteilt sind. Ein Beam-Walker aus Blorobs könnte beispielsweise wie in Abbildung 8 aussehen. Das Ganze ist ein Gedankenspiel, nicht mehr. Immerhin ließe sich aus Blorobs eine Lebensform zusammenphantasieren, die sich unablässig rekonfiguriert.

Es ist ganz vergnüglich, sich auszumalen, was die Blöcke so alles miteinander verabreden könnten. Mittlerweile ist zumindest ihr Erfinder zu dem Schluß gekommen, daß sich mit Makro-, Mikro-

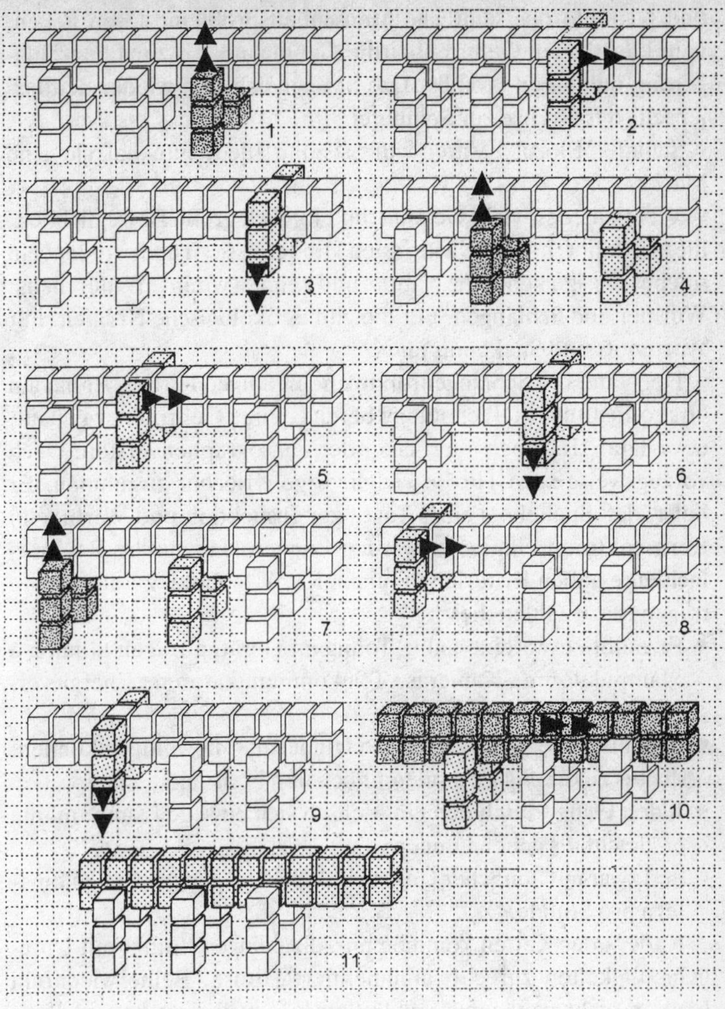

Abb. 8: Ein Beam-Walker aus Blorobs

und Nanoblorobs sämtliche Menschheitsprobleme lösen ließen, vom künstlichen Gehirn über die Gentechnik bis zur Langzeitlagerung nuklearen Abfalls. Das bewegt sich nun wieder deutlich jenseits der Grenze zur Spinnerei.

Schade. Blorobs waren eine schöne Idee, nun hat sie eine Macke.

Viele Glieder, viele Gelenke und folglich große Beweglichkeit, die es erlaubt, noch die widrigsten Hindernisse zu überwinden, ein solches Design kennt die Natur – und kennen wir in ihr – durchaus: Würmer und Schlangen. Für die gibt es ökologische Nischen. Für Wormbots und Snakebots auch?

Der Vater der Schlangenrobotik heißt Shigeo Hirose. Er hat am Tokyo Institute of Technology bereits einige Gehroboter gebaut, etwa Titan III, einen Vierbeiner der Pantographenversion. Doch vorzugsweise setzt Hirose vielgliedrige Kriecher zusammen. Er hofft, daß Snakebots eines Tages zur Inspektion und Wartung in Kernreaktoren eingesetzt werden können. Japanische Reaktorfachleute haben Kriterien für einen KKW-Roboter zusammengetragen, dazu zählen diese:

- Er müßte etwa eine halbe Tonne an Geräten tragen können – Manipulatoren, Kameras, Telekommunikatoren, Energieversorger.
- Er müßte Treppen steigen und Hindernisse bewältigen können, die bis zu dreißig Zentimeter hoch und breit sind.
- Jeden Gang, durch den ein Mensch sich bewegen kann, müßte er gleichfalls gehen können,
- und zwar mit ähnlicher Geschwindigkeit, also etwa vier Kilometern pro Stunde.

Räder oder Ketten kommen nur allzu eingeschränkt mit Unregelmäßigkeiten zurecht, argumentiert Hirose, Beine wiederum können nicht genügend Nutzlast tragen, weil sie schon an ihrer vergleichsweise hohen Zahl von Motoren und Getrieben zu schleppen haben. Es kommt hinzu, daß Gänge und Baustrukturen in Kernkraftwerken oft recht eng angelegt sind; Gehroboter brauchen aber allein für ihre Beine erheblichen Platz, und entsprechend weniger Raum steht für die Nutzlast zur Verfügung. Bei

Schlangenrobotern aus mehreren, hintereinandergekoppelten Gliedern hingegen ließe sich die Nutzlast innerhalb bestimmter Grenzen durch Hinzufügung neuer Glieder erhöhen, ohne daß die Manövrierfähigkeit litte. Ihre Körperabschnitte können aus hochkant stehenden Töpfen oder Kanistern gebaut werden, die jeweils auf einem kleinen, raumsparenden Fahrwerk rollen. Und wenn ein Glied versagt, läßt es sich schnell durch ein gleichartiges ersetzen.

Nachdem Shigeo Hirose genug über Schlangen gelesen hatte, machte sich der Robotiker daran, ihnen mit mechanischen Mitteln nachzueifern. Bereits Mitte der siebziger Jahre experimentierte er mit seinem berühmt gewordenen Active Cord Mechanism Model 3 (ACM III), einem zwei Meter langen, zwanziggliedrigen Krabbler. Die Gelenke zwischen dessen Gliedern sitzen eher locker, ihr Motor schwenkt sie lediglich seitwärts; sie bewegen sich also wie ein Autoanhänger um die Hochachse seiner Kupplung. Im Roboterjargon, der Seefahrt entlehnt, heißt diese Bewegung «gieren». ACM III bewegt sich, indem sämtliche Gelenke der Reihe nach ein wenig gieren, so daß sich vom Kopf bis zum rückwärtigen Ende Wellenbewegungen fortpflanzen, die dem Ganzen eine beschleunigende Kraft nach vorn verleihen.

Sie können das mit einer Bademantelschnur nachahmen. Legen Sie die Kordel auf den Boden, und wackeln Sie horizontal mit dem Ende der Schnur, das Sie in der Hand halten – die Bademantelschlange bewegt sich auf Sie zu. Zoologen nennen das Schauspiel «undulatorische Bewegung». Das undulatorische Voranwedeln ist aus der belebten Natur nicht wegzudenken. Die Spermien sämtlicher Tierarten bewegen sich auf diese Weise.

Es könnte sein, daß aus dem undulatorischen Gewimmel primitiver Lebensformen die raffinierte Fortbewegungsart der Fische entstanden ist: Sie rudern nicht bloß mit ihren Flossen, sondern bewegen ihr rückwärtiges Ende derart, daß unausgesetzt Wasserwirbel mit einander entgegengesetztem Drehsinn entstehen; die Wirbel bewirken energiereiche «jets», die das

Tier vorwärts schieben. Auf diese Weise wird ein Teil der verausgabten Energie zurückgewonnen (es gibt Doppelschiffsschrauben, die das auch können, aber weitaus weniger effizient). Die beiden griechischen Meerestechniker Michael S. Triantafyllou und George S. Triantafyllou (Brüder, richtig!) haben sich in den Vereinigten Staaten jahrelang mit diesen Fischbewegungen befaßt – und schließlich den Schwimmechanismus für einen Roboterfisch namens Robotuna geschaffen. Der Kunstschwimmer ist sogar mit Sensoren ausgestattet, die ihn mit Informationen über die Strömungsverhältnisse rund um seinen Körper versorgen und es erlauben, die Schwanzbewegungen zu optimieren.

Hiroses Roboter ACM III undulierte mit einer Maximalgeschwindigkeit von 0,6 Metern pro Sekunde vorwärts. Das war immerhin schon halb so schnell wie gefordert. Ein Nachfahr von ACM III heißt Koryu I; dessen sechs Glieder sind vierzig Zentimeter hohe und zwanzig Zentimeter durchmessende Metalltöpfe, die jeweils auf vier kleinen Rädern fahren. Koryu I erklimmt Treppen und überwindet Hindernisse wie zum Beispiel Rohre und dicke Kabel. Fährt die Topfschlange über ein Loch, dann macht es nichts, wenn eines oder zwei ihrer Glieder kurzzeitig den Bodenkontakt verlieren; auch die Naturschlange überwindet Gräben und Löcher, indem sie gewissermaßen mit dem eigenen Körper eine Brücke bildet. Militärfachleute in den USA haben bereits öffentlich darüber nachgedacht, ob sich mit Abkömmlingen von ACM und Koryu die Ölpipelines eines nahöstlichen Feindes entern und sprengen ließen oder ob Snakebots sich als kriechende Bomben in Fahrzeuge oder Gebäude schlängeln könnten.

Eine regelrechte Python hat Joel W. Burdick vom California Institute of Technology (Caltech) in Pasadena gebaut. Den größten Teil des Körpers von «Snakey» machen nicht die Glieder, sondern die Gelenke aus: Zwischen jeweils zwei quadratische Metallrahmen auf Rädern (die Glieder) wurden drei längliche Pneumatikzylinder geschraubt, die zusammen ein Gelenk von hoher Beweglichkeit ergeben. Snakey unduliert auf dem Laborboden voran, außerdem kann er große Gegenstände umgeben und sich sodann zusammenziehen. Diese Fähigkeit zur Kontraktion einzelner Seg-

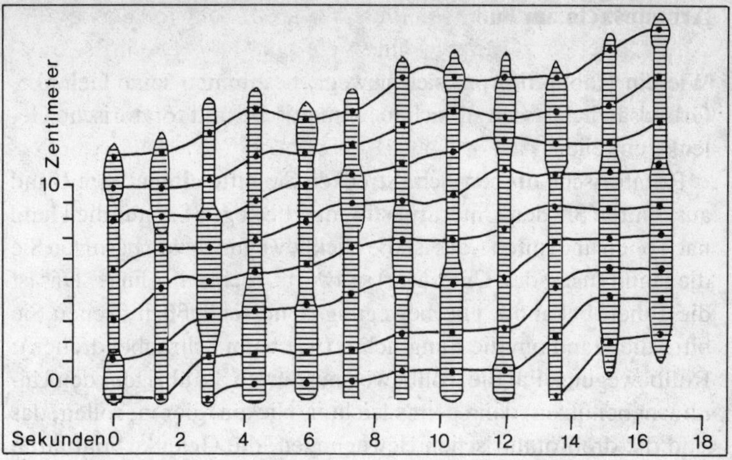

Abb. 9: Peristaltisches Wurmwandern

mente erlaubt es ihm auch, sich peristaltisch wie ein Regenwurm fortzubewegen (siehe Abbildung 9). Eine ausgesprochen gelenkige Roboterschlange wurde am GMD-Forschungszentrum Informationstechnik entwickelt; Seilzüge und Gummigelenke nehmen der GMD-Snake das unnatürlich Steife, das Schlangenrobotern ansonsten eigen ist.

Snakebots weisen arttypische Nachteile auf. Ihre Fortbewegung verläuft alles andere als reibungslos und ist deshalb extrem schwer zu steuern. Die Schlangenwesen sind ungenau und bisher denn doch zu langsam für den Einsatz im wirklichen Leben. Je schwieriger die Topographie ihrer Umgebung, desto schleppender schlängeln sie sich voran, denn um einen vielgliedrigen Körper zu steuern, muß ein Computer ganz schön lange rechnen.

Armmuskeln am Fuß

Wie ein Roboterkörper sich bewegt, bestimmen seine Gelenke. Grundsätzlich lassen sie sich in prismatische und rotatorische Gelenke einteilen.

Rotatorische drehen sich. Strecken Sie bitte einmal Ihre Hand aus, halten Sie den Unterarm still, und bewegen Sie nur die Hand nach oben und unten – das ist die Nickbewegung. Nun bewegen Sie die Hand (nicht den Unterarm) seitwärts, rechts und links: Das ist die Ihnen bekannte Gierbewegung. Und schließlich drehen Sie bitte die Hand um die Längsachse (wie beim Schraubendrehen): Rollbewegung. Für die Rollbewegung dürfen Sie übrigens den Unterarm benutzen, dann geht's leichter. Nicken, gieren, rollen, das sind die drei rotatorischen Bewegungen, die Gelenke vollführen können, entweder nur eine einzige davon oder zwei oder alle drei.

Prismatische Gelenke bewegen eines der Glieder auf gerader Strecke, also entweder translatorisch wie beim Teleskoparm oder im rechten Winkel zum anderen Glied wie bei manchen Gardinenaufhängungen. Konstruktionen aus beiden Typen prismatischer Gelenke haben Sie schon kennengelernt, nämlich die orthogonalen Beine von Ambler. Ein Gelenk, das rotatorische und prismatische Bewegungen gleichzeitig vollführte, wäre eine Schraube – kein guter Gelenktyp: zuviel Reibung.

Gelenke lassen sich zu Roboterklassen kombinieren. Einige haben Sie gewiß schon gesehen. Etwa den Montageroboter vom Typ Scara (Abbildung 10); er wird meist in der Elektroindustrie damit beschäftigt, Chips und andere Bauteile auf Platinen zu stecken. Scara bewegt mit zwei rotierenden Gelenken die Werkzeugspitze in der Ebene. Er kann die Spitze außerdem um ihre senkrechte Achse drehen sowie mit einem prismatischen Schiebegelenk in der Vertikalen auf und ab fahren. Die meisten Scara-Varianten sind so konzipiert, daß die schweren Motoren für Ober- und Unterarm allesamt am Fuß sitzen und die Gelenke von dort mit Transmissionsriemen drehen; lediglich die Antriebe für die Werkzeugspitze müssen noch vom Arm mitgeführt werden. Die rotierenden Gelenke geben etwas nach; deshalb kann Scara Ungenauigkeiten

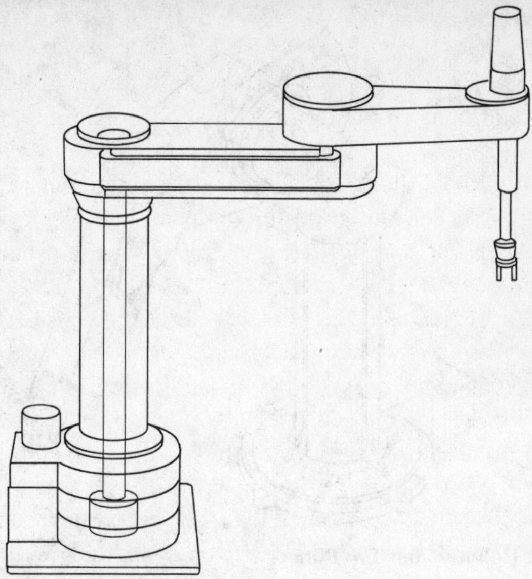

Abb. 10: Roboter vom Typ Scara

des Werkstücks, der elektronischen Platine zum Beispiel, gutmütig ausgleichen.

Das einfache, aber geniale Design ist knapp zwanzig Jahre alt und stammt aus Japan. Sein Erfinder, der Robotiker Hiroshi Makino von der Yamanashi-Universität, war angeblich von den in Japan üblichen Schiebetüren inspiriert, bei denen rotatorische und prismatische Gelenke zusammenarbeiten. Makinos Forschungsgruppe hatte früh bemerkt, daß eine Reihe von Montageaufgaben, zumal in der elektronischen Industrie, nur wenige simple Bewegungen erfordern – die aber müssen fix und präzise ablaufen. Also unterteilte man die Montage in einzelne Bewegungsfolgen, und für jede dieser Teilaufgaben wurde eigens ein Scara zuständig: Fließbandarbeit, nur ohne Menschen.

Aus einem Klapptürenland stammt der klassische Industrieroboter vom Typ Puma, den Sie in der Abbildung 11 sicherlich als guten Bekannten wiedererkennen. Der Prototyp des sechsachsi-

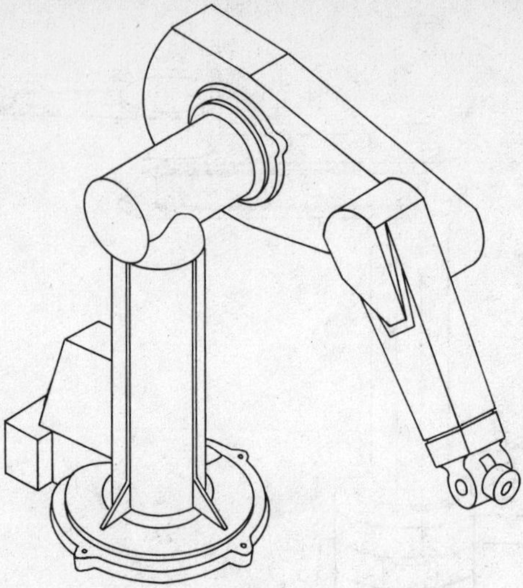

Abb. 11: Roboter vom Typ Puma

gen Roboterarms konnte erstmals in den sechziger Jahren an der Case Western University in Cleveland, Ohio, zusammengeschraubt werden; das Patent dafür wurde bereits 1950 erteilt. Zu seinem ersten Industrieeinsatz wurde ein Puma dann 1978 abkommandiert; er stammte aus Joe Engelbergers Firma.

Robust, kräftig und einfach zu steuern sind Portalroboter (Abbildung 12); es gibt sie seit den fünfziger Jahren. Sie dienen der Materialbearbeitung, beispielsweise dem Schweißen dicker Bleche, oder dem Materialtransport, etwa in den Reinräumen der Halbleiterindustrie. Die andere Seite des Spektrums der Gelenkklassen bilden experimentelle Arme, die wieder an Schlangen, Würmer oder, im Falle eines schwedischen Montageroboters, an Elefantenrüssel erinnern; Max Ernst hätte seine Freude an ihnen gehabt. Sie bestehen aus zehn, zwanzig oder gar hundert Segmenten und werden durch allerhand Seilzüge oder Hebelsysteme bewegt.

Ein wohlbekannter Arm aus dieser Klasse funktioniert ähnlich wie Snakey und wurde bereits im Jahr 1968 von Marvin Minsky am

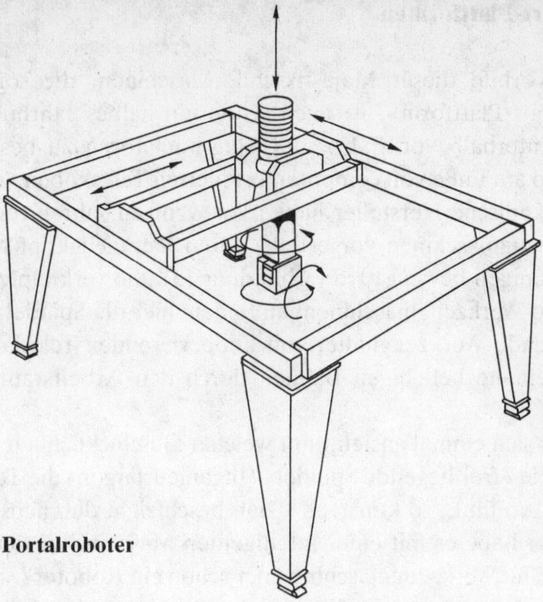

Abb. 12: Portalroboter

MIT gebaut. Der stets ein wenig schalkhaft wirkende Informatiker ist vielen als Prophet der Künstlichen Intelligenz bekannt; er ist aber auch ein origineller Erfinder (er ersann das «konfokale Mikroskop») sowie ein fortgeschrittener Sammler von Spielzeugrobotern. Der «Minsky-Arm» setzt, ebenso wie Snakey, gleichzeitig Bewegungen von translatorischen Teleskopstangen (das vom einäugigen Kapitänsfernrohr her bekannte Prinzip) in allseitige Gelenkigkeit um. Die gleiche Idee findet sich im britischen «Tetrabot» wieder, dessen Werkzeugspitze von drei Teleskopstangen bewegt wird; stellen Sie sich den Schild von Majestix vor, der von mehreren Galliern getragen wird, und schon haben Sie's. Die Firma ABB Robotics setzt einen Roboter namens Tricept ein, den sie von der Spezialfirma Neos bezieht; Tricept führt sein Werkzeug gleichfalls mit mehreren Teleskopstangen auf wohldefinierten Bahnen umher.

Stewart-Plattformen

Das Vorbild dieser Majestixschild-Maschinen, die sogenannte «Stewart-Plattform», ist auch schon ein halbes Jahrhundert alt und unterhalb von Fahr- und Flugsimulatoren zu besichtigen, ebenso am Fuße von computergesteuerten Teleskopen. Zwei US-amerikanische Hersteller haben vor wenigen Jahren regelrechte Werkzeugmaschinen vorgestellt, deren Werkzeugkopf von Teleskopstangen bewegt wird (Abbildung 13). Sie verknüpfen Robotik und Werkzeugmaschinenbau, indem hier die Spindel, also der rotierende Werkzeughalter, mit kooperierenden Teleskopbeinen auf beinahe beliebigen Bahnen durch den Arbeitsraum manövriert.

Wer sich einmal ansieht, mit welcher Geschicklichkeit und Eleganz die «freifliegende Spindel» (Ingenieurjargon) die Teile bearbeitet, so flink, so kunstvoll – den beschleicht durchaus das Gefühl, er habe es mit einer intelligenten Maschine zu tun. Ist das noch eine Werkzeugmaschine oder schon ein Roboter?

Der Apparat ist wendig wie ein Roboter und stabil wie eine Werkzeugmaschine, ja eigentlich noch stabiler. Das Stangengebilde und das gesamte Maschinengehäuse wird aus wenigen Teilegruppen zu simplen Geometrien zusammengesetzt; ihr Verhalten bei der Arbeit, das Vibrieren, Ruckeln, Schwingen, Verformen, läßt sich daher leichter berechnen als das Verhalten von herkömmlichen Werkzeugmaschinen, die aus sehr unterschiedlichen Teilen bestehen. Und wenn gar die Teleskopstangen zusammen mit einem Strebengehäuse eine Struktur bilden, die letztlich aus lauter Dreiecken besteht, dann ist die starrste Geometrie erreicht, die sich ein Konstrukteur denken kann – und damit eine gute Voraussetzung für Genauigkeit trotz großer Bearbeitungskräfte, die beim Bohren, Fräsen oder Drehen auftreten und an der Maschine zerren. Hauptinteressenten für Werkzeugroboter mit Stewart-Anatomie sind die Rüstungs- und Flugzeugindustrie, die große Werkstücke mit höchster Präzision bearbeiten müssen.

Als modifizierte Stewart-Plattform haben japanische Robotiker einen «Parallel Link Manipulator» aufgebaut. Dieses Gerät ist der

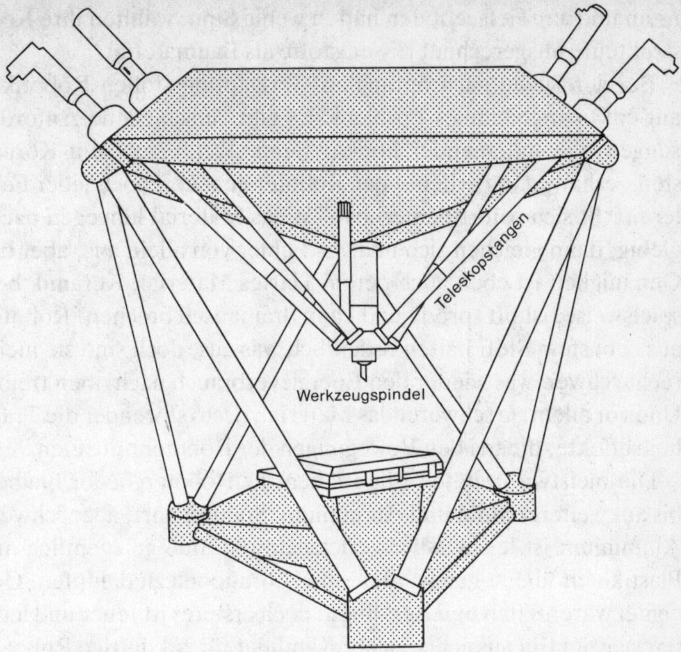

Abb. 13: Werkzeugmaschine als Stewart-Plattform

Prototyp für die hochflexible und dennoch kräftige Werkzeugführung einer Maschine, die im flächenarmen Japan neue Siedlungs- und Industrieräume schaffen soll – fünfzig Meter unter der Erdoberfläche.

Noch so eine Knochenarbeit. Wie geschaffen für Roboter.

Harte Burschen

Unsere robotischen Verwandten müssen härter sein als wir, das ist ein Prinzip ihrer Anatomie. Der Mensch besteht aus Fleisch und Blut, Haut und Knochen; doch Roboter für den Untertagebau, für die Demontage von Kernkraftwerken, für das Lackieren von Autos, für den Umgang mit Supergiften, für den Einsatz im Weltraum und am Tiefseeboden hätten wenig Sinn, wählten ihre Konstrukteure ausgerechnet Eiweißstoffe als Baumaterial.

Bei der Suche nach optimalen Werkstoffen stoßen Robotiker auf ein unangenehmes Problem: Es gibt verschiedene Anforderungen, die miteinander konkurrieren. Wenn sich sein Körper steif verhält, dann arbeitet der Roboter genauer, doch jeder Fehler macht sich sofort bemerkbar. Ist das Material hingegen nachgiebig, dann gleichen sich manche Fehler von allein aus, aber die Genauigkeit ist eben auch perdu. Hartes Material, Keramik beispielsweise, ist oft spröde und kann dramatisch brechen. Roboter aus robustem Stoff halten ordentlich was aus, doch sind sie meist recht schwer, was wieder den Energieverbrauch nach oben treibt. Und vor allem: je schwerer das Material, desto störender die Trägheitseffekte, die bei den Bewegungen der Roboter auftreten.

Die meistverbreiteten Materialien für Roboterglieder bleiben bis auf weiteres Stahl und Aluminium. Stahl ist hart, aber schwer; Aluminium ist leicht, aber verletzlich und muß gelegentlich mit Plastikhaut überzogen werden, um Vibrationen zu dämpfen. Geeignet wären Titan und Beryllium, doch ersteres ist teuer und letzteres giftig. Ein aussichtsreicher Kandidat für zukünftige Roboter ist Plastik, das mit Kohlefasern verstärkt wird, es muß freilich erst einmal billiger werden.

Nur gut, daß die Robotik wieder einmal anderswo Parasit sein darf: Alle diese Probleme werden mit hohem Aufwand in der Luft- und Raumfahrtindustrie bearbeitet, nicht zuletzt für militärische Zwecke. Dabei entstehen in jüngster Zeit einige vielversprechende Materialien, deren Eigenschaften vor allem durch Formgebung bestimmt werden, etwa Röhren, Waben, Netze und allerhand Feingewirktes, Gebilde aus unzähligen Plättchen oder gepreßten Partikeln.

Wer einen Roboter entwirft, muß viel Zeit für die Wahl des optimalen Konstruktionsmaterials aufbringen. Wie war das noch? «Die Zahl der Alternativen und Varianten ist überwältigend» – so ist Robotik.

fünftes kapitel

Lebenskraft

Um seine Glieder in Bewegung zu setzen, braucht der Roboter Kraft. Die krafterzeugenden Komponenten heißen auf Roboteresisch «Aktoren»; sie werden auch «Aktuatoren» genannt, was aber ein umständlicher Anglizismus ist. Aktoren sind das Thema dieses Kapitels.

Gase, Flüssigkeiten, Muskeln

Aus welchen Aktoren sollte künstliches Leben konstruiert werden? Die antiken, lebendig wirkenden Figuren des griechischen Ingenieurs Heron von Alexandria (um 85 n. Chr.) wurden mit Luft, Dampf und Wasser betrieben. Auch heute noch verleihen Gas und Flüssigkeit vielen Robotern Lebenskraft.

Die billigsten Aktoren sind die pneumatischen. Es gibt sie in vielerlei Ausführungen auf dem Markt; sie können hohe Geschwindigkeiten erreichen und sind vor allem robust, nicht zuletzt infolge ihrer einfachen Bauweise. Sie arbeiten mit Luft, und die ist allenthalben verfügbar und umweltfreundlich.

Pneumatische Zylinder erzeugen eindrucksvollen Lärm. Wenn sie eine Masse bewegen sollen, dann muß die Druckdifferenz zwischen den beiden Kammern im Zylinder recht hoch sein; das wird erreicht, indem zusätzliche Luft in diejenige Kammer gepumpt wird, die expandieren soll. Doch noch bevor der Kolben die Endstellung erreicht hat, muß schon wieder Luft abgelassen und zusätzliche Luft in die andere Kammer geführt werden, damit der Kolben sacht gebremst wird; sobald er stillsteht, muß auch diese Zusatzluft wieder heraus. Mit anderen Worten: Pneumatik pfeift und knallt unablässig.

Der Krach ist spektakulär, die Kraftentfaltung weniger. Atemberaubende Genauigkeit kann nicht erwartet werden, denn Gase lassen sich zusammendrücken. Dieser Nachteil kann in einen Vorteil umgemünzt werden, nämlich wenn die Luftdruckmechanik einen Greifer betätigt, der sich seinem Objekt freundlich anpaßt. Die Steuerung solcher Systeme erweist sich freilich als problematisch. Die Geschwindigkeit kann nur wenig beeinflußt werden, und im Prinzip schnellt ein pneumatischer Zylinder einfach nur zwischen zwei Endstellungen hin und her.

Es lassen sich Zwischenstellungen erreichen, indem bewegliche Zapfen den Zylinder aufhalten; erst wenn sie zurückgezogen werden, setzt er seinen Weg fort. In der Praxis ist das allerdings eine vertrackte Angelegenheit, denn der Zylinder drückt häufig derart fest auf den Stopzapfen, daß dieser sich nur mit großer Kraft entfernen läßt – und dann knallt der Zylinder gewaltig los. Um dieses Problem zu umgehen, wird seit einiger Zeit mit Hochdruck an servopneumatischen Antrieben gearbeitet, deren Ventilschaltungen beliebig wählbare Stellungen des Aktors erlauben sollen. Selbst auf diesem traditionellen Techniksektor tut sich also etwas.

Ein linearer, hydraulischer Aktor wird gleichfalls durch die Druckdifferenz in seinen beiden Kammern gesteuert. Weil seine Flüssigkeit, das Hydrauliköl, nicht zusammengepreßt werden kann, genügt ein kleines bißchen Zusatzöl in einer der beiden Kammern, um eine ordentliche Druckdifferenz zu erzeugen. Hydraulische Aktoren sind mordsstark, wenngleich nicht so fix wie ihre pneumatischen Kollegen. Weil das Hydrauliköl inkompressibel ist, sind die Aktoren schön steif. Es kann andererseits nicht spurlos wie Luft in die Umwelt entweichen, also muß ein Rückweg für das benutzte Öl konstruiert werden. Und wehe, die Hydraulikflüssigkeit tritt aus. Sie ist nicht selten giftig; so oder so verursacht das Öl eine schöne Schweinerei.

In der *robotics community* wohlbekannt ist der sogenannte Schilling-Arm: Aus hartem Titan gefertigt, steckt er voller hydraulischer Servomechanismen und ist vermutlich der kräftigste Arm, den die Robotik dem Menschen bis dato reichen kann. Er wird für Telemanipulationen an Offshore-Plattformen und in der Nuklearindustrie eingesetzt.

Von solchen Kraftprotzen einmal abgesehen, dachte man lange Zeit, habe die Hydraulik in der Robotik nicht viel zu suchen. Doch die Technik modernisierte sich, und mittlerweile sind hydraulische Servoventile auf dem Markt, die eine präzise, proportionale Steuerung erlauben. Stephen Jacobsen, der Erfinder der Utah/MIT-Hand, überraschte vor wenigen Jahren mit dem «Sarcos-Arm». Sein Greifer hat einen Daumen, einen feststehenden und einen beweglichen Finger; der Arm wird mit drei rotatorischen Gelenken bewegt. Seine Aktoren sind hydraulische Servoventile: stark, leicht, einigermaßen schnell und angeblich so gut versiegelt, daß keine Flüssigkeit austreten kann. Allerdings kostet das gute Stück rund hunderttausend US-Dollar.

Billiger könnten eines Tages vielleicht Muskeln aus Plastik sein, die thermisch, chemisch oder elektrisch stimuliert werden. Über das Laborstadium sind derartige Kunstmuskeln bislang freilich nicht hinausgekommen. Gleiches gilt für die vielgerühmten «Gedächtnislegierungen»: Metallgemische, deren Kristallstruktur sich oberhalb einer sogenannten Sprungtemperatur schlagartig ändert, so daß sich der Muskel zu einer vorbestimmten Endstellung krümmt, an die sich das Metall sozusagen erinnert, wenn's ihm heiß wird. Die Hitachi-Hand, 1984 der Öffentlichkeit vorgestellt, bewegte ihre Finger mittels einer großen Zahl dünner Gedächtnisdrähte, die sehr schnell erhitzt und gekühlt werden konnten. Bald jedoch zeigte sich, daß die Lebensdauer der Drähte und damit der ganzen Hand arg begrenzt war.

In dem bereits erwähnten Katalog von Mondotronics wird Boris angeboten, ein Krabbler, dessen sechs Beine von «muscle wires» gesetzt werden. Sie bestehen aus Nitinol, einer Nickel-

Titan-Legierung, die das verbreitetste Gedächtnismetall darstellt. Sobald Strom durch die Muskeldrähte fließt, knicken diese ein und Boris hebt das Bein; bei unterbrochenem Stromkreis senkt er es wieder. Der Hersteller behauptet, ein einzelner muscle wire halte Millionen solcher Zyklen durch. Das mag gut sein, denn Boris ist federleicht. Bei größerer Belastung indessen halten muscle wires nicht lange.

Vincent Hayward von der McGill University in Montreal reagiert auf Vorbehalte gegenüber Gedächtnislegierungen mit spitzbübischem Lächeln: «Man muß sich schon etwas einfallen lassen», sagt er. «Wenn Gedächtnisdrähte schlicht wie Seile oder Sprungfedern aussehen, dann können Sie Zugweite, Genauigkeit und Lebensdauer natürlich vergessen.» Hayward hat sich freilich etwas einfallen lassen, und patentiert ist es auch schon: Er verwob zwölf haarfeine Drähte mit kleinen Scheiben zu helixartigen Netzen (Abbildung 14); in ihnen verzichtet jeder Draht auf einen Bruchteil seiner enormen Kraft, doch dafür kann sich das Metallgewebe als Ganzes über eine größere Distanz zusammenziehen oder krümmen. Ungenauigkeiten gleichen sich aus, und weil die einzelnen Drähte weniger stark belastet werden, halten sie länger als in herkömmlichen Designs. Zwei entgegengesetzt bewegte Gedächtnisspulen können im Wechselspiel ein rotatorisches Gelenk bewegen, wobei die eine sich verkürzt, wenn die andere sich verlängert, und umgekehrt (Abbildung 15).

Unterdessen wird an «Gedächtnisschäumen» gearbeitet. Sie verändern ihre Eigenschaften gleichfalls bei einer bestimmten Übergangstemperatur. Unterhalb dieser Grenze sind sie beispielsweise eher hart, oberhalb der Sprungtemperatur hingegen federn sie wie Gummi (es gibt auch Schäume mit andersartigem Sprungverhalten). Für einen Greifer ließen sie sich folgendermaßen nutzen: Auf jedem Finger wird ein solcher Schaum angebracht; nun durchströmt warme Luft die Schaumpolster, so daß sich die Finger beim Greifen mitfühlend um den Gegenstand legen – dann aber schnell Kaltluft hinein, alles wird steif, der Griff ist fest. Und das alles ohne ein empfindliches Geflecht von Drähtchen oder eine superkomplizierte Software. Gleichwohl handelt

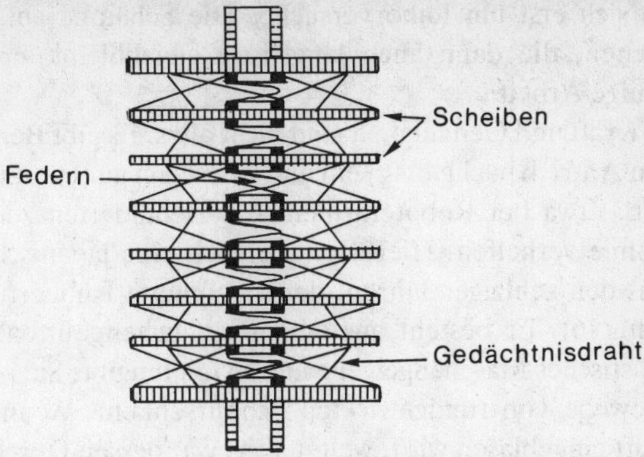

Abb. 14: Kanadische Helixnetze aus Gedächtnisdraht

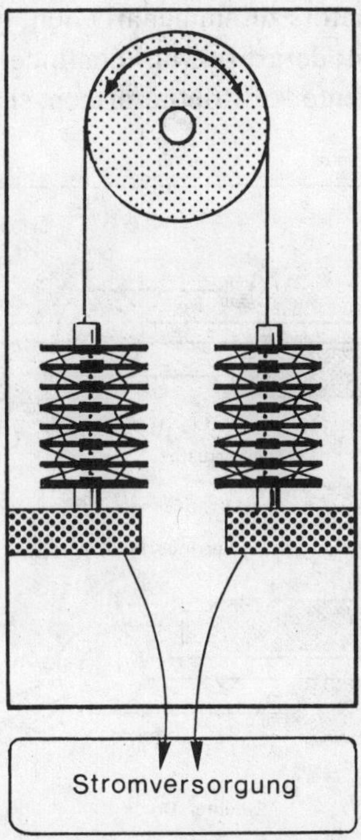

Abb. 15: Antrieb eines rotatorischen Gelenks

es sich erst um Laborversuche. Die Schäume auf Präzision zu eichen, die dann auch langfristig gleichbleibt, erfordert noch einige Arbeit.

Kraft und Genauigkeit sind nicht alles. Es gibt Bereiche, da soll ein Antrieb nachgiebig sein und behutsam auf Hindernisse reagieren, etwa bei Roboterarmen, die Behinderten zu mehr Autonomie verhelfen. Hierfür eignet sich eine japanische Erfindung aus den achtziger Jahren, der sogenannte Rubbertuator (Abbildung 16). Er besteht aus einem länglichen Luftballon, den ein elastisches Maschengewebe aus Nylon umgibt; Sie kennen solche Gewebe von rundgewirkten Schnürsenkeln. Wenn dem Ballon Luft eingeblasen wird, weitet sich zwar dessen Durchmesser, aufgrund der Gewebestruktur verringert sich jedoch die Länge des Ganzen. Wie die Gedächtnisgewebe von Vincent Hayward können zwei Rubbertuators zusammenarbeiten, um ein rotatorisches Gelenk zu bewegen; derartige Muskeln finden sich wie alle anderen nur in experimentellen Roboterarmen, sind aber vielversprechend.

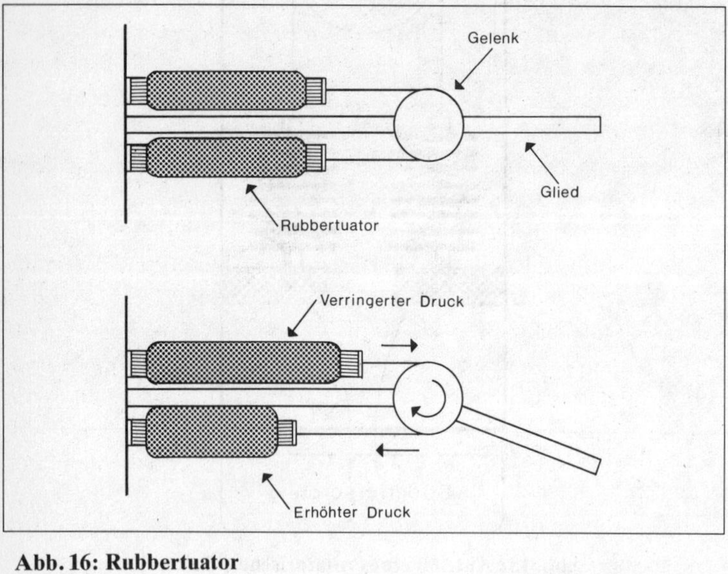

Abb. 16: Rubbertuator

Elektrische Körperkraft

Letztlich bleiben Elektromotoren die klassischen Roboterkraftmaschinen. Sie sind nicht allzu teuer, arbeiten ruhig und genau, benötigen wenig Platz und sind wartungsfreundlich. Außerdem können sie direkt an eine Stromquelle angeschlossen werden, ohne daß irgend etwas gepumpt oder abgelassen werden muß. Da Elektromotoren überall in der Industrie eingesetzt werden, kommen sie in zahllosen Leistungsklassen und Ausführungen auf den Markt. Außerdem passen sie besser zur Steuer- und Regelungstechnik der Roboter, die nun einmal elektrisch ist (abgesehen von ganz wenigen, rein experimentellen Ausnahmen). Doch weisen sie auch Nachteile auf: Die meisten Elektromotoren erreichen hohe Geschwindigkeiten bei geringem Drehmoment; deshalb müssen Getriebe zur Erhöhung der Drehkraft eingesetzt werden. Das kostet Geld, erhöht das ohnehin nicht geringe Gewicht und bringt Ungenauigkeiten mit sich. Elektromotoren brauchen Bremsen, und klemmt der Motor einmal fest, dann überhitzt er sich. Elektrische Anlagen müssen ohnedies eingekapselt werden, jedenfalls wenn explosive Gase in der Nähe sind oder die Gefahr besteht, daß der für den Roboter bestimmte Strom auf einen Menschen übertragen wird, weil eine Isolierung durchschmilzt.

In der Robotik finden wir zwei Typen von Elektromotoren: Schrittmotoren und Gleichstrommotoren. Schrittmotoren werden von Elektropulsen jeweils ein wohldefiniertes Stück weit gedreht; daher lassen sich mittels Pulszahl und Pulsrate Winkelstellung und Geschwindigkeit steuern. Allerdings treten irritierende Ungenauigkeiten auf. Schrittmotoren haben sehr geringe Drehkraft und kommen deshalb in erster Linie für Kleinroboter und sachte Greifsysteme in Frage. Verbreiteter sind Gleichstrommotoren. Ihre Drehgeschwindigkeit ist proportional zur angelegten Spannung, das Drehmoment proportional zur Stromstärke.

Die klassischen Mechanismen der Kraftübertragung bilden Zahnradgetriebe, Seilzüge, Riemen und Gestänge. Zahnradgetriebe sind nicht bloß in der Robotik, sondern in der Industrie insgesamt der meistverbreitete Mechanismus zur Übertragung und Transformation von Kraft. Sie erscheinen in einer solchen Vielfalt auf dem Markt, daß es wahrlich eine Herausforderung für den systematischen Geist wäre, das definitive Zahnradbuch zu verfassen.

Wieder steht der Robotiker vor der Qual der Wahl. Aber zuweilen macht er es sich einfach, etwa durch den Umbau von Servomotoren – zugleich ein weiteres hübsches Beispiel für die kannibalische Grundhaltung der Robotik. Unter Servomotoren wird Verschiedenes verstanden; hier sind Gleichstrommotoren gemeint, die bereits fix und fertig daherkommen – mit Getriebe, mechanischen Begrenzungen (Stoppernippel aus Plastik) für den Drehbereich des Motorschafts, einem Winkelsensor und einem Chip, der das Ganze steuert. Aus dem Servomotor ragen drei Drähte, zwei für den Strom und einer für Steuersignale. Was der Motor kann, ist dies: Sie geben ihm eine Position ein, er dreht sich bis dorthin und verharrt dort auch. Wenn sich mechanischer Widerstand entgegensetzt, erhöht der Motor seine Kraft, bis er die gewünschte Winkelstellung erreicht hat.

Servomotoren bekommt man als billige Massenprodukte für die Spielzeugindustrie, speziell für Modellflugzeuge. Der Robotiker kauft sich einen, montiert die Stoppernippel, den Winkelsensor und den Chip aus und hält nun ein Gehäuse in der Hand, in dem Motor und Getriebe bereits miteinander verheiratet sind. Für die zarteren Forschungs- und Spielzeugroboter reicht diese billige und zeitsparende Kompaktlösung vollkommen, so wie einst die Sonarsysteme aus den ausgeschlachteten Polaroidkameras.

Motor und Getriebe in ein und demselben Stück, noch dazu auf wenig Platz, bietet der Piezomotor, auch Ultraschallmotor genannt: eine feststehende Scheibe mit einem Rand aus piezoelektrischer Keramik. Dieser Rand wird mit Hilfe hochfrequenter Wechselspannung rhythmisch verformt, und zwar so, daß eine Welle um die Scheibe läuft. Die Wellenberge ziehen, wie kleine Zahnräder, einen beweglich aufgehängten Rotor mit. Die Wanderwelle rast extrem schnell im Kreis, der Rotor kommt nur sehr langsam nach. Das ist gut und nicht etwa schlecht: Die Drehzahl wird herunter-, das Drehmoment herauftransformiert. Erfreulicherweise können sich auch diesmal die Robotiker am Markt bedienen: Aus Japan fliegen Ultraschallmotoren für Autofokuslinsen in Kameras, für Kopiergeräte und für allerlei bewegte Teile im Innenraum von Limousinen ein.

Unter den vielen Varianten von Zahnradgetrieben sei eine herausgestellt, weil sie in der Robotik eine prominente Rolle spielt: der harmonic drive. Er ist leicht und effizient und wird für rotatorische Gelenke benutzt. Der harmonic drive besteht aus drei Komponenten, die konzentrisch angeordnet sind (Abbildung 17):

- einer elliptischen Scheibe namens wave generator,
- einem elastischen Ring (flex spline), der um den wave generator gelegt wird und an seiner Außenseite Zähnchen aufweist, und
- einem starren Außenring, der an seiner Innenseite Zähne hat (circular spline).

Den Input der Drehung liefert der wave generator; die elliptische Scheibe wird nun also vom Motor gedreht. Über ein elastisches Kugellager drücken die beiden Randsegmente der elliptischen Scheibe, die den größten Achsabstand haben, die Zähne des flex spline in die Zähne des circular spline. Der Witz der Sache:

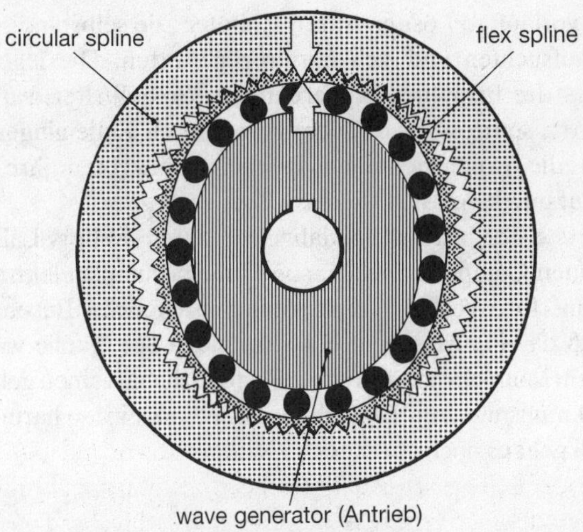

Abb. 17: harmonic drive

Der flex spline hat zwei Zähne weniger als der circular spline. Das hat zur Folge, daß sich der flex spline mit jeder Umdrehung des wave generators um zwei Zähne in die entgegengesetzte Richtung dreht – und das genau ist der Output. Er ist viel langsamer als der Input und viel kraftvoller. Der Nachteil von harmonic drives: Der flex spline muß allerhand aushalten, und allzu abrupt belastet bricht er.

Im Kommen sind schließlich noch Treibriemen, die mit superfesten Kevlarfasern verstärkt werden; sie eignen sich dort, wo Gewicht gespart werden soll und die Übersetzung gering sein darf.

Die schönsten Motoren und Transmissionen nützen freilich nichts, wenn der Strom ausfällt. Mobile Roboter haben dasselbe Problem wie Notebooks: Die Batterietechnik hält irgendwie nicht mit. Auch Brennstoffzellen und andere Kraftquellen sind noch immer schwer, groß und geben früh den Geist auf. Sollten Elektroautos in Staaten wie Kalifornien tatsächlich eine Chance bekommen (noch leistet die Autolobby gegen die bereits erlassenen Gesetze Widerstand), dann besteht vielleicht Hoffnung auf Stromspeicher mit höherer Energiedichte als bisher. Für die Robotik wäre das ein Glücksfall (und nicht nur für sie).

Eine vorläufige Lösung wären Roboter, die selbständig Steckdosen aufsuchten und sich dort regenerierten. Die legendären Tortoises des britischen Kybernetikers Greg Walter waren von dieser Art; spürten sie, daß ihre Batterien zu Ende gingen, dann suchten die experimentellen Roboterschildkröten ihre kleine Hütte auf und luden sich wieder voll.

Die erste Tortoise lief im Jahr 1948 durch Walters Labor. Sie trug keinen Computer in sich, sondern eine simple elektronische Schaltung. Ihre Vorführungen boten an sich nichts Besonderes – aber daß da eine Maschine bei Stromdurst zur Quelle wanderte (an einem Lämpchen zu erkennen), setzte damals einen gehörigen Schub Animismus frei. Einfach niedlich. So klein, so harmlos.

Dabei geht es noch bedeutend kleiner.

sechstes kapitel

Kleinstroboter

Die Mikrosystemtechnik verspricht eine Massenproduktion billiger, winziger Sensoren und Aktoren. Rüstungskonzerne, die Automobil-, die Luft- und Raumfahrtindustrie, die Unterhaltungselektronik, Umweltschutz- und medizintechnische Industrie – sie alle sind geradezu versessen auf Mikrosysteme. Ihre Entwicklung wird daher nach Kräften gefördert und bringt bereits erste Ergebnisse, beispielsweise die allgegenwärtigen Mikrobeschleunigungssensoren für Airbags.

Und wieder leckt die Robotik gefräßig ihre Lippen.

Ein Verfahren, das zu den aussichtsreichsten Kandidaten für die Herstellung von Gliedern zukünftiger Mikroroboter zählt, stammt aus dem Forschungszentrum Karlsruhe. Dieses hieß einmal «Kernforschungszentrum», und zu Beginn der achtziger Jahre machte man sich hier daran, Herstellungsprozesse für extrem feine Trenndüsen zu entwickeln, die für Großanlagen zur Anreicherung von Uran vorgesehen waren. Das Verfahren heißt «Liga» und wird weltweit von Labors angewandt, die metallische Mikrostrukturen herstellen. Die Grundidee lautet, Produktionsmethoden der Mikroelektronik zu nutzen.

Grob skizziert, durchlaufen diese Methoden fünf Phasen:

- Schaltungsentwurf am Bildschirm.
- Übertragen des Schaltbildes auf eine Belichtungsmaske.
- Belichten einer Siliziumscheibe, die mit einem lichtempfind-

lichen Film aus Kunststoff (dem sogenannten Resist) überzogen ist.

- Entfernen der belichteten (oder der unbelichteten) Teile des Films. Nun trägt die Siliziumscheibe ein Abbild der Schaltung und kann gezielt bearbeitet werden, etwa indem man Fremdatome eindringen läßt.
- Danach wird der Rest des Films entfernt.

Auf diese Weise entstehen flache Siliziumstrukturen. Einen erheblichen Teil dieser Arbeiten erledigen übrigens Roboter.

Wie würden sich nun hochaufgerichtete Gebilde bauen lassen?

Die Karlsruher Forscher entschieden sich dafür, die gewünschten Formen in möglichst dicke Resistschichten einzubrutzeln. Herkömmliches UV-Licht erwies sich als nicht energiereich und parallel genug, um ein sauberes Bild in den dicken Resistfilm zu brennen. Die Kernforscher erinnerten sich jedoch an die Synchrotonstrahlung, die ihre Kollegen von der Hochenergiephysik mit Teilchenbeschleunigern erzeugen. Diese Strahlung kann exakt auf den gewünschten Röntgenbereich eingestellt und auf das Arbeitsmaterial gerichtet werden.

Sind damit geeignete Strukturen aus Kunststoff hergestellt, so werden sie elektrochemisch (galvanisch) mit Metall gefüllt, anschließend wird der Kunststoff entfernt. Die nunmehr entstandenen Metallteile lassen sich ihrerseits als Gußformen nutzen – für die Massenproduktion von Knirpsen aus Kunststoff, Keramik oder wiederum aus anderen Metallen.

«Lithographie, Galvanik, Abformung», das sind die Begriffe, die hinter «Liga» steckten. Regelrechte Meisterstücke lassen sich damit zusammenfriemeln, klein wie Staubteilchen. Könnten daraus Mikroroboter gebaut werden?

Fummelmechanik

«Geruhen nämlich, das Stäubchen dort zu betrachten» – wir befinden uns mitten in der satirischen Novelle «Der Linkshänder», geschrieben von Nikolai Leskow (1831–1895).

Zar Alexander ist auf Besuch in London. Dort zeigen ihm englische Feinarbeiter etwas ganz Besonderes; Leskow läßt den Chronisten, einen Russen, mit einfältigen Worten beschreiben, um was es sich handelt: «Der Herrscher schaute hin und sah, wahrhaftig, auf dem silbernen Präsentierbrett lag was wie ein kleinwinziges Stäubchen» – ein «Nymphosorium». Es ist «aus reinstem englischen Stahl in dem Abbild eines Flohs geschmiedet, in seinem Zentrum aber befinden sich ein Aufziehwerk und eine Feder». Das Schlüsselchen zum Aufziehen läßt sich gar nur unter dem «Bekiekoskop» erkennen.

Zar Alexander ist begeistert, nimmt das Nymphosorium mit – und es wäre gemein von mir, Ihnen den Fortgang oder gar die Pointe der Geschichte zu verraten. Sie soll nur illustrieren, welcher Art das kulturelle Signal ist, das Mikromaschinen überbringen: Feinziselierte Miniaturtechnik gilt als Nonplusultra technischen Fortschritts. Das ist heute, in der Zeit der Mikroelektronik, kein bißchen anders. Mikroroboter sind ein beliebtes Sujet des techneurotischen Aufregejournalismus. Es war bereits Phantastisches über sie zu lesen: etwa daß sie demnächst in Blutgefäße injiziert werden könnten, um diese von innen her freizuschaben, oder solches: Kluge Krümel könnten – zu Tausenden oder gar Millionen billig hergestellt – wie die Heinzelmännchen putzen, feilen und montieren, sich zu nützlichen Gegenständen zusammenschließen, die Umwelt vor dem Menschen retten oder als Mikropanzer des modernen Krieges die Arsenale des Gegners termitenhaft zerknabbern.

Wer wollte das ausschließen? Zur Zeit allerdings entspringen solche Supertierchen keinesfalls den Labors der Mikrorobotiker. Die praktischen Probleme der Zunft sind denn doch beträchtlich. Ein bißchen Kraftentfaltung reicht nämlich schon aus, um eine kleine Masse aus der Bahn zu werfen – oder das Material zu ruinieren. Sie kennen den Effekt vom Weihnachtsbasteln in der Kindertagesstätte, und wenn nicht, dann seien Sie froh.

Superfeinmechaniker, die Konstruktionen aus Laschen, Ösen und Zahnrädchen in Submillimetergröße zusammenstecken, scheitern immer wieder an der vermaledeiten Reibung, denn leider gilt das Gesetz: je kleiner ein Ding, desto größer das Verhältnis der Oberfläche zum Volumen. Und damit wächst die Bedeutung sämtlicher Oberflächenphänomene wie Luftwiderstand, Kapillarkräfte, Adhäsion, Stick-slip, Schmutz. Außerdem ist es, vorsichtig ausgedrückt, ausgesprochen zeitraubend, derart feine dreidimensionale Mechanik anzufertigen, und wenn es gelingt, dann hält das künstliche Geziefer nicht lange.

Gewiß, es wurden bereits allerhand elektrostatische Motörchen vorgestellt. Aber womit sollte ihr Drehmoment angreifen, um Glieder zu bewegen – mit Riemen? Bislang gefertigte Mikrozahnräder drehten sich stets nur kurze Zeit, und von ihrer Genauigkeit sollte besser geschwiegen werden. Zahnräder sind wenig aussichtsreiche Kandidaten für die Kraftübertragung in der Mikrowelt. Hübsch ist es gewiß auch, wenn beispielsweise die Sandia National Laboratories (USA) einen dampfbetriebenen Kolben vorstellen, dessen Durchmesser zwei Mikrometer (tausendstel Millimeter) beträgt und der sich mit vergleichsweise brutaler Kraft zwanzig Mikrometer weit nach vorn stößt, sobald an seinem rückwärtigen Ende ein Tröpfchen Flüssigkeit zu Dampf erhitzt wird. Die Lebensdauer solchen Fummelkrams bleibt indes unbestimmt.

Einsatzreif hingegen sind die piezoelektrischen Materialien: Sie verändern sich nicht nur elektrisch, wenn sie mechanisch beansprucht werden, auch umgekehrt, unter Strom bewegen sie sich mit bemerkenswerter Kraft. Piezoelektrische Mikroaktoren werden schon heute in Rasterkraftmikroskopen verwendet; elektrisch gesteuert und supergenau schieben sie die abtastende Glasfasernadel des Mikroskops von Atom zu Atom. Ein spektakuläres Mikrosystem, das an der Universität Berkeley konstruiert wurde und als Sensor oder Pumpe dienen könnte, nutzt gleichfalls den piezoelektrischen Effekt. Das kalifornische System besteht hauptsächlich aus einem Filmstreifen, zwei Mikrometer dünn, der piezoelektrisch zu Ultraschallschwingungen angeregt wird. Die Frequenz der Schwingungen verändert sich charakteristisch, wenn sich auf dem Film irgend etwas ablagert. Die theoretische Grenze der Empfindlichkeit liegt bei der Detektion von 100 Picogramm pro Quadratzentimeter – also bei 100 Billionstel (0,0000000001) Gramm. In Flüssigkeiten kann das Gebilde beispielsweise Ausfällungen von Eiweißverbindungen oder Mikroorganismen messen, überdies reagiert es auf Veränderungen der Fließeigenschaften (Viskosität) seines Milieus. Es läßt sich zugleich als Pumpe einsetzen, indem die Schwingungen die Flüssigkeit oder, noch besser, darin schwimmende Partikel transportieren.

Gänzlich ohne bewegliche Teile kommt gar die Fluidik aus, ein vielversprechender Zweig der Mikrotechnik. Dabei handelt es sich um Schalter, die das Verhalten von Flüssigkeitsströmen ausnutzen, um Kräfte zu steuern und zu verstärken. Mit ihnen wurden bereits regelrecht digital schaltende Bauelemente konstruiert. Fluidische Mikroinstrumente sind überdies einfacher im Aufbau als Hebelchen, Mikrogetriebe und anderes Liga-Lego. Und die Antriebe von fluidischen Elementen kommen in Zukunft vielleicht ebenfalls ohne bewegliche Teile zurecht. Bereits vor einigen Jahren bauten Ingenieure am Fraunhofer-Institut für Festkörpertechnologie in München eine winzige Pumpe aus mehreren Siliziumgittern, an welche eine elektrische Spannung gelegt wurde. Die Spannung erzeugte in bestimmten Flüssigkeiten geladene Teilchen (Ionen) und beschleunigte sie. Dadurch entstand eine Strömung, die wiederum zum Pumpen genutzt werden konnte.

Gefaltete Flöhe

Es gibt ein Land, dessen Kultur ein besonderes Faible für alles Grazile hat, nämlich Japan. Am Fachbereich Mechano-Informatik der Universität Tokio hat ein Robotiker namens Isao Shimoyama recht ausgefallene Körperchen aus Silizium angefertigt. Zu Beginn seiner Kleinarbeit befand Shimoyama, daß Mikroroboter ja nicht unbedingt Gelenke nach dem Vorbild der höheren Lebewesen haben müßten. Er wälzte entomologische, also insektenkundliche Fachliteratur, legte allerhand Gekreuch und Gefleuch unter sein Mikroskop, und allmählich dämmerte es ihm: Insekten tragen ihr Skelett außen, als Panzer und auch als Schutz gegen Flüssigkeitsverlust. Diese Panzer weisen nicht selten bewegliche Knicklinien auf, die als Gelenke fungieren. Hier reibt sich nicht mehr Teil an Teil, lediglich «innere Reibung» tritt auf, also die Wechselwirkung zwischen den Molekülen, aus denen die Knicklinien bestehen. Dieser Vorgang erzeugt zwar auch Wärme, die das Material belastet, aber erheblich weniger als die klassische Friktion.

So schließlich entstand Shimoyamas Schöpfungsplan, mittels bewährter Techniken der Chipherstellung Miniaturplättchen zu produzieren und sie derart aneinanderzufummeln, daß sie ein insektenähnliches Außenskelett (Exoskelett) bildeten. Offen blieb allerdings die Frage, wie die Montage vonstatten gehen sollte.

Die Probleme der Arbeit im Kopf nach Hause tragend, sieht Shimoyama eines Abends, wie seine Frau Yuko jene Papiergebilde faltet, die sie, und nicht nur sie, so gern an Freunde aus dem Ausland verschenkt; sie ist eine Meisterin des Origami. Heureka! Shimoyama wird klar: Hier liegt die Lösung.

Was wieder einmal zeigt, wie sehr Kreativität voraussetzt, sich für alle möglichen Analogien und Ähnlichkeiten empfänglich zu halten, Muster zu erkennen und auf Probleme aus anderen Gebieten zu projizieren. Ein Punkt, der en passant festgehalten werden sollte, denn im zwölften Kapitel geht es auch um die Frage, ob Roboter kreativ werden können.

Kreativ war jedenfalls Yukos Mann. Er griff sogleich zu Schere und Papier und erfand erst einmal ein Exoskelett für ein Bein. Sie können es anhand der Abbildung 18 nachbauen. Das Papiertütchen läßt sich leicht falten, und wer seine Seiten in der richtigen Reihenfolge zusammendrückt, erzeugt eine Bewegung, die sich auf ein Bein übertragen läßt (Abbildung 19). Sechs solcher Beine ergäben eine Ameise; Shimoyama hat sie bereits gebaut. Sie ist mehrere Zentimeter lang, die Seiten des (in diesem Falle) metalle-

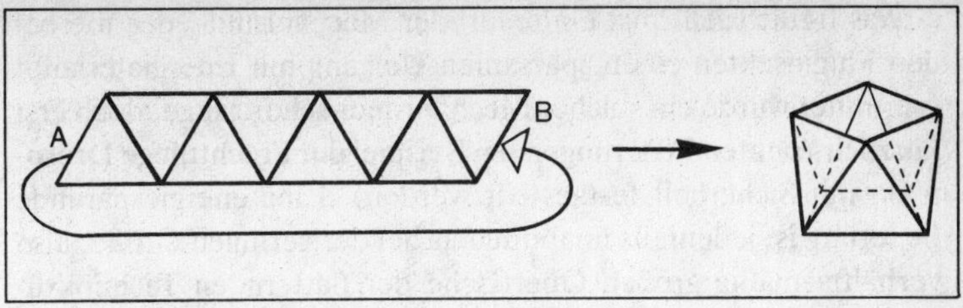

Abb. 18: Exoskelett für ein Bein

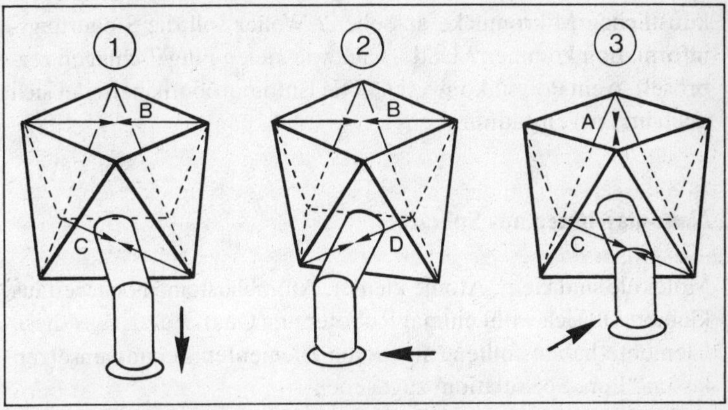

Abb. 19: Bewegung des Beins am Exoskelett

nen Exoskeletts werden rhythmisch durch Elektromotoren zusammengezogen. Nächster Schritt: verkleinern.

Das ist leichter hingeschrieben als getan. Im Tokioter Labor wird mit Scheiblein aus Polysilikon gebastelt, doch deren Faltung ist enorm schwierig. Das Zusammenstecken von Spielzeugen aus Überraschungseiern ist nichts dagegen. Um die Dingelchen in Submillimetergröße auch nur anzufassen, braucht es computergesteuerte Mikrosonden, deren Spitze wenige Mikrometer dünn sind – da sind sie wieder, die Nadeln aus den Rasterkraftmikroskopen. So entstand immerhin schon ein mikroskopisch kleines Modell für Insektenflügel, das sich mittels elektrostatischer Kraft zwischen zwei Knickstellungen hin- und herschalten läßt.

Was freilich fehlt, ist ein federnder Mechanismus, der wie bei den Fluginsekten einen sparsamen Umgang mit Energie erlaubt (vermutet wurde ein solcher Mechanismus schon lange, doch erst kürzlich konnten Federungen am Beispiel der Fruchtfliege Drosophila mit Sicherheit festgestellt werden). Eine energiesparende Federung ist jedenfalls unabdingbar bei der geringen Größe, also verhältnismäßig großen Oberfläche der flatternden Technokrümel: Je größer die Oberfläche, desto energiezehrender der Luftwiderstand. Und wie soll überhaupt die Energieversorgung einer künstlichen Mikromücke aussehen? Woher soll die Steuerungsinformation kommen? Und – nach wie vielen Flügelschlägen zerbröselt so ein Polysilikonwesen? Die Entomorobotik befindet sich noch im Larvenstadium.

Nanomaschinen aus Spinat

Moleküle sind klein, Atome kleiner, Atombausteine noch weitaus kleiner. Ob sich wohl einmal Roboter aus Quarks und, falls diese Elemente haben sollten, aus deren Elementen zusammensetzen lassen? Pure Spekulation, zugegeben.

Die Konstruktion von Gebilden auf molekularer Ebene, immerhin, ist nicht bloße Science-fiction: Die Rede ist von Nanotechnik. Das Präfix «Nano» stammt aus dem Altgriechischen, *nannos* hieß hier der Zwerg. Unter einem Nanometer versteht der Naturwissenschaftler das Milliardstel eines Meters, also das Millionstel eines Millimeters, und etwa das Zehnfache des Durchmessers eines Wasserstoffatoms.

Auf einigen Gebieten ist Nanotechnik beinahe alltäglich geworden; vielerlei neue Werkstoffe wurden schon aus Partikeln in Nanogröße zusammengemischt, deren Eigenschaften chemisch und physikalisch manipuliert werden konnten. Doch «Mr. Nanotechnology», der Amerikaner Eric Drexler, dessen akademische Karriere klingende Namen wie MIT und Stanford schmücken, strebt etwas anderes an. Auf ihn geht die Idee des «Assemblers» zurück: ein Nanoroboter, der sich vielfach selbst kopiert und sodann mitsamt seinen Kopien zu größeren Einheiten zusammensetzt, zu Super-Robotern sozusagen.

Das Foresight Institute im kalifornischen Palo Alto (Vorsitzender: Eric Drexler) hat 1996 ein Preisgeld von einer Viertelmillion Dollar ausgelobt, und zwar für denjenigen, der – erstens – einen Roboterarm baut, der in einen Würfel von 100 Nanometer Kantenlänge paßt, und – zweitens – einen Computer, der in einen Würfel von 50 Nanometer Kantenlänge gestopft werden kann und Zahlen in einer Länge von acht Bit addiert.

Das gibt es sogar alles schon – im Computer.

«Simulationen zählen nicht», wohl wahr. Zwar wird auf diesem Gebiet viel Geld für Grundlagenforschung ausgegeben, aber außerhalb der Computer gelang bisher nicht viel mehr als das Herumschieben einzelner Moleküle und Atome mit Hilfe von Rasterkraftmikroskopen, und diese Kunststücke wurden nicht von Nanobastlern, sondern von Mikroskopikern vorgeführt.

Wo Ingenieure ihre Vorstellungskraft und Technik beinahe überanstrengen müssen, fühlen Mikrobiologen sich zu Hause. Ihre Forschungsgegenstände sind letztlich zusammengesetzte Nanomaschinen. Und im Nachbarlabor arbeiten die Chemiker mit noch kleineren Strukturen. Es könnte sein, daß Drexlers Traum vom Nanoroboter eines Tages von Chemikern und Biologen wahrgemacht wird. Die Biologie kennt zum Beispiel Moleküle oder Zellstrukturen, die ähnlich wie elektrische Schalter zwei deutlich unterschiedene und meßbare Zustände einnehmen können, die wie Dioden oder Transistoren wirken oder, wie optoelektronische Koppler, Lichtsignale in Strom umsetzen. Letzteres leisten «photosynthetische Reaktionszentren» in Pflanzen, indem sie für jedes aufgenommene Lichtteilchen (Photon) ein Elektron verschieben und damit eine Spannung aufbauen.

Elias Greenbaum, Chemiker am Oak Ridge National Laboratory, sucht nach solchen Kopplern im Spinat. Nach dem Besuch des Gemüsestands zerkleinert, passiert und zentrifugiert er die Blätter; anschließend wird die verbleibende grüne Sauce mit einem gelösten Platinsalz vermischt. Etwas später setzen sich am Boden des Gefäßes Partikel ab, in denen etwa 400 Nanometer kleine photosynthetische Zentren innig mit Platinteilchen verbunden sind – und zwar just auf der Seite, zu der das Elektron reist. Damit ist prinzipiell die Möglichkeit demonstriert, elektrischen Kontakt mit diesen natürlichen Kopplern herzustellen. Ob sie sich einmal als Schalter für Nanoroboter eignen werden, für Spinanoboter?

An der Universität Stuttgart arbeiten Chemiker, Biologen und Physiker mit Molekülen, die vielleicht einmal als Transistoren für Nanoroboter in Frage kommen – wohlgemerkt: Auch dies geschieht nicht am Simulationsrechner, sondern im Labor. Ihre Molekülschalter dürfen wir uns im Prinzip wie Dosentelefone vorstellen, wie zwei Konservendosen, durch eine gespannte Schnur miteinander verbunden. In die eine Dose sprechen wir hinein, aus der anderen dringt der Schall. Ebenso bestehen die molekularen Schalter zunächst aus drei Grundbausteinen: Donor, Brücke und Akzeptor. Der Donor ist der Eingang für das Signal, das verarbeitet werden soll. Es kann elektrisch sein oder optisch, chemisch oder (im Prinzip) akustisch. Entscheidend ist, daß es dem Donorteil des Moleküls Energie zuführt. Nun gibt der Donor die Energie über die Brücke an den Akzeptor weiter, und der strahlt seinerseits ein Signal an die Außenwelt ab. Zu einem Transistor wird dieses Molekül, wenn noch ein vierter Baustein in die Brücke eingebaut wird, der auf Kommando den Signalfluß unterbricht oder durchläßt.

So weit die Idee. In Stuttgart gelang es immerhin, passende Modellmoleküle zu synthetisieren; sie verarbeiten Lichtsignale. Und warum wurde daraus keine Weltsensation? Weil ein Transistor allein nicht viel bringt. Transistoren müssen zu Schaltungen zusammengeführt werden. Spätestens hier verlassen die süddeutschen Forscher den nanonischen Kanon der Drexler-Gemeinde: Sie wollen die molekularen Schalter nicht Stück für Stück montieren; statt dessen arbeiten sie, wie etliche andere Labors, an dünnen Filmen, in denen sich Moleküle von selbst zu größeren Einheiten organisieren.

Nanotechnik durch Selbstorganisation, das ist vielleicht der beste Weg. Die Natur bietet Vorbilder. Eine Gruppe um den amerikanischen Mediziner Stuart R. Hameroff strickt seit Jahren an der ausgefallenen Idee, technische Bausteine aus Elementen des biologischen Zellskeletts zu gewinnen. Es handelt sich dabei um Röhrchen (Mikrotubuli), gebildet aus einem geordneten Muster von Molekülen; das Muster ist mobil und ändert sich in wohldefinierten Übergangsformen und meßbaren Rhythmen. Und die Musterverschiebungen lassen sich durch äußere Einflüsse anregen. Ein Vorbild für die Anatomie von Nanorobotern?

Robotersysteme, deren Aktoren die Wirklichkeit auf der Ebene von Mikrostrukturen, Molekülen oder gar Atomen umgestalten, grenzen an märchenhafte Vorstellungen von magischen Pulvern oder Zauberstäbchen: Nur eine leichte Berührung, und der Gegenstand wird verwandelt. Kleinstroboter, zu ganzen Armeen formiert, könnten vergiftete Böden analysieren und reinigen, Elektroschrott zerlegen und aufbereiten, Gene zählen und verändern. In ferner Zukunft, versteht sich.

Wenn es nach dem unerschrockenen Robotiker Hans Moravec ginge, endeten die Extremitäten zukünftiger Roboter in einzelnen, wohlgesteuerten Instrumenten von atomarer Größe. Moravec stellt sich die Gebilde in Form von fraktalen Büschen vor, deren Zweige zum Rand hin immer feiner werden. So ist das mit Robotern: Je entwickelter wir sie uns denken, desto naturähnlicher erscheinen sie dem menschlichen Blick.

siebtes kapitel

Körper in Bewegung

Sie kennen nun die Anatomie und den Bewegungsapparat des Roboters. Er hat Glieder, Gelenke und Kraft. Doch noch liegt er bewegungsunfähig in der Ecke. Erst seine Steuerung teilt den Aktoren mit, wie sie die Glieder bewegen sollen; aus dem Zusammenspiel der Glieder resultiert die Gesamtbewegung. Der Leib muß beseelt werden, damit er sich bewegen kann – «wohin der Geist sie trieb, dahin gingen sie» (Hesekiel).

Damit die Steuerung weiß, welche Befehle sie den Aktoren erteilen soll, muß es irgendwo ein Modell des Zusammenspiels der Glieder geben – ein kinematisches Modell. Es enthält die Informationen darüber, wie die Gelenkbewegungen die Positur des Roboters verändern. Zumeist interessieren dabei nicht sämtliche Körperteile des Roboters, sondern lediglich ein sogenannter Endeffektor: ein Greifer, Werkzeug, Rad oder Bein. Im Folgenden fragen wir nach der Greiferstellung eines stationären Roboters; später werden mobile Roboter betrachtet.

Genau gesehen ergeben sich gleich mehrere Probleme:

- Das kinematische Problem: Die Stellung der Gelenke wird verändert. Wo befindet sich nun der Greifer, und welches ist seine Stellung?
- Das inverse kinematische Problem: Der Greifer soll in bestimmter Positur an einem bestimmten Ort sein. Wie müssen zu diesem Zweck die Gelenkpositionen verändert werden?

- Der Greifer soll nicht nur seine Position wechseln, sondern dabei auch eine bestimmte Bahn beschreiben. Welche Gelenkveränderungen sind dafür nötig?
- Der Greifer soll seine Bahn in kontrollierter Geschwindigkeit beschreiben. Mit welchen Geschwindigkeiten müssen entsprechend die Gelenke bewegt werden?
- Die Bewegung des Greifers soll eine bestimmte Kraft ausüben. Mit welcher Kraft muß jedes einzelne Gelenk bewegt werden?

Für alle diese Probleme hat die Robotik in den vergangenen Jahrzehnten eine recht komplizierte Mathematik entwickelt. Sie füllt Vorlesungsskripte, Lehrbücher und Tagungsbände mit Formeln, die wüst aussehen können. Immer neue Gelenktypen und -kombinationen stellen reizvolle Aufgaben an die Mathematik, und Mathematik hat die bemerkenswerte Eigenschaft, sich selbst mit Problemen zu versorgen. Überdies kann ein Wissenschaftler pro Jahr mehr Papiere verfassen als Roboter bauen. Derartige Robotermathematik, selbst wenn sie vollkommen abgehoben scheint, ist keineswegs nutzlos. Man hat schon oft genug erlebt, daß scheinbar irrelevantes Forschen, nur von der Neugier getrieben, unversehens Lösungen für die Praxis hervorbrachte.

Mathematische Gelenkigkeit

Mathematik dient nicht zuletzt der Vereinfachung von Problemen. Und im Falle der Roboterbewegungen muß unbedingt ein ganz bestimmtes Problem vereinfacht werden, nämlich das der Lokalisierung. Das «gewußt, wo» ist geradezu elementar. Wo ist der Greifer, wo ist das zu bewegende Objekt?

Einen beliebigen Punkt im Raum beschreiben wir gemeinhin mit seinen drei kartesischen Koordinaten x, y, z. Dieses Tripel nennen wir jetzt einen Punktvektor. Um darzustellen, welchen Teil des Raumes ein quaderförmiges Holzklötzchen einnimmt, benötigen wir gleich acht Punktvektoren, nämlich für jede Ecke einen. Bitte werfen Sie einen Blick auf die Abbildung 20. Die linke untere Ecke des Quaders wird mit dem Punktvektor

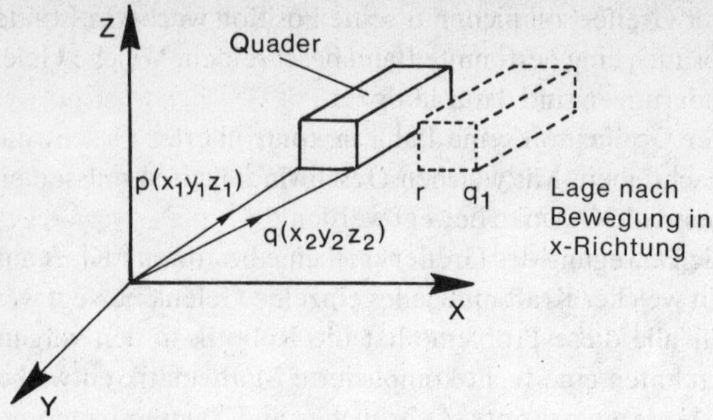

Abb. 20: Ein Quader wird verschoben

p(x1, y1, z1) beschrieben, die rechte untere mit dem Punktvektor q(x2, y2, z2).

Nun verschieben wir den Quader nach rechts, also in die x-Richtung. Aus p ist r geworden. Genauer: Aus p(x1, y1, z1) ist r(x3, y3, z3) geworden.

Angenommen, wir haben beim Quader an p angesetzt, diesen Punkt nach r geschoben und kennen die Koordinaten von r. In diesem Fall können wir etwas Nützliches tun: Wir subtrahieren p von r und bilden damit den Verschiebevektor «r minus p» (r – p). Indem wir diesen Verschiebevektor zu allen anderen alten Punktvektoren des Quaders addieren, bekommen wir deren neue Punktvektoren.

Schauen Sie bitte noch einmal auf die Abbildung 20. Indem wir den Punktvektor r – p zu dem alten Punktvektor q addieren, bekommen wir den neuen Punktvektor q1:

$$q1 = q + r - p$$

Das ist bequem, aber nur im Falle so simpler Figuren wie dem Quader und ebenso simpler Bewegungen wie dem Verschieben nach rechts. Blicken Sie einmal auf Ihre rechte Hand. Angenommen, sie ließe sich grob mit, na sagen wir: dreißig Punktvektoren beschreiben. Jetzt legen Sie diese Hand, ohne die Finger zu bewegen, auf Ihre linke Schulter – wie ließe sich nun eine Beschreibung

Ihrer Hand als Objekt im kartesischen Raum auf möglichst einfache Weise errechnen?

Mit einem Kniff: Ihre Hand erhält ein eigenes Koordinatensystem. Wir nennen es Objektkoordinatensystem.

Das Objektkoordinatensystem beginnt an der Handwurzel. Und wo immer sich Ihre Hand befindet, in ihrem eigenen Koordinatensystem wird jeder Punkt stets mit ein und demselben Punktvektor beschrieben (vorausgesetzt, Sie bleiben bei unserer Verabredung, nicht die Finger zu bewegen). Was sich verändert, ist lediglich die Lage des Koordinatensystems selbst. Dessen Lageveränderung (Transformation) kann in einer Folge von sechs verschiedenen Bewegungen beschrieben werden, dies sind

- drei translatorische: das Objektkoordinatensystem wird auf der x-Achse, der y-Achse oder der z-Achse verschoben;
- drei rotatorische: das Objektkoordinatensystem rotiert um die x-Achse, die y-Achse oder die z-Achse (nicken, rollen, gieren).

Das Ganze ist deshalb praktisch, weil wir nur die Abfolge und das Ausmaß dieser sechs Verschiebungen oder Drehungen des Objektkoordinatensystems zu kennen brauchen, um die neue Position und Orientierung des Objekts im Raum beschreiben zu können. Und noch schöner: Für all dieses gibt es von alters her eine fix und fertig entwickelte Mathematik, nämlich die Koordinatentransformation. Deren Formeln sehen monströs aus, bringen aber schnelle Lösungen.

Die sechs Bewegungsarten sind im Roboterarm auf verschiedene Gelenke verteilt. Glücklicherweise kommen in der Regel nicht für jedes Gelenk alle sechs Bewegungsarten (Freiheitsgrade) in Frage; ganz im Gegenteil: Gelenke von Robotern, jedenfalls von Robotern im realen Einsatz, haben meist nur einen Freiheitsgrad, was die Berechnung der Kinematik vereinfacht. Sie nicken, rollen oder gieren, sie fahren teleskopisch aus oder verschieben ein vertikal oder horizontal angebrachtes Glied.

Jetzt sind wir gerüstet, uns dem kinematischen Problem zu widmen: Die Stellung der Gelenke wird verändert – wo ist der Greifer?

Denken wir uns einen Roboterarm, bestehend aus mehreren Gliedern und Gelenken. An jedes Glied wird ein Koordinatenrahmen geheftet, ebenso an den Fuß des Roboterarms (so heißt das nun einmal), und los geht's: Drehung des Fußgelenks, Drehung des Schultergelenks, Drehung des Unterarmgelenks, Drehung des Handgelenks. Position und Lage des Greifers lassen sich bestimmen, indem die Transformationen nacheinander berechnet werden, Glied für Glied, vom Koordinatenrahmen des Fußes bis zum Koordinatensystem des Greifers. All die Verschiebe- und Drehaktionen der Gelenke ergeben schließlich die Greiferstellung, weshalb man auch sagt: Position und Orientierung des Greifers werden durch die Gelenkstellungen ausgedrückt. So weit das *direkte* kinematische Modell.

Und nun zum *inversen* kinematischen Modell: Die Gelenkstellungen werden durch die Position und Orientierung des Greifers ausgedrückt. Anders gesagt: Um eine bestimmte Position und Positur des Greifers zu erreichen, sind welche Gelenkstellungen nötig? In diesem Fall wird das kinematische Modell rückwärts gerechnet, von den Greiferkoordinaten bis hinunter zur Stellung des Fußgelenks.

Die Mathematik dieses Verfahrens ist schon vertrackter, und sie führt häufig nicht zu eindeutigen Lösungen. Sie kennen vielleicht die klassischen Schreibtischlampen, die sich an der Tischplatte festschrauben lassen. Man hat zuweilen seine liebe Mühe mit ihnen. Eine bestimmte Position und Ausrichtung des Lampenschirms kann das Gerät durch verschiedene Posituren erreichen – und allzuoft muß unsereiner diese Posituren erst durchprobieren, bis dann eine gefunden ist, bei der die Laschheiten der Gelenkfedern einander ausgleichen und einem nicht unablässig der Lampenschirm auf die Nase sinkt.

Diese Fähigkeit, denselben Endeffekt durch unterschiedliche Gelenkstellungen zu erreichen, wird kinematische Redundanz genannt. Der klassische Fall ist der menschliche Arm. Dem Menschen stehen vielerlei Hand- und Armstellungen zur Auswahl, um ein Glas an die Lippen zu halten. So viele, daß sie ein eigenes soziales Zeichensystem wurden: Betreiben Sie einmal vergleichende Studien von Trinkrunden im Bierkeller und Verkostungen im Weinkeller, und achten Sie dabei besonders auf das Ellenbogengelenk.

Es gibt Tiere, die hyperredundant sind; Sie kennen sie schon: Schlangen. Die vorgestellten Snakebots werden deshalb «hyperredundante Roboter» genannt. Kinematische Redundanz bietet Überlebensvorteile, nicht nur im Schlangotop oder im sozialen Dschungel der Menschenwelt. Wenn mehrere Wege zum Ziel führen und der eine versperrt ist, wird eben ein anderer genommen. Kinematische Redundanz erlaubt es, unter mehreren Lösungen diejenige zu wählen, die am schnellsten, genauesten oder sparsamsten verfährt; etliche Robotiklabors arbeiten an der Kinematik vielgliedriger Arme und trimmen sie auf solche einschränkenden Bedingungen wie Minimaltempo, Präzision oder Energieeinsparung.

Wenn es keine eindeutige kinematische Lösung gibt, dann sind derartige Zusatzkriterien tunlichst einzuführen, sonst kann es zu unvorhergesehenen Situationen kommen. Der schon erwähnte Robotiker Philip John McKerrow berichtet von einem Fall zweier Gelenke mit Rollbeweglichkeit, die voneinander durch ein Nickgelenk getrennt waren: Wann immer die Längsachsen der Rollgelenke übereinstimmten, drehte der Roboter sie gleichzeitig um 180 Grad gegeneinander. Der Rollwinkel betrug folglich null Grad – wie beabsichtigt (Abbildung 21). Auch eine Lösung. Doch wehe, die Längsachsen stimmten nicht hundertprozentig überein! Dann kreiste der Roboterhammer – so stark, daß der Apparat an den Erschütterungen zugrunde ging.

Eine mathematisch saubere Kinematik kostet Rechenzeit; viel Mühe wird deshalb aufgewandt, mathematische Abkürzungen sowie zeitsparende Spezialprozessoren zu erfinden. Damit nicht genug – meist muß noch berechnet werden, auf welchem Weg, mit welchen Geschwindigkeiten und Beschleunigungen der Greifer, oder gar der ganze Arm, sich bewegen soll. Ein Roboter, der eine Wanne flüssigen Nuklearmülls schleppt, sollte besser nicht kleckern; ein Gelenk sollte nicht so stark beschleunigt werden, daß es kaputtgeht; und wenn Roboter malen, schneiden oder kontinuier-

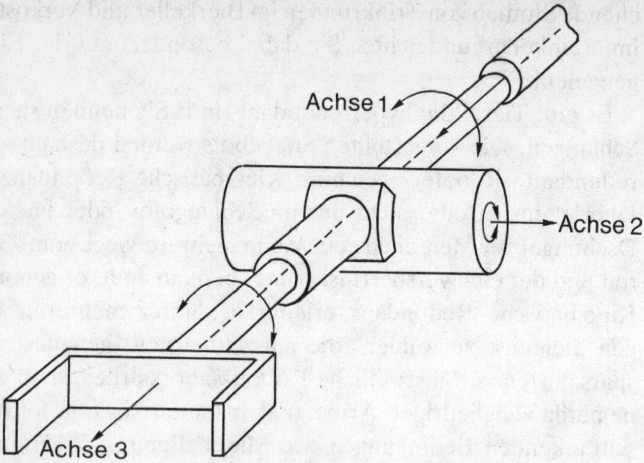

Abb. 21: Zwei Rollgelenke, ein Nickgelenk

liche Nähte schweißen, dann kommt es ebenfalls auf Wege, Geschwindigkeiten und Beschleunigungen an. Sie sind das Gebiet der Differentialrechnung, hier noch kombiniert mit Matrizenrechnung, und so was lassen wir in diesem Buch schön bleiben. Das Leben ist schon schwer genug.

In der Praxis wird die Bahn, die der Greifer beschreibt – übrigens Trajektorie genannt –, häufig nicht als kontinuierliche Kurve dargestellt, sondern als Folge von Bahnpunkten. Zwischen ihnen darf der Roboter kleine gerade Strecken fahren. Für jede dieser einfachen Teilbahnen wird die Kinematik und werden die Geschwindigkeiten errechnet, danach wird die Bewegung ausgeführt; «kartesischer Takt» ist der Name eines solchen Zyklus, der nur wenige Millisekunden währen darf. Dabei tritt zuweilen ein lästiges Phänomen auf: Die derzeit gängigen Takte regen gern Eigenfrequenzen der Roboter an (bei Industrierobotern sind etwa 20 Hertz typisch). Die Vibrationen geben häßliche Zacken, etwa wenn der Roboter einen Laserkopf führt, und auf Dauer geht so etwas auf die Gelenke.

Und dann gibt es noch ein weiteres Ärgernis: die Singularitäten.

Das sind Körperhaltungen, in denen sich der Roboter selbst im Wege steht: Er könnte einen bestimmten Punkt in seinem Arbeitsraum prinzipiell erreichen, jetzt aber steht er verklemmt da. Wie im menschlichen Leben.

Klemmen Sie bitte einen Hausschlüssel so zwischen Daumen und Zeigefinger der rechten Hand, wie Sie ihn normalerweise dann ins Schloß stecken (Linkshänder: bitte machen Sie mit). Die schmalen Seiten müßten jetzt eigentlich nach unten und oben zeigen. Der Schlüssel und Ihre Hand seien zwei Roboterglieder, verbunden durch ein Gelenk. Mit der linken Hand bewegen Sie jetzt bitte den Schlüssel nach oben und unten (Nickbewegung) – das geht leicht. Und das Drehen des Schlüssels im Schloß, die Rollbewegung also, ist Ihnen eh geläufig. Jetzt aber gieren Sie den Schlüssel, Sie bewegen ihn also nach rechts und links: Das geht nur, wenn Ihr Griff dabei leicht nachläßt, das Robotergelenk also gleichsam aufgebrochen wird.

Gibt es einen Weg, die Schlüsselspitze ohne Knacken des Gelenks nach rechts zeigen zu lassen? Gewiß, aber es ist ein Umweg: erst eine Rollbewegung, dann eine Nickbewegung. Um die Schlüsselspitze an einen Punkt im Arbeitsraum zu führen, der im Prinzip erreichbar war, mußte Ihr Hand-Schlüssel-System seine alte Konfiguration aufgeben. Derartige Umstellungen können katastrophal verlaufen; die kinematischen Formeln bringen es zuweilen automatisch (und ohne daß der Ingenieur es bedachte) mit sich, daß der Arm in der Nähe von Singularitäten recht plötzlich eine neue Grundstellung einnimmt, um die Bewegung des Greifers eben doch und möglichst kontinuierlich fortzusetzen. Ein Beispiel: Strecken Sie Ihre linke Hand aus. Nun führen Sie den Daumen der rechten Hand gegen den Uhrzeigersinn um das linke Handgelenk, und zwar so, daß der Daumennagel immer in Drehrichtung zeigt. Versuchen Sie, den Weg des Daumens mit möglichst gleichbleibender Geschwindigkeit zu vollziehen. Sie werden feststellen, daß Sie den Daumen an einer Stelle blitzschnell um 360 Grad drehen müssen, was beinahe Ihren ganzen rechten Arm herumwirbeln läßt. Dermaßen abrupte Aktionen können bei großen, schweren Industrierobotern so gewaltsam ausfallen, daß Gelenke zerbersten, harmonic drives zerbrechen, Motoren durchrösten oder Steuerungen durchdrehen. Das ließe sich zwar oft durch zusätzliche Mathematik verhindern, diese aber frißt wiederum Rechenzeit und wird deshalb nicht gerade häufig in Industrieroboter eingebaut. Besser scheint es, Roboter von vornherein so zu bauen, daß sie sich nicht selbst behindern können. Doch leider sind solche Systeme kompliziert und nur selten wirklich robust.

Der Robotiker muß nicht zuletzt die Kräfte im Griff haben, die ein Glied des Roboters auf das nächste ausübt, vom Fuß bis zur Greiferspitze. Das ist das Gebiet der Dynamik; sie untersucht die Bewegung von Körpern unter dem Einfluß von Kräften. Wieder kann vorwärts und rückwärts transformiert werden, und wieder hat es der Robotiker mit einer gehörigen Portion Mathematik zu tun. Sie untermauert einige fundamentale Lehren des Designs:

- Die Genauigkeit von Robotern verhält sich umgekehrt proportional zu ihrem Gewicht. Diese Beziehung läßt sich sehr schön aus Firmenprospekten herauslesen, etwa bei den Unimates, deren Gewicht von knapp sieben Kilo bis zu 2,3 Tonnen reicht.
- Je einfacher ein Roboter aufgebaut ist und je steifer seine Glieder sind, desto leichter lassen sich die trägen Massen berechnen.
- Je weiter das Ende eines Glieds von seinem Gelenk entfernt und je schwerer das Glied ist, desto größer die Masseträgheit, die ein Gelenk mit seiner Dreh- oder Hebekraft zu überwinden hat. Diese Belastungen addieren sich vom Greifer bis zum Fuß des Roboters.
- Kommt ein schwerer Roboter erst einmal richtig in Schwung, dann treten Zentrifugalkräfte auf, die berechnet werden müssen, und obendrein das gefürchtete Coriolismoment: Fährt ein Roboter, der um seine senkrechte Hauptachse rotiert, einen Arm waagerecht aus, dann dreht sich der Roboter unwillkürlich langsamer. Zieht er den Arm ein, wird er schneller – ähnlich einer Eistänzerin, die Pirouetten dreht.

Die Glieder eines Roboters, vor allem die äußeren, sollten mithin möglichst kurz und leicht sein; schwere Gelenke, Motoren und Getriebe gehören möglichst nah an die Basis des Roboters. Diesem Prinzip folgt auch der Aufbau des menschlichen Arms. Die meisten Muskeln unserer Schulter entspringen nicht etwa am Schultergelenk, sondern am Rumpf; das Knochengewicht wiederum nimmt ab, je weiter der Knochen von der Schulter entfernt liegt, und die Glieder unserer Endeffektoren werden bis zur Fingerspitze hin kleiner. Der für knifflige Kleinteilmontagen konstruierte Scara-Roboter (Seite 87) entspricht gleichfalls einigen dieser Prinzipien. Die Scara-Roboter von Sony etwa, Dreikäsehochs von knapp einem Meter Länge, sind vorne leicht und hinten schwer.

Als ich meinen Roboterarm aus Fischertechnik baute, mußte ich feststellen, daß einer der kleinen Motoren große Mühe hatte, den langen Arm anzuheben. Also befestigte ich ein Gegengewicht an der anderen Seite des Armgelenks; das Ganze sah jetzt wie eine ungleiche Wippe aus, und der Motor hatte es leichter. Zuerst war mir das Gegengewicht zu schwer geraten, und die Wippe tat ihrem Namen alle Ehre, weshalb der Arm sich nicht mehr ordentlich steuern ließ. Ein sehr reales Problem, auf Spielzeug- wie auf Industrieebene. Bei der Konstruktion von Robotern ist darauf zu achten, daß allzu schwere Glieder ausbalanciert werden; hin und wieder finden sich sogar Roboterglieder, deren Gegengewicht mit der Gelenkstellung verändert wird.

Für große, tonnenschwere Stahlburschen wurde am Institut für Roboterforschung der Universität Dortmund vor Jahren ein Konzept entwickelt, das ihre Dynamik zähmt. Eckhard Freund, Leiter des Instituts, war auf die Idee gekommen, den Roboter gedanklich in Teilsysteme zu zerlegen, in denen jeweils eine Eingangsgröße (Input) genau eine Ausgangsgröße (Output) beeinflußt – etwa indem ein Drehmoment (Input) den Winkel eines Gelenks (Output) verändert. Wenn jedoch ein senkrecht stehender Arm rotiert, erzeugt er zugleich eine Fliehkraft, die ein zweites, rechtwinklig angekoppeltes Glied zum Ausfahren veranlassen würde. Das Drehmoment hätte mithin nicht nur eine, sondern zwei Wirkungen. Doch Freund berechnet für solche Fälle die Fliehkraft und schaltet sie mit negativem Vorzeichen auf den Aktor des zweiten Arms. Der bleibt infolgedessen unbeeinflußt, ist entkoppelt, und kann unabhängig von der ersten Achse gesteuert werden. Auf diese Weise wird die Dynamik des Roboters künstlich vereinfacht.

Das hat etwas von Dressur: Unwillkürliche Bewegungen werden unterdrückt. Wie ein Dompteur stellt sich Eckhard Freund vor seine schweren Roboter; er wirft einen an, der schlägt beeindruckend aus, und das ganze Chassis wankt. «Nun wollen wir doch mal sehen», murmelt Freund, schaltet sein Steuerungsverfahren auf diese Bewegung, und alles sieht schon manierlicher aus. «Er wackelt immer noch ein bißchen», befindet Freund mißbilligend.

Geschicklichkeit, das jedenfalls läßt sich nach alledem sagen, ist in hohem Maße eine Frage der Kinematik und Dynamik. Das von den Aktoren vorgelegte Tempo kommt erst an zweiter Stelle. Tanzkunst besteht ja auch nicht darin, im Hechtsprung die vom Choreographen vorgeschriebene Position gerade noch rechtzeitig zu erreichen; was wir bewundern, ist die Ökonomie der Bewegung, ihre Angemessenheit, ihre Eleganz.

Mit fließenden, sparsamen Bewegungen ein Maximum zu erreichen, das ist das ästhetische Prinzip, das Knochen, Gelenke, Muskeln und Nerven schont, ob beim Menschen oder seinem maschinellen Verwandten.

Bewegte Räder und Beine

Gut und schön. Unterdessen haben die mobilen Roboter wieder ihre Batterien aufgeladen oder ihre Dieselmotoren betankt. Winken wir als erstes die Maschinen heran, die sich auf Rädern bewegen.

Um ein Rad zu schwenken, müssen Gelenkstellungen verändert werden. Das ist die sogenannte interne Kinematik. Es kommt die externe Kinematik hinzu. Wenn Räder geschwenkt und gedreht werden, wohin bewegt sich der Roboter? Und invers: Wenn der Roboter einen bestimmten Platz in einer bestimmten Ausrichtung einnehmen soll, wie müssen die Räder bewegt werden? Die Lösungen sind nicht immer eindeutig, und es treten wiederum Singularitäten auf. Wir kennen das aus dem Alltag, zum Beispiel vom Einparken, vom Karrenschieben im Supermarkt, vom Bugsieren des Kinderwagens in die U-Bahn. Auch für Radroboter gibt es eine durchmathematisierte Kinematik, die beliebig kompliziert sein kann. Zumal der Konstrukteur die Wahl zwischen vielerlei Anordnungen von Rädern und Verteilungen ihrer Aufgaben hat. Erfreulicherweise kann er sich bei den Fahrzeugbauern mit Konzepten und Lösungen bedienen.

Danke, wegrollen; jetzt bitte die Roboter auf Beinen.

Die interne Kinematik der Roboterbeine bietet uns hier nichts Neues, aber dafür ist deren externe Kinematik ein dankbares Thema. Sie schlägt wieder einmal eine Brücke zur Zoologie. Die externe Kinematik der Roboterbeine entspricht in erster Linie der Lehre von den Gangarten.

Am Anfang stand eine Wette (was in der Wissenschaftsgeschichte so ungewöhnlich nicht ist). Zu Beginn der siebziger Jahre des 19. Jahrhunderts erteilte Leland Stanford, Gouverneur von Kalifornien, dem Photographen Eadweard Muybridge einen Auftrag: Er sollte herausfinden, ob ein galoppierendes Pferd zu irgendeinem Zeitpunkt mit allen vier Hufen in der Luft schwebt. Der Gouverneur meinte: Nein.

Doch, erwiderte Muybridge nach einiger Zeit. Er hatte nämlich eine Methode gefunden, schnelle Bewegungen visuell festzuhalten: die Kurzzeitphotographie. Muybridge fügte eine ganze Batterie von Kameras aneinander und ließ sie in kurzer Folge klicken. Auf diese Weise analysierte er den Galopp mehrerer Pferde, um schließlich seinem Auftraggeber zu widersprechen. Dies war die Geburtsstunde der zoologischen Geh- und Wanderwissenschaft, zugleich eine Wende in der Geschichte der wissenschaftlichen Photographie. In den folgenden Jahrzehnten veröffentlichte Muybridge Bewegungsphotos von über vierzig weiteren Säugetieren. Den Menschen sparte er übrigens nicht aus.

Zum Zeitpunkt seiner ersten Bilder bestand bereits reges Interesse am Bau von künstlichen Laufzeugen. Allerlei Apparate wurden ersonnen und auch gebaut, die dann in mechanisch fixierten Gangarten durchs Gelände staksten; besonders beliebt waren hölzerne Pferde.

Heutzutage wird der Sechsbeiner als die ideale Konstruktion für statisch stabile Laufroboter angesehen. Ihm kann mit Leichtigkeit ein einfacher, symmetrischer Bewegungsablauf verliehen werden, bei dem stets drei Beine am Boden und drei Beine in Bewegung sind und sich der Schwerpunkt zu jedem Zeitpunkt in dem Dreieck befindet, das die drei Standbeine bilden. Mit diesem «Tripod-Gang» stakst beispielsweise die Stabheuschrecke Carausius morosus durch ihre kleine Welt. Die erwachsenen Exemplare beherrschen noch eine zweite, erheblich kompliziertere Gangart, den Tetrapod-Gang: Dabei befinden sich zu jedem Zeitpunkt vier Füße am Boden. Die Laufwissenschaft zeichnet Diagramme zur Veranschaulichung der Gangarten. Jede Zeile eines Diagramms verfolgt ausschließlich ein bestimmtes Bein; die weißen Flächen bezeichnen die Standzeit eines Beines, die schwarzen die Schwingzeit (Abbildung 22).

Roboter sind keineswegs an die natürlichen Gangarten gebunden. Schließlich lassen sich ihre Beine beinahe beliebig anordnen. Als Red Whittaker seinen Marsmarschierer namens Ambler (Seite 78) konstruierte, untersuchte er drei Konfigurationen von Gehmaschinen, die sich auf orthogonalen Beinen bewegen: Zirkelläufer, Webläufer und Folgeläufer.

Die Beine eines Zirkelläufers sind in zwei Stapel aufgeteilt, die drei Beine jedes Stapels rotieren um die Stapelachse (Abbildung 23). Wie Sie sehen, kurven jeweils abwechselnd das rechte hintere und das linke hintere Bein durch die gemeinsame Mitte nach vorn. Der Fuß wird abgehoben, das waagerechte Glied verkürzt, das Bein rotiert unter der Brücke hindurch nach vorn, das waagerechte Glied wird wieder ausgefahren, und das Bein ist nunmehr an Position Nummer eins angekommen. Nach sechs solcher Schritte hat sich jedes Bein einmal vollständig um seine Achse bewegt, daher der Name Zirkelläufer («circulating walker»). Kurven werden angesteuert, indem entweder die Füße auf einer Seite enger gesetzt werden oder die Beine auf dieser Seite seltener zirkulieren als auf der anderen. Der Zirkelläufer kann sich auf der Stelle drehen, indem er wie ein Panzerfahrwerk auf der einen Seite rückwärts und auf der anderen vorwärts läuft. Seitwärts krebst der Zirkelläufer, indem seine Beine nicht rotieren, sondern allein die prismatischen Gelenke benutzen.

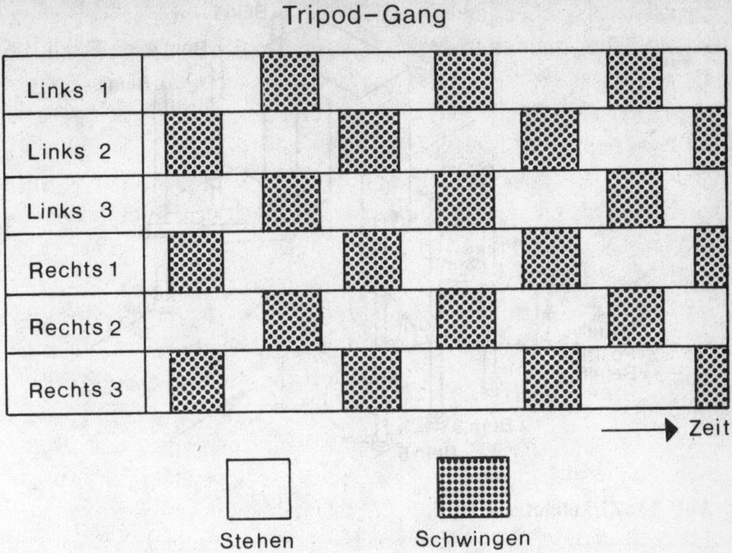

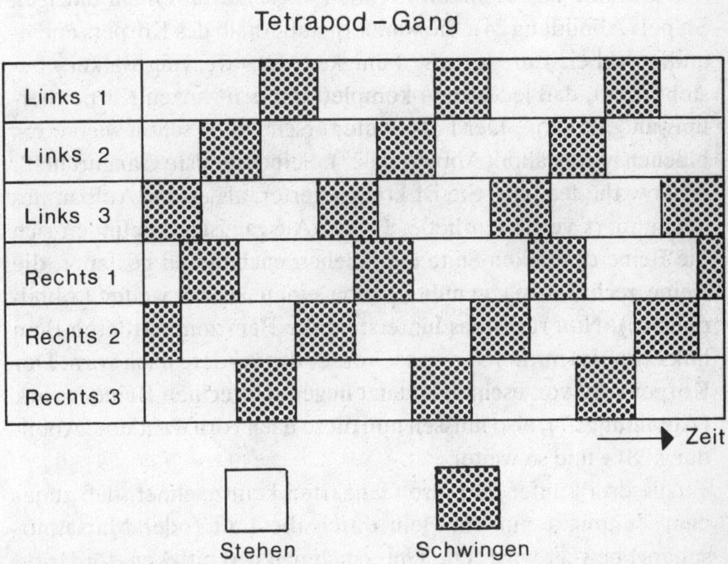

Abb. 22: Diagramme für den Gang der Stabheuschrecke

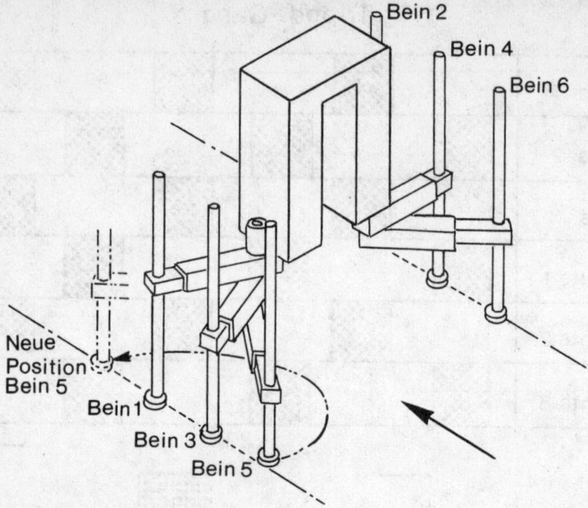

Abb. 23: Zirkelläufer

Die Beine des Webläufers ruhen allesamt auf einem einzigen Stapel (Abbildung 24). Sie wandern außerhalb des Körpers aneinander vorbei. Eine kuriose Fähigkeit des «weaving walker» besteht darin, daß jedes Bein komplett um den ganzen Körper herumwandern kann. Der Folgeläufer erscheint da schon wieder ein bißchen naturnäher (Abbildung 25). Seine stabilste Gangart heißt «follow the leader». Sie ist komplizierter, als es der Aufbau des Technotiers vermuten ließe. In der Ausgangslage befinden sich die Beine der linken Seite ein bißchen nach hinten geklappt, die Beine rechts demgegenüber schon einen Schritt weiter (Abbildung 26). Nun rückt das hinterste linke Bein zum mittleren Bein links vor, das mittlere an das vordere, das vordere nach vorn. Der Körper wird vorgeschoben. Jetzt liegen die rechten Beine zurück (Abbildung 27), also müssen nun diese nach vorn wandern (Abbildung 28) – und so weiter.

Alle drei Läufer und ihre Gangarten kennzeichnet, daß zu jedem Zeitpunkt nur ein Bein durch die Luft (oder Marsatmosphäre) bewegt wird. Die Untersuchungen Whittakers förderten jedoch auch spezifische Vor- und Nachteile der drei Kandidaten

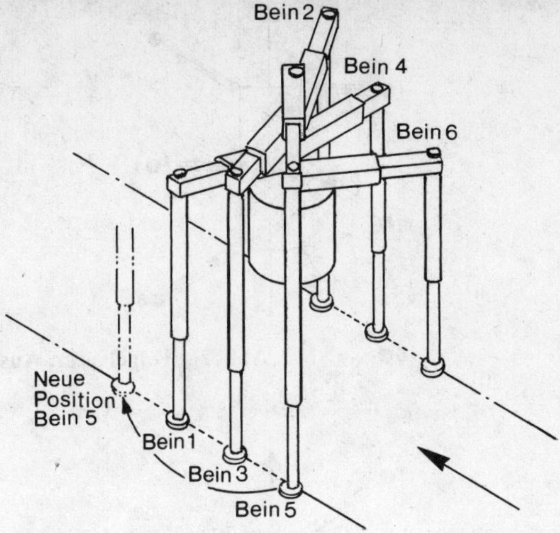

Abb. 24: Webläufer

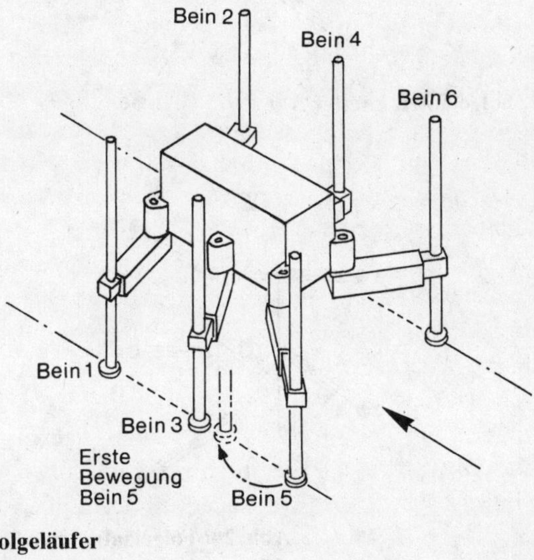

Abb. 25: Folgeläufer

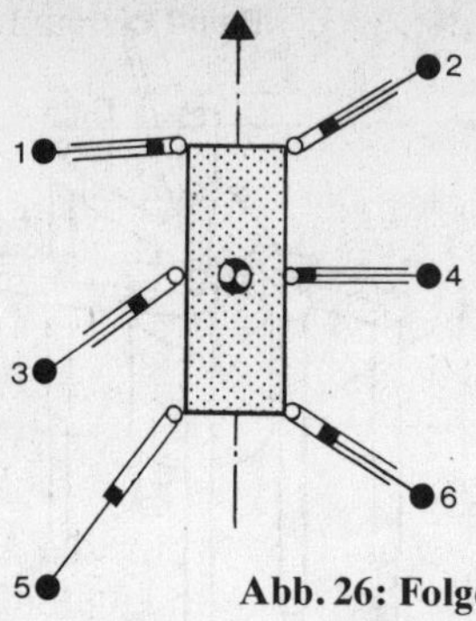

Abb. 26: Folgeläufer, Ausgangslage

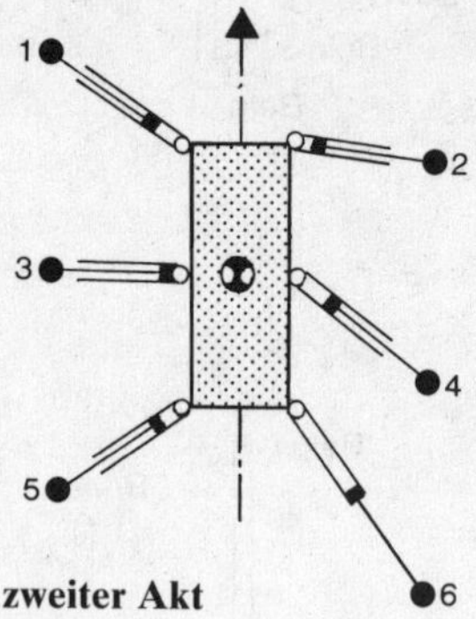

Abb. 27: Folgeläufer, zweiter Akt

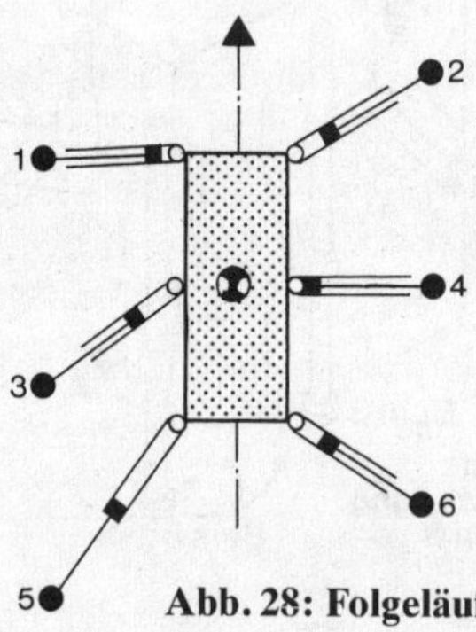

Abb. 28: Folgeläufer, man kommt voran

zutage. Die Stärke der Zirkel- und Webläufer liegt in der Länge ihrer Schritte. Je weiter ein Bein nach vorn bewegt werden kann, desto geringer die Zahl der Schritte pro Wegstrecke, und das bedeutet für das Sensorsystem des Roboters, weniger oft sicheren Halt suchen zu müssen. Außerdem wird auf Dauer weniger Energie in den Boden gebohrt. Die kurzen Schritte des Folgeläufers sind insofern vielleicht sein größter Nachteil. Andererseits steht ihm, wie Whittaker errechnet hat, bei jedem seiner Schritte ein weitaus größerer Raum zur Verfügung, innerhalb dessen er seinen Fuß aufsetzen kann, ohne vom Pfad abzuweichen. Dieser Raum wird «foothold selection area» genannt; und der ist am kleinsten beim Webläufer.

Schließlich entschied sich Whittaker für den Zirkelläufer. Der konnte seine Füße besser setzen als der Webläufer, und weil er noch nicht so gut erforscht war wie der Folgeläufer, konnte der «wilde Mann» mit ihm neues Terrain betreten. So entstand Ambler, der gemächliche Wanderer (*to amble*: langsam wandern, schlendern).

Zum Mars durfte er, wie erwähnt, nicht. Vielleicht war das besser so. Denn wenn er dort auf die Seite oder den Rücken gefallen wäre, dann hätte den Aluminiumkäfer sein ultimatives Schicksal ereilt.

Kullern für die Forschung

Dante II hatte Glück: Er wurde von einem Hubschrauber aus dem Vulkan Mount Spurr gerettet. Der Forschungsbeinerich war zu stark auf die Seite gekippt. Den «platonic beasts» von Dinesh K. Pai hingegen macht Kippen nichts aus. Unausgesetztes Umfallen ist vielmehr die bevorzugte Gangart der ulkigen Biester.

«Beinroboter braucht man meist dort», erklärt Pai, «wo man nicht viel über ein Gelände weiß. Die Maschinen müssen also fehlertolerant sein. Ich hatte lange über fehlertolerantes Gehen und über das Hinfallen nachgedacht, und dann kam mir irgendwann die entscheidende Idee: Symmetrie.»

Aus Aluminiumplatten konstruierte Pai ein Oktaeder, also

einen platonischen Idealkörper, gebildet von acht gleichseitigen Dreiecken, Kantenlänge 17 Zentimeter. An jedes zweite Dreieck montierte Pai ein dreigliedriges, 25 Zentimeter langes Bein (Abbildung 29). Jedes der vier Beine verfügt über eigene Motoren, Sensoren und Steuerungshardware; im Rumpf sind außerdem zwölf Neigungssensoren untergebracht. Der Vierbeiner heißt Mark I; Pai klassifiziert ihn als «4-beast», dem ein sechsbeiniges »6-beast» in Schreibtischgröße folgen soll.

Egal, auf welcher Seite der Roboter zu liegen (oder stehen) kommt, er kann sich aus jeder Lage weiter bewegen. Bemerkenswert ist der «Rollgang», mit dem sich Mark I als radikalisierter Zirkelläufer erweist. Angenommen, wir numerierten die Beine von eins bis vier und der Roboter stünde zunächst auf den Beinen 1, 2 und 3 (wie im linken Dreieck der Abbildung 30). Dann wäre das Bein Nummer vier jetzt sozusagen der Kopf des Roboters, denn die Dreiecksbasis des Beins befindet sich oben. Und nun beginnt das Kunststück:

Mark I streckt sein Bein Nummer drei ein wenig, es verlängert sich – die Beine 2 und 1 beugen sich – der Körper neigt sich –

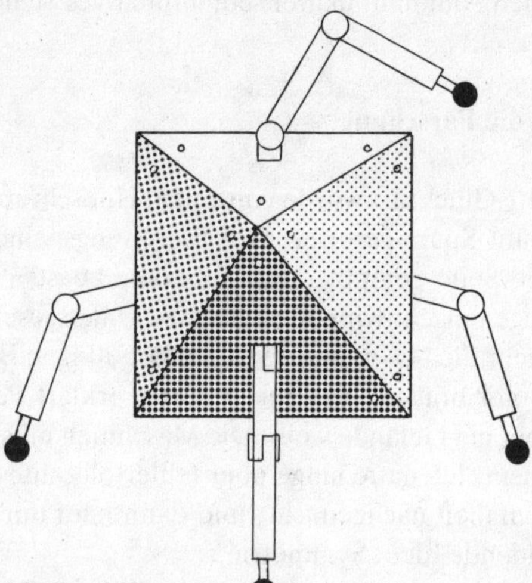

Abb. 29: Mark I, das 4-beast

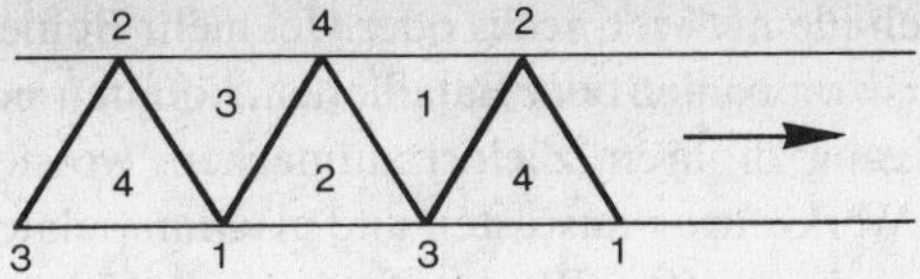

Abb. 30: Das Laufdiagramm von Mark I

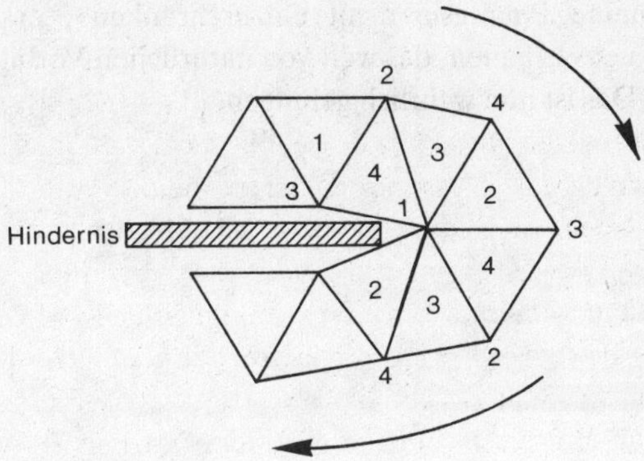

Abb. 31: Mark I nimmt eine Kurve

Nummer vier hilft nach, den Schwerpunkt des Roboters zur Achse zwischen 1 und 2 zu verlagern – Bein Nummer drei verliert Bodenkontakt – der Roboter kippt über die Achse 1–2: Bein Nummer vier landet auf dem Boden. Geschafft!

Jetzt ragt Bein Nummer drei in die Höhe. Abbildung 30 zeigt den Ablauf; jedes Dreieck symbolisiert einen stabilen Zustand, in dem drei Beine (die drei numerierten Ecken) Bodenkontakt halten. Die Ziffer in der Mitte eines Dreiecks bezeichnet das Kopfbein, das durch die Luft wandert. Der Roboter kann auch Kurven nehmen (Abbildung 31).

Mark I kommt nur enervierend langsam voran, sein Rechner hat allerhand Kinematik zu verdauen. Außerdem bezieht der achtseitige Wanderwürfel seine Energie noch über eine stromdurchflossene Nabelschnur. Doch Pai weist zu Recht darauf hin, daß es sich erst um das embryonale Stadium eines 4-beast handelt.

Derlei Gebilde mit vier, sechs oder viel mehr Beinen, formiert zu Gruppen, Kompanien oder Bataillonen, könnten sich eines Tages im Rollgang zu ihrem Zielort aufmachen, wo sie die Beine sodann mit Werkzeugen ausrüsten und als Manipulatoren einsetzen, oder als Schußwaffen. Weniger futuristisch mutet die Idee an, solche Kullerroboter mit Sensoren für Gifte oder Radioaktivität auszurüsten und in tödliche Zonen zu schicken.

«Um meine Phantasie nicht einzuschränken», erklärt Pai, «wollte ich etwas bauen, das weit von natürlichen Vorbildern entfernt ist.» Das ist ihm wahrlich gelungen.

TEIL III: WAHRNEHMUNG

achtes kapitel

Ein Baukasten der Sinne

Platonische Biester dürfen, ja sie sollen umfallen. Der Normalroboter indes, der soll schön im Gleichgewicht bleiben. Das setzt zunächst einmal voraus, daß er überhaupt merkt, wenn's kippelig wird. Mit anderen Worten, er benötigt Fühlelemente, konkret: einen Sensor im Körper, der ihm die Schieflage meldet.

Fühlelemente, die dem Roboter Meßergebnisse aus seinem eigenen Körper mitteilen, heißen interne Sensoren. Es gibt welche für das Gleichgewicht; andere etwa geben an, mit welchen Geschwindigkeiten und Kräften sich die Gelenke bewegen. Ohne solche Sensoren, die dem Roboter eine Wahrnehmung seines Körpers erlauben, könnte er sich nicht selbst kontrollieren.

Die Physik des Körpergefühls

Es soll ja noch Menschen geben, an deren Radio ein Drehschalter für die Lautstärkeregelung sorgt. Woran merkt das Radio, daß jemand daran gedreht hat? Der Knopf steckt auf einem Potentiometer; das ist ein Schalter, der mit der Winkelstellung des Drehknopfes seinen Widerstand verändert – ein Winkelmesser (siehe Abbildung 32). Manche Bastler sagen «Poti» dazu; der Ausdruck gehört in die «Compi»- und «Waldi»-Klasse und ist, um für einen Moment in dieser Sprachform zu bleiben, für uns bä-bä.

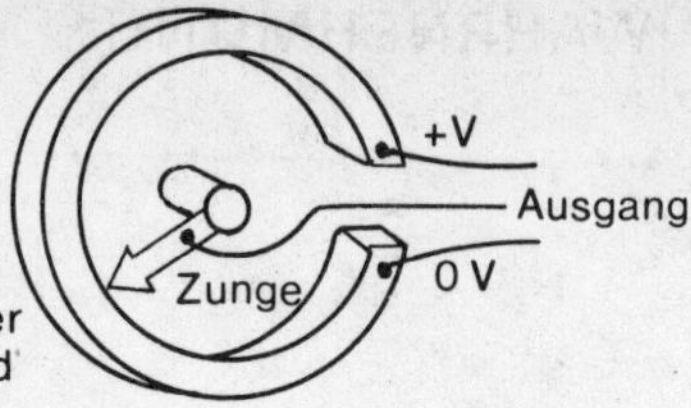

Abb. 32: Potentiometer

Für den Widerstand des Potentiometers sorgt ein offener Ring aus Kohlenstoff oder leitendem Plastik; er wird unter Strom gesetzt. Der Drehknopf bewegt eine Art Zunge, die auf dem Ring entlangleckt und jeweils dort Strom abnimmt, wo sie sich gerade befindet. Dabei gilt: je länger die Strecke auf dem Ring, die der Strom von einem Ringende bis zu dem Punkt durchläuft, an dem die verstellbare Zunge anliegt, desto größer der elektrische Widerstand – und desto größer die Spannung. Das garantiert Ohms Gesetz:

Stromstärke (I) = Spannung (U) / Widerstand (R)

also

$$U = I \cdot R$$

An der Spannung eines Potentiometers läßt sich die Gelenkstellung eines Roboters ablesen. So etwas gibt es auch für prismatische Gelenke, also solche, die sich nicht drehen, sondern linear bewegen. Dann haben wir eben keinen Ring, sondern eine gerade Widerstandsstrecke.

Klingt einfach. In der Praxis ist alles ein bißchen problematischer. Damit das Potentiometer genau arbeitet, muß der angelegte Strom konstant bleiben, außerdem darf sich der Widerstand nicht durch Erwärmung oder Schmutz verändern. Und weil der Stromabnehmer den Ring entlangschleift, ist ein Potentiometer prinzipiell ein Verschleißteil.

Könnte man nicht auch gleich die Geschwindigkeiten der Gelenkbewegungen mit einem Potentiometer messen? Sie erinnern sich vielleicht noch an die Schulphysik: Wir ermitteln die Geschwindigkeit eines Fahrzeugs zu einem bestimmten Zeitpunkt, indem wir seine Position nach der Zeit differenzieren. Im Fall des Potentiometers könnten wir die Spannungswerte, also die Gelenkstellungen, nach der Zeit differenzieren. Eine gute Idee, weil auf diese Weise das Potentiometer doppelt genutzt würde.

Nur leider: Gute Ideen sind nicht unbedingt gute Lösungen, wie schon der Wettbewerb in Gießen-Friedberg lehrte (Sie erinnern sich: Seite 31). Eine solche Differenzierung reagierte nämlich enorm empfindlich auf kurzzeitige Spannungsschwankungen, die immer und überall vorkommen. Da nehmen wir doch lieber gleich einen Tacho. Das Tachometer funktioniert wie ein Dynamo, den Sie an jedem normalen Fahrrad finden, nur daß nicht schwankendes Licht, sondern Meßdaten erzeugt werden. Das unvermeidliche Flackern des Tachostroms läßt sich herausfiltern, aber letztlich bleibt die Genauigkeit aller Tachos eben doch beschränkt.

Weshalb Robotiker gern zu spezialisierten Sensoren für Gelenkbewegungen greifen: Pulsgeneratoren. Wir betrachten den Fall eines rotierenden Gelenks; für prismatische Gelenke muß lediglich alles, was rund ist, durch Gerades ersetzt werden.

Zur Einstimmung stellen Sie sich bitte eine Lichtschranke vor, wie sie häufig an Fahrstuhltüren zu finden ist. Gut. Also, ein primitiver Pulsgenerator besteht aus einer Leuchtdiode, einer Photozelle und einer Drehscheibe mit vielen Schlitzen, die gleichmäßig radial angeordnet sind (wie die Speichen eines Rades). Wenn sich die Scheibe mit dem Gelenk dreht, wird das Licht abwechselnd durchgelassen und abgeschirmt; die Lichtpulse lassen sich mit der Photozelle registrieren. Praktischerweise haben sie die Form einzelner Päckchen, die gezählt und digital ausgewertet werden können. Man kann etwas Ähnliches mit Lego oder Fischertechnik selbst bauen.

So weit das Prinzip; mit einer ganzen Reihe von Tricks läßt sich die Zahl der empfangenen Lichtpulse pro Umdrehung und damit die Genauigkeit des Geräts erhöhen. Einige Geräte kommen mittlerweile als komplette Anlagen in Streichholzschachtelgröße auf den Markt.

Aus der militärischen Raketentechnik stammen altbewährte Sensoren für die Beschleunigung. Wieder betrachten wir nur das rotatorische Gelenk; in diesem Fall heißt der Beschleunigungssensor «Gyroskop». In seinem Gehäuse steht mittendrin ein senkrechtes, frei drehbares Stäbchen. Halten Sie einmal Ihren Daumen nach oben, er stellt für einen Moment das Stäbchen dar. Von ihm zweigt waagerecht ein kleiner Balken ab, so wie jetzt Ihr Zeigefinger. Am Ende des Balkens steckt ein Gewicht. Die Position dieses Gewichts mißt ein Detektor, der aus vielen kleinen Lichtschranken besteht. Nun wird das Gehäuse um die senkrechte Achse rotatorisch beschleunigt. Das Stäbchen mit Balken und Gewicht würde zurückbleiben, weil es ja, anders als Ihr Daumen, lose aufgehängt ist, wenn – ja wenn da nicht noch ein kleiner Motor wäre, der dem Gewicht einen korrigierenden Schubs gäbe.

Der Motor wird von einem Automaten gesteuert: einem «Servoverstärker». Dessen Input ist die vom Detektor gemeldete Auslenkung des Gewichts. Der Output sind die Befehle an den Motor. Und gemessen wird der Strom, der durch den Motor fließt. Dieser Strom ist proportional zu der Kraft, die der Motor aufbringen muß, um das Gewicht nachzuführen. Aus dieser Kraft läßt sich nach einer Formel aus dem 17. Jahrhundert die Beschleunigung des Gewichts errechnen: «Kraft gleich Masse mal Beschleunigung», schrieb Isaac Newton, oder

$$f = m \cdot a$$

was in unserem Fall zu der praktischen Formel

$$a = f / m$$

führt.

Das «m» kennen wir (das Gewicht), das «f» auch (entspricht dem gemessenen Motorstrom), und die daraus resultierende Beschleunigung «a» des kleinen Gewichts ist identisch mit der Beschleunigung, mit der das Gehäuse in Rotation versetzt wird. Einen Beschleunigungssensor für lineare Bewegungen können Sie nach alledem gewiß leicht selber entwerfen.

Nicht unbedingt genauer, wohl aber robuster sind Gyroskope, die ohne bewegliche Teile auskommen, beispielsweise die Ringlaser. Sie wurden für die Flugkontrolle von Cruise Missiles und Kampfflugzeugen entwickelt. Bitte ziehen Sie Ihren rechten Schuh aus.

Nachdem Sie den Schnürsenkel herausgezogen haben, legen Sie ihn in die Form eines Kreises, ohne diesen ganz zu schließen. Der Senkel stelle eine Glasfaser dar. Nun wird ein Laserstrahl in zwei Strahlen geteilt und jeweils an den Senkelenden eingekoppelt. Die am jeweils anderen Ende austretenden Strahlen werden wieder zusammengeführt und in einen Photoempfänger geleitet. Wenn sich nun der Fasersenkel dreht, dann braucht der Strahl, der sich in Drehrichtung ausbreitet, ein wenig länger als der entgegengesetzte. Der Laufzeitunterschied zeigt sich dort, wo die beiden Strahlen zusammengeführt werden, anhand ihres Interferenzmusters. Damit wird die Drehgeschwindigkeit so präzise gemessen, daß sich daraus auch ein schönes Beschleunigungssignal errechnen läßt.

Sie können den Schuh nun wieder anziehen.

Im Kommen sind piezoelektrische Beschleunigungssensoren. Wir brauchen dafür nur einen vorspringenden, dünnen Ausleger aus piezoelektrischem Material, der sich bei Beschleunigungen durchbiegt – und schon präsentiert uns der veränderte elektrische Widerstand ein Beschleunigungssignal. Es gibt Sensoren dieses Typs von nur wenigen Quadratmillimetern Größe; sie stammen aus der Chipfertigung und sind auch bereits fix und fertig in elektronische Chips integriert. Sie messen sehr genau, robust und langlebig. Aus piezoelektrischen Substanzen bestehen auch Sensoren, mit denen die Drehkraft gemessen wird, die ein Aktor auf ein Gelenk ausüben muß, um einen mechanischen Widerstand zu überwinden. So ein piezoelektrischer Drehmomentsensor läßt sich beispielsweise in den flex spline eines harmonic drive (siehe Seite 101) integrieren.

Ein mit internen Sensoren für Gelenkstellungen, Geschwindigkeiten, Beschleunigungen und mechanische Gegenkräfte ausgestatteter Roboter erhält auf diese Weise schon eine ganze Menge

Daten, die Aufschluß über seine Körperbewegungen geben. Diese Daten lassen sich speichern und in ein Programm füttern, das die gemessenen Bewegungen anschließend wiederholt oder rückwärts abspulen läßt – eine klassische, wenngleich primitive Methode der Programmierung von Robotern. Ameisen können das auch. Sie sind zu kinästhetischer Orientierung fähig: Die Bewegungen, die das Tier auf dem Weg vom Nest zur Futterquelle vollzieht, erzeugen eine Folge innerer Signale, die gespeichert wird. Den Rückweg zum Nest erleichtert sich die Ameise, indem sie die Bewegungsfolge entweder stumpfsinnig abschnurren läßt oder, raffinierter, aus den gespeicherten Signalwerten einen kürzeren Weg errechnet, den sie probeweise beschreitet.

Die emsigen Tiere können noch einiges mehr. Beispielsweise behalten sie auf einer geneigten Fläche jeden beliebigen Winkel zur Schwerkraft bei. Wie machen die das?

Das einfachste und meist billigste Inklinometer, so heißen technische Neigungssensoren, besteht aus einem rollenden Quecksilbertröpfchen, das zusammen mit zwei Drähten in einer Glaskugel untergebracht ist. An die Drähte wird elektrische Spannung gelegt, und je nach Lage des Tröpfchens schließt sich der Stromkreis oder nicht.

Keine gute Lösung für Ameisen. Dieses Inklinometer gibt nur ein AN- oder AUS-Signal. Zwar lassen sich mehrere Inklinometer unterschiedlicher Neigung parallel schalten, doch wer das macht, erfährt schnell den weiteren Nachteil dieser Geräte: Sie reagieren ausgesprochen empfindlich auf Beschleunigungen. Außerdem schadet Quecksilber der Ameisengesundheit.

Teurer und besser sind elektrolytische Sensoren; sie ähneln Wasserwaagen. Eine kugelförmige Elektrode ist in der Mitte zwischen zwei schalenförmigen Elektroden angebracht; das Ganze sitzt in einem Gehäuse voll elektrisch leitender Flüssigkeit, dem Elektrolyt; nicht ganz voll – im Elektrolyt schwimmt eine Luftblase. Solange der Sensor waagerecht liegt, schwimmt die Luftblase exakt zwischen den Elektrodenschalen, und wenn nun Strom eingekoppelt wird, dann geben beide Schalen das gleiche Signal ab. Bei der geringsten Neigung wandert die Blase, und sofort unterscheiden sich die Signale, denn der einen Schale kommt mehr Luft dazwischen als der anderen, was die Leitfähigkeit proportional zum Neigungswinkel verändert.

Das wäre eine schöne Schaltung für Ameisen. Niemand weiß bisher, wie sie ihren Schwerkraftreiz empfangen. Wie der Mensch das macht, ist allerdings bekannt: Wir haben ein Gefäß im Kopf, in dem kleine Steinchen schwimmen, und wenn das Gefäß sich neigt, stoßen die Steinchen an empfindliche Nervenenden.

Signale aus der Außenwelt

Vielleicht haben Sie schon einmal beobachtet, wie Polizisten an einer Unfallstelle mit Geräten hantierten, die aussahen wie die zuckerperlengefüllten Plastikspazierstöcke mit den bunten Rädchen am unteren Ende, die es auf Rummelplätzen zu kaufen gibt. Da die bemützten Männer aber ganz ernst dreinschauen, muß es sich um Werkzeug und nicht um Spielzeug handeln.

Sie betreiben Odometrie. Und zwar nach einem Prinzip, das bereits Heron von Alexandria und später Leonardo da Vinci ausprobiert hatten: Der Radstock fährt eine Strecke, wobei die Umdrehungen des Rades auf ein Zählgetriebe übertragen werden. So können die Polizisten kurvige Bremsspuren abmessen.

Auch die Robotik registriert mit Hilfe von Odometrie bestimmte Bewegungen, vor allem von Rädern, und somit zurückgelegte Entfernungen. Mittels rein mechanischer Odometrie ließen sich im Prinzip sogar die Gelenkstellungen eines Roboterarmes überwachen. Aber nur im Prinzip, denn die Mechanik ist viel zu ungenau.

Odometrische Meßverfahren bilden einen Grenzfall: Eigentlich gehören sie zu den internen Sensoren, doch ihre Daten werden herangezogen, um auf das Verhältnis des Roboters zu seiner Außenwelt zu schließen.

Damit Roboter durch die Welt finden, genügen interne Sensoren nicht; sie brauchen auch externe Sensoren, die sie merken lassen, was «draußen», außerhalb des Körpers, vor sich geht. Einige externe Sensoren kennen Sie schon aus dem Kapitel über die Hand, hier erfahren Sie mehr.

Simpel und weit verbreitet ist der Druckschalter. Mit ihm spürt mein Fischertechnikroboter, ob sein Arm gegen einen zu Testzwecken aufgestellten Pfeiler schlägt. Ähnlich funktionieren die Stoßstangen, die «Bumper» von HelpMate, mit denen mich der Blechbote schon einmal angestupst hat. Es gibt in der Industrie Maschinen, die ausschließlich mittels solcher sogenannter Endschalter gesteuert werden (bang-bang-Schaltung); Scholastiker dürfen streiten, ob dies überhaupt Roboter sind.

Billig und verläßlich arbeiten piezoelektrische Dehnungsmeßstreifen; als besonders zarte Berührungsmelder dürften künstliche Schnurrbarthaare gelten, die bei Kontakt einen Schalter umlegen. Im Prinzip eignen sich auch winzige Mikrofone (Mikromikrofone, möchte man sagen), die in den USA für Abhör- und Spionagezwecke entwickelt wurden. Robotisch umgewidmet registrieren sie den Knack beim Berühren eines Gegenstandes. Solche (und andere) Mikrofone lassen sich allerdings durch störende Geräusche von Robotermotoren irritieren, was ihre Verwendungsmöglichkeiten einschränkt.

Für Berührungsmelder gibt es mehrere Variationen; für die berührungs*losen* Sensoren gibt es schier unendlich viele Möglichkeiten. Beginnen wir mit den Sensoren, die Signale aus der Ferne empfangen.

Haben Sie schon einmal einen Sporttaubentransporter gesehen? Mit LKW werden die Tiere von Wattenscheid bis ins dänische Sköllerölle (oder so ähnlich) gefahren und dort freigelassen – nur damit sie zu ihren Taubenvätern zurückfliegen. Die wissenschaftliche Frage «Wie machen die das?» ist bis heute nicht recht geklärt. Man weiß immerhin, daß Brieftauben Infraschall und Schwankungen des Luftdrucks, Lichtpolarisationen und Ultraviolett sowie Variationen des Erdmagnetfelds spüren.

Von den Vögeln zu den Bienen: Biologen in Hawaii wickelten Bienen Stahldraht um den Unterleib (das hätte ich gern gesehen!) und schalteten anschließend starke Elektromagneteten ein – der Ortssinn der sonst so orientierungssicheren Tiere brach zusammen.

Die vor wenigen Jahren veröffentlichten Experimente belegten die langgehegte Vermutung, daß Bienen sich am Magnetfeld der Erde orientieren. Rund eine Million winziger Kristalle von Magneteisenstein im Unterleib einer Biene bilden vermutlich den Kern ihres Ortungssystems.

Draußen im Gelände mag ein magnetischer Kompaß nicht schlecht sein, wenngleich er zu Irrtümern verleitet, sobald ein Haufen Eisenerz in der Nähe ist. In Gebäuden taugt er wenig. Und da Roboter zudem recht metallene und elektrische Gesellen sind, hat sich die Robotikergemeinde auf Kreiselkompasse verlegt. Aus Japan kommen Geräte in der Größe von Streichholzbriefchen; sie werden für Modellflugzeuge hergestellt. Robotiker freut das kannibalisch.

Grasmoor heißt ein Gefährt aus Fischertechnik-Elementen, das an der Universität Edinburgh navigiert. Es richtet sich nach dem Standort von Lichtquellen aus. Vier lichtempfindliche, elektrische Widerstände werden derart an seinen vier Seiten angebracht, daß der Roboter seine relative Position zur Lichtquelle errechnen kann – ein Lichtkompaß (Abbildung 33). Motten oder Mücken orientieren sich ähnlich und halten beispielsweise einen bestimmten Winkel zur Sonne oder zum Mond ein. Eine interessante Variante wäre ein Orientierungssystem, das wie die Brieftaube und manches Insekt die Polarisation des Sonnenlichts nutzt; der Roboter könnte sich nach dem Sonnenstand richten, ohne daß die Wolken ihn störten.

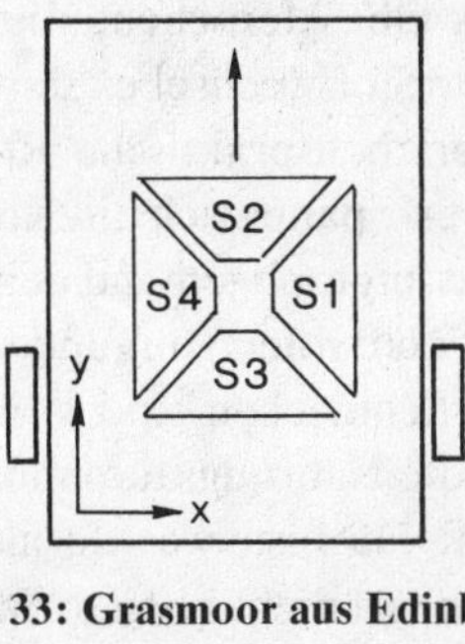

Abb. 33: Grasmoor aus Edinburgh

Ameisen weisen eine weitere für Roboter relevante Sensorik auf: Chemorezeptoren. Etliche Insekten nehmen ihre Welt vorwiegend riechend und schmeckend wahr, geben einander Duftnachrichten und legen Routen oder Verkehrsschilder in Form chemischer Substanzen aus. Es wurden bereits Roboter gebaut, die einander mittels Kampferspuren Pfade legen. Andere Roboter spüren mit Chemosensoren Kohlenmonoxid, Ölreste oder bestimmte Bodensubstanzen auf. Landefahrzeuge der Raumfahrt, die roboterähnliche Züge aufwiesen, untersuchten Bodenproben auf dem Mond und dem Mars mit Hilfe von Gaschromatographen, Massenspektrometern und sogar mit Hilfe von Einrichtungen, die vollautomatisch chemische Experimente durchführten.

Auf gewissen Gebieten der Chemorezeption bleiben Biolebewesen den Maschinen allerdings noch voraus, etwa wenn Sprengstoff, Rauschgift oder Trüffel gesucht werden. Außerdem sind Schmecken und Riechen nicht bloß eine chemische Rezeption; was dem Menschen hier an Sensibilität abgeht, das macht er durch individuelle und soziale Intelligenz wett. Beim Schmecken und Riechen wirken mehrere Chemorezeptoren, Druck- und Temperatursensoren zusammen, und sogar das Auge ißt mit; das Gesamtsignal wird vom Gehirn zu einem Ganzen gefügt – und emotional aufgeladen, interpretiert, gedeutet, womöglich gar mit Sprachmetaphern verknüpft, die das Aroma übersetzen, zum Beispiel in die Weinsprache.

In die Umformung der Geruchs- und Geschmacksdaten gehen sowohl genetisch festgelegte als auch erworbene Vorlieben oder Abneigungen ein. Es gibt Menschen, die schmecken Chicorée stets als bitter, weil ihr Stoffwechsel es so will. Aasgeruch widert uns an, was eine überlebenspraktische Reaktion ist; doch zwischen frisch und verwest spannt sich ein Kontinuum, und es ist in hohem Maße kulturbedingt, ob jemand den Hautgout von Fasan, reifem Käse oder gewissen roten Burgundern genießt oder verabscheut. Riechen und Schmecken sind komplexe kulturelle Leistungen, zumal auch die Nahrungsaufnahme ein eigenes soziales Signalsystem darstellt: Du bist, was du ißt, und zwar nicht nur physiologisch, sondern viel mehr noch sozial.

Die menschliche Sensorik ist von Intelligenz durchdrungen (auch wenn es nicht immer danach aussieht). Und so mögen uns Roboter als chemische Spürnasen zwar überlegen sein, mangels Kultur und Intelligenz, mangels Evolutions- und Sozialgeschichte vorläufig jedoch nicht als Gourmets und Weinnasen.

Vielleicht wird eines Tages das Restaurant zur letzten ökologischen Nische des homo gastrosapiens, in der er den Androiden noch etwas beibringen kann.

Wenn Maschinen Nähe fühlen

Roboterseelen: Manche Roboter suchen nach Nähe, manche reagieren auf sie mit Flucht. In beiden Fällen müssen sie Nähe spüren können. Dafür sorgen Näherungssensoren.

Häufig nutzen sie elektromagnetische Induktion, und das geht so: Der Sensor enthält zwei Spulen, die miteinander oszillieren, solange genügend Wechselstrom hindurchfließt. Die Spulen erhalten gerade eben so viel Saft, daß die Oszillation einsetzt. Gerät nun ein metallenes Objekt in ihre Nähe, so induziert ihr wechselndes Magnetfeld einen Strom an der Oberfläche des Objekts. Auf diese Weise wird Energie aus den Spulen abgezogen, die Oszillation bricht zusammen – ein Signal.

Ein Nichts kann schließlich auch ein Signal sein. Angenommen, Sie trällern ein Lied, wie klänge es ohne Pausen? Eine berühmte Komposition von John Cage besteht sogar ausschließlich aus Pause (und sollte häufiger aufgeführt werden, vor allem im Radio).

Nähe spüren wir auf vielerlei Weise. Spitzen Sie die Lippen, pusten Sie anhaltend, und führen Sie dann dieses Buch an den Mund, am besten mit geschlossenen Augen. Als das Buch Ihrem Mund nahe kam, haben Sie da ein Kitzeln an der Nase gespürt? Es gibt Näherungssensoren, die ähnlich funktionieren; besonders pfiffig sind diejenigen, die den Kraftaufwand messen, mit dem sich eine bestimmte Menge Luft hinausblasen läßt: Kommt das Objekt nahe, ist mehr Puste nötig, weil sich der Druckunterschied um das

Blasloch herum langsamer abbaut. Dabei muß das Objekt nicht einmal, wie im Fall der elektromagnetischen Sensoren, aus Metall bestehen. Andere Typen von Näherungssensoren registrieren Veränderungen in Magnetfeldern, oder sie enthalten Kondensatorplatten und reagieren auf Änderungen der Kapazität.

Klein wie Suppencroutons kommen Näherungsdetektoren auf den Markt, die im Infrarotbereich knapp unterhalb der Wellenlänge des sichtbaren Lichts arbeiten. Sie bestehen aus einer Leuchtdiode und einem Phototransistor, der reflektiertes Infrarot (IR) registriert. Verstärker und Filter sind typischerweise bereits angeschlossen. Die preiswerten, auch für Bastler geeigneten Kompaktgeräte werden so geschaltet, daß sie nur reagieren, wenn die Infrarotstrahlen mit einer bestimmten Blinkfrequenz einfallen (beispielsweise vierzig Kilohertz), was die Gefahr verringert, daß der Sensor auf Infrarotstrahlen aus anderer Quelle reagiert.

Mehr wie Tröten wiederum sehen pyroelektrische Näherungssensoren aus. Sie stecken normalerweise in Alarmanlagen, die auf die Anwesenheit von Menschen reagieren: Ein Kristall baut elektrische Spannung auf, sobald Infrarotstrahlung von einer Wellenlänge entsprechend der Wärmestrahlung des menschlichen Körpers auf ihn trifft. Diese und ähnliche IR-Detektoren werden vor allem in den USA verfeinert; ihr Einsatzgebiet ist die Grenze zum «Freihandelspartner» Mexiko. Die Robotik profitiert von dieser Aufrüstung: Mit solchen Detektoren lassen sich Roboter bestükken, die menschliche Nähe suchen oder meiden.

Radarwellen, Schallwellen, Meereswellen

Wenn ein Roboter nicht einfach nur auf Nähe reagieren soll, wenn es nicht nur auf bloße Anwesenheit, sondern auch auf die Position von Objekten ankommen soll, dann sind Entfernungsmesser vonnöten.

Der größte Teil der Techniken zur Entfernungsmessung wurde – mal wieder – für Kriegszwecke ersonnen. Als erstes wäre hier Radar zu nennen. Ein Radarpuls wird ausgesandt, von einem Objekt zurückgesandt, und die Laufzeit des Pulses enthält dann die Information über die Entfernung des Objekts. Radarstrahlen haben hohe Frequenzen, lassen sich deshalb gut bündeln und in kurzen Pulsen aussenden, so daß sie sogar entfernte Objekte abtasten können. Für Roboter, die nicht im Gelände, sondern in Gebäuden unterwegs sind, wäre die Zeit zwischen dem Aussenden des Pulses und dem Empfang der Reflexion zum Messen allzu kurz; statt dessen wird die Phasenverschiebung zwischen ausgehendem und zurückkehrenden Strahl gemessen (Phase bezeichnet in diesem Zusammenhang die Lage eines Wellenberges, Wellentales oder eines beliebigen anderen Punktes der Welle zu einem bestimmten Zeitpunkt). Dennoch, für kurze Entfernungen ist Radar problematisch.

Da macht sich Sonar besser (Torpedotechnik, Sie erinnern sich). Das Prinzip ist dasselbe, nur statt des Pulses wird ein Ping ausgesandt: ein Päckchen Schallwellen. Es reist viel langsamer als die Mikrowellen aus dem Radar und eignet sich daher für den Nahbereich hervorragend, vor allem in Gebäuden. Dort sind die Oberflächen nicht allzu rauh, so daß der reflektierte Ping einigermaßen klar zum Sensor zurückkehrt. Viele mobile Roboter weisen ulkige Bullaugen auf: Sonarlöcher. Heute muß der Robotiker keine Polaroidkamera mehr kaufen, um an billige Sonare heranzukommen; Polaroid verkauft die Geräte nunmehr auch einzeln.

Für Unterwasserroboter ist Sonar die Sensortechnik erster Wahl, weil sich Schallwellen in diesem Medium besser als alle anderen Signale ausbreiten. Und auch hier gibt es ein tierisches Vorbild: die Delphine.

Delphine machen mit zwei Körperöffnungen Musik, nämlich mit einer Pfeife in der Stirn und mit dem Blasloch auf dem Rükken. Aus letzterem stammen die vielfältig modulierten Töne, die unsereiner vernehmen kann: «squawks, whistles, squeaks, burps, groans, clicks, barks, rattles, chirps and moans», wie es in einem Fachbuch lautmalerisch heißt. Die Klänge dieses Frequenzbereichs erfüllen vornehmlich soziale Funktionen – wie bei fast allen Tieren, von der Grille über den Spatzen bis zum Menschen. Die Pfeife im Vorderschädel hingegen produziert echte Sonarpings.

Bevor sie den Schädel verlassen, wandern sie durch die Melone, ein rundliches Fettpolster, das die Schallwellen fokussiert. Die Pings kommen in Salven, wie die Schüsse aus einem Maschinengewehr. Die Länge der Salven variiert, die Feuerrate liegt bei 700 Pings (oder Clicks) pro Sekunde. Der Ausbreitungswinkel des Schalls ist gering, manchmal beträgt er nur neun Grad. Er konzentriert dermaßen viel Energie, daß eine Sonarsalve kleinere Fische paralysieren kann.

So laut hat mich noch niemand angebrüllt, daß ich mich von ihm hätte fressen lassen.

Die Clicks ertönen breitbandig; die meiste Energie wird in einem Bereich von 40 bis 130 Kilohertz abgegeben. Das alles hätte nicht viel Sinn, wenn die Tiere nicht auch exzellent hören könnten, und in der Tat: sie registrieren sieben Oktaven und selbst noch den 150-Kilohertz-Ton. Ein Hörorgan des Großen Tümmlers enthält etwa 105000 Ganglienzellen, das Dreieinhalbfache des menschlichen Ohrs.

Robotiker von der University of Hawaii-Manoa setzten einem Delphin ein Schaumstoffhäubchen auf, das seine Augen verdeckte. Dann ließen sie ihn allerlei Gegenstände anklicken. Die Forscher registrierten sowohl die ausgesandten als auch die reflektierten Pings. Es zeigte sich an den Reaktionen, daß das Tier genau unterscheiden konnte, ob es eine Flasche Glyzerin, Kerosin oder Kochsalzlösung vor sich hatte.

Anschließend wurde der Delphin von seinem Häubchen befreit, und es gab Fisch. Und auch die Robotiker hatten, was sie brauchten: Daten, mit denen sie einen Computer trainieren wollten. Alles, was sie an Informationen über das Ohr des Delphins hatten sammeln können, hatten sie nämlich vorab zu einem Computermodell zusammengestrickt. Als Input für dieses Ohrmodell nutzten sie nun die gemessenen Ping-Reflexionen, den Output des Ohrmodells leiteten sie wiederum als Input in ein zweites Computermodell weiter, das ein simples Pendant des Delphingehirns darstellte. Extrem simpel natürlich, aber für eine kleine Portion Delphinintelligenz reichte es. Dieses Gehirnmodell nun trainierten sie auf die beobachteten Entscheidungen des Delphins. Mit Erfolg: Nach einiger Zeit reagierte das Gehirnmodell auf die vom Ohrmodell vorverarbeiteten Ping-Reflexionen genauso wie der Delphin.

Leider kann das Ganze nur als Vorstudie zu einem delphinoiden Sonar durchgehen. Es war im Wortsinne eine Trockenübung, und: Simulationen zählen nicht. Aber es ist gut möglich, daß daraus einmal Minenräumroboter mit akustischer Orientierung in der Unterwasserwelt hervorgehen, die es den Delphinen gleichtun. Für die Tiere wäre dies nur gut, dann brauchten sie nicht mehr, wie etwa die Delphine der «Very Shallow Water Mine Counter-Measure Unit» der US-Navy, nach Minen zu suchen.

Die Akustik ist ein weites Feld für Robotiker. Am Roboterinstitut in Pittsburgh führte Eric Krotkov eine Versuchsreihe namens *hit and listen* durch: Es ging darum, Objekte nach den Klängen zu klassifizieren, die sie von sich gaben, wenn ihnen ein Schlag versetzt wurde. Zu diesem Zweck ließ Krotkov einen Stock aus einer festgelegten Höhe auf mehrere Gegenstände fallen – einen Holzblock, einen Betonblock, einen Tonblock, einen Zinkbarren, eine Kachel aus Keramik. Krotkov nahm per Mikrophon die Töne auf und trainierte mit ihnen ein Computerprogramm, das schließlich die fünf Fälle in der Wirklichkeit auseinanderhalten konnte. Auch das sind bisher nur Vorstudien. Aber herauskommen könnte ein Roboter, der sich klopfend an einer Wand entlangbewegt, bis er Holz oder Metall hört und damit eine Tür gefunden hat.

Angesichts der gängigen Robotiksensoren und ihrer natürlichen Pendants beim Menschen fällt mir immer wieder auf, wie einseitig visuell ausgeprägt unsere Lebensform doch ist. Das mag kulturelle Gründe haben, doch hat die Evolutionsgeschichte des Menschen zumindest eine wichtige Voraussetzung dafür geschaffen: Der Sehsinn ist der entwickeltste, feinste und intelligenteste Sinn des Menschen. Ihm auch nur annähernd gleichzukommen, das ist zur Zeit das anspruchsvollste Ziel der Robotik.

neuntes kapitel

Die Sicht der Dinge

Er gedieh eigentlich ganz gut da unten am Meeresboden, der kleine Einzeller. Seine Nahrung, energiereiche Verbindungen zum Aufknacken, strömte unablässig aus dem benachbarten Unterwasservulkan.

Bis eine Meeresströmung herandrang, den Einzeller erfaßte und in höhere Gewässerschichten spülte. Für Myriaden seiner Artgenossen wäre das der sichere Tod gewesen. Aber nicht für ihn. Er war etwas Besonderes. Ein Zufall hatte seinen Bauplan geändert, und das eindringende Licht versetzte ihn in Erregung. Er schluckte Licht wie unsereins Bratkartoffeln.

So oder ähnlich kann es gewesen sein. Äonen später jedenfalls schwamm in irgendeinem Meer ein Fisch, dessen Außenhaut ganze Gruppen von Zellen enthielt, die lichtempfindlich wie unser Einzeller waren. Und während Sie diese Spekulationen über die Vorgeschichte Ihrer Augen lesen, empfangen Stäbchen und Zäpfchen Ihrer Netzhäute Lichtsignale. Das, was der Fisch am Bauch trug, haben Sie im Kopf: Nachfahren des kleinen Einzellers.

Die Evolution hatte wie gewohnt mit dem Allereinfachsten angefangen. Das primitivste Sehprinzip kennen Sie längst: die Lichtschranke. Lichtempfindliche Bauteile lassen sich zu Videokameras zusammensetzen, und was die können, wird sich noch zeigen.

Nehmen wir aus didaktischen Gründen einmal an, Sie seien ein Hase.

Sie nähern sich einem «intelligenten Gebäude». Was geschieht? Eine im Parterre angebrachte Videokamera, die auf die Gebäudeeinfahrt gerichtet ist, sendet das Bild, auf dem jetzt Sie (Hase) erscheinen, an ein Video-Alarmsystem. Dieses vergleicht das Bild mit einem etwas älteren Referenzbild; «etwas älter» heißt: vierzig Millisekunden älter. Das Bild ist in 1024 Alarmfelder unterteilt (1024 ist zwei hoch zehn; in der Digitaltechnik wird mit Zweierpotenzen gerechnet). Jedes Alarmfeld löst ein Signal aus, sowie es sich verändert. Ein Programm bestimmt, wie das System auf verschiedene Kombinationen von Signalen antwortet. In unserem Fall ist das System so programmiert, daß es aufgeregt auf Objekte reagiert, die groß im oberen Bildschirmteil auftauchen.

Erscheint ein Objekt von der Größe eines Menschen am Eingang, und daher (perspektivisch bedingt) auch oben auf dem Bildschirm, so feuert das System eine Alarmmeldung ab. Sie hingegen sind nur ein kleiner Hase. Erst wenn Sie dicht an die Kamera herangehoppelt sind, kommen auch Sie groß im oberen Bildteil raus, doch bis dahin hat sich das System längst an Sie gewöhnt. Sie dürfen hereinkommen. Es gibt Möhren (sind gut für die Augen).

Die Idee, Computer und Roboter mit Augen auszustatten, ist rund vierzig Jahre alt. Heutige Sehsysteme können immerhin, wenn man ihnen einfache und standardisierte Szenen vorsetzt, eine Reihe von Aufgaben schneller und verläßlicher erfüllen als der Mensch. Sehmaschinen inspizieren Lötstellen, sortieren minderwertiges Holz aus, prüfen die Qualität von Keramikfliesen, teilen gewebte Stoffe in Qualitätsklassen ein, begutachten Bier. Den Sehforschern schweben weitere Anwendungen vor: Recherche in Mikrofilmarchiven, DNA-Klassifizierung, vollautomatische Feinderkennung, das Führen von Robotern durch Handzeichen und immer wieder Sicherheitssysteme. Auf meine Frage nach den Perspektiven der Robotervision antwortete der Bochumer Physiker Christoph von der Malsburg: «Robotervision kann helfen, das zur Zeit erreichte Plateau der Industrierobotik wieder zu verlassen. Es gibt bei den Anwendern in der Industrie so etwas wie eine Sättigung: Bis hierher wurde in der Robotik einiges erreicht, aber jeder weitere Schritt wird extrem aufwendig. Da muß eine Schallmauer durchbrochen werden – mit *robot vision*. Mein Traum sind Maschinen, die in ungeordneten Umwelten sehen, entscheiden und agieren können.»

Vom Pixel zum Bild

Wenn eine Kamera dem Computer Daten übermittelt, dann empfängt er kein Bild, sondern eine Verteilung von Helligkeitswerten in einer zweidimensionalen Ebene. Die Welt ist ihm nicht als Bild, sondern als eine Menge von Bildpunkten gegeben. Computermenschen nennen sie Pixel. Dem menschlichen Auge ist die Welt gleichfalls nicht als Bild gegeben; Stäbchen und Zäpfchen auf seiner Netzhaut reagieren auf Lichtteilchen (Photonen), indem sie elektrochemische Signale abgeben. Aus ihnen konstruiert das Gehirn ein Bild.

Pixel enthalten zwei Informationen. Erstens ihren Ort. Er ist ganz einfach durch die laufende Nummer des Pixels auf dem Bildschirm gegeben: Pixel Nummer 15364 ist, wenn der Bildschirm 1024 Pixel pro Zeile enthält, das fünfte Pixel in der sechzehnten Reihe (das allererste Pixel hat die laufende Nummer null). Die zweite Information bezieht sich auf die Helligkeit, in einer Skala von beispielsweise 256 Graustufen aufgeteilt, oder bei Farbkameras die Intensität von Rot, Gelb oder Blau.

Alles nur Zahlen. Klassisches Rechnerfutter. Doch ob ein Pixel dazu beiträgt, den Himmel oder die Wolken, einen Kopf oder seinen Schatten, einen Buchstaben oder dessen Hintergrund abzubilden oder vielleicht den Fettfleck auf dieser Buchseite, darüber sagen die Zahlen allein nichts aus.

Gottlob kommt ein Pixel selten allein. Sowohl die Lage- als auch die Helligkeitsinformation, die ein Pixel liefert, läßt sich mit Informationen anderer Pixel vergleichen. Die Zahlenwerte, die aufgrund des Kamerabildes im Computer ankommen, können statistisch analysiert und gruppiert werden.

Schauen Sie doch einmal aus dem Fenster.

Offensichtlich ist Ihr Blick an etwas da draußen hängengeblieben. Sie müssen etwas als Gegenstand, als eigenständiges Objekt erkannt haben. Das mag Ihnen selbstverständlich vorkommen, stellt jedoch eine reife Leistung dar. Robotern fällt so etwas schwer.

Das Alltägliche ist ein kleines Wunder. Sehen wir uns das Wunder ein wenig genauer an.

Eine Grundvoraussetzung allen Sehens lautet, diejenigen Pixel auszumachen, die zur optischen Signatur eines Gegenstandes gehören. Als erster Schritt des maschinellen Sehens gilt daher eine Auswahl derjenigen Pixel, die versprechen, Teil eines markanten Objekts zu sein. Sie bekommen ein Etikett: ein JA. Die anderen bekommen auch eines, nämlich ein NEIN.

Welches Pixel bekommt ein JA? Der einfache Weg, nicht immer der beste übrigens, führt über die Bildung eines Schwellenwertes. Jedes Pixel, dessen Grauwert über dem Schwellenwert liegt, hat das JA verdient. Dahinter steht die Hoffnung, eine Figur sei im großen und ganzen heller oder dunkler als ihr Hintergrund. Erfreulicherweise kommt dies oft genug vor, im Folgenden wird daher vorausgesetzt, «hell» und «dunkel» hätten etwas mit der Zugehörigkeit des Bildpunkts zur gesuchten Figur oder zu ihrem Hintergrund zu tun. Der Einfachheit halber legen wir uns auf dunkle Figuren fest und auf den Helligkeitswert null für Weiß sowie den Helligkeitswert neun für Schwarz.

Wie hoch soll der Schwellenwert liegen? Möglichst so, daß die Fehlerwahrscheinlichkeit gering bleibt. Zwei Fehler sind möglich: Ein Figurpixel, das ein bißchen blaß geriet, bekommt fälschlicherweise das NEIN oder ein hart am Dunklen liegendes Hintergrundpixel das JA. Diese Fehler bleiben nur dann ausgeschlossen, wenn der Hintergrund einen einheitlichen Helligkeitswert aufweist – alles, was über dem Wert liegt, bekommt ein JA. Im Normalfall ist es freilich nicht unbedingt leicht, einen geeigneten Schwellenwert zu finden.

Schön wäre es, einfach den Mittelwert der Helligkeitsskala als Schwellenwert nehmen zu können, in unserem Falle also die 4,5. Leider hilft das nicht oft. Denn sehen wir uns einmal die Abbildung 34 an; ihre Helligkeitsverteilung entspräche den Ziffern von Abbildung 35. Nehmen wir 4,5 als Schwellenwert, so erhalten wir Abbildung 36, in der das JA-Abzeichen durch ein X symbolisiert wird. Kein schönes Resultat.

Es muß also etwas unternommen werden, um eine bessere Interpretation unseres Ausgangsbildes zu bekommen. Eignet sich vielleicht die durchschnittliche Helligkeit sämtlicher Pixel als Schwellenwert? In einigen Fällen schon. Der Durchschnittswert für unser Testbild beträgt 0,972... (Periode), wonach das Bild gemäß Abbildung 37 ausgewertet werden würde.

Immerhin zeigt diese Abbildung eine Struktur, die auch auf dem Urbild (Abbildung 34) zu sehen war. Die signifikantesten Strukturen zeigt Abbildung 37 indes nicht. Das sind diejenigen, die hervorstechen, weil der Helligkeitsabstand zu allen Nachbarzellen größer ist als irgendwelche anderen Helligkeitssprünge im Bild: also die Struktur links unten aus Dreien und Vieren sowie die einsame Neun (siehe Abbildung 35). Es ist daher meist besser, nicht die durchschnittliche Helligkeit der Pixel als Schwellenwert zu bestimmen, sondern Histogramme anzufertigen, das sind Diagramme der statistischen Verteilung der Helligkeitswerte. Dem Histogramm unseres Bildes entspräche Abbildung 38. Zwei Täler sind darauf zu erkennen, und eine gute Daumenregel sagt: Nimm als Schwellenwert einen Punkt aus dem Tal mit den steilsten Kanten. Wählen wir also die Zwei als Schwellenwert, und – siehe da – wir erhalten die Abbildung 39.

Gut sieht sie aus. Hoffentlich sind auch Sie zufrieden. Ich habe nämlich lange gebraucht, ein Beispiel zu finden, das zu meinen Behauptungen paßte.

Was nun nicht Zeichen meiner besonderen Durchtriebenheit gewesen ist – ganz üblicherweise hängt die Wahl des Algorithmus, der zu Signaturen mutmaßlicher Figuren führen soll, stark von dem erwarteten Ergebnis ab. Wenn zum Beispiel eine einzelne Neun in einer Nachbarschaft von Nullen und Einsen typischerweise ein Fehler ist, dann muß ein Algorithmus gefunden werden, der solche Ausreißer verschwinden läßt.

Es gibt zahllose Algorithmen, die Histogramme auswerten.

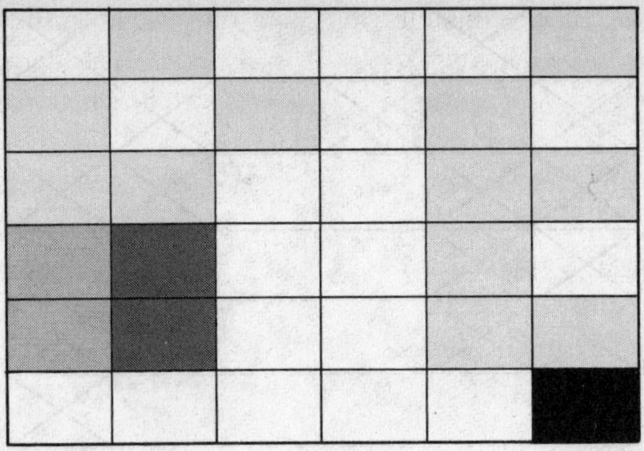

Abb. 34: Testbild

	1				1
1		1		1	
1	1			1	1
3	4			1	
3	4			1	1
					9

Abb. 35: Helligkeitsverteilung im Testbild

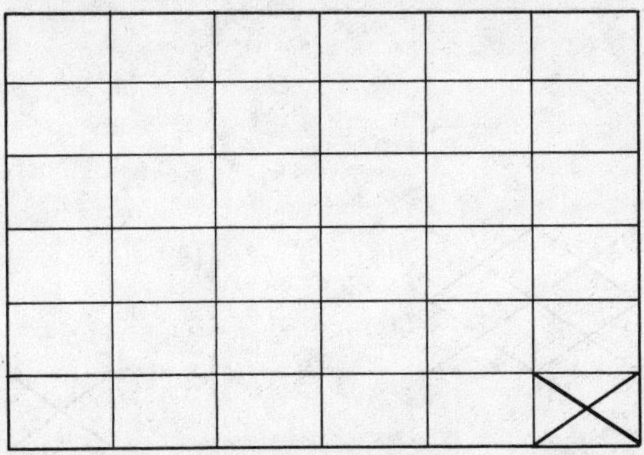

Abb. 36: Pixel-Auswahl beim Schwellenwert 4,5

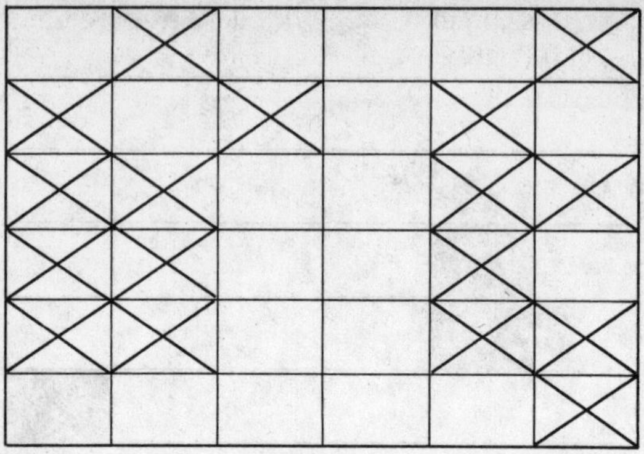

Abb. 37: Pixel-Auswahl beim Schwellenwert 0,972...

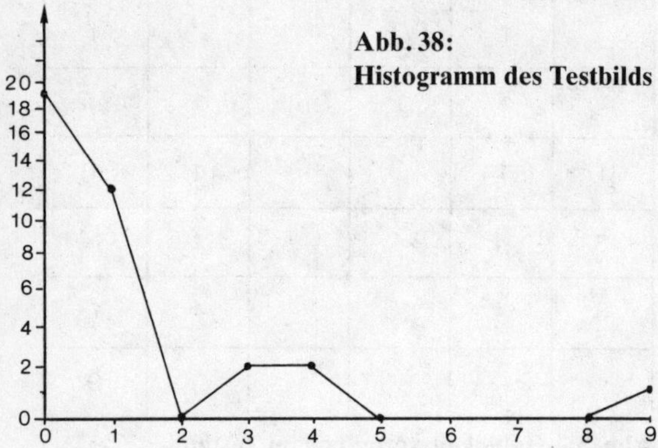

Abb. 38:
Histogramm des Testbilds

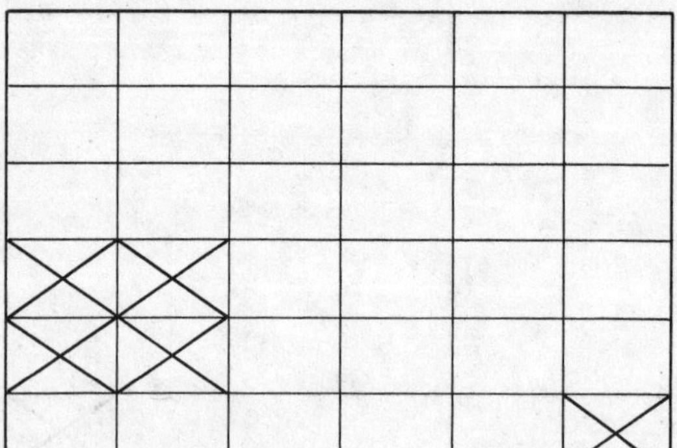

Abb. 39: Pixel-Auswahl nach Auswertung des Histogramms

Manche ändern sich mit den Formen der Histogramme, oder sie zeichnen neue Pixelbilder, die wiederum auf die ursprünglichen Bilder gelegt werden; vom Resultat wird ein neues Histogramm angefertigt, dieses erneut ausgewertet – der Variantenreichtum ist unüberschaubar. Viele dieser Programme sind in den achtziger Jahren entstanden, als Bilder von Satelliten, aus der Mikroskopie oder Computergrafik und nicht zuletzt aus der militärischen Luftüberwachung nach neuen Automatismen der Verarbeitung verlangten.

Ein kräftiger Anstoß kommt in den neunziger Jahren hinzu: das kommerzielle Interesse an der Verbreitung von Videos per Datennetz. Dafür sind hohe Geschwindigkeiten vonnöten, die nicht zuletzt durch Datenkompression erzielt werden können. Interessiert an derlei Techniken sind auch das FBI und Interpol, deren Archive für Fingerabdrücke mittlerweile ganze Hochhäuser komplett füllen. Wenn es gelingt, viele hunderttausend Bildpixel automatisch so zu interpretieren, daß die kodierte Szene später wieder von einem Computerprogramm rekonstruiert werden kann, dann läßt sich das Bild schon in einer gehörig kleineren Datei abspeichern.

Aktives Sehen

Für die maschinelle Bildinterpretation muß jedesmal ein geeigneter Algorithmus ausgewählt werden. Mit anderen Worten: Wer Kamerabilder vom Computer verarbeiten lassen will, sollte vorher wissen, wonach er sucht. Das ist ein Grundzug maschinellen Sehens.

Des biologischen Sehens auch. «Hätte ich es nicht geglaubt, dann hätte ich es nicht gesehen» – das ist mehr als die scherzhafte Umkehr einer Redewendung, es ist ein allgemein gültiges Sehgesetz. Biologische Sehsysteme haben sich entwickelt, weil sie bestimmten Anforderungen des Überlebenskampfes dienten; sie scheinen nach heutigem Wissen aus einer Mehrzahl von spezialisierten Mechanismen zu bestehen, die von äußeren Reizen und inneren Zuständen des Lebewesens ausgelöst werden. Der Kontext regiert. Wenn ich Hunger habe, entdecke ich überall Nahrungsmittel – selektive Wahrnehmung.

Robotiker sprechen in diesem Zusammenhang gern von «active vision». Sehen verfährt nicht nur passiv, sondern auch aktiv. Wir sehen nicht bloß, wir schauen und blicken. Der Sehsinn baut auf Basis vorgezeichneter Klischees das Bild aus Einzelsignalen auf. Er oszilliert zwischen Pixelgewusel und fertigen Vorstellungen, zwischen Außenwelt und Innenwelt, Widerspiegelung und Konstruktion, «bottom-up» und «top-down».

Verfolgen wir den Bildaufbau noch ein wenig. Wir haben vorhin den Informationsgehalt der Pixel verändert. Zunächst zeigten sie den Ort und die Helligkeit, nun soll es um ihren Ort und, mit Hilfe der JA- und NEIN-Etiketten, ihre Zugehörigkeit gehen: nämlich ob sie Teil eines Objekts sind oder nicht. Doch welches Pixel gehört zu welchem Objekt? Etwa in der sehr einfachen Abbildung 40, die ein JA wie gewohnt mit einem X wiedergibt und die Frage aufwirft: Gehören die X-Pixel allesamt zu einem einzigen Objekt oder zu zwei verschiedenen Objekten? Oder zu sechs, sieben, acht oder achtzehn?

Der Roboter benötigt offensichtlich ein Programm, das die JA-Pixel in Gruppen einteilt, in Nachbarschaften, in Gemeinden. Das Programm muß unter den Mitgliedern einer Gemeinde sozusagen Ausweise verteilen; auf Roboteresisch heißt das connected components labeling. Die Gemeinden, also auch die Ausweise, bezeichnen wir mit fortlaufenden Nummern (1,2,3...). Nun hängt wieder alles von einer Definition ab: Was heißt benachbart? Ein Pixel wird von acht Feldern umgeben (Nord, Nordost, Ost, Südost, Süd, Südwest, West, Nordwest). Wenn dies alles seine Nachbarfelder sind (eine «Achter-Nachbarschaft»), dann ergibt sich aus der Abbildung 40 eine Gesamtgemeinde wie in Abbildung 41.

Kann ja sein. Unser Sehsinn läßt diese Interpretation zu. Es kommt mir indessen natürlicher vor, in den JA-Pixeln von Abbildung 40 nicht ein einziges Objekt, sondern zwei quadratische Objekte zu sehen, mithin zwei verschiedene Gemeinden. Diese Interpretation läßt sich mit einer engeren Nachbardefinition maschinell

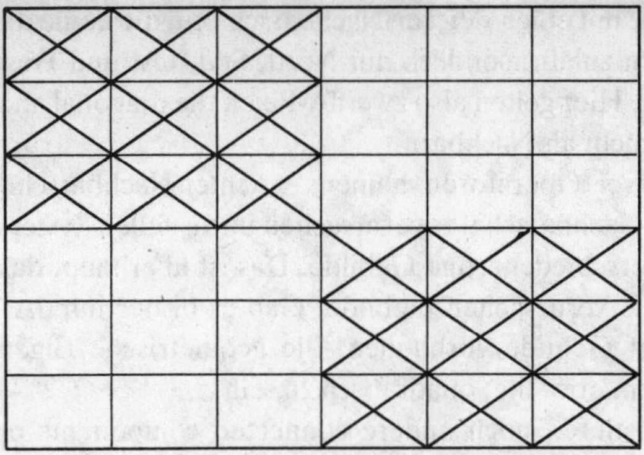

Abb. 40: Welches Pixel gehört zu welchem Objekt?

1	1	1			
1	1	1			
1	1	1			
			1	1	1
			1	1	1
			1	1	1

Abb. 41: Gemeinde von Achter-Nachbarn

1	1	1			
1	1	1			
1	1	1			
			2	2	2
			2	2	2
			2	2	2

Abb. 42: Zwei Gemeinden von Vierer-Nachbarn

erstellen: mit einer «Vierer-Nachbarschaft», die keine diagonalen Nachbarn zuläßt, sondern nur Nord, Süd, Ost und West (Abbildung 42). Hier gelten also zwei JA-Pixel, die diagonal aneinanderstehen, nicht als Nachbarn.

Die zwei Operatoren namens «Achter-Nachbarschaft» oder «Vierer-Nachbarschaft» verursachen im visuellen System des Roboters verschiedenartige Gebilde. Das ist überhaupt das Interessante: Sie verursachen Gebilde. Gab es bisher nur JA-Pixel, so sind jetzt Gebilde vorhanden, die geometrische Eigenschaften aufweisen, etwa die, quadratisch zu sein.

Es existieren noch andere connected components operators, außerdem eine größere Anzahl weiterer Methoden, aus JA-Pixeln Gebilde zu machen, teilweise mit Hilfe von Statistiken. Derlei Methoden werden in der Industrie für Inspektionsaufgaben eingesetzt, etwa wenn Kratzer oder Flecken auf frischlackierten Autos gefunden werden müssen, wenn es elektronische Komponenten auf montierten Platinen oder die Seriennummern auf Autoreifen zu identifizieren gilt.

Mit weiteren Berechnungen lassen sich Ecken finden oder symmetrische Muster herauslesen. Flächeninhalte werden berechnet, charakteristische Krümmungen, Helligkeitsverläufe. Der Computer fährt mit Suchschablonen auf Pixelbildern umher, zerlegt sie in standardisierte Einzelteile. Robotiker der Carnegie Mellon University beispielsweise arbeiten daran, mittels derartiger Bildklischees fahrerlose Autos zu steuern – was auf den häufig schlecht markierten Straßen der Vereinigten Staaten sichtlich schwierig ist.

«Zweierlei müssen Sie wissen, wenn Sie Auto fahren», sagt Dean Pomerleau, «erstens: wie verläuft die Straße, und zweitens: wo bin ich auf dieser Straße.»

Der Nachwuchsforscher arbeitet am sogenannten Navlab-Projekt, das bereits mehrere autonome Straßenfahrzeuge hervorbrachte. Vor zehn Jahren war das Navlab noch ein LKW mit einem monströsen Supercomputer an Bord; er wurde ausgemustert und dient mittlerweile Omead Amidi als fahrendes Labor für seinen Robokopter. Pomerleau hingegen arbeitet nun in einem «Navlab V» genannten Minivan, der von einem Notebook gesteuert wird. Den Strom zum Rechnen saugt das Computerlein aus dem Zigarettenanzünder.

Um den Straßenverlauf zu erfassen, sucht Pomerleaus Bordcomputer erstens die Videoaufnahme der Straße nach gekurvten Kanten ab. Das können Mittelstreifen und Leitplanken sein, ebenso Radspuren auf regennasser Straße, Ölspuren, Spurrillen, Straßengräben. Aufnahmen von Straßen weisen vielerlei signifikante Kurven auf. Aus ihnen wird sodann auf die Straßenführung geschlossen.

Zweitens errechnet der Computer eine Art Fingerabdruck des Bildes, ein Histogramm, das die Zahl und den Grad der Krümmungen festhält. Dieser Abdruck wird als Schablone gespeichert. Sobald die nächstfolgende Aufnahme analysiert ist, wird der neue Fingerabdruck mit der Schablone verglichen; stimmen beide überein, wenn auch seitlich zueinander verschoben, dann hat sich offenbar nur die Position des Fahrzeugs nach links oder rechts verändert. Die Abweichung wird durch einen Befehl an das Lenkrad korrigiert.

Was der Mensch tun muß, ist eigentlich bloß dies: Sobald er meint, gerade eben fahre sein Auto gut, drückt er auf einen roten Knopf, und der Wagen folgt brav dem Straßenverlauf. Außerdem lernt das System. Es baut sich ein Archiv von Straßenschablonen auf, und auf vielerlei Überraschungen der Straßenführung reagiert es bald mit Routine.

Das Prinzip der Navlab-Software fiel Pomerleau eines Nachts bei der Heimfahrt von einer Konferenz ein, bei schlechtem Wetter auf einem langen Highway durch das verschneite Colorado: «Ich beobachtete mich selbst, wie ich mich den Gegebenheiten anpaßte und den Verlauf der wenigen Merkmale beachtete, die auf eine Fahrbahn hindeuteten.» Mit «Navlab V» ist Pomerleau schon die Strecke von Pittsburgh bis nach San Diego gefahren. Nur für zwei Prozent der Tour mußte er Hand ans Steuerrad legen; das Motto der Reise lautete «No hands across America».

Sehen ist konstruieren

Sehsysteme (und andere Komponenten von Robotern) arbeiten häufig mit «künstlichen neuronalen Netzen» (KNN). Und deren Stärke liegt in der Mustererkennung.

Neuronen sind etwas Biologisches, nämlich Nerven- und Gehirnzellen. Sie bilden neuronale Netze. Primitivversionen dieser Netze lassen sich in Computern nachspielen. Das sind dann künstliche neuronale Netze. Sie laufen üblicherweise auf ganz normalen Rechnern, werden also in Form von Programmen, von Algorithmen, dargestellt. Und sie nehmen das klassische Format an: Input – Verarbeitung – Output.

Wir dürfen uns ein KNN als Gebilde aus Schaltern vorstellen. Es weist mindestens zwei Schichten auf: eine Schicht von Schaltern für den Input, eine andere für den Output. Die Inputschalter stehen mit den Outputschaltern in Verbindung und können sie ansteuern, um sie zu betätigen. Je nach Input sind bestimmte Neuronen der Eingangsschicht angeknipst oder ausgeknipst; bei acht Eingangsneuronen könnte der Input zum Beispiel das Muster «01100110» annehmen. In der Ausgangsschicht sind gleichfalls bestimmte Neuronen an- oder ausgeschaltet; das ergibt ein zweites Muster, und dieses Muster ist der Output – etwa «10001000».

Ein künstliches neuronales Netz reagiert auf eine bestimmte Belegung seiner Inputneuronen (01100110) mit einem bestimmten Zustand seiner Outputneuronen (10001000). Das im vorherigen Kapitel vorgestellte Gehirnmodell des Delphins ist so ein künstliches neuronales Netz, ebenso das dort erwähnte «Hit-and-listen»-Programm von Eric Krotkov.

Wie ein KNN reagiert, wird erstens durch den Verlauf der Verbindungen zwischen den Neuronen bestimmt und zweitens durch die Stärke, mit der die Neuronen einander anregen. Wird beispielsweise ein Outputneuron von zwei Inputneuronen angesteuert, dann ist damit noch nicht gesagt, daß es von AUS auf AN springt. Ob es umschaltet, hängt von einer Regel im Outputneuron ab, in der meist auch ein Schwellenwert vorkommt. Die Regel lautet beispielsweise: «Sobald zwei Neuronen dich ansteuern, mußt du umschalten.» Sie kann aber auch heißen: «Wenn drei Neuronen...» oder «Wenn Neuron Nummer 7 dich ansteuert...» oder «Wenn zwei Neuronen dich länger als zwei Taktzyklen...» oder «Wenn zwei Neuronen dir höhere Ziffern als Fünf zusenden» – der Phantasie sind keine Grenzen gesetzt. Komplizierter wird das Ganze dadurch, daß künstliche neuronale Netze meist drei Neuronenschichten aufweisen: Input, Output und eine unsichtbare Schicht dazwischen, deren Neuronen Signale verarbeiten. Denkbar sind noch viel mehr Schichten und beliebig komplizierte Signalverbindungen.

Das Besondere an neuronalen Netzen ist, daß sie sich trainieren lassen. Beispielsweise so: Dem Netz wird ein Input präsentiert. Es erzeugt einen beliebigen Output; wenn das nicht der gewünschte ist, dann werden diejenigen Neuronenverbindungen, die diesen Output hervorriefen, mittels Veränderung der Regeln geschwächt. Dadurch sinkt die Wahrscheinlichkeit, daß das Netz ein zweites Mal mit diesem unerwünschten Output reagiert. Bei gewollten Outputs werden die Verbindungen beibehalten, vielleicht sogar gestärkt.

Die Dressur funktioniert. Ein KNN läßt sich beispielsweise so trainieren, daß es auf die Inputs «1000», «0100» und «1100» stets mit dem Output «1000» reagiert, und den kann der Mensch dann deuten als «links und nur links stehen Einsen». Ein extrem simples Beispiel. In der Praxis ist man viel weiter. Neuronale Computerprogramme werden seit Jahren in der Industrie und in Bürosystemen eingesetzt, etwa von Banken zur Überprüfung von Unterschriften. KNN sind die Technik erster Wahl, wenn das Trainieren schneller geht als Programmieren.

Im Navlab führte lange Zeit ein künstliches neuronales Netz namens ALVINN das Lenkrad. ALVINN erkannte bestimmte Merkmale der Straße und schloß auf ihre Kurvigkeit. Das Problem bestand freilich darin, daß ALVINN während der Fahrt immer wieder neu trainiert werden mußte, wenn sich das Straßenbild stark änderte. Außerdem ist es bei einigermaßen komplizierten neuronalen Netzen nicht immer möglich, ihre Funktionssicherheit nachzuweisen.

Vor dem Täuschungspotential dieser Technik muß man ohnehin warnen: Künstliche neuronale Netze eignen sich derzeit nicht, größere Gehirnregionen zu modellieren. Was im Gehirn, etwa im visuellen Kortex, vor sich geht, ist unendlich komplexer als alles, was derzeit auf neuronal programmierten Computern veranstaltet werden kann. Natürliche Neuronenverbände verhalten sich sprunghaft, synchronisieren ihre Feuerfrequenzen, sind mehrfach rückgekoppelt und kommunizieren miteinander auf verschlungenen und verschlüsselten Wegen, die der Forschung noch viele Rätsel aufgeben. Die ersten Stufen der neuronalen Vorverarbeitung visueller Daten sind freilich schon recht gut erforscht. Soviel wir heute wissen, werden diese Prozesse großenteils nicht vom Willen und nicht von unseren Vorstellungen beeinflußt. Sie sind sozusagen fest verdrahtet. Ein Beispiel: Das Auge ist mit dem Gehirn über Nerven verbunden; die Nerven verlassen das Auge an einer ganz bestimmten Stelle des Augenhintergrundes, weshalb dort kein Platz mehr für lichtempfindliche Photorezeptoren ist – eigentlich sind wir dort blind. Dennoch haben die Szenen, die der Mensch betrachtet, kein Loch, denn ohne Unterlaß füllt sein neuronaler Sehsinn diesen blinden Fleck aus.

Die Szene wird rekonstruiert. Sehen ist konstruieren.

Die festverdrahteten Konstruktionsmechanismen treten bei einer Reihe von optischen Täuschungen zutage. Ein Beispiel ist der Craik-O'Brien-Effekt (Abbildung 43). Die obere und untere Dunkel-hell-Kante erscheinen im Verhältnis annähernd gleich. Jetzt decken Sie bitte jeweils den Kantenübergangsbereich ab: Sie werden sehen, daß der obere Bildteil im Gegensatz zum unteren zwei gleich helle Streifen enthält. Wie kommt es zu dieser Täuschung? Unser Sehsystem ist so organisiert, daß es großflächige Helligkeitsunterschiede dämpft, abrupte Änderungen hingegen verschärft. Es achtet primär auf Helligkeitsunterschiede an Kanten und bestimmt aus ihnen die Helligkeit großer Flächen. Das ist normalerweise eine gute Methode, denn sie dämpft Beleuchtungseffekte. Legen wir dem Sehsystem jedoch einen Streifen mit einer Pseudokante vor, wie in Abbildung 43, dann geht der Schluß von der Kante auf die Fläche in die Irre.

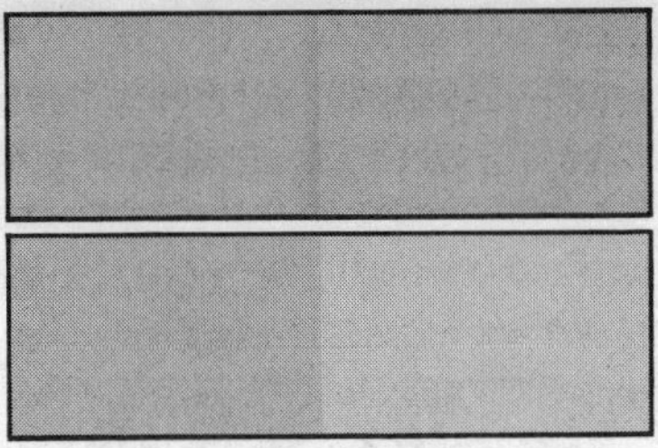

Abb. 43: Der Craik-O'Brien-Effekt

Sehmechanismen, die Kanten herausarbeiten, heißen Kantenfinder. Sie sind überlebenswichtig, denn sie tragen dazu bei, Objekte von ihrem Hintergrund zu trennen, und zwar selbst dann, wenn beide den gleichen durchschnittlichen Helligkeitswert aufweisen. Wenn beispielsweise ein Tiger im gelblichen, lichtdurchfluteten Blätterwerk lauert, hat die Histogramm-Methode ausgespielt. Die Zugehörigkeit eines Pixels zur Tigerfigur oder zum Blätterhintergrund läßt sich nämlich nicht allein aufgrund seiner Helligkeit bestimmen. Also muß ein Kantenfinder angeworfen werden. Der findet dann erst einmal diejenigen Pixel in einem Bild, die möglicherweise Kantenpixel sind, weil einige Pixel neben ihnen in der Helligkeit stark abweichen. Dann muß der Kantenfinder diese Kandidatenpixel miteinander zu Linien verbinden. Dabei entstehen unausweichlich auch falsche Kanten. Sie müssen herausgefiltert werden, etwa indem das System mit Annahmen über die in Frage kommenden Kanten gefüttert wird – diese Annahmen lauten beispielsweise, die gesuchten Kanten seien bauchig gekurvt, typischerweise gezackt oder eher einer geraden Strecke ähnlich.

Die Kantenfinder des menschlichen Sehsinns sind dermaßen empfindlich, daß sie selbst dort Kanten registrieren, wo keine sind, etwa bei den berühmten Kanisza-Figuren (Abbildung 44). Dem Menschen sind vielerlei Wahrnehmungs- und Denkverfahren einprogrammiert, die in den meisten Fällen zu hilfreichen Ergebnissen führen und nur in Sonderfällen versagen. Sie sind nicht perfekt, aber meistens effektiv und vor allem schnell. Das kann lebenswichtig sein, etwa im Fall der Risikobewertung.

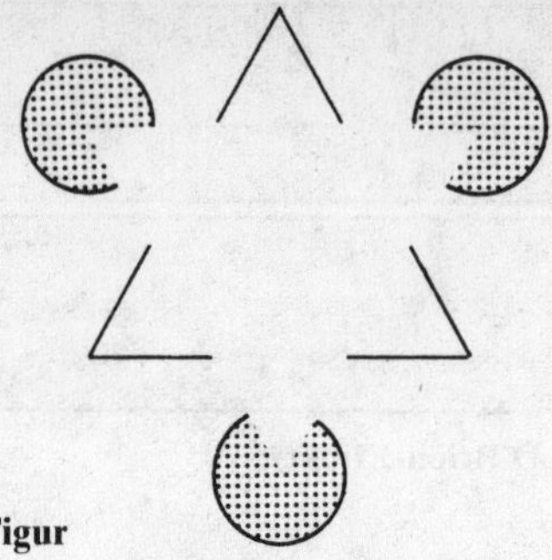

Abb. 44: Kanisza-Figur

Aus just diesem Grund sind jene Verfahren auch meist etwas zu empfindlich eingestellt. Sie neigen eher zu blindem Alarm als zu gar keinem Alarm. Wie Greenpeace. Eine Überlebensstrategie. Ist das wirklich ein Tiger da hinten? Wenn nicht, und wir laufen dennoch weg, ist nur Energie vergeudet. Falls doch, und wir sähen das Raubtier nicht, wäre das Leben hin.

Viele Sehforscher vertreten die Ansicht, daß sich ins visuelle System von Lebewesen im Laufe der Zeit verschiedenartige Heuristiken sozusagen einbrennen; das sind Erfahrungsregeln, die Mehrdeutigkeiten reduzieren sollen und nicht immer, aber oft genug zu praktisch sinnvollen Ergebnissen führen. Sie lauten beispielsweise:

- Die Oberflächen von Objekten sind in der Regel undurchsichtig.
- Die Oberflächen von Objekten sind in der Regel kontinuierlich.
- Bestimmte Geschwindigkeiten sind in bestimmten Szenarien nicht möglich.
- Strukturen im Bild kommen nicht durch einen speziellen, besonders merkwürdigen Sichtwinkel des Beobachters auf die Szene zustande.
- Strukturen im Bild werden nicht durch eine besonders ungewöhnliche Position der Lichtquelle erzeugt.

Machine vision folgt dem gleichen Prinzip. Sehen ist konstruieren – auch darin sind Roboter dem Menschen verwandt.

Intelligente Augen

Ein Klassiker unter den Zielen der machine vision ist das Erkennen von Gesichtern. Ein Mensch guckt dem Roboter ins Kameraauge, und der soll sich dann fragen können: Wer ist das? Etwa Tante Zenzi? Lächelt sie?

Maschinen, die das könnten, wären unbestechliche Türsteher oder Grenzposten. Sie eigneten sich nicht zuletzt als Mitbewohner interaktiver Räume. Im Technoraum der Zukunft kommuniziert der Mensch mit seinem Maschinenkumpel möglicherweise auch über Mimik. Er wirft seinem Wecker einen finsteren Blick zu, und das Gerassel hört auf; jetzt weiß die Kaffeemaschine, daß sie in zehn Minuten losbrodeln darf.

Ein Gesicht erscheint dem Roboter, wie jedes Bild, als Pixelgewimmel. Er beginnt, mit Schwellenwerten und anderen Operatoren zu arbeiten, bis er Regionen als zusammengehörig identifiziert hat. Nun setzt eine beliebte Methode ein: Der Computer muß Augen, Nase und Mund entdecken, diese Elemente vermessen und sodann die Ergebnisse mit Daten zuvor gemessener Gesichter vergleichen. Der Rechner sucht Partien mit starken Helligkeitsunterschieden in der Waagerechten – und trifft auf senkrechte Linien wie die rechte und linke Gesichtsbegrenzung. In der Mitte prangt als signifikanteste Vertikalstruktur: die Nase. Sucht der Computer sodann steile Helligkeitsverläufe, die sich von oben nach unten ergeben, so fällt ihm eine horizontale Region unterhalb der Nase auf. Das wird dann wohl der Mund sein. Die beiden horizontalen Strukturen oberhalb der Nase bilden die Augen. Der Rechner hat nun allerhand Daten zusammen und kann die relativen Abstände und Winkel bestimmen.

Leider ist das Verfahren nicht besonders zuverlässig. Beleuchtung, Kopfhaltung, Gesichtsausdruck, Brille, Bart, Kosmetik und Tante Zenzis neuer Nasenring bringen das System durcheinander. Größere Zielgenauigkeit verspricht es, die Elemente des Gesichts nicht direkt auszumessen, sondern Pixel für Pixel mit einer Vielzahl gespeicherter Schablonen zu vergleichen, bis die Schablonenkombination mit der größten Ähnlichkeit gefunden ist. Befindet sich diese Kombination von Augen, Nase und Mund bereits als Gesicht von Tante Zenzi im Speicher des Computers, dann gibt er die Meldung aus: Das ist Tante Zenzi.

Die Schablonentechnik verschlingt Zeit und Speicherplatz. Es gibt Zwischenlösungen, eine davon verfolgt Christoph von der Malsburg. Seine Maschine hat Vorwissen: Im Rechner ist eine Reihe von standardisierten Gesichtern gespeichert, aber nicht pixelweise, sondern in abgekürzten Varianten, als Graphen. Das sind in diesem Fall netzähnliche Gebilde aus Knoten. Benachbarte Knoten sind über Linien miteinander verbunden. Die Knoten enthalten erstens Informationen über ihren Ort im Netz und zweitens über die Statistik der Helligkeitsverläufe einer bestimmten Region im Gesicht, etwa am linken Auge, an der Nasenspitze oder rechts am Kinn. Nachbarschaften dieser Gesichtsregionen spiegeln sich in den Verknüpfungen der Knoten wider: Das linke Auge liegt neben dem rechten Auge, der linke Augenknoten ist dem rechten Augenknoten benachbart. Außer diesen Standardgesichtern wird eine ganz besondere Graphengalerie gespeichert: die Signaturen jener Individuen, die das System erkennen soll.

Wird dem Computer ein Gesicht gezeigt, so fertigt er zunächst mit Hilfe der Standardgraphen einen Graphen dieses Gesichts an. Nun fragt sich der Rechner: Kenne ich die Person? Der jüngst erzeugte Graph wird mit der Individuengalerie verglichen; aus ihr sucht sich die Maschine denjenigen Graphen aus, der am ähnlichsten ist, und berechnet einen Ähnlichkeitswert. Wird ein Schwellenwert überschritten, dann meldet das System: Achtung, Tante Zenzi im Anmarsch.

Meistens hat das System recht, sogar wenn Tante Zenzis Kopfhaltung nicht ihrer neckischen Pose beim ersten Phototermin entspricht. Und das ist auch das Erstaunliche: Die Maschine braucht sich, ähnlich wie der Mensch, nur ein einziges Bild einer Person zu merken und kann sie trotz veränderter Beleuchtung oder Kopfhaltung wiedererkennen. Das System nutzt sein Gesichtswissen sogar, um zu entscheiden, ob sich da jemand Bekanntes einen falschen Bart zugelegt oder eine neue Brille hat andrehen lassen.

Mit Hilfe dieses Verfahrens läßt sich die Maschine bis dicht an das räumliche Sehen heranführen, obgleich sie einäugig ist: Das Programm erkennt beispielsweise Objekte, die einander teilweise verdecken. Christoph von der Malsburg hat das am Beispiel von Stofftieren und Kasperlepuppen ausprobiert.

Raumsehen mit einem Auge

Bitte halten Sie Ihren Kopf still. Schließen Sie ein Auge. Führen Sie starren Blicks Ihre Zeigefinger von rechts und links aufeinander zu, damit sie sich in der Mitte treffen.

Das gelingt nur selten auf Anhieb. Denn mit einem Auge sehen Sie eigentlich nur zweidimensional («eigentlich», weil Ihr Gehirn schon weiß, wo dieses Buch liegt und wo Ihre Bierdose, und dieses Wissen überträgt es auf die zweidimensionale Szene). Sie kennen dieses Spiel vielleicht aus dem Kindergarten. Jetzt variieren wir es: Sie legen Ihren rechten Zeigefinger an die rechte Schläfe; er zeigt auf den anderen Zeigefinger. Das ist die Startposition. Nun bewegen Sie beide Zeigefinger aufeinander zu, der Kopf bleibt, wo er ist. Selbst wenn Sie den leichten Trainingseffekt abziehen, hat sich Ihre Zielgenauigkeit enorm gesteigert, finden Sie nicht?

Sie haben nämlich ein Signal der dreidimensionalen Bewegung erkannt: Mit der Entfernung vom Auge verringerte sich die Größe des Bildes auf der Netzhaut. Nun hatten Sie Rauminformationen und konnten genauer steuern, obgleich wieder nur ein Auge die Szene betrachtete. Ein anderer Trick, dreidimensionale Verhältnisse mit nur einem Auge zu erkennen, wäre das Bewegen des Kopfes. Beide Methoden, sowohl die optische Größenverarbeitung als auch die Bewegung des Sehapparats, werden von Insekten genutzt. Sie bedienen sich dieser Tricks, weil ihr winziges Gehirn kein Stereosehen zuläßt. Just deshalb ist insect vision hochinteressant für robot vision.

Die männlichen Exemplare der Schwebfliege Syritta pipiens verlegen sich bisweilen darauf, weiblichen Schwebfliegen zu folgen. Sie halten dabei einen Abstand zwischen fünf und fünfzehn

Zentimetern ein. Überdies richtet sich der verfolgende Syritterich stets akkurat zum verfolgten Tier aus. Er vermag seine Augen oder den Kopf nicht unabhängig vom Körper zu bewegen, weshalb er seinen Blickwinkel nur durch Flugmanöver verändern kann; diese sind in alle Richtungen möglich, auch seit- und rückwärts.

Fliegenfachleute vertreten die Ansicht, S. pipiens errechne nicht etwa den Aufenthaltsort oder gar die Flugbahn des verfolgten Tiers, sondern reagiere mit Flugbewegungen direkt auf die Lage und Größe des optischen Abbilds auf der Retina des Fliegenauges. Und wenn das voranfliegende Tier an den Rand des Blickfelds rückt, dann schaltet das Verfolgerinsekt «Sakkaden» dazwischen. Beim Menschen sind das ruckartige Augenbewegungen, bei der Schwebfliege schnelle, präzise Drehungen des gesamten Körpers. Die Sakkaden werden beendet, sobald die Verfolgte wieder im Zentrum des Visiers auftaucht.

Um herauszufinden, wie eine derart enge Verknüpfung optischer Reize mit Aktionen funktioniert, programmierte der britische Informatiker Dave Cliff eine entsprechende Syritta computatrix, also eine im Computer simulierte Fliege. Ihre Bewegungen werden von wenigen künstlichen Neuronen gesteuert, deren Input aus dem simulierten Fliegenauge stammt. Eine Gruppe von Neuronen richtet die Computerfliege unablässig so aus, daß das Bild des verfolgten Tiers im Mittelpunkt der Retina bleibt; die andere Neuronengruppe regelt das Flugtempo derart, daß das Bild der Verfolgten auf der Netzhaut eine konstante Größe beibehält. Und siehe da: S. computatrix folgt in sicherer Distanz einem anderen Computerinsekt, das über den Bildschirm brummelt.

Nur eine Simulation, zugegeben. Aber nach beinahe dem gleichen Prinzip rollt ein echter Roboter an der Cornell University von Ithaca (New York) umher, wenngleich er keiner Fliege folgt, sondern sich immer wieder neu an einer feststehenden Raummarkierung orientiert. Er rechnet nicht seinen Abstand zu der Markierung aus, sondern richtet sich nach der Größe des Abbilds in seinem Kameraauge. Das eingangs dieses Kapitels erwähnte Video-Alarmsystem reagierte gleichfalls auf Abbildgrößen.

Angesichts des simplen Aufbaus der Bildauswertung ist die scheinbar zielsichere, geradezu intelligente Fliegerei der natürlichen und künstlichen Schwebfliegen schon verblüffend. Dave Cliff sieht darin eine Bestätigung des «Gesetzes der leichten Synthese und der mühevollen Analyse». Mit diesen Worten zitiert Cliff den Biokybernetiker Valentin Braitenberg, der in den frühen achtziger Jahren zeigte, daß aus wenigen Regeln kompliziertes Verhalten synthetisiert werden kann; in seinem Buch *Vehikel* schrieb Braitenberg: «Es ist vergnüglich und einfach, kleine Maschinen zu erfinden, die bestimmte Fertigkeiten haben, und es ist auch einigermaßen leicht, das gesamte Verhaltensrepertoire dieser Maschinen zu beobachten – selbst wenn es über das hinausgeht, was wir ursprünglich hineingesteckt haben, wie so oft. Viel schwieriger ist es, von außen anzufangen und zu versuchen, allein von der Beobachtung des Verhaltens her die innere Struktur zu erraten.»

Es gibt eine plausible Erklärung dafür, daß eine Reihe von Fähigkeiten, gerade des visuellen Apparats, mit eher primitiven Mechanismen erreicht wird: Das Entdecken von Feinden, Opfern oder Geschlechtspartnern ist schon seit frühesten Zeiten eine Arena des Wettbewerbs. Lange bevor Säugetiere mit komplizierten Gehirnen auftauchten, experimentierte die Evolution mit ein paar Lichtsensoren und Nervenzellen, verknüpfte sie immer wieder neu, und aus elementaren Bausteinen entstanden Systeme, die das Weglaufen und Fangen, das Fressen und Kopulieren, kurz: das Weiterreichen der Gene erlaubten.

Um etwas zu fangen (aktiv zu fangen, nicht nur in einer Falle), muß ein Lebewesen zunächst einmal in der Lage sein, sein Opfer mit Blicken zu verfolgen. Eine elementare Fähigkeit, möglich durch elementare Mechanismen. Das demonstriert uns Mousebuster, ein Geschöpf von Robotikern aus dem italienischen Pisa.

Mousebuster fängt Mäuse. Die Maschine besteht aus einem Industrieroboter, an dessen Werkzeugspitze ein tassenähnliches Gebilde aus Plastik angebracht ist; hinzu kommen eine Kamera und natürlich ein Computer. Die Aufgabe besteht darin, eine Spielzeugmaus mit der Kamera zu verfolgen – und mit der Plastiktasse zu fangen.

Eine leichte Aufgabe, zugegeben. Denn das Opfer bewegt sich innerhalb eines begrenzten Gebiets, außerdem nur in der Fläche und nicht in der Höhe, es ist das einzige sichtbare Objekt und hebt sich überdies deutlich vom Hintergrund ab. Entsprechend einfach sind auch die Regeln, nach denen Mousebuster die Kunstmaus verfolgt. Um sie zu lokalisieren, benutzt der Roboter bottom-up-Methoden der machine vision und fügt Pixel zu Figuren. Er muß allerdings mit der Tatsache fertig werden, daß sein Opfer sich bewegt, und das macht er so:

Die Kamera erfaßt die Szene in wechselnder Größe und Auflösung in einem Sichtfenster. Je größer der Ausschnitt, desto gröber die Auflösung; auf diese Weise bleibt die Rechenzeit pro Kamerablick immer gleich: zwanzig Millisekunden, nicht mehr (beim Mäusefangen kommt es auf das Tempo an). Zu Beginn der Jagd faßt das Fenster die Größe der gesamten Fläche, über die das Opfer sich bewegt. Alsdann wählt die Kamera (genauer: ihr Computer) ein kleineres Fenster und versucht, es so auf die Fläche zu richten, daß die Maus im Fenstermittelpunkt liegt. Nächster Schritt: noch kleineres Fenster, feinere Auflösung, genauere Lokalisierung – oder aber, wenn die Maus woanders hinflitzt, gleiches Fenster, nur verschoben. Läuft die Maus aus dem Blickfeld: größeres Fenster wählen. Die Genauigkeit der Lokalisierung wird der Mausgeschwindigkeit angepaßt; auf diese Weise wird der Roboter mit der bestmöglichen Ortsinformation versorgt.

Und wie fängt er die Maus? Das wird noch nicht verraten. Sie werden Mousebuster also wiederbegegnen.

Jedes sehende Lebewesen reagiert schneller auf Bewegtes als auf Unbewegtes. Dafür gibt es einen guten Grund: Bewegtes verändert die Lage, und diese enthält vielleicht neue Risiken. Noch bevor komplizierte Gehirnprozesse einsetzen, verarbeitet der Sehapparat das Allerwichtigste, das Überlebenswichtige, und meldet es. Man darf daher annehmen, daß diese Vorverarbeitung, auch low level vision genannt, nicht nur logisch, sondern auch historisch am Beginn der Sehfähigkeit steht.

Psychophysiker entwerfen eine Versuchsreihe nach der anderen, um herauszufinden, welche Sehleistungen low level sind. Ihre

Arbeitshypothese lautet, die Low-level-Leistungen seien daran zu erkennen, daß sie schneller als andere erbracht werden. Sehforscher aus Cambridge fanden beispielsweise heraus, daß die illusorischen Kanisza-Figuren (Abbildung 44) bereits vom Low-level-vision-System gefunden werden.

Gut so. Je schneller wir den noch immer im Blätterwerk lauernden Tiger erkennen, desto besser für uns.

Interessanterweise scheint die Evolution ein Nebenprodukt des Sehens für weitere Überlebenstricks zu nutzen: Schönheit gewinnt. Damit ist folgendes gemeint.

In der Natur, der belebten wie der unbelebten, treten vielerlei Symmetrien auf. Häufig geht der Zustand geringster Energie, auf den jedes System zustrebt, mit symmetrischen Formen einher (die Oberflächenspannung eines runden Ballons ist gleichmäßiger verteilt als die eines geformten). Lebewesen kommen mit weniger Aufbauregeln aus, wenn sie symmetrisch sein dürfen. Gesichter sind so ein Fall; es treten zwar vielerlei Abweichungen auf, aber im großen und ganzen zeigen sie ein hohes Maß an Symmetrie. Individualität bedeutet Abweichung von dieser Symmetrie; für ein Sehsystem, das individuelle Gesichter erkennen soll, wird Symmetrie daher zum Ausgangspunkt, der Standardfall, auf den es geeicht ist – was notwendigerweise mit sich bringt, daß es auf stark symmetrische Gesichter ebenfalls stark reagiert.

Es gibt Theorien, wonach diese Präferenz für Symmetrien per Selbstorganisation von Gehirnzellenverbänden beinahe von allein zustande kommt, also ohne Lernen.

So weit die eine Hälfte der Geschichte.

Es kommt hinzu, daß eine starke Symmetrie bei vielen Lebewesen signalisiert, regelmäßig – der Regel gemäß – gebaut, gesund und unversehrt zu sein, sich also vortrefflich als Partner der sexuellen Reproduktion zu eignen. Und so wird aus einem Nebenprodukt des Sehsystems, nämlich der starken Reaktion auf Symmetrie, zugleich ein reproduktionsfördernder Mechanismus der Partnerwahl. Ein Schönheitsideal. Auch wenn es kulturell überformt wird und deshalb nicht immer durchschlägt – Symmetrisches gilt oft grundsätzlich als schön.

Sobald Roboter einigermaßen gut sehen können, werden sie deshalb einen rudimentären Sinn für das haben, was wir als schön empfinden. Allerdings geht ihnen der biologische und kulturelle Kontext der menschlichen Lebensform ab. Eine Oase oder eine weiträumige Aussicht, erotische Körperformen oder ein Gedicht werden sie niemals als Schönes genießen können – es sei denn, in ihren Köpfen ließe sich eine perfekte Simulation des Homo sapiens veranstalten. Vielleicht werden robotische Lebensformen statt dessen aber ihren eigenen, für sie geeigneten, Schönheitssinn entwickeln? Pure Science-fiction.

Die ist übrigens erlaubt.

Stereosehen

Eine in der Industrie verbreitete Methode, räumliche Informationen zu erlangen, ist die Projektion von Streifen oder Mustern. Sie kennen das von gestreiften T-Shirts oder Netzstrümpfen. Deren optischer Reiz besteht darin, durch die Kurvigkeit der Linien die Formen zu betonen. Dieses Verfahren eignet sich für einfache Gebilde, die beispielsweise kugelig oder schlegelförmig sind, nicht aber für komplizierte Formen. Für sie hat die Natur uns mit Stereoaugen ausgestattet.

Der Mensch sieht räumlich, indem sein Gehirn die Bilder aus den beiden Augen zusammenrechnet. Diese Stereovision ist eine biologische Entsprechung des Prinzips der Triangulation, das Robotiker in vielfältiger Form ausnutzen.

Triangulationssensoren messen die Entfernung von Objekten mit Hilfe einer geometrischen Tatsache: Sind eine Seitenlänge und zwei Winkel eines Dreiecks bekannt, dann ist die Größe des gesamten Dreiecks bereits bestimmt. Ein Objekt muß also lediglich aus zwei bekannten Gesichtswinkeln angepeilt werden, und schon läßt sich seine Entfernung berechnen. Die beiden Aussichtspunkte können aus zwei Sensoren bestehen oder mit einem Sensor nacheinander angefahren werden.

Die Robotik arbeitet mit aktiver und passiver Triangulation.

Bei ersterer wird ein reflektierter Strahl registriert, zum Beispiel ein Laserstrahl, bei der zweiten werden Umweltsignale aufgefangen – etwa mit Hilfe von Kameras.

Etliche Roboter tasten ihre Umwelt mit Laserstrahlen ab und errechnen ein dreidimensionales Bild der Szene; das sind laser range finder. Diese Entfernungsmesser arbeiten mit Triangulation oder ähnlich wie Radar. Im Fall von Xavier, dem tonnenähnlichen Roboter an der Carnegie Mellon University, arbeiten Sonar und laser range finder zusammen, um herauszufinden, ob die Tür des Aufzugs, mit dem Xavier fahren will, geschlossen oder geöffnet ist. Das ginge hier gewiß auch mit der maschinellen Auswertung eines Videobilds, weil die Aufzugstür bräunlich und der Fahrkorb innen sehr hell gestrichen ist. Doch Sonar- und Laserdaten auszuwerten gelingt weitaus schneller als Bildverarbeitung, und gerade im Fall von Aufzügen ist, wie jeder aus Erfahrung weiß, Eigengeschwindigkeit nicht unwichtig.

Ein metallic-roter Topf in Papierkorbgröße, der in einem Holzställchen an der University of British Columbia in Vancouver seine Runden dreht, berechnet die Distanz von Hindernissen aus dem Vergleich zweier Videobilder. Dinesh K. Pai, sein Boß, schaut mich erwartungsvoll an, als der Roboter namens «Spinoza» in meine Nähe kommt und abdreht. Kein besonderes Kunststück, möchte man meinen. Ist es aber doch, denn Spinoza gelingt dies ohne Sonar oder Laser, nur durch Videooptik. Sein Computer vergleicht die beiden Videobilder dermaßen schnell, daß Spinoza beim Navigieren nicht anzuhalten braucht. «Das geht ja fix», kommentiere ich; da strahlt der bärtige Robotiker, kommt ins Plaudern, und ich erfahre, warum der Roboter diesen Namen trägt – weil der Philosoph Baruch de Spinoza im Hauptberuf Linsenschleifer war.

Legen Sie bitte einmal das Buch aus der Hand, und nehmen Sie es anschließend wieder auf. Sie haben, sehend, nicht bloß Ihrer Hand befohlen, wohin sie zu greifen hat, Sie haben Ihre Hand zugleich sehend gesteuert: Sehen ist auch Selbstbeobachtung. An der Yale University wurde vor nicht allzu langer Zeit ein Stereosehsystem vorgestellt, mit Hilfe dessen ein Roboter sich selbst beobachtet. Es handelt sich um einen Industrieroboter, der ein Klötzchen greifen soll. Am Greifer und am Klötzchen befinden sich leuchtende Punkte, für die sich zwei Videokameras interessieren. Die Kameras sind mit dem Roboterarm per Kabel verbunden, stehen aber einige Meter von ihm entfernt; der Greifarm und die Kameras bilden also zusammen ein Dreieck. Jedes Kamerabild wird danach ausgewertet, wie groß der Abstand zwischen den beiden interessierenden Blickpunkten aussieht. Melden beide Kameras, daß der Abstand null beträgt, dann ist der Greifer tatsächlich am Klötzchen angekommen.

Jedes Stereovisionssystem muß grundsätzlich das Problem der Übereinstimmung lösen, das sogenannte Korrespondenzproblem: Der Computer muß entscheiden, ob Ähnlichkeiten bei beiden Bildern von ein und demselben Objekt herrühren oder nur Koinzidenzen sind. Für diese Aufgabe werden aufwendige Algorithmen ersonnen. Um die Entscheidung zu vereinfachen, montieren manche Roboptiker mehr als zwei Kameras nebeneinander. Für die Evolution mag es näherliegend gewesen sein, Gehirn und zwei Augen gemeinsam zur Höchstform reifen zu lassen, für Sehingenieure hingegen scheint es einfacher, mit Hilfe ganzer Kamerabatterien Fehler sowie komplizierte Rechnungen zu vermeiden. Auch auf diesem Gebiet ist wohl das Robotics Institute in Pittsburgh führend, dessen Chef, Takeo Kanade, bereits 1974 über das Thema Gesichtserkennung promovierte. Mit zunehmender Computerpower, so behauptet Kanade, wird Stereovision den laser range finders den Rang ablaufen, zumindest im Nahbereich: «Abtasten mit Lasern ist seriell, Sehen ist parallel.» Wenn sich etwa ein mit Lasern gescanntes Objekt zu schnell bewegt, wird das Abtastbild verzerrt – ein Fehler, der sich nur mit einigem Aufwand wieder herausrechnen läßt.

Kanade arbeitet an Roboteraugen, die den Robotern nicht nur zwei, sondern drei Ortskoordinaten zumessen, also auch Tiefenposition; an Programmen, die aus wenigen Videobildern dreidimensionale Modelle von komplexen Objekten konstruieren; an Algorithmen, Chips und Parallelrechnern, die alles das in Videogeschwindigkeit leisten sollen, also in einem Tempo von fünfzig Bildern pro Sekunde. Die Forschung ist aufwendig. Bezahlt wird sie unter anderem von Firmen, die aus wenigen Videoaufnahmen 3-D-Modelle von Häusern, Landschaften oder Werkstücken generieren wollen. Militärs interessieren sich für 3-D-Vision; wenn Kanade sagt: «Laser range finder greifen in die Umwelt ein, Kameras nicht», dann bedeutet dies im Ohr eines Generals: «Laser kann der Feind entdecken; Kameras nicht.»

Eine Robotikgruppe an der Bundeswehrhochschule München läßt Bildpunkte nicht nur über ihre Lage im dreidimensionalen Raum Auskunft geben, sondern auch darüber, wie weit sie von einem prognostizierten Bild abweichen; hier kommt also eine vierte Dimension hinzu. Damit streifen wir bereits das Gebiet der Künstlichen Intelligenz. Der Robotermercedes der Gruppe heißt VaMP und bewältigte auf einer Testfahrt mehr als 1500 Kilometer Autobahn – ohne menschlichen Eingriff. Anders als Navlab betätigt VaMP außer dem Lenkrad auch noch Gaspedal und Bremse. Weitere Besonderheiten dieses Systems sind der Einsatz sakkadischer Kamerabewegungen sowie die begrüßenswerte Fähigkeit, Fußgänger zu erkennen, ebenso Fahrzeuge und Autobahnabfahrten.

Pluralismus der Sehweisen

Unsere Augen bewegen sich, werden zugleich vom Kopf bewegt, und der wiederum sitzt auf einem bewegten Rumpf. Unser Sehen ist eingebettet in die Bewegung des ganzen Körpers, die Perspektive wechselt unausgesetzt, ist abhängig von einer Vielzahl körperlicher Aktionen, ist Teil unseres vielgliedrigen Handelns. Auch Roboter werden bewegliche Augen benötigen, auf bewegten Gliedern, an bewegten Körpern, wenn sie eines Tages soviel sehen sollen wie der Mensch.

An der McGill University in Montreal entwarfen Robotiker ein aktives Sehsystem, das dem menschlichen Auge ähnelt. Die Kamera nimmt die Lichtreize mit unterschiedlicher Auflösung wahr, am feinsten sieht sie im Zentrum; im menschlichen Auge heißt dieses Zentrum Fovea. Und die sogenannte Fovealisierung ist sinnvoll, denn sie konzentriert den Rechenaufwand zur Verarbeitung von Bilddaten auf diejenige Region, der die größte Aufmerksamkeit gelten soll; die fovealisierende Kamera der kanadischen Robotiker wird übrigens von Vincent Haywards Gedächtnisgeflechten (Seite 97) bewegt.

Robot vision verläuft zur Zeit nach dem Prinzip «zwei Forscher, drei Methoden». Doch vermutlich jongliert der menschliche Sehsinn mit weitaus mehr Techniken, um sich ein Bild zu machen, als alle Sehingenieure zusammen. Das eine Mal interpretiert er eine dunkle Fläche als Schatten, ein andermal als Färbung und danach wieder als Variation der Beleuchtung. Ganz im Stil heutiger Informatik vermuten manche Sehforscher, daß in unserem Gehirn mehrere Agenten miteinander um die beste Interpretation konkurrieren; die eigentlich schöpferische Leistung sei das Auswahlverfahren. Daß dieses Verfahren nicht immer zu eindeutigen Lösungen führt, demonstrieren optische Täuschungen mit Umklappeffekt: Es sind die bekannten Vexierbilder, die zunächst als alte Frau und dann wieder als Jugendschöne erscheinen, die als Vase und als Doppelporträt, als Reihe von Kugeln oder von Mulden gedeutet werden können.

Es könnte sogar sein, daß nicht stets dasselbe Auswahlverfahren den Sehsinn beherrscht. Die dominierenden Algorithmen zur Bearbeitung von Bildreizen sind vielleicht je nach Stimmung und Interessenlage, nach körperlicher Verfassung und jüngsten Erfahrungen unterschiedlich, sie sind womöglich gar in gewissem Maße zufallsbedingt. Eine Variabilität, die Vorteile bietet, solange sie maßvoll bleibt. Variable Verfahren passen sich unseren inneren Zuständen und äußeren Umständen besser an; und Schwankungen unserer Psyche erlauben uns, von Tag zu Tag (oder Lebensabschnitt zu Lebensabschnitt) verschiedene Erfahrungen zu machen. Auf diese Weise ermessen wir einen weiten Wahrnehmungs- und Gefühlsraum.

Bisher sind die sehenden Roboter nämlich immer noch ein bißchen sehr starr, ein bißchen sehr pedantisch. Wenn sie, natürlich nur bei passender Gelegenheit, spielerischer werden, neugieriger und außerdem fähig, in gewissen Situationen Sinn für Unsinn aufzubringen – dann werden sie menschenähnlicher sein.

TEIL IV: VOM KÖRPER ZUM GEIST

zehntes kapitel

Kybernetische Wesen

Sie sitzen auf Ihrem Mountainbike und pesen einen Trampelpfad bergab. Mit Pedaltritt, Lenkerbewegungen und Verlagerungen des Körpergewichts steuern Sie sich über Stock und Stein. Sie können das ganz famos. Offenkundig haben Sie gewisse Vorkenntnisse über das Radfahren und das Terrain. Aus diesen Vorkenntnissen, wir dürfen sie auch ein Modell nennen, leiten Sie bestimmte Bewegungen ab. Der einschlägige Fachbegriff lautet «feedforward control».

Würden Sie in dieser Situation die Augen schließen?

Wohl kaum, jedenfalls nicht für längere Zeit. Sie könnten sonst vom Weg abkommen. Es könnte ein Stein auf dem Weg liegen oder eine Bergziege in Ihr Fahrrad laufen. Nein, Sie müssen schon sehen, wohin Sie fahren. Sie brauchen «feedback control».

Roboter auch. Roboter dürsten geradezu nach Rückmeldungen von Sensoren.

George Devol, Pionier der Industrierobotik, ließ bereits im Dezember 1954 eine sensorgeführte Regeltechnik patentieren, die es einem Roboter erlaubte, seinen Arm mit verlangsamter Bewegung auf ein Objekt zu legen. Das war damals eine Sensation. Die internen Sensoren bildeten magnetische Leseköpfe; sie lasen Streifenkodierungen ab, die an die beweglichen Teile des Roboters angebracht waren – Tonbandtechnik, im Prinzip.

Interne Sensoren sind in der Industrierobotik üblich, wenngleich sich die Konstrukteure häufig mit fehleranfälligen Lösungen begnügen – etwa wenn lediglich der Motor eines Gelenks als Informant für die Achsenstellung genutzt wird und nicht einer der im siebten Kapitel vorgestellten Winkelsensoren, der die tatsächliche Achsenstellung mißt. Die Motordrehung ist keine verläßliche Informationsquelle, denn die Fehler, die das Getriebespiel hinzufügt, können erheblich sein.

An dieser Stelle führen wir einen begrifflichen Unterschied aus der Roboterpraxis ein: Positioniergenauigkeit und Wiederholgenauigkeit. Die Positioniergenauigkeit gibt an, wie zielsicher sich ein Roboter zu einem vorgegebenen Punkt bewegt. Die Wiederholgenauigkeit beschreibt, wie gering die Schwankungen seiner Zielsicherheit ausfallen. Die Positioniergenauigkeit fällt von Roboterindividuum zu Roboterindividuum unterschiedlich aus. Doch wenn ich den Positionierfehler des Roboterindividuums einigermaßen kenne, dann kann ich ihn beim Steuern des Geräts berücksichtigen.

Denken Sie einmal an den Schießstand auf dem Rummelplatz. Wenn Sie Ihrem Schatz eine Rose schießen wollen, dann checken Sie besser erst das Gewehr. Immer schön auf die Zwölf zielen. Und wenn die Einschußlöcher auf der Zielscheibe um einen Punkt neben der Zwölf streuen, dann visieren Sie beim alles entscheidenden Schuß mit Absicht ein bißchen an dem Plastikgewächs vorbei. Treffer! Denn Sie haben Ihr inneres Modell des Luftgewehrs mit Hilfe der Probeschüsse aktualisiert. Sie haben es «kalibriert».

Das läßt sich auch mit der Positioniergenauigkeit von Robotern machen; dabei werden Techniken angewandt, die Sie bereits im neunten Kapitel kennengelernt haben, hauptsächlich die Triangulation mit Lasern. Nur leider werden diese Techniken um so teurer, je genauer sie kalibrieren; in der obersten Preisklasse kann ein Kalibriersystem bis zu 200000 Mark kosten, also dreimal soviel wie ein durchschnittlicher Industrieroboter. Besonders aufwendig und langwierig wird die Kalibrierung, wenn es nicht nur auf die Genauigkeit ankommt, mit der die Werkzeugsspitze in eine Stellung gebracht wird, sondern der Roboter darüber hinaus mit hoher Präzision eine ganz bestimmte Bahn darstellen soll, etwa beim Schweißen.

Trotz bester Kalibrierung treten immer wieder Ungenauigkeiten auf, denn die Leistung des Roboters ändert sich mit der Zeit. Getriebe verschleißen, Gelenke geben nach, die Führungen werden ungenau und sorgen für ruckartige Überraschungen (Stick-slip), Arme verformen sich. Die Kennlinien analoger Elektronikbausteine wie zum Beispiel Widerstände oder Kondensatoren driften im Laufe ihres Lebens, was sich in unglücklichen Fällen zu Veränderungen des Roboterverhaltens addieren kann.

Ein gut gewarteter Industrieroboter wird zweimal im Jahr kalibriert. Das kostet Zeit. Und genügt nicht.

Nein, der Roboter muß sein Verhalten schon irgendwie selbst überwachen, um sich korrigieren zu können. Er braucht Umweltfühler, externe Sensoren. Sie waren in der Industrierobotik lange Zeit rar. Die Verarbeitung von Sensordaten in Echtzeit frißt nämlich Computerpower. Doch die wird zusehends billiger, und mittlerweile melden Sensoren ihrem Polierroboter den Anpreßdruck, dem Lackierroboter den Abstand und einem Schweißroboter den Nahtverlauf. Für Industrieroboter wird selbstverständlich, was dem Menschen von jeher vergönnt ist: Feedback aus der Außenwelt.

Die Mutter der Robotik

Als ich zum erstenmal in ein Megafon sprach, kam anstelle von Aufklärung der Massen nur nervenzerreißendes Pfeifen heraus. Ich hatte, wie konnte es anders sein, den Verstärker voll aufgedreht. Da genügte ein leises Antippen des Mikrofons, und ein lautes Knacken ertönte, das vom Mikrofon sofort wieder aufgenommen wurde, sich blitzschnell verstärkte – und so weiter, wie bei Jimi Hendrix. Ein Fall von positiver Rückkopplung. Jedenfalls technisch gesprochen. Das Feedback seitens des Publikums hingegen ließ mich zurückschrecken; es war doch eher negativ.

Negatives Feedback ist ein zentrales Prinzip der Technik. Der

Fliehkraftregler für die Dampfmaschine, 1788 von James Watt erfunden und noch heute an Spielzeugmaschinen im Einsatz, ist ein Klassiker. Je schneller sich die Maschine dreht, desto höher stellt die Fliehkraft den Regler, und noch bevor Überdruck entsteht, wird Dampf abgelassen.

Negative Rückkopplung, Feedback – diese Begriffe haben eine erklärende Kraft, die weit über Robotik und sonstige Technik hinauswirkt. Sie sind eine Art bengalisches Feuer, das viele Phänomene erhellt. Entfacht wurde es durch die Kybernetik, eine folgenreiche Suchbewegung von Natur- und Humanwissenschaftlern. Alte kybernetische Lehrbücher aus den sechziger und siebziger Jahren sind nach wie vor eine lohnende Lektüre; ihre Stärke liegt im Herauspräparieren von Querverbindungen.

Beeindruckende vierzehn Jahre lang hielt der Sonderforschungsbereich «Kybernetik» dem Prüfungsdruck der Deutschen Forschungsgemeinschaft stand; bis 1983 untersuchten dort interdisziplinäre Teams visuelle, auditive und motorische Leistungen natürlicher und technischer Systeme – alles Themen dieses Roboterbuches. In McKerrows Definition (Seite 49) heißt es, Robotik sei «die Untersuchung von Steuerungsvorgängen, Sensoren und Algorithmen bei Menschen, Tieren und Maschinen und die Anwendung dieser Erkenntnisse auf die Konstruktion von Robotern». So hätte auch das Ziel des kybernetischen Sonderforschungsbereichs der DFG beschrieben werden können. Kybernetisch forschen, das bedeutet, interdisziplinär zu arbeiten, das Zustandekommen von Leistungen natürlicher und künstlicher Systeme zu untersuchen, und zwar mit den Mitteln der Formalisierung, Simulation und nicht zuletzt mit Experimenten in der Wirklichkeit – mit kybernetischen Maschinen.

Mit Robotern. Kybernetik ist die Mutter der Robotik.

Die kybernetische Bewegung kam unmittelbar nach dem Zweiten Weltkrieg auf. In den Vereinigten Staaten, damals zur Wissenschaftsmacht Nummer eins avanciert, hatten während des Krieges Natur-, Ingenieur- und Sozialwissenschaftler für militärische Zwecke zusammengearbeitet, beispielsweise in der Luftfahrtindustrie; nun mußten sie sich nach neuen Zielen und Geldquellen umsehen. Sie hatten im Krieg die Informations- und Automatentheorie entstehen sehen, und nun faszinierte sie der Gedanke, die neuen Ideen auf anderen Gebieten fruchtbar zu machen. Zum Zentralbegriff wurde der *Regelkreis*, der später in keiner Definition der Kybernetik fehlen durfte: Ein Regler soll eine bestimmte Größe wie beispielsweise die Temperatur beeinflussen. Zu diesem Zweck wird die Temperatur immer wieder gemessen, mit den Meßergebnissen wird der Regler gefüttert, der wiederum die Temperatur kontrolliert – ein zirkuläres Schema.

Kybernetik unter der Dusche

Der Regler eines Roboters ist meist computertechnisch, also ein digitaler Regler. Er fragt die zu regelnde Größe in kleinen Intervallen ab, über einen Sensor.

Die Regelung von Industrierobotern läuft auf 32- oder gar 64-Bit-Mikrocontrollern, kleinen Risc-Computern, die beispielsweise den Arm eines zehn Kilo wiegenden Montageroboters mit einer Geschwindigkeit von fünfzig Zentimetern pro Sekunde über eine Zickzackbahn führen können, und das mit einer durchschnittlichen Wiederholgenauigkeit von einem Zehntelmillimeter. Dazu trägt nicht zuletzt die Geschwindigkeit bei, mit der Signale von den internen Sensoren an den Prozessor gemeldet werden.

Es gibt analoge Regler, die elektrisch oder pneumatisch funktionieren; sie werden kontinuierlich mit einem Meßwert gefüttert.

Analoge Regler können sehr schnell reagieren, was jahrzehntelang auch ihr Vorteil war. Doch die digitalen Regler holen sie mittlerweile ein, und weil sie außerdem umprogrammiert werden können, also flexibler sind, verdrängen sie die analogen Regler vom Markt.

Im Regler arbeitet ein Programm, das auf bestimmte Sensorsignale mit einem Korrekturbefehl reagiert. Dieses Programm enthält, auf Regeltechnisch ausgedrückt, das «Regelgesetz».

Das Verhalten von Reglern wird nicht nur durch ihr Regelgesetz, sondern auch durch drei weitere Eigenschaften charakterisiert: Antwortverzögerung, Antwortzeit und Stabilität. Zur Verdeutlichung dieser Begriffe werden Sie jetzt unter die Dusche gestellt. Zum Reglerspielen. Ihre Haut soll der Meßwertaufnehmer (Sensor) sein; Ihr Gehirn enthält das Regelgesetz und lenkt Ihre Hand. Die Wassertemperatur ist die zu regelnde Größe. Sie soll angenehm sein. Wollen Sie das Wasser wärmer drehen, dann dauert es ein bißchen, bis Sie Zusatzwärmc spüren. Das ist die Antwortverzögerung, nämlich die Zeit zwischen einer Veränderung des Inputs und einer Veränderung des Outputs. Die Antwortzeit hingegen gibt an, wie lange der Regler braucht, um die gewünschte Outputgröße zu erreichen – also wie lange es dauert, bis die Dusche so warm ist, wie Sie sie einstellen wollten. Damit beginnt das Problem der Stabilität. Es gibt Hotelduschen, die treiben einen jeden zur Verzweiflung, weil sie uns als Regler überfordern. Das Wasser gerät unweigerlich mal zu heiß, mal zu kalt. Egal wie man die Armatur bedient, immer muß korrigiert werden, bis man frustriert aufgibt. Es gibt Anwendungsbereiche, wo dieses Hintersichherjagen in Grenzen zuträglich sein mag, etwa beim freihändigen Skizzieren, aber auch da gibt es Toleranzen, und beim Duschen ist es einfach unzumutbar.

In etwas besseren Hotels erlauben es die Duschen wenigstens, nach einigem Hin und Her die richtige Temperatur zu halten; nach einer Zeit des Flatterns stellt sich Stabilität ein. In den guten Hotels sind die Duschbatterien so eingerichtet, daß sie proportional zur Hahndrehung Heiß- und Kaltwasser liefern. Wenn Ihnen das Wasser dann trotzdem zu kalt oder heiß gerät, liegt das nur daran, daß Ihr Regelgesetz noch nicht angepaßt ist, Sie die Dusche also noch nicht gut genug kennen. Zu Anfang kann es Ihnen infolgedessen geschehen, daß Sie beim Wärmerdrehen zu mutig ausholen und über das Ziel hinausschießen. Ein Beispiel für «überschießendes Reglerverhalten». Gegenbeispiel: Ich bin zu vorsichtig; dann ist das Reglerverhalten zu stark gedämpft. Völlig okay – lieber zu kalt als zu heiß. In der Robotik sind Regler häufig mit voller Absicht stark gedämpft. Wenn nämlich die Steuerung eines Industrieroboters kein ausgefuchstes Modell der Dynamik enthält, dann sei Vorsicht die Mutter der Porzellankiste; meist ist es gefahrloser, korrigierende Kräfte behutsam auf das System zu schalten als urplötzlich.

Mit alledem ist die Vielfalt möglichen Reglerverhaltens bei weitem nicht ausgeschöpft. Zum Glück. Die Dynamik eines Roboterarms kann schließlich in hohem Maße nichtlinear sein, also jede Menge Abruptheiten mit sich bringen. Folglich sind nichtlineare Regler sinnvoll, die beispielsweise auf kontinuierlich wachsende Meßwerte im richtigen Moment mit einem sprunghaft veränderten Steuersignal reagieren.

Regler aller Art lassen sich zu größeren Einheiten zusammenschalten. Erst recht in der Theorie. So entsteht ein Vorrat abstrakter Strukturen, mit denen eine Vielzahl von Robotersteuerungen entworfen werden kann. In der Theorie, wie gesagt. Für die Industriepraxis ist der Entwicklungsaufwand für komplizierte Reglerei zu hoch (was sich ändern könnte).

Kybernetiker haben mit Kombinationen vielfältiger Regler auch Populationsdynamiken im Tierreich beschrieben oder die Finanzpolitik oder den Verkehrskollaps der Innenstädte. Über Lebendiges und Soziales in solch ingenieurmäßiger Begrifflichkeit zu reden, das entsprach dem «Machbarkeitsdenken» der fünfziger und sechziger Jahre. Im Fall der Sozialwissenschaften in den USA kam damals hinzu, daß die quasi elektrotechnischen Begriffe schön unpolitisch klangen, vor allem nicht marxistisch oder marxistoid; in den sechziger Jahren verfielen dann DDR-Marxisten darauf, ihre famose Planwirtschaft mit kybernetischen Begriffen zu schmücken.

Metaphern aus der Techniksprache eigneten sich noch stets dazu, eine Aura der Neutralität und Objektivität zu erzeugen und Interessen zu verschleiern. Das gilt nach wie vor, wo mittlerweile alle Welt kybernetisch daherredet, vom Politiker bis zum Fernsehquatschmeister – über Feedback und vernetzte Systeme, über Kreislaufprozesse und Selbstorganisation.

Der kybernetische Impuls treibt bis heute viele Forscher an. Den jüngeren unter ihnen scheint dabei selten bewußt zu sein, daß sie nicht nur Robotiker, Fertigungsingenieure, Informatiker, Biologen, Psychologen, Soziologen, Geographen, Ökologen oder Ökonomen sind, sondern oftmals eben auch Kybernetiker. Das Paradigma der Kybernetik ist lebendig geblieben. Die Natur, die erste und die künstliche zweite, wird von Regelkreisen beseelt; *Vernetzung* wiederum, ein gleichfalls kybernetischer Begriff, avancierte zum Schlüsselwort einer Welt im Mahlstrom globaler Märkte, globaler Medien und globaler Krisen. *Cyber* wurde das Mantra der Trivialkultur: Cyberpunks, Cyberspace, Cybersex, Cyberdies und Cyberjenes, davon weiß jedes Kind. Die Unterhaltungsindustrie vercybert den Alltag, und mit ihm noch die albernsten Allotria.

Roboter sind die maschinelle Inkarnation des kybernetischen Trends. Insofern schwingen sie mit den charakteristischen Eigenfrequenzen unseres Zeitalters. Dies ist vielleicht ihre interessanteste Eigenschaft. Einmal abgesehen davon, daß sie Mäuse fangen können.

Fangen, fliehen, locken

Wie versprochen, folgt nun die Beschreibung der Methoden, mit denen der italienische Roboter Mousebuster Mäuse fängt. Dabei werden einige Fachbegriffe auftauchen, die Ihnen mittlerweile geläufig sein dürften.

Die Maus flitzt auf einer glatten Ebene (mit x- und y-Koordinaten) umher. Mousebuster hingegen ist nicht mobil, sondern ein Industrieroboter, passenderweise vom Typ Puma (siehe Seite 88). Anstatt auf Sammetpfoten zu schleichen, steht er festgeschraubt. Seine Mäuse fängt er auf einer Fanglinie: einer gedachten Linie parallel zur y-Achse; Mousebuster soll die Maus an dem Punkt packen, an dem ihr Weg die Fanglinie kreuzt. Auf diese Weise kann die Bewegung des Arms auf eine zweidimensionale, mit ihrer Kante an der Fanglinie aufsetzende Fläche reduziert werden, die von der y-Achse und der senkrechten z-Achse des Koordinatensystems beschrieben wird. Das Handgelenk des Mäusefängers hat zwei Freiheitsgrade: einen translatorischen und einen rotatori-

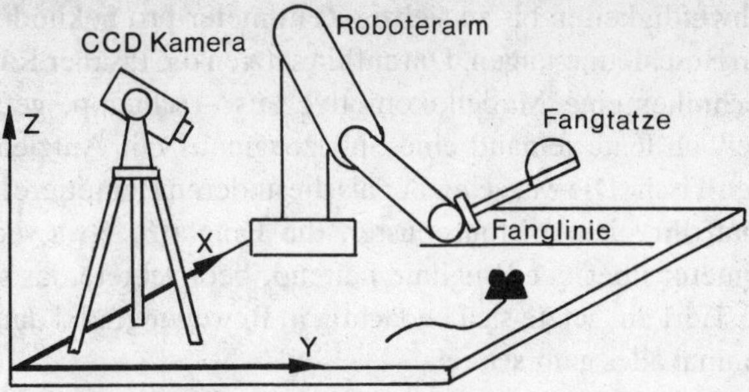

Abb. 45: Mousebuster

schen; die Achse des letzteren liegt parallel zur y-Achse (Abbildung 45).

Mousebusters Optik kennen Sie aus dem neunten Kapitel. Der Rechner der italienischen Pumakatze wird alle zwanzig Millisekunden mit dem Aufenthaltsort der Maus gefüttert und schätzt alle 28 Millisekunden den Zeitpunkt und den Ort, an dem die Maus die Fanglinie kreuzen wird. Beide Daten werden in das inverse kinematische Modell des Roboters eingegeben, und nach erfolgter Koordinatentransformation und Bahnberechnung wird der Fänger in Bewegung gesetzt, damit er schließlich zum gleichen Zeitpunkt am Fangort ankommt wie die Maus. Die kann jederzeit Richtung und Geschwindigkeit ändern; Mousebusters Tatze muß das auch tun, und just dies ist die Aufgabe eines Reglers. Im kartesischen Takt des Puma-Roboters, also alle 28 Millisekunden, korrigiert er die Trajektorie des Katzenarms, und zwar so, daß die Bewegungen geschmeidig bleiben und nur im letzten Moment ruckartig werden – sobald die Maus jedoch gefangen ist, sollte das Fanggerät drucklos auf der Fläche aufliegen; die Katze darf sich beim Mäusefang schließlich nicht die Pfote brechen.

Bei Experimenten zeigte der felide Fangroboter sein zupackendes Wesen. Kein Problem hatte das Stahltier, einen Tischtennisball zu grapschen, der an einen Stock geklebt und auf willkürlichen Bahnen über den Tisch bewegt wurde, und zwar mit

Geschwindigkeiten bis zu siebzig Zentimeter pro Sekunde sowie hohen Beschleunigungen. Daraufhin setzten die Pisaner Raubkatzentechniker eine Modellokomotive aus – schnapp, gefangen. Schließlich legte jemand eine Spielzeugmaus mit Aufziehmotor auf den Tisch. Die war schneller als die anderen Beutetiere, allein, das half ihr nichts. Mousebuster, die Fangtatze etwa sechzehn Zentimeter über der Fanglinie haltend, beobachtete das schnarrende Tierlein, setzte sich bedächtig in Bewegung, und dann ging auf einmal alles ganz schnell.

Die Roboterkatze nutzte optisches Feedback, um ihre Bewegungen zu korrigieren. Zugegeben, sie hatte es leicht mit ihrer Maus, die nur auf begrenzter Fläche umherflitzte und die Katzentatze nicht wahrnehmen konnte. Schwerer hat es eine Fledermaus, deren Opfertier, die Motte, beinahe unbegrenzt in alle drei Dimensionen entflattern kann. Doch die Fledermaus nutzt ihren Sensor, das Sonar, dermaßen raffiniert, daß Robotiker von der Yale University in New Haven sich herausgefordert fühlten, es ihr nachzutun. Sicherheitshalber führten sie eine praktische Begründung ins Feld: In den Mehrrobotersystemen der Zukunft werden Andockmanöver fällig, und für die könnte aus der Jagdtaktik der Flugsäuger Wichtiges gelernt werden.

Wie auch immer, die Fledermaus wendet jedenfalls ein einfaches, aber geniales Sonarverfahren für ihr Feedback an, um die Motten zu kriegen. Das Tier sendet seine Pings nicht etwa in konstanter Feuerrate aus, sondern reagiert auf jedes Echo sofort mit einem neuen Suchsignal. Das ist der eigentliche Pfiff. Auf diese Weise erhöht die Fledermaus die Pingfrequenz, je näher sie an die Motte gelangt, und das ist gut so: Denn je kürzer der Abstand, desto leichter flieht die Motte durch vertikale oder waagerechte Bewegungen aus dem Hörfeld des Räubersonars. Nach jedem Echo korrigiert die Fledermaus ihre Winkelstellung, um die Motte mitten ins rezeptive Feld zu bekommen. Ein simpler Algorithmus. Die Robotiker haben ihn im Computer simuliert, na ja, und alles klappte vorzüglich, aber das kennt man schließlich von Simulationen.

Weshalb Roman Kuc und Billur Barshan in ihrer Veröffentlichung denn auch gleich anfügen: «Obgleich Simulationen flexibler und effizienter sind, bleiben echte Roboter und Sensorsysteme wesentlich für eine Verifikation» – bravo. Also bauten sie Robat und Moth, den Batroboter und die Robomotte. Robat ist ein dreieckiger, Moth ein runder Radroboter. Fliegen können sie beide nicht, wodurch die 3-D-Jagd zur (einfacheren) 2-D-Jagd wird. Das ist nicht weiter tragisch. Der eigentliche Fortschritt bestand zunächst einmal darin, daß der fledermausisch navigierende Robat die fliehende Moth jedesmal anstupsen konnte, selbst wenn Moth noch so erratisch durchs Labor schnurrte.

Wie könnte eine Motte der Fledermaus entkommen? Sie ist ein von Regelkreisen belebtes System, das auf Sonar-Inputs mit Flug-Outputs reagiert. Die Mottologie berichtet, daß die Gejagten zwei Membrane rechts und links am Körper tragen, mit denen sie den Jägersonar registrieren. Das summierte Signal wird an zwei Rezeptorzellen weitergeleitet. Die eine reagiert auf leise Schreie von Fledermäusen, die mehr als dreißig Meter entfernt sind – zu weit für den Räuber, um die Beute zu erkennen. Die Rezeptorzelle feuert um so heftiger, je lauter der Sonarping ausfällt; auf diese Weise erfährt die Motte, ob sich der Räuber nähert. Sie gewinnt sogar Hinweise darauf, aus welcher relativen Höhe die Suchpings kommen, denn wenn sich die Fledermaus oberhalb der Motte befindet, dann werden die Töne auf ihrer Reise bis zu den Ohren am Mottenkörper von den Mottenflügeln zerhackt.

Wenn nun die Motte den entfernten Suchping vernimmt, löst das Signal aus der Rezeptorzelle einen Befehl an die Flugsteuerung aus: Schneller fliegen! Die Motte entfernt sich auf dem Weg, der die Summe der rechts und links aufgenommenen Signale am schnellsten kleiner werden läßt. Falls die Fledermaus die Motte jedoch entdeckt hat, hilft diese Strategie nicht mehr, denn der Raubsäuger fliegt schneller. Die Maus stürzt auf die Motte zu, die Pings werden laut und lauter, und nun tritt die zweite Rezeptorzelle des Mottenhirns in Aktion. Sie wird durch den mörderischen Lärm einer herannahenden Fledermaus geweckt, unterbricht brutal das Flugkontrollsystem, und plötzlich fällt die Motte förmlich aus dem rezeptiven Feld des Räubers heraus. Sturzflug!

Gemeinerweise kontern Fledermäuse, indem sie – nun tief fliegend – den Luftraum mit schräg nach oben gerichtetem Sonar abtasten, so daß sie abtauchende Motten nicht gleich aus dem Ohr verlieren.

Mottenschlau wäre es daher, anstatt nach unten zur Seite zu verschwinden. Mir ist nicht bekannt, ob die Tiere von dieser Taktik schon mal gehört haben.

Als besonders interessanter Punkt erscheint die simple Konstruktion des Fledermauswarnsystems der Motte, die zu einem Verhalten führt, das wir intelligent nennen dürfen: Ist die Fledermaus weit entfernt, dann hau ab, ist sie nahe dran, dann laß dich fallen. Dieses Verhalten kommt ohne komplizierte Berechnungsalgorithmen zustande, es lenken lediglich zwei Nervenzellen die Flugsteuerung der Motte um.

Sowohl im Fall der Fledermaus als auch in dem ihres Beutetieres erkennen wir erneut eine Bestätigung des «Gesetzes der leichten Synthese und der mühevollen Analyse» von Valentin Braitenberg.

Viele Lebewesen sind zu erstaunlichen Leistungen fähig, die auf wenigen Tricks beruhen. Ein Grillenweibchen filtert beispielsweise aus Myriaden von Geräuschen den Lockruf des Männchens heraus, nämlich wiederholte Sequenzen eines bestimmten Tons, und bewegt sich daraufhin zur Schallquelle (Phonotaxis). Die Grille nutzt den Umstand, daß eine Schallwellenfront die Ohrlöcher, die an den Vorderbeinen angebracht sind, nicht gleichzeitig erreicht, sondern zu – je nach Körperstellung – verschiedenen Zeitpunkten. Ein einfaches System von Kanälen legt die Vibrationen der Hörorgane übereinander, die Intensität der daraus resultierenden Vibration wird von der Phasendifferenz beider Signale beeinflußt – mit anderen Worten: Der Ton klingt lauter, wenn sich das Tier nach der Geräuschquelle ausrichtet.

Dieser Effekt tritt indes nicht ein, wenn der Ton die falsche Wellenlänge hat. Die Längen der Hörkanäle sind nämlich just auf die Klänge geeicht, auf die das Insekt zu Reproduktionszwecken reagieren muß.

Die schottische KI-Forscherin Barbara Webb hat einen phonotaktischen Grillenroboter aus Legosteinen konstruiert. Seine Mikrofonohren leiten die Tonsignale in einen Schaltkreis, der die akustischen Kanäle der Grille imitiert. Seine elektronischen Elemente können lediglich ein ganz bestimmtes Frequenzgemisch verstärken, also wahrnehmen. Brav wandert die Maschine zu robotisch korrekt piependen Schallquellen.

Steuerung ohne Ziel

Betrachten wir einmal das fußballgroße, mit Schiebern ausgestattete Fahrzeug, das monatelang im Tischtennisraum des Bielefelder Zentrums für interdisziplinäre Forschung (ZiF) Teelichter zu Haufen zusammenschubste. Seine Aktivität brachte zwar keinen praktischen, wohl aber theoretischen Nutzen. Der Roboter wirkte wie ein zielstrebig handelndes Wesen. Dabei folgte er nur einfachen Regeln:

1. Fahre so lange geradeaus, bis du auf größeren Widerstand stößt als denjenigen, den zwei geschobene Teelichter bieten.
2. In diesem Fall fahre ein Stück zurück, drehe dich ein wenig und setze die Fahrt in anderer Richtung fort.

In den Regeln ist von «Haufen» oder «Zusammenschieben» nicht die Rede. Dennoch scheint der kleine Apparat die Objekte absichtsvoll zu ordnen, bis irgendwann ein einziger Haufen übrigbleibt. Wie das?

Wenn der Roboter per Zufall mehr als zwei Teelichter zusammengeschoben hat, und das ist praktisch unvermeidlich, dann nimmt die Wahrscheinlichkeit zu, daß nun an diesem Ort ein wachsender Haufen entsteht. Zuweilen trennt das Robotertier zufällig ein oder zwei Teelichter von einer Ansammlung, dennoch gilt: Je größer der Haufen, desto besser seine Wachstumschance. Das Teelichtwesen aus Bielefeld ist ein Beispiel dafür, daß absichtsvoll erscheinende Aktivität nicht notwendigerweise explizite Ziele voraussetzt.

Der klassische kybernetische Ansatz, erstmals von Norbert Wiener zu Beginn der vierziger Jahre vorgetragen, interpretierte nützliches Verhalten als das Resultat eines Vergleichs von Ziel und Wirklichkeit: Ein System vergleicht unentwegt den beabsichtigten mit dem realen Zustand, agiert und vergleicht erneut, bis beide Zustände deckungsgleich sind. «Test-Operate-Test-Exit» (TOTE) wird dieses Prinzip genannt, und eine ganze Reihe von Biokybernetikern mühte sich damit ab, das Verhalten von Lebewesen als Ergebnis von ineinander verschachtelten TOTE-Programmen zu verstehen. Doch wir haben bereits etliche Fälle kennengelernt, in denen Biowesen oder Roboter die Welt vom Zustand X in den Zustand Y überführten, ohne daß irgendwo ein Zielzustand formuliert werden mußte: die Teelichtwesen, die flüchtende Motte, syritta pipiens vel computatrix, die schnell das rutschende Glas nachfassende Hand und andere mehr. Die belebte Natur bietet eine Fülle solcher Beispiele. Im Immunsystem etwa fließen Moleküle umeinander, bis irgendwann Schlüssel in Schlösser passen, ein Molekül an das andere andocken kann – ohne daß das Immunsystem irgendeine Vorstellung davon hätte, wie denn die zu suchenden Viren aussehen. Und auch in unserem eigenen Verhalten wechseln Zielbewußtes und Zielloses einander ab. Wir können Sprachen mit dem bewußten Ziel erlernen, sie zu beherrschen – aber haben Sie Ihre Muttersprache so gelernt? Zielbewußt kaufen wir eine Zeitung, und ziellos wandert unser Blick über Rubriken wie «Vermischtes», was durchaus sinnvoll sein kann.

«Ich will jetzt fernsehen», sagt Couchpotato entschiedenen Tons, greift zielsicher zur Fernbedienung, visiert kurz, schaltet den Fernseher ein – und zappt zufallsgeleitet durch sämtliche Kanäle, flaniert planlos im Weltdorf umher, derweil mit dem Lebenspartner plaudernd.

In der unbelebten Natur stoßen wir allenthalben auf Vorgänge, die seltsam absichtsvoll aussehen, obwohl wir doch wissen, daß da niemand eine Zielvorstellung mit der Wirklichkeit vergleicht. Legen Sie eine Murmel auf einen Hügel: Sie findet ihren Weg nach unten. Werfen Sie in Gedanken eine Tasse Kaffee um: Die Flüssigkeit sucht ein neues Gleichgewicht und findet es schließlich. Noch verrückter verhält sich das Licht. Wenn ein Photon durch verschiedene Medien wandern könnte, wählt es den Weg, den es in der kürzesten Zeit zurücklegen kann – ganz so, als hätte es physikalisches Wissen und würde sich zielstrebig entscheiden.

Sind die Ziele der Menschen, ist unser Sprechen über bewußt angestrebte Endeffekte womöglich nur Illusion?

Es gibt Robotiker und Zoologen wie zum Beispiel den Verhaltensforscher David McFarland, die die Ansicht vertreten, daß sämtliche Intelligenz aus körpergebundenen Reiz-Reaktions-Mechanismen aufgebaut ist, Schicht über Schicht, in denen bewußt angestrebte Ziele keinen Platz haben. Ziele seien eine Täuschung, meist auch eine Selbsttäuschung, die lediglich der Kommunikation diene. Diese Wissenschaftler widersprechen insofern dem klassischen TOTE-Prinzip.

McFarland zufolge wägt jedes Lebewesen unablässig Zustandsalternativen ab. Was ein Lebewesen gerade tut, etwa Futter suchen oder brüten, bedingt seinen ganz bestimmten Zustand; jeder Zustand hat Vor- und Nachteile. Eine brütende Gans kann kein Futter suchen, eine verhungernde Gans nicht brüten. Wofür soll sie sich entscheiden? Nun, ob sich ein Wechsel in einen anderen Systemzustand lohnt, hängt von vielerlei Umständen ab, etwa von der Nähe der Futterquellen oder der Dauer der Hungerperiode. Intelligentes Verhalten, so McFarland, äußere sich gerade darin, in jeder Situation die Vor- und Nachteile so gegeneinander zu verrechnen, daß ein optimal angepaßtes Verhalten herauskommt. Dieses sehe dann zielgerichtet aus, sei aber nicht von einem Ziel gesteuert.

So etwas gibt es. Die Leseforschung zum Beispiel bestätigt: Wer liest, wägt unablässig ab, ob Weiterlesen besser sei als bestimmte andere Tätigkeiten. Die Kunst des Schreibens besteht nicht zuletzt darin, den Leser Zeile für Zeile davon zu überzeugen, um wieviel es für ihn besser ist weiterzulesen. Bitte lesen Sie weiter.

Was mir allerdings wenig einleuchtet, ist die Ausschließlichkeit in McFarlands Behauptung. TOTE regiert nicht absolut, das ist unbestreitbar, aber jeder kennt aus eigener Erfahrung neben seinen unbestimmten Handlungen solche, die in voller Absicht unternommen werden, also um ein zuvor geradezu bildlich vorhandenes Ziel anzustreben. Mir hat zum Beispiel lange Zeit vorgeschwebt, dieses Roboterbuch zu schreiben. Das soll Selbsttäuschung sein? Haben David McFarland und Thomas Bösser an ihrem schönen Buch *Intelligent Behavior in Animals and Robots* wirklich nicht planmäßig gearbeitet?

Ihr zentrales Argument lautet: Da jedes Lebewesen mehrere Überlebensfunktionen zugleich erfüllen müsse, würde explizite Planung viel zu kompliziert werden – es heißt «Multitasking-Argument». Kein schlechtes Argument.

Ein Beispiel: Angenommen, nur einmal angenommen, ich möchte eine Weinflasche öffnen. Also suche ich den Korkenzieher, werde aber auf meiner Suche zu anderen Aktionen veranlaßt. Im Vorbeigehen schalte ich das Radio aus, weil jetzt eine Stunde Dudelsackpunk kommt; ich stoße eine Vase um und wische eben kurz auf, gebe der Katze einen Tritt, schnappe mir en passant ein Weinbuch aus dem Regal, das mich darüber aufklärt, diesen Wein am besten immer erst kurz vor dem Genuß zu entkorken. Nun, den Korkenzieher brauche ich eh. Vielleicht finde ich beim Suchen ja auch gleich die Fernbedienung. Ich krame herum, bis mir siedendheiß einfällt: Wenn ich jetzt nicht die Lammkeule in den Ofen schiebe, bekommt Tante Zenzi heute abend nichts zu essen. In diesem Moment klingelt es an der Tür. Wo ist der Türschlüssel?

Das Nebeneinander, Durcheinander und Statteinander all dieser Aktionen, diese Spaghettischüssel namens «Leben», könne unmöglich explizit vorausgeplant oder auch nur mit allerlei Ausnahmeregelungen vorbedacht werden, sagt das «Multitasking-Argument». Mit Brecht:

> «Ja, mach nur einen Plan
> Sei nur ein großes Licht!
> Und mach dann noch 'nen zweiten Plan
> Gehn tun sie beide nicht.»

Wie wahr. Und doch hat explizite Planung ihren Platz. Ich jedenfalls brächte sonst kein Menü zuwege; der Rowohlt-Verlag hätte dieses Buch nicht veröffentlichen können; kein Roboter ließe sich ohne zweckbestimmte Planung bauen – und schon gar nicht zum Mond oder Mars befördern.

Zuweilen spart diese Planung wertvolle Ressourcen, zum Beispiel beim Programmieren: Wer planlos programmiert, wird die meiste Zeit mit Fehlerentfernung zubringen. Explizite Planung dient ja außerdem gerade dazu, das Multitasking bis auf wenige vitale Funktionen zu unterdrücken; das ist Konzentration. Und Konzentration soll in meinem speziellen Fall verhindern, beim Schreiben dieser Seiten unausgesetzt an die Erfordernisse des Besuches von Tante Zenzi zu denken.

Es ist wohl eher so, daß sowohl Zielstrebigkeit als auch die Offenheit gegenüber Zieländerungen zum intelligenten Verhalten gehören.

Verschiedene Menschen halten die Balance zwischen TOTE und Multitasking auf unterschiedliche Weise. Ein hübsches Beispiel bietet der Haushalt. Stellen Sie sich vor, es sei Sonntagnachmittag, und es müsse allerhand aufgeräumt und geputzt werden. Sie haben zwei Stunden Zeit, bis Tante Zenzi eintrifft. Wie gehen Sie vor?

Es gibt zwei Extreme:

- *Typ A:* Sie verfertigen in aller Ruhe einen zweckmäßigen expliziten Plan, der sämtliche Aufgaben der Relevanz nach sortiert und zugleich die Zahl der Wege minimiert.
- *Typ B:* Sie fangen sofort irgendwie an. Ihre Taktik besteht darin, an jedem Ort, an den sie geraten, just das zu tun, was am effizientesten scheint (dieses Prinzip verspricht vor allem dann Erfolg, wenn überall etwas zu tun ist; das weiß ich aus Erfahrung).

Zwischen diesen beiden Extremen von TOTE-Zielstrebigkeit und Opportunismus à la McFarland spannt sich ein Kontinuum, innerhalb dessen verschiedene Kombinationen möglich werden, je nach Lage und individueller Präferenz.

Mutmaßlich ist dabei der Anteil der opportunistischen, erst später als zielbewußt interpretierten Handlungen größer, als wir es durch Introspektion ausmachen können. Mehrfach wiederholt wurden aufschlußreiche Experimente mit ehemals Schizophrenen, denen aus therapeutischen Gründen das Callosum durchtrennt worden war, also die Verbindung zwischen der rechten und der linken Gehirnhälfte. Dem Probanden wird ein Schild mit der Aufschrift «Bitte verlassen Sie das Zimmer» gezeigt, und zwar nur für das linke Auge, also die rechte Gehirnhälfte, wahrnehmbar. Der Proband erhebt sich, wendet sich zur Tür – da ruft der Experimentator: «Wo wollen Sie hin?» – «Ach», entgegnet der Proband, «ich hatte Durst und wollte mir eben eine Cola holen.» Für sprachliche Reaktionen ist vor allem die linke Gehirnhälfte zuständig, und die wußte von dem Schild nichts. Also konstruierte sie schnell ein Ziel, an das der Proband ganz ehrlich glaubte.

Es geschieht nicht selten, daß unwillkürliche Vorgänge Zielvorstellungen in uns erzeugen. Der Körper strebt irgendwohin, und es schieben sich Bilder von Zielzuständen vor unser geistiges Auge. Mir scheint, Ziele sind keineswegs nur eine sozial erzeugte Illusion, sondern eine virtuelle Welt in uns, die unsere Handlungen in lebensförderliche Bahnen lenkt; in der *Physiologie des Geschmacks* des legendären Gastrosophen Brillat-Savarin (1755–1826) habe ich folgende passende Passage gefunden:

«Der Appetit kündigt sich durch eine kleine Schwäche im Magen und ein leichtes Müdigkeitsgefühl an. Gleichzeitig beschäftigt sich der Geist mit Dingen, die den Bedürfnissen des Körpers entsprechen, das Gedächtnis erinnert sich an Sachen, die der Geschmack als angenehm empfand, die Vorstellung glaubt sie bildlich zu sehen: der Zustand ähnelt etwas dem Traum. Dieses Gefühl ist durchaus nicht reizlos, und wir haben Tausende von Feinschmeckern aus tiefstem Herzen freudig ausrufen hören: ‹Wie schön, einen guten Appetit zu haben, wenn man sicher ist, bald eine ausgezeichnete Mahlzeit zu bekommen!› Indessen gerät der ganze Ernährungsapparat in Erregung: der Magen macht sich bereit, seine Säfte geraten in Aufruhr, die inneren Gase verändern geräuschvoll die Lage, das Wasser läuft im Munde zusammen, und die gesamte Streitmacht der Verdauung steht unter den Waffen, wie Soldaten, die nur noch auf den Befehl zum Losschlagen warten. Noch ein paar Augenblicke weiter, und schon treten krampfartige Zuckungen auf, man gähnt, man leidet, man hat einfach Hunger.»

Wie die Kybernetik laufen lernt

Der Vormarsch der Kybernetik in den siebziger Jahren hatte zunächst über den Riß hinweggetäuscht, der mitten durch die Bewegung ging. Das kybernetische Denken kann nachgerade in einen Typ A und einen Typ B geschieden werden. Typ A ist zentralistisch und final, Typ B ist dezentral und opportunistisch.

Die Bilder, die Typ A von der Realität zeichnet, ähneln der Puppe in der Puppe. Regelkreise setzen sich aus Regelkreisen zusammen, und ein System von hierarchisch ineinander geschachtelten Subsystemen bildet das Ergebnis. Das kann sehr wohl zutreffend sein und entspricht beispielsweise beim Entwurf von digitaler Hardware einem bewährten, mittlerweile halb automatisierten Verfahren. Diese Denkweise paßte über lange Zeit zum vorherrschenden Programmierstil der Computerwissenschaft, zur Bürokratie der NASA und zum einstigen Aufbau von IBM und anderen Industrieriesen. Es nimmt nicht wunder, daß sie, nach anfänglichem Mißtrauen, auch in den sozialistischen Ländern gepflegt wurde, besonders in der ordnungsliebenden DDR. Die Kybernetik vom Typ B hingegen zeigt sich stärker von biologischen und konkurrenzwirtschaftlichen Vorbildern inspiriert.

Typ A beginnt in der Zentrale, verfährt top-down. Typ B beginnt in der Filiale, verläuft bottom-up.

Es gibt Robotersteuerungen vom Typ A und vom Typ B; die Industrieroboter, die wir bisher betrachteten, gehören zum Typ A. Doch dieser Stil zeigt Schwächen, wenn es um die Steuerung unserer lieben Bekannten geht, der Laufroboter. Es reicht nämlich nicht, gute Beine, Laufapparate und Gangarten zu konstruieren. Steuerung und Regelung heißen die sensiblen Punkte.

Die ersten Gehmaschinen mit einzeln steuerbaren Beinen entstanden vor über fünfzig Jahren; in Großbritannien wurde damals das Modell eines Kampfpanzers vorgestellt, dessen vier Beine mit zwei Handgriffen und zwei Pedalen bewegt werden konnten. Auch in der Folgezeit wurden Laufapparate meist von Militärs finanziert, deren Kampfmaschinen selbst dort marschieren sollten, wo kein Rad mehr rollen und keine Panzerkette mehr rasseln kann. In der *Zeit* stellte Thomas von Randow 1963 diese Maschinen dar und schrieb: «Professor Shigley an der Michigan-Universität hat ebenfalls ein solches sechzehnbeiniges Laufzeug entworfen, das hydraulisch angetrieben wird. Größere Schritte mit den Beinen auf der einen Seite lassen das Fahrzeug in die Kurve gehen. Wie aber soll man es bremsen? Auch die Anpassung an Gelände-Unebenheiten ist noch nicht gelöst. Einfach zu lenken ist ein solches Fahrzeug nicht. Auf zwei Beinen zu gehen hat der Mensch mit einiger Mühe gelernt. Nun soll er sich plötzlich auf sechzehn fortbewegen.» Ein Steuerungsproblem. Der Vierbeiner dieser Generation, der General Electric Walking Truck, finanziert durch die US-Armee, war nur mit äußerster Konzentration zu steuern. Ein Mensch im Cockpit bewegte mit allen vier Extremitäten die vier Beine des «Quadrupeds», und das Ganze wurde eher zu einer Demonstration menschlicher Akrobatik als der einer leistungsfähigen Maschine. Alle paar Minuten mußte der Bediener eine Verschnaufpause einlegen. Es war offenbar leichter, solche Apparate zu bauen, als sie zu steuern.

Dafür waren Computer nötig.

Sie machten aus dem Adaptive Suspension Vehicle, das Ihnen aus dem vierten Kapitel bekannt ist, eine Art sechsbeiniges Maschinenpferd. Sein Reiter, in einem Gehäuse am Kopf des Kunstgauls sitzend, gibt per Steuerknüppel Richtung und Geschwindigkeit vor, doch wohin das ASV die Hufe setzt, entscheidet das elektrische Gehirn des Geläufts. Wie ein richtiges Pferd ist es mit Sensoren ausgestattet, außerdem mit einer Beschreibung des Terrains, die in seinem Computer gespeichert und unablässig erneuert wird. Dessen Programm wandelt allzu waghalsige Manöver des Reiters in sachtere Bewegungen um oder läßt das Aluminiumtier gar scheuen, denn hinfallen soll es ja nicht. Steuerung und Regelung des ASV waren eine beeindruckende Ingenieurleistung. Das

ASV stapfte bis 1989 über Stock und Stein, doch heute steht es nur noch herum. Ein Schlachtroß sollte es werden, fraß jedoch Geld wie Heu; die Forschungsbehörde des Pentagon beendete die Förderung.

ASV gehörte zum Typ A (ebenso das damals in Moskau konstruierte Pendant, das vermutlich gleichfalls militärischen Interessen dienen sollte). Der Mensch ist die Zentrale und befiehlt, der Pferderoboter setzt die Befehle in Beinkommandos um.

Ohne einen Menschen, nur mit einem Computer machte der Ihnen mittlerweile wohlvertraute Ambler aus Pittsburgh seinen Weg. Er wurde von einer Computerzentrale gesteuert, Typ A, und war ein Bummelant: Ambler kam nicht schneller als 35 Zentimeter pro Minute voran, und das auch nur bei günstigsten Geländebedingungen. Das sechs Meter hohe Gehwesen scheiterte schon bei Hindernissen, die etwas höher als einen Meter aufragten. Das ist, als müßte unsereiner bei dreißig Zentimetern aufgeben.

Bei Typ A braucht die Zentrale stets alle Informationen. Das kann dauern. Manchmal ist es zuviel verlangt.

Typ A beginnt im Kopf. Typ B beginnt im Bein.

Um herhauszufinden, wie Gehroboter gebaut werden könnten, teilt die B-Robotik das Problem in zwei Teile. Erstens: Wie lassen sich einzelne Beine steuern? Und dann, zweitens: Wie lernen Beine, miteinander zu kooperieren?

Koordination, so lautet das Problem von Vielbeinern; bei Wenigbeinern ist es die Balance. Und dieses ist so unwillkommen nicht: Es ist weniger komplex, und gelöst werden muß es ohnehin, denn nicht nur Zweibeiner wie Menschen und Vögel kontrollieren ihre Balance, sondern auch Vierbeiner wie die kletternden Bergziegen, ja, hin und wieder sogar Sechsbeiner wie die Ameisen.

Die Anfänge der Balancerobotik reichen bis in die fünfziger Jahre zurück. Claude Shannon, Vater der Informationstheorie und Mitbegründer der Kybernetik, baute 1951 aus Einzelteilen eines Krans und einem kleinen LKW das erste umgekehrte Pendel, dessen Gleichgewicht halbautomatisch gehalten wurde. Solch ein «invertiertes Pendel» unterscheidet sich vom gewöhnlichen

Pendel darin, daß sein Gelenk unten und nicht oben ist. Es fällt um, solange nicht jemand das Gelenk festhält oder es ausgleichend verschiebt. Shannons Pendel war auf der Ladefläche des Minitrucks angebracht. Zwei Endschalter informierten den Fahrer darüber, ob es sich bedenklich vor- oder zurückneigte, und der glich dann die Bewegungen durch Vor- und Rückwärtsfahren aus. Es folgten vollautomatische fahrerlose Pendel, eines komplizierter als das andere; die Formeln dieser Pendelforschung an der Stanford University sind bis heute eine sichere Grundlage für die Balance von Roboterbeinen.

Es gibt eine gymnastische Übung, die darin besteht, still auf einem Bein zu stehen. Das andere Bein wird nach hinten hochgeklappt. Wer darin nicht geübt ist, neigt zu planlosem Herumgehüpfe im Raum, was nämlich die leichteste Art ist, auf einem Bein zu balancieren. Denn: Wer hüpft, braucht lediglich für kurze Zeit die Balance zu halten, eben solange der Fuß den Boden berührt. Da durch die träge Masse des Körpers (so heißt das nun mal) einige Bewegungen bereits vorgegeben sind, muß nur noch korrigiert werden. Eine regeltechnische Aufgabe.

Damit kommen wir zu einer Richtung der Beinrobotik, die mehr als alle anderen den Reiz der Grundlagenforschung mit dem Komischen verknüpft: Hüpfrobotik. Marc Raibert vom MIT gilt als ihr Guru, und er wiederum wurde inspiriert vom Känguruh.

Robopogo

Raibert und sein Gefolge experimentieren mit Robotern, die auf vier Beinen, zwei Beinen und einem Bein hüpfen. Ihre Erkenntnisse betreffen den Bereich der Dynamik und der Regelung.

Der Rumpf von Raiberts erstem, vor zehn Jahren gebautem und mittlerweile lehrbuchreifem Einbeiner bildet eine Art Käfig, aus dessen Mitte ein Teleskopbein nach unten ragt (Abbildung 46). Für die vertikalen Bewegungen sorgt ein pneumatischer Zylinder. Das Bein ist in einem Gelenk aufgehängt, das zwei Freiheitsgrade hat, also das Bein in Hüpfrichtung und seitwärts rotieren läßt. Diese Art

Hüfte wird mit zwei rechtwinklig angebrachten hydraulischen Zylindern betrieben. Energie und Daten werden über ein Kabel vermittelt. Der Einbeiner ist etwa einen Meter groß. Er hopst in die Höhe, bewegt sein Bein nach vorn, landet, bewegt das Bein zurück, startet erneut und immer so weiter.

NASA-Ingenieure haben schon vor Jahren überlegt, ob sich solches Hopsen als Fortbewegungsform für irdische Mondbesucher eignen könnte. Wenn Sie mögen, hüpfen Sie doch einmal auf einem Bein durchs Zimmer, und überlegen Sie dabei, welche verschiedenen Aspekte Ihre Beinkontrolle zu regeln hat. Raibert kam auf drei: Sprunghöhe, Vorwärtsgeschwindigkeit und Körperhaltung. Dementsprechend unterteilte er das Kontrollsystem in drei Aufgabenbereiche, die von einem gemeinsamen Computerprogramm gesteuert wurden, einer sogenannten finite state machine. Das Programm organisiert den Bewegungszyklus des Beins. Es modelliert das Hüpfen als einen Zyklus aus fünf aufeinanderfolgenden Zuständen, die durch fünf verschiedene Übergänge miteinander verbunden sind (Abbildung 47). Der Übergang von einem Zustand zum nächsten wird jeweils von den Sensoren des Einbeiners ausgelöst. Drei Sensoren sind im Spiel: Einer stellt fest, wann das Bein ausgefahren ist, ein anderer registriert den Bodenkontakt, der dritte die vollständige Kompression. Für jeden der fünf Zustände ist festgelegt, welche der drei Teilaufgaben (Sprunghöhe, Vorwärtsgeschwindigkeit, Körperhaltung) gelöst werden soll und auf welche Weise.

Der Einbeiner von Raiberts Schüler Martin Buehler geht noch zwei Schritte weiter. Buehler experimentiert an der McGill University in Montreal mit Elektromotoren anstelle von Pneumatik und mit kleinen Rechnern in der Hüfte des Einbeiners; sein Roboterbein benötigt also keinen Kabelnabel mehr. Außerdem baute er ihm mechanische Federn zur Rückgewinnung von Energie ein. Das erhöht die Komplexität der Dynamikgleichungen beträchtlich; wir können sie so verstehen, daß die Regelung den elastischen Vorgang lediglich beeinflußt und keineswegs vollständig durchsteuert.

Mechanisches Federn ist in der Natur verbreitet. Unter den In-

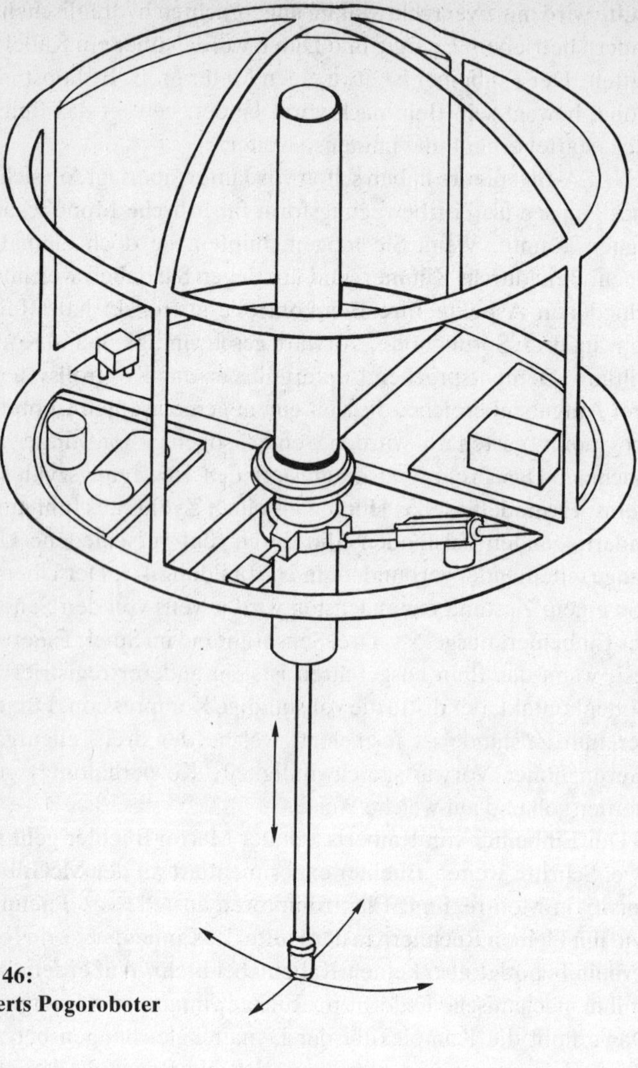

Abb. 46:
Raiberts Pogoroboter

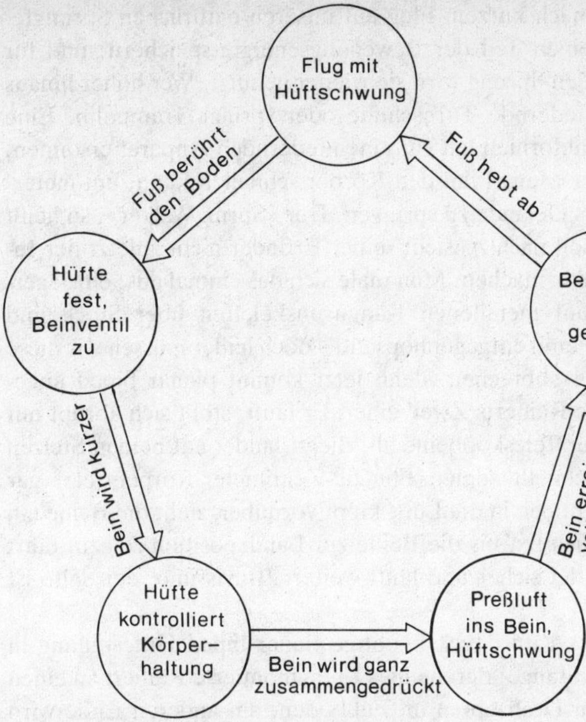

Abb. 47: Der Zyklus einbeinigen Hopsens

sekten gibt es eine Ordnung namens Collembola, deren Mitglieder sich mit Hilfe einer einzigen länglichen Sprungfeder vorwärts bewegen – ganz so abgehoben ist robotische Hüpfologie also nicht. Und daß der Insektenflug mit mechanischen Federelementen Energie zurückgewinnt, haben Sie schon im fünften Kapitel erfahren; diese Federung erlaubt ein extrem schnell oszillierendes Flügelschlagen, das weder mit bloßer Muskelkraft zu erzielen noch mit irgendwelchen Motoneuronen durchzusteuern wäre, es kann lediglich beeinflußt werden. Auch die Beinmuskeln der Säugetiere und erst recht ihre Bänder dienen als mechanische Federn; bei vielen Tieren beispielsweise unterstützen sie das Vor- und Zurückschwingen von Beinen in der Hüfte. Beim Laufen landen wir

Menschen nach kurzem Flug auf unseren natürlichen Sprungfedern, die einen Teil der Bewegungsenergie speichern; und für den folgenden Sprung wird sie wieder genutzt. Wer höher hinaus will, trägt federnde Turnschuhe oder springt Trampolin. Eine Firma in Kalifornien hat gar einen federnden Apparat ersonnen, den sich der Mensch an den Körper schnallen kann, um meterhoch durchs Gelände zu springen. Der «SpringWalker», so heißt das Ding, soll nach Ansicht seiner Erfinder nicht zuletzt der Infanterie Beine machen. Man male sich das einmal aus: ein Jägerbataillon, auf metallenen Känguruhskeletten über Stock und Stein dem Feind entgegenhopsend – doch leider müssen wir diese Betrachtung abbrechen, denn jetzt kommt planar biped angerannt, Marc Raiberts Zweibeiner. Er läuft, stößt sich abrupt mit einem seiner Teleskopbeine ab, fliegt, landet auf beiden Stelzen zugleich, schnellt seinen Fünfzig-Zentimeter-Körper jetzt gar einen Meter hoch in die Luft, kippt vornüber, zieht die Beine ein und dreht sich fix, bis die Beine zur Landeposition zeigen, fährt sie aus, landet sicher und läuft weiter: Bravissimo, der Salto ist perfekt!

Für dieses Kunststück benötigt planar biped Hilfestellung in Form einer Stange; deren eines Ende montierte Raibert an einen beweglichen Drehzapfen im Fußboden, am anderen Ende wird das Wesen wie ein Tanzbär geführt. Ein jüngerer Bruder des biped wiederum rast, ohne Führungsstange, in einer Tretmühle. Dort übt er den Purzelbaum. Zwei Zweibeiner ergeben sodann Raiberts Vierbeiner, und der kann galoppieren.

Tad McGeer, einer der beiden Konstrukteure des ASV, hat sich unterdessen dem rein passiven Gehen zugewandt; hier ist die kybernetische Regelung vollständig in der Mechanik inkorporiert. McGeer ließ sich eines Tages von einem Spielzeug faszinieren, einem Plastikmännchen mit locker aufgehängten Beinen. Es wankte eine schiefe Ebene hinab, nicht sonderlich elegant zwar, aber regelmäßig. Ließe sich so etwas ohne Wackelei zuwege bringen? McGeer hat mehrere solcher Wanderer gebastelt, die ohne Muskeln und Hirn, also ohne Motor und Computer arbeiten. An deren Stelle treten bloß Schwerkraft und Mechanik; die Mechanik reagiert auf Veränderungen der Balance und stellt sie wieder her – ein Regelkreis. Kybernetische Hardware.

Die Männlein sehen etwas albern aus, wie sie so hinabtrotten. Doch McGeer ficht das nicht an. Der Gehforscher will den zweiten Schritt nicht vor dem ersten tun; die Brüder Wright, meint er, hätten schließlich auch zunächst mit Fluggeräten ohne Motor experimentiert (sie waren Fahrradtechniker und deshalb Fachleute für Balance).

McGeers Gedanken zur passiven Regelung hat Robert Playter aufgegriffen, ein ehemaliger Mitarbeiter von Marc Raibert. Playters Metallpuppen, bestehend aus Rumpf und zwei Armen, sind einen halben Meter groß und lernen Geräteturnen. Sie wirbeln um ein Reck, lassen los und vollführen sodann einen sauberen Salto. Kontrolliert wird das Ganze durch Armbewegungen. Zunächst entwarf Playter ein System von kinematischen und dynamischen Gleichungen, mit denen die Freiheitsgrade und Momente der Arme, ihre durch Federn gedämpfte Kopplung an den Körper und ihr Zusammenwirken beschrieben wurde. Es folgten Computersimulationen und schließlich Experimente.

Dabei stellte sich heraus, daß wider Erwarten lockere Aufhängungen und nichtsymmetrische Bewegungen (etwa: linker Arm nach oben, rechter nach unten) den Salto stabilisieren. Die Regelung ist wieder einmal passiv, ergibt sich aus der Mechanik selbst und verlangt kein Eingreifen. Playter, früher selbst ein aktiver Turner: «In jedem Körper kommt es zu Bewegungen, die ohne Kontrolle seitens des Gehirns oder Nervensystems ablaufen.» Und er erinnert sich daran, daß sein ehemaliger Trainer nicht müde wurde zu sagen: «Laß den Körper tun, was er tun muß, und stell nicht dein Bewußtsein in den Weg.»

Der fernöstlich klingende Satz durchtönt die Robotik allenthalben. Sein Echo lautet «Compliance», Nachgiebigkeit. Die Grundidee: Der Roboter wirkt auf seine Umwelt, und diese führt ihm ein wenig die Hand, weil er nachgiebig ist. Eine Art Rückkopplungsschleife ohne Sensoren. Feedback ohne Software.

Wenn Sie einen Dübel in ein Bohrloch stecken, dann drücken Sie ihn mit dem Daumen hinein, darauf vertrauend, das Loch werde dem Dübel schon einen brauchbaren Platz zuweisen. Wenn Sie ein Glas auf dem Tisch abstellen, dann kontrollieren Sie diesen Vorgang – im Normalfall – auch nicht bis zur letzten Zehntelsekunde, sondern überlassen irgendwann der Schwerkraft, der Tischplatte und dem Fuß des Glases die Sache.

Von der Mitte der siebziger bis zur Mitte der achtziger Jahre hatten Robotiker in aller Welt ausführlich ein Problem analysiert, das ein Grundmodell für die Manipulation von Objekten mit Hilfe von Nachgiebigkeit abgibt und heute noch als Test für die Geschicklichkeit von Manipulatoren gilt: das Einfügen eines Zapfens in ein Loch («peg in a hole»). Wieder einmal erwies sich scheinbar Triviales als ausgesprochen kompliziert und war letztlich nur mit bemerkenswertem Aufwand an Mathematik zu beherrschen. Die Grenzen des Raums zu bestimmen, in dem die zulässigen Trajektorien des Zapfens liegen, ist nämlich überraschend schwierig. Der Zapfen kann zu weit nach einer Seite verschoben liegen, oder der Winkel, mit dem er von der Senkrechten abweicht, kann zu groß sein. Infolgedessen kommt es zu Verkantungen, und die Reibungskräfte leisten zu starken Widerstand.

Den mathematischen Analysen folgten nachgiebige Handgelenke, die sowohl seitliche Verschiebungen als auch Winkelstellungen mittels Federn ausgleichen; ein besonders raffiniertes Handgelenk aus dem Robotics Institute in Pittsburgh nutzt gar federnde Elemente, deren Stärke sich im Verlauf der Manipulation ändern läßt. Es handelt sich dabei um Gummibälle, deren Elastizität von ihrer flüssigen Füllung bestimmt wird.

Abstimmung in den Füßen

Jahrelang hat der Bielefelder Biokybernetiker Holk Cruse die Beine der Stabheuschrecke Carausius morosus untersucht. Das im Englischen «walking stick» genannte Insekt bietet sich dafür geradezu an. Trotz seiner schnittigen Torpedoform stelzt es gemessen mit etwa zwei Schreitbewegungen pro Sekunde einher; weitere Vorteile treten hinzu: Sein Gang ist wohlgeordnet, sein

Charakter eher phlegmatisch, seine Größe praktisch (sieben Zentimeter), die Anatomie übersichtlich, und das Nervensystem läßt sich leicht mit Elektroden anzapfen.

Um beispielsweise herauszufinden, welches Bein welche Kräfte zu welcher Zeit auf den Boden ausübt, ließ Cruse die Tiere über Platten laufen, die mit Drucksensoren ausgestattet waren. Die Bielefelder Heupferdforschung bietet Robotikern eine Vielzahl biomechanischer Meßgrößen, und siehe da, es fand sich eine Gruppe um den Maschinenbauprofessor Friedrich Pfeiffer (TU München), die sich von den Biokybernetikern zum Bau von Roboterbeinen anregen ließ. Zunächst ersannen sie ein Computermodell, das Carausius' Gang simulierte und vergleichbare Werte für Verspannungen und dergleichen lieferte. Dadurch ermutigt, konstruierten sie ein Aluminiumbein. Es weist zwei Gelenke auf, die direkt von Motoren angetrieben werden, das dritte stellt eine Art Knie dar und wird von einem Motor in der Hüfte per Seilscheibe bewegt. Die Motoren sind ultraleicht, um das Problem der trägen Massen zu verringern, und das Ganze sieht aus wie in Abbildung 48.

Das Bein trat zunächst nur an die Stelle eines der im Computer simulierten Beine, fortan stand das virtuelle Technotier sozusagen mit einem Bein in der Wirklichkeit, während die übrigen nur aus Software bestanden. Schließlich wurde ein kompletter, realer Krabbelroboter daraus – eine Vorstufe zu einem Aluminiumheuschreck, der durch Rohrsysteme unserer Zivilisation wandern könnte. Pfeiffer: «Bisherige Rohrmolche fahren auf Rädern durch Rohrleitungen, um sie nach Schäden und Verunreinigungen abzusuchen. Doch sie haben Schwierigkeiten, wenn sie auf Hindernisse oder enge Kurven stoßen. Ein Rohrkrabbler mit Beinen hingegen hätte damit keine Probleme.»

Der bayerische Kunstheuschreck hat mit der Stabheuschrecke ein B-Tier zum Vorbild. Carausius' Beine werden nicht zentral von einem Gehirn gesteuert, vielmehr hat jedes Bein seine eigene Datenverarbeitung, bestehend aus etwa achthundert Neuronen. Ihre Reaktionen werden in Cruses elektrophysiologischem Labor studiert. Dort laben sich die Tiere an Chinakohl und Brombeer-

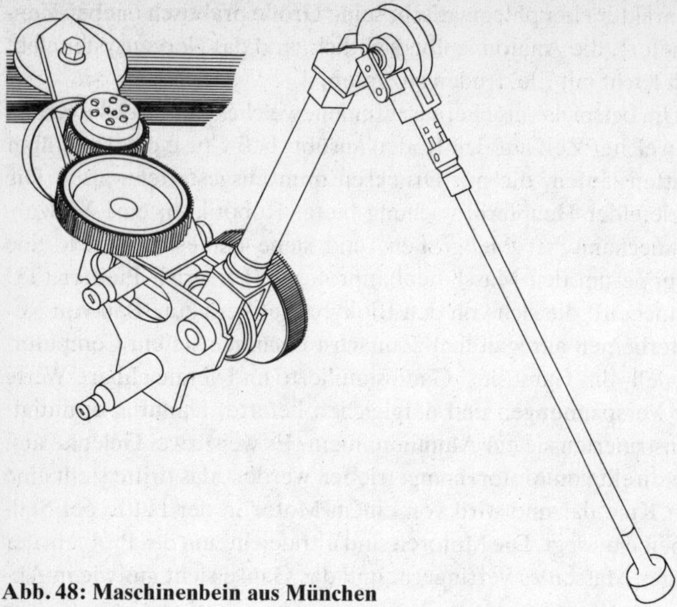

Abb. 48: Maschinenbein aus München

blättern. Ab und zu wird ein Individuum zu Forschungszwecken ausgewählt und auf ein Holzbänkchen geklebt. Eines seiner Beine bleibt beweglich, es wird mit einem Stab vor- und zurückgeschoben. Nun piekst der Mensch dem Tier eine Elektrode ins Nervensystem, die den schwachen Nervenstrom an einen Rechner weiterleitet. Der wertet die Impulse aus und formt das Signal zugleich in Töne um: akustisches Feedback für den Forscher am Mikroskop, der schließlich erst herausfinden muß, ob er in den richtigen Neuronenverband gepiekst hat. Nur gut, daß die Töne knacken oder brummen und nicht etwa pfeifen oder schreien.

Von den Ergebnissen des Heupferdstechens ist Pfeiffer, ein prominenter Maschinenbauer, hell begeistert. Er spielt mit sechs Fingern Heuschrecke, läßt sie über den Tisch krabbeln und berichtet: «Das ist doch ziemlich genial gemacht. Jedes Bein informiert seine Nachbarbeine über das, was es gerade tut. Außerdem hat es das Recht, seine Nachbarn daran zu hindern, irgendeinen Unsinn zu machen, zum Beispiel sich zu heben, wo es doch selbst gerade in der Luft schwebt.» Aus diesem Zusammenspiel der Beine entstehen die beiden Gangarten, ohne daß ein übergeordnetes Programm für Ordnung sorgen muß. Überdies tasten sich die Beine sensorisch durch die Welt und berichten einander, was sich da draußen so tut.

Ähnliches spielt sich auch in Pfeiffers Aluminiumtier ab: Die Kunstbeine werden nicht von einem Zentralprozessor gesteuert, sondern übermitteln einander Sensorsignale und verabreden sich. Es geht ziemlich basisdemokratisch zu. Aber es funktioniert selbst dann, wenn Hans-Jürgen Weidemann, der über den Kunstkrabbler promoviert hat, dessen Gang mit allerlei Gemeinheiten durcheinanderbringt: Er hält ein Bein fest, legt Hindernisse in den Weg, läßt kurzzeitig den Strom ausfallen – doch das Aluinsekt erweist sich als robust, weicht zurück, findet immer wieder in den gewohnten Trott.

Das Tier ist vom Typ B; sein Gehen entspricht globalem Verhalten, hervorgebracht aus lokalen Wechselbeziehungen. Wir werden diesem kybernetischen Stil in den folgenden Kapiteln wiederbegegnen.

elftes kapitel

Wege durch die Welt

Stellen Sie sich vor, Sie kommen in eine Stadt, die Ihnen völlig fremd ist. Ihr Ziel sei die Rue Descartes Nummer drei. Um dorthin zu finden, stehen Ihnen grundsätzlich vier Vorgehensweisen zur Auswahl.

Erstens: Sie setzen sich in ein Taxi und überlassen dem Chauffeur die Suche. Das wäre die *passive* Methode.

Zweitens: Sie haben eine *prozedurale* Wegbeschreibung. Sie lautet beispielsweise «erste links, zweite rechts, fünfte links, dann gleich rechts in die Rue Descartes einbiegen». Derlei Wegbeschreibungen setzen eine klar strukturierte Umwelt voraus, insbesondere, daß eindeutig zwischen Straßen und Nichtstraßen wie zum Beispiel Einfahrten, Hofwegen, Spielwegen und so weiter unterschieden wird; überdies muß die Beschreibung präzise und aktuell sein. Ist dies nicht der Fall, dann ist der Fremdling verloren; gleichfalls, wenn die prozedurale Wegbeschreibung seine Speicherkapazität überfordert: Oft genug habe ich derartige Beschreibungen schon bei der ersten Kreuzung vergessen.

Drittens: Sie haben eine *deklarative* Wegbeschreibung. Sie besteht im Prinzip aus einer Karte. Die Karte ist eine Abbildung, und ihre Qualität ganz subjektiv bedingt: Sie hängt davon ab, wie viele Übereinstimmungen wir zwischen der Karte und der Stadt ausmachen können. Ein krasses Beispiel ist mir in Tokio widerfahren. Weil die Stadt unübersichtlich ist und die Hausnummern nicht etwa nach Lage der Häuser vergeben werden, sondern nach der zeitlichen Reihenfolge ihrer Errichtung, sendet man sich dort gegenseitig Wegbeschreibungen in Form von Skizzen zu. Eines Tages faxte mir jemand eine ebensolche ins Hotel, deren Beschriftung ausschließlich aus japanischen Zeichen bestand. Hübsch, gewiß auch zutreffend, aber unbrauchbar für mich.

Sowohl die prozedurale als auch die deklarative Methode setzen voraus, daß der Fremdling etwas Beschriebenes wiedererkennt: «Aha, dies ist die zweite Straße links» oder «Diese Straße hier müßte in die Rue Descartes münden». Besonders hilfreich sind auffällige Merkmale – Verkehrsampeln, Türme, Kirchen oder riesengroße Reklametafeln. In Managua ersetzen solche Merkmale häufig die Adressen, und nicht nur der Gringo, sondern auch der Briefträger wird mit Beschreibungen wie «dritter Block hinter dem abgebrannten Kino» zum Ziel dirigiert. Einige Orientierungsmarken sind nur von bestimmten Standorten aus zu sehen, andere von überall – das ist der Unterschied zwischen lokalen und globalen Orientierungsmarken. Über den Dächern mancher Städte rotiert des Nachts ein Laserstrahl, ausgestrahlt vom Dach eines Hochhauses in der City. Er vermittelt ein Gefühl von Zentralität und Zusammenhang, strahlt nicht nur Licht, sondern auch einen Herrschaftsanspruch aus und ist, alles in allem, die zeitgenössische Version des Kirchturms, der die Raumwahrnehmung der Menschen strukturiert. Nur gut, daß der Laser nicht läuten kann.

Orientierung nach Marken ist ein uraltes, elementares Prinzip. Insekten navigieren mit Hilfe von Orientierungsmarken. Ihre lokalen Marken sind etwa Steine, Bäume oder flüchtige Substanzen aus Kuhfladen, globale Marken die Sonne, der magnetische Nordpol, ferne Berge und Wälder oder weithin wirkende Substanzen aus Kuhfladen. Doch bevor nun ein weiteres Mal die Navigationskünste der Ameisen, Bienen und Kuhdungkäfer gepriesen werden, sei doch in aller Bescheidenheit auf die erstaunliche Leistung der Polynesier hingewiesen, die ohne Kompaß zielsicher mehrere tausend Kilometer auf offener See zurücklegen konnten. Ihre globalen Marken waren die Himmelslichter, und als lokale Marken fungierten Wind- und Meeresströmungen, Wellenmuster, Wolkenformen über Inseln, Vögelschwärme, Färbungen des Meeres und allerlei Kleininseln.

Zurück in die Welt des Stadtmenschen. Die vierte Möglichkeit, sich zu orientieren, ist zeitraubend: Mieten Sie eine Wohnung, leben Sie sich in die Stadt ein. Sie bilden sich dabei eine mentale Karte, nämlich durch *explorierendes Lernen*. Und irgendwann stoßen Sie auch auf die Rue Descartes. Von nun an kennen Sie den Weg. Diese Straße gibt es übrigens wirklich, und zwar in Montreal. Dort habe ich einen Marokkaner erlebt, der als Taxifahrer arbeitete und dafür eine irritierende Begründung nannte: «Das ist für mich die beste Möglichkeit, die Stadt kennenzulernen.»

Leuchtfeuer für Roboter

Wie gelangt ein mobiler Roboter vom Start zum Ziel, vom Input-Ort zum Output-Ort? Ebenfalls nach den vier beschriebenen Methoden: passiv, prozedural, deklarativ oder nach Art des Marokkaners.

Primitive Fahrmaschinen sind von vornherein festgelegt. Die klassischen Flurförderfahrzeuge der Automobilindustrie beispielsweise werden von Induktionsdrähten geführt, die in den Fabrikboden eingelassen sind. Höchst unflexibel und gar nicht roboterlike. Etwas flexibler gestalten sich Wege, die mit Hilfe von Magnetstreifen, Farbbändern oder Laserführungen markiert wurden. So viel zur passiven Navigation.

Autonomer verfährt da schon der Roboter, der ein veränderliches Programm von Bewegungen abspult. Aber vielleicht erinnern Sie sich noch an Heros klägliche Havarie (Seite 27); es braucht nur irgend etwas schiefzugehen, ein Rad zu schlupfen oder ein Getriebe zu schlackern, ein Motor zu stottern oder ein interner Sensor zu driften – und schon werden alle Folgebewegungen falsch, falscher, am falschesten: Die Fehler addieren sich.

In diesem Fall wäre es gut, wenn der Roboter seinen Fehltritt bemerkte und herausfände, wo er sich in Wirklichkeit befindet. Etwa mit Hilfe von Orientierungsmarken und eines Algorithmus, der anhand der Marken die Grundfrage aller Navigation beantwortet: «Wo bin ich?»

Der einschlägige Algorithmus heißt «Kalman-Filter». Und der steht für ein eigenes Forschungsgebiet mit Konferenzen, Publikationen und allem Drum und Dran. Ohne Kalman-Filter gäbe es keine Jumbojets, keine Fernsehsatelliten, keine Kampfflugzeuge und Mittelstreckenraketen – kurz: Eine Non-Kalman-Welt sähe anders aus.

Für die Zwecke dieses Buches sei der Kalman-Filter lediglich in einer unmathematischen Form dargestellt, als Kalman-Filter light sozusagen.

Die Zutaten des Algorithmus: ein Modell des Roboters und ein Modell des Sensors. Das Robotermodell gibt Auskunft, wo sich der Roboter befindet, wenn wir seine Räder in bestimmter Weise bewegen – ein kinematisches Modell. Eine solche Vorhersage ist niemals fehlerfrei: Die Steuerimpulse schwanken, der Roboter laboriert an Ungenauigkeiten. Sie kennen das alles längst. Wir nennen die Positionsschätzung P und den Positionsfehler PF.

Nun das Sensormodell. Der Sensor kann ein laser range finder sein, ein Sonar oder eine Diode, die auf einen Infrarotstrahl oder ein anderes Leuchtfeuer anspricht. Das Sensormodell sagt voraus, welchen Wert der Sensor messen wird, wenn sich das Fahrzeug an einer bestimmten Position befindet. Es gibt keinen perfekten Sensor, weshalb wir auch diesmal mit Fehlern rechnen müssen. Wir nennen die Schätzung der Sensorwerte S und den Sensorfehler SF.

Das sind die Zutaten. Es folgt das Rezept, der Algorithmus:

Damit wir zu einem Zeitpunkt t beginnen können, benötigen wir eine Schätzung, wo sich der Roboter zum Zeitpunkt davor befand, also zum Zeitpunkt $t-1$. Die Schätzung lautet $P(t-1)$. Nun wird geschätzt, wo sich der Roboter zum Zeitpunkt t befindet. Dazu verwenden wir das Robotermodell und die Steuerimpulse als Input; der Output ist $P(t)$.

Nächster Schritt: Angenommen, der Roboter befände sich wirklich am geschätzten Ort, welche Sensordaten müßten dann eingehen? Für diese Schätzung verwenden wir das Sensormodell, und wir bekommen $S(t)$.

Nächstfolgender Schritt: Jetzt wird der Sensor nach den tatsächlichen Meßwerten befragt, wir nennen sie M. Wir vergleichen sie mit den geschätzten Sensorwerten und erhalten eine Differenz, die wir D nennen:

$$S(t) - M(t) = D(t)$$

Aus dieser Differenz wird ein Korrekturwert K errechnet, der die Positionsschätzung präzisiert. Der Korrekturwert K ist also eine Funktion von D. Die korrigierte Schätzung P'(t) ergibt sich mithin nach

$$P'(t) = P(t) + K(D(t))$$

In anderen Worten: Unsere korrigierte Positionsschätzung P'(t) besteht aus der ursprünglichen Positionsschätzung P(t) sowie einer Funktion der Differenz zwischen den vorhergesagten Meßergebnissen S(t) und den tatsächlichen Meßergebnissen M(t).

Nun beginnt das Ganze von vorn. Aus der korrigierten Schätzung P'(t), dem Robotermodell und den Steuerungsinputs leiten wir die Schätzung für die Position zum Zeiptunkt t+1 ab, also ein neues P, nämlich P(t+1) – und weiter geht's, das P wird mit Hilfe von K zu P'(t+1) und immer so weiter.

Der entscheidende Parameter in diesem Algorithmus ist der Korrekturwert K. Er wird nach einem Verfahren errechnet, zu dessen Eingangswerten die geschätzten Fehler des Robotermodells und des Sensormodells zählen, also PF und SF. Grob gesagt, enthält dieses Verfahren zur Errechnung von K die Abhängigkeit

$$K \sim PF/(PF+SF).$$

Je größer wir also den Sensorfehler im Verhältnis zum Roboterfehler annehmen, desto kleiner wird K, desto geringfügiger fallen also die Korrekturen der geschätzten Position aus.

Der Witz: Fährt ein Roboter mit Kalman-Filter durch die Welt, dann gehen in seine Positionsschätzung zu jedem bestimmten Zeitpunkt sämtliche früheren Schätzungen und Korrekturen ein: P(t+1) enthält P(t), dieses enthält P(t−1) und so weiter. Wobei sinnvollerweise die jüngeren Schätzungen im Formalismus eine größere Rolle spielen als die älteren. Blieben außerdem PF und SF konstant, dann navigierte der Roboter im Verlauf der Zeit zunehmend präzise.

Wir dürfen dies «Lernen» nennen. Der Roboter reift mit seinen Erfahrungen und kann auch gar nicht anders. Beneidenswert.

So viel zum Kalman-Filter light. Richtige, vollwertige Kalman-Filter halfen beispielsweise der Raumsonde Voyager, mit lediglich drei Sekunden Verspätung eine Umlaufbahn um den Jupiter zu finden. Der Jupiter war natürlich auch ein prachtvoller Leuchtturm, da oben.

Hier unten ist sein Licht zu schwach, aber der Himmel hängt voll von anderen natürlichen Positionslichtern. Könnten sich navigierende Roboter nach den Sternen richten? Gewiß, das könnten sie. Aber es gibt etwas Besseres als Sterne: Navigationssatelliten.

Beinahe dreißig Navigationssatelliten kreisen bereits am Himmelszelt, von Militärs in Ost und West einst für viel Geld in 20000 Kilometer Höhe befördert; sie leiten Panzer, Kriegsschiffe und Kampfflugzeuge. Es ist etwa fünfzehn Jahre her, daß die USA damit begannen, Satelliten vom Typ Navstar in den Orbit zu schießen. Sie haben Atomuhren und Mikrowellensender an Bord und senden ein Zeitsignal, das auf hundert Nanosekunden (milliardstel Sekunden) genau ist. Je größer die Distanz zwischen Satellit und Empfänger, desto länger braucht das Signal zur Empfangsantenne; außerdem sind die Umlaufbahnen der Satelliten bekannt. Aus den gleichzeitig von vier Satelliten empfangenen Signalen lassen sich die drei Raumkoordinaten des Empfängerstandorts recht genau ermitteln. Global Positioning System (GPS) heißt das Ganze; seine Bewährungsprobe hat es im Golfkrieg bestanden.

GPS weist Fehler auf, auch absichtsvoll von den Militärs herbeigeführte. Man kann sie leicht korrigieren, nämlich mit einem Verfahren, das differential GPS genannt wird: Eine Station mit bekanntem Standort empfängt die Signale und berechnet speziell den Fehler, den sie sodann zum navigierenden Fahrzeug (oder Flugzeug) funkt – und dieses nutzt den Fehlerwert zur Korrektur. Auf diese Weise sind schon Genauigkeiten im Dezimeterbereich erzielt worden.

Die weltraumgestützten Feuerzeichen weisen längst auch Zivilisten den Weg, etwa Geographen und Landwirten, Yachtbesitzern, Busfahrern, Bergwanderern. Und Robotern. Zum Beispiel den autonomen Containerfahrzeugen des britischen Navigationsspezialisten Hugh Durrant-Whyte (dessen Darstellung des Kalman-Filters ich in diesem Kapitel weitgehend gefolgt bin). Unterdessen wächst die Furcht, daß Terroristen dazu übergehen könnten, Sprengladungen mit Hilfe von GPS zu steuern. Ausgebildeten Terrorgruppen dürfte es ohnehin nicht schwerfallen, einen primitiven Fahrroboter zu bauen.

Karten für Roboter

Ein navigierender Roboter hat es relativ leicht, wenn sein Terrain simpel strukturiert, gut zu erkennen und der Weg durch die Topographie einigermaßen festgelegt ist. In Bürolandschaften ist dies meist der Fall. Dort genügen prozedurale Befehle wie «erste rechts» vollkommen; der Roboter muß noch nicht einmal den bereits zurückgelegten Weg messen.

Macrobe, ein Roboter an der Technischen Universität München, wurde mit einer Kamera zur Markenerkennung sowie mit zwei Computern ausgerüstet. Der eine ist als «Fahrzeugrechner» vor allem für die Bewegungssteuerung zuständig. Der andere erkennt die Orientierungsmarken und leitet aus einer prozeduralen Wegbeschreibung die Befehle an den Fahrzeugrechner ab. Die Befehle lauten etwa «Fahren, Wenden, Einparken, Ausparken». Jeder Befehl gilt, bis eine bestimmte «Situation» eintritt: eine von der Kamera erfaßte, relevante Konfiguration von Orientierungsmarken. Die programmsprachlich vorgegebenen Situationen lauten beispielsweise «Abzweigung, Türdurchfahrt, Aufzug, Gang, Dockstation».

Tritt eine solche Situation ein, muß neu über das weitere Vorgehen entschieden werden. Da zuweilen Alternativen auftreten, wie zum Beispiel nach rechts oder links abzubiegen, kommen Befehle wie «links, rechts, geradeaus, vorwärts, rückwärts» hinzu. Eine prozedurale Wegbeschreibung für Macrobe, die vom Heimatstandort zum Aufzug führt, könnte also lauten:

DOCKSTATION, AUSPARKEN, LINKS, VORWÄRTS
ABZWEIGUNG, FAHREN, RECHTS
ABZWEIGUNG, FAHREN, RECHTS
TÜRDURCHFAHRT, FAHREN, GERADEAUS
AUFZUG, EINPARKEN, LINKS, VORWÄRTS
ENDE

Wir haben es hier mit einem «symbolischen Regler» zu tun: Die Sensordaten aus der Kamera werden in eine Form umgewandelt, die bestimmte Merkmale der Außenwelt symbolisiert («Dockstation»). Nun tritt eine simple WENN-DANN-Regel in Kraft: WENN «Dockstation», DANN «ausparken, links, vorwärts», und dieser Befehl wird an die Steuerung des Roboters abgegeben.

Bei nicht allzu komplexem Terrain kann eine prozedurale Wegbeschreibung wie die obige sogar automatisch von Computern erzeugt werden. Zu diesem Zweck braucht der Roboter eine Art Karte in seinem Innern, die auf Entfernungsangaben ruhig verzichten und lediglich wie ein Netz aussehen kann (Abbildung 49). Eine topologische Karte also, und mathematisch gesprochen ein Graph. Seine Knoten stehen für die entscheidungsbestimmenden Situationen, seine Kanten für die Wege zwischen den Situationen. Es gibt Computerprogramme, die im Nu aus derartigen Graphen die optimalen Wege ermitteln.

In topologischen Karten lassen sich auch geometrische Detailinformationen unterbringen. Bereits vor einem Dutzend Jahren gurkte ein französischer Roboter namens Hilare umher, bei dessen Knoten und Kanten die Abmessungen von Türen, Räumen und Gängen gespeichert waren. Auch Xavier, die mobile Blechtonne aus Pittsburgh, beginnt seine Explorationen der Laborwelt mit einer topologischen Karte. Er reichert sie im Laufe seiner Erkundungen mit Längenangaben und Standorten von Objekten an, freilich immer nur in Wahrscheinlichkeitsform.

Dabei nutzt Xavier eine Wahrscheinlichkeitsrechnung, die ähnlich dem Kalman-Filter stets vorherige Schätzungen berücksich-

(die sogenannte Bayessche Wahrscheinlichkeitsrechnung). Sie führt zu sehr menschlich wirkenden Verhaltensweisen. Je öfter Xavier durch eine Tür fährt, desto sicherer gilt sie ihm als offener Durchgang. Wird sie unvermutet geschlossen, so fährt er dicht an sie heran, rollt zurück, fährt noch einmal auf sie zu, und erst nach mehreren Durchfahrtversuchen findet er sich damit ab, daß die Tür nun mal geschlossen ist, und wählt einen neuen Weg. Kommt er bei anderer Gelegenheit an der Tür vorbei, so genügt ihm ein einziger Blick, um sich davon zu überzeugen, daß sie noch immer zu ist.

Nichts geht über eine gute Karte. Gut ist sie, wenn sie das enthält, was wir zur Navigation brauchen – nicht zuviel und nicht zuwenig. Mein Terminkalender enthält eine kleine Karte von Europa; für die Bestimmung der Fahrtroute von Wattenscheid nach Hattingen enthält sie zuwenig. Und zugleich zuviel: Was soll ich mit Paris, wenn es mich doch an die Ruhr und nicht an die Seine zieht? Die Kunst, eine Karte anzufertigen, besteht nicht zuletzt darin, den Datenaufwand zu minimieren.

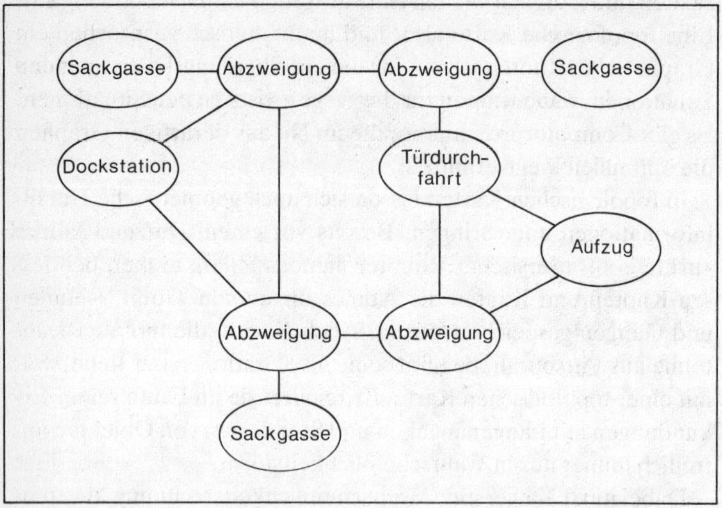

Abb. 49: Macrobes topologische Karte

Computerkartographen unterscheiden zwischen Vektor- und Rasterdarstellung. Eine vektorisierte Karte besteht erstens aus Punkten, die durch ihre Koordinaten im zweidimensionalen Raum bestimmt sind, und zweitens aus Verbindungen zwischen diesen Punkten. So entstehen Strecken und daraus Flächen. Den Flächen werden Eigenschaften zugeordnet. Die Rasterkarte hingegen wird – als ein Kind des Fernsehzeitalters – ganz aus Bildelementen zusammengesetzt: Jedem dieser Elemente werden Eigenschaften zugeordnet. Grenzen werden nicht ausdrücklich gezogen, sondern ergeben sich daraus, daß bestimmte gleichartige Bildelemente miteinander in Nachbarschaft leben, es werden also Methoden genutzt, die der machine vision entstammen.

Vektorkarten haben gewisse Vorteile. Vor allem genügen wenige Koordinatenangaben und Vorschriften für das Zeichnen von Verbindungen (etwa Formeln für Fraktale), und im Nu ist so eine Karte gezeichnet oder umgezeichnet. Vektorkarten sparen also Speicherplatz und Rechenzeit; die ersten mobilen Roboter folgten deshalb dem Vektorprinzip. Heute ist Speicherplatz ein geringeres Problem, und die Rechnerleistung hat sich vervielfacht; es ist daher möglich, Computerkarten vollständig auf dem Rasterprinzip aufzubauen, obwohl für jedes Bildelement Daten gespeichert und berechnet werden müssen. In der Robotik herrscht mittlerweile das Rasterprinzip vor; es paßt letztlich besser zum digitalen Stil der Rechnertechnik.

Die Bildelemente von Rasterkarten können Knoten oder Kacheln sein. Einfach gestaltet sich die Knotenkarte: Wir legen ein Netz über die Landschaft und ordnen jedem Knoten eine Null oder eine Eins zu. Eins bedeutet: Der Platz ist von einem Objekt besetzt; null heißt: freier Raum. Die Knoten sind mit ihren vier orthogonalen (vertikal, horizontal) oder ihren vier diagonalen Nachbarn logisch verbunden oder mit allen acht, und so entsteht eine Datenstruktur, in der ein Computer mit Leichtigkeit Suchalgorithmen ausführen kann. Diese Bequemlichkeit wird freilich mit einem Problem erkauft: Ist das Netz zu grobmaschig, dann werden kleinere Objekte nicht repräsentiert und ebensowenig kleine Freiräume, die für die Pfadplanung des Roboters wichtig werden könnten. Ein allzu feingewirktes Netz hingegen läßt die Rechenzeit schließlich doch bedenklich anwachsen.

Das Gegenstück zum Knotenraster ist das Kachelraster. Wieder legen wir ein Netz über die Landschaft, doch diesmal gelten nicht die Knoten, sondern die Maschen als die Einheiten von Interesse. Dies sind viereckige oder sonstwie geformte, kachelartige Flächen. Jede dieser Kacheln enthält einen Wert zwischen 0 und 1: Auf der bezeichneten Fläche befindet sich mit einer festgelegten Wahrscheinlichkeit von 0 bis 1 ein Objekt. Null bedeutet: kein Objekt, eins bedeutet: mit Gewißheit ein Objekt.

Doch wie groß ist das Objekt, und was ist seine geometrische Gestalt?

Eine Möglichkeit, Objekte einigermaßen präzise in der Karte abzubilden, wäre die Wahl sehr kleiner Kacheln, im Extremfall wären das die Videopixel. Speicheraufwand und Rechenzeit sprechen dagegen. Eine elegantere Möglichkeit besteht darin, die Größe der Kacheln von der Größe der Objekte abhängig zu machen. Zu diesem Zweck wird das Bild in vier Quadrate geteilt, diese in Subquadrate, diese wiederum in Sub-Sub-Quadrate, und so weiter. Die Teilungen enden entweder dort, wo vier Sub-Sub-Quadrate den gleichen Wert (zwischen 0 und 1) aufweisen oder wo eine festgelegte Auflösungsgrenze erreicht ist. Große Objekte sowie große Freiräume werden auf diese Weise mit wenigen Kacheln beschrieben, feine Strukturen in entsprechend höherer Auflösung. Dieser Ansatz heißt «quadtree», weil sich die Quadrate als Verzweigungsknoten eines Baums speichern und verarbeiten lassen (wie in Abbildung 50). Quadtrees organisieren beispielsweise die Karte, die sich der Kaiserslauterer Fahrroboter MOBOT-IV mit Hilfe seiner range finder anfertigt. Nachdem MOBOT-IV seine Umwelt erkundet hat, zeigt er die Karte seinem Benutzer, der sodann ein Ziel bestimmen kann. Anschließend begibt MOBOT-IV sich dorthin.

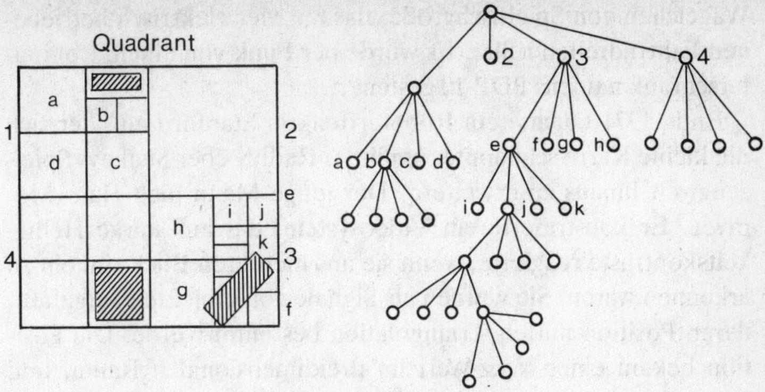

Abb. 50: Der Quadtree und seine Datenstruktur

Die ersten Pfadfinder

Roboter, die sich ihre Karten selbst zeichnen, werden seit beinahe dreißig Jahren erforscht. Nach Ansicht der Paläorobotik war «Shakey» der erste mobile Roboter von nennenswerter Intelligenz; er wurde im Jahre 1968 am Stanford Research Institute (SRI) gebaut, einer Firma, die mit der Stanford University verbunden ist. Shakeys geistiger Vater ist der KI-Mitbegründer John McCarthy, physisch gebaut hat ihn Charles A. Ross. Shakey war ein Technowürfel auf vier kleinen dicken Rädchen, wackelte bedenklich (daher der Name) und navigierte in Räumen, in denen geometrisch eindeutige Hindernisse an festen Plätzen dessen harrten, umfahren zu werden. Eine rein künstliche Umwelt, zugeschnitten auf Shakeys Fertigkeiten.

Seine Kamera und der range finder blickten umher, Shakeys Rechner klassifizierte ein Objekt als Wand, Quader oder Keil, lokalisierte es, und nach etwa einer Stunde Rechenzeit wandte sich Shakey dem nächsten Objekt zu. Irgendwann hatte das Gerät genug gesehen, deduzierte per Computerlogik einen Weg und eierte los. Der krude Klotz gilt als Urahn des ersten kommerziell relevanten Fahrroboters, HelpMate nämlich. Shakeys direkter Nachkomme war indessen erst mal das «Stanford Cart», ein

Wägelchen von Spieltischgröße, das auf vier elektrisch betriebenen Fahrradreifen rollte. Es wurde per Funk von einem Computerschrank namens PDP-10 gesteuert.

Ende 1971 tauchte ein Roboterfreak in Stanford auf, der sich die kleine Karre schnappte, um ihren Radius über Shakeys Spielzeugwelt hinaus zu erweitern. Der junge Mann hieß Hans Moravec. Er konstruierte ein Videosystem, das auf starke Helligkeitskontraste reagierte, wenn sie aus mehreren Blickwinkeln zu erkennen waren. Sie wurden als Signale von Objekten aufgefaßt, deren Position mittels Triangulation bestimmt wurde. Die Position bekam einen x,y,z-Wert im dreidimensionalen Raum, und um sie herum zeichnete der Rechner eine Kugel. Der Radius der Kugel war eine mathematische Funktion der Ungewißheit, mit der die Position bestimmt wurde: Je unbestimmter der Aufenthaltsort, desto größer die Kugel – ein bißchen wie die Orbitale von Elektronen im Atom.

Eine bahnbrechende Idee, weil auf diese Weise dem Roboter etwas sehr Menschentypisches mitgegeben wurde: Umgang mit Ungewißheit.

Diejenigen Kugeln, die ungefähr auf der Höhe der Elektrokarre schwebten, galten als Hindernisse und wurden auf den Boden als Kreise projiziert. So entstand eine zweidimensionale Karte, die der Rechner in einer simplen Datenstruktur kodieren konnte (Abbildung 51).

Um einen Weg zu bestimmen, wurden vom Roboterrechner Linien zwischen Start- und Zielpunkt gezogen, die sich wie Gummibänder um die Kreise herumspannten; das kürzeste Gummiband stellte den besten Weg dar (Abbildung 52). Im Oktober 1979 schließlich war das System ausgereift. Um durch einen dreißig Meter langen Raum zum Ziel zu gelangen, brauchte das Stanford Cart «erstaunliche fünf Stunden», wie Hans Moravec heute mit nachsichtigem Lächeln spöttelt.

Fünf Jahre später machte sich Moravec, mittlerweile an der Carnegie Mellon University, an den Entwurf eines mobilen Roboters, der ausschließlich mit Hilfe von Sonar navigiert. Ein Sonarpuls strahlt normalerweise in einem Winkel von etwa dreißig Grad

POSITION		RADIUS
X_1	Y_1	r_1
X_2	Y_2	r_2
X_3	Y_3	r_3
X_4	Y_4	r_4
..	..	..
..	..	..
..	..	..

Abb. 51: Datenstruktur einer Karte

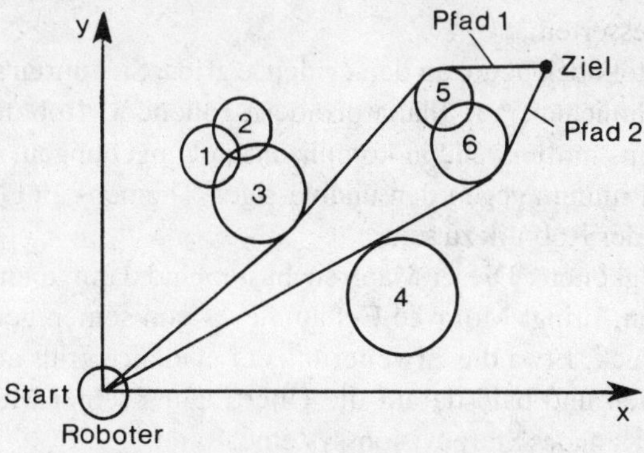

Abb. 52: Per Gummiband zum besten Weg

aus; Sonar liefert zwar gute Abstandsmessungen, vor allem im Nahbereich, aber der Ort eines Objekts im Koordinatennetz läßt sich nicht wie im Fall des Stanford Cart durch Triangulation bestimmen, sondern nur nach einer Vielzahl von Sonarmessungen des wandernden Roboters. Und wieder wurde nach Wahrscheinlichkeitswerten navigiert: Moravec entschied sich für ein Rastermodell, das im Computer des Roboters gespeichert wird. In jeder Zelle des Rasters wird eine Zahl für das Maß an Gewißheit abgelegt, mit der an diesem Ort ein Objekt vermutet werden kann – ein «evidence grid», ein Indiziengitter.

Stellen wir uns einen Sonarping und sein Echo vor. Die Zellen im Echoabstand bekommen erhöhte Werte, denn irgendwo dahinten muß ein Objekt sein; die Werte der Zellen im Sonarkegel bis zum Echoabstand hingegen werden verringert, denn sie bezeichnen ja einen Raum, der den Ping durchließ. Weil die Verläßlichkeit des Signals mit Länge des Strahls abnimmt, fällt die Korrektur der Zellenwerte mit Entfernung vom Roboter schwächer aus.

Nach einem Jahr Entwicklungszeit funktionierte eine primitive Version von Moravecs Programm. Während das Stanford Cart noch immer langsam und fehlerhaft herumschlich, führte das evidence grid ein sonarbestücktes Dreirad namens Neptune sicher und zügig durch die Laborräume. Bald fügte Moravec Algorithmen hinzu, die ein Modell des Sensors enthielten und es schrittweise verbesserten.

Er arbeitet noch heute an den evidence grids. Sie führen seinen teewagenähnlichen, auf Illanatorrädern rollenden Roboter namens Uranus mittlerweile in komplizierten Umgebungen. Moravec scheint immun gegen den unablässigen Themen- und Modewechsel in der Robotik zu sein.

Schwierigkeiten? Dieser Mann sucht sie. Und dann, manchmal nach Jahren, bringt Moravec Erstaunliches von seinen geistigen Reisen zurück. Etwa die Erweiterung der evidence grids auf drei Dimensionen und bald darauf die Übertragung seiner Methode auf Takeo Kanades Stereovisionssysteme.

Für eine Navigation in unaufgeräumten Welten, geführt von

evidence grids, basierend auf 3-D-Stereovision in Echtzeit, dafür reiche die heutige Computerpower noch nicht aus, erklärt Moravec. Aber lange könne es nicht mehr dauern.

Der Weg ist das Ziel

Ein mobiler Roboter muß seinen Weg finden. An diesem Pfadfinderproblem knackt die Robotik schon lange.

Im Fall der topologischen Karte war alles einfach; sie läßt eh nur eine kleine, wohldefinierte Anzahl von Pfaden zu, und aus ihnen den besten herauszusuchen, das fällt dem Computer nicht schwer. Hans Moravecs Ballon- und Gummibandmethode für den Stanford-Karren ist gleichfalls effektiv, wenn nur wenige Objekte zu umfahren sind. Doch wehe, es werden mehr! Denken Sie sich einmal zwei Kreise, spannen Sie im Geiste die Gummibänder, und Sie stellen fest: Es gibt schon in diesem simplen Fall vier Pfade. In einem halbwegs komplexen Gelände führt die Gummibandmethode zu heillosem Gewirr, durch das sich ein Computer stunden- oder tagelang rechnerisch hindurchhangeln müßte, bevor auch nur ein Rädchen rollt.

Das ist das Problem mit Pfaden, die kompletto anhand einer Karte festgelegt werden, noch bevor sich der Roboter in Bewegung setzt. Diese Methode wird «globale Pfadplanung» genannt. Ist der Pfad gefunden, dann fährt der Roboter ganz prima zum Ziel, aber die Suche kann sehr lange dauern.

Lokale Pfadplaner indessen entscheiden während der Fahrt, wohin sich der Roboter als nächstes wenden soll.

Im vorigen Kapitel wurde ein System erwähnt, das immer einen Weg findet, nämlich die Murmel. Sie ist das Vorbild für eine Reihe von lokalen Pfadfinderalgorithmen. Ihnen liegt folgendes Prinzip zugrunde: Der Robotiker kippt die zweidimensionale Fläche in Gedanken zu einer schiefen Ebene, indem er den Kacheln an der Startposition hohe Werte und der Zielkachel den geringsten Wert gibt; die Werte aller anderen freien Kacheln liegen dazwischen, werden aber heraufgesetzt, wenn Objekte in der

Nähe sind. Die gekippte Fläche hat jetzt also Hügel (Kacheln mit hohen Zahlen), und zwischen ihnen führen Pfade hinab nach unten. Der Murmelroboter ermittelt jeweils die Nachbarkachel mit dem niedrigsten Wert und begibt sich dorthin, bis er am Ziel angekommen ist.

Bisher haben wir den Roboter als einen Punkt im Raum betrachtet. In Wirklichkeit ist er jedoch kein «Punktroboter», sondern hat eine Ausdehnung, einen Körper. Wozu es führt, wenn diese Tatsache nicht beachtet wird, lehrt die Geschichte von Pu dem Bären, der seinen Freund Kaninchen in dessen Bau besucht. Dort angekommen, schlägt sich Winnie Pu den Magen mit Honig und Sahne voll, und bei dem Versuch, nach draußen zu kriechen, bleibt er stecken. Doch nicht nur die Größe des Roboters muß beachtet werden, auch seine Geometrie. Sie kennen das Problem vielleicht von Umzügen, deren Höhepunkt darin besteht, das Klavier durchs Treppenhaus zu bugsieren. In der Robotik heißt es dementsprechend das «piano mover's problem». Sowohl das Pu-Problem als auch das piano mover's problem wird gelöst, indem man die Hindernisse auf der Karte um die Abmessungen des Roboters anwachsen läßt. Bleibt dennoch ein Weg zwischen ihnen, so darf der Roboter ihn getrost befahren und eckt nirgendwo an.

Allerdings darf der Murmelroboter nicht in ein «lokales Minimum» geraten, also in eine Kuhle, die auf seinem Weg liegen könnte; ein Problem, das Dutzende von Forschergruppen in Atem hält. Während Sie diesen Text lesen, laufen in etlichen Computern aufwendige Simulationen von Robotern, die in lokalen Minima stecken.

Bitte kein Mitleid, es sind bloß simulierte Roboter.

Real indes ist InVader, ein unscheinbarer, aber superintelligenter Fahrroboter im Montrealer Robotiklabor. Seine Software vermeidet bewiesenermaßen jedes lokale Minimum; erkauft wird diese bemerkenswerte Fähigkeit mit einem extremen Rechenaufwand. Trotzdem rollt InVader in einem Tempo zum Ziel, das den Beobachter zumindest nicht ungeduldig werden läßt. Das Geheimnis: InVader ist über Funk mit einem Computerprogramm verbunden, das sich gleich von einer ganzen Kompanie vernetzter Computer bedienen läßt.

InVaders Gehirn befindet sich also auf viele Rechner verteilt. Der Roboter navigiert, und alle machen mit. Nicht eine Recheneinheit, sondern viele: So muß wohl das Robotergehirn der Zukunft aussehen. Die auf Spezialisten verteilte Intelligenz wird Robotern leichter durch die Welt helfen.

Paralleles Rechnen

Eine aparte Schönheit, die lokale Minima vermeidet, heißt Ariadne und wurde am französischen Forschungszentrum CNRS (Centre national de la recherche scientifique) erschaffen. Auch Ariadne lief zunächst nur als Simulation auf Rechnern. Sie besteht aus zwei Algorithmen namens «Explore» und «Search». Explore sammelt Informationen über den freien Raum in immer feinerer Auflösung: Es setzt Orientierungsmarken in die (simulierte) Welt, und zwar stets im größtmöglichen Abstand zueinander; jeder Pfad vom Startpunkt zu einer Marke wird gespeichert. Sobald eine Marke gesetzt wurde, prüft Search, ob das Ziel von dort aus leicht zu erreichen sei.

Natürlich hängt alles davon ab, was «größtmöglicher Abstand» und «leicht zu erreichen» heißt; in diesen beiden Begriffen steckt eine Menge Mathematik. Alles in allem arbeitet Ariadne ähnlich wie der marokkanische Taxifahrer in Montreal. Sie fährt umher, lernt Wege kennen, und irgendwann kommt sie an der Rue Descartes Nummer 100 vorbei. Von dort aus kann Search mit einer lokalen Pfadfindermethode die gesuchte Hausnummer 3 leicht finden: Wechsel der Straßenseite, und dann die Hausnummern in absteigender Folge aufsuchen. Stop bei Nummer 3.

Algorithmen zur Pfadplanung mobiler Roboter sind häufig ein guter Ausgangspunkt für die weitaus kompliziertere Aktionsplanung von Armen, Greifern und dergleichen. Und die verlangt erst recht nach Computerleistung. Doch anders als InVader operiert Ariadne nicht auf einer Reihe herkömmlicher Computer. Ihr Gehirn ist vielmehr nichtklassisch: Es besteht aus Transputern, aus hochgradig parallelen Recheneinheiten.

Für die Roboternavigation ist der klassische Computer nämlich keineswegs die optimale Maschine. Er arbeitet sich seriell durch seine Algorithmen, muß die Knoten oder Kacheln nacheinander knacken. Nun hat jede Kachel vier oder acht Nachbarn zugleich, und in einem dreidimensionalen Gitternetz hat eine würfelförmige Masche sechs oder gar 24 Nachbarn (je nach Nachbarschaftsoperator, Sie erinnern sich). Parallelität ist also eine inhärente Eigenschaft von Netzen. Doch Computer müssen das Gewebe erst aufribbeln. Sie zerlegen die Parallelität in Linearität, Gleichzeitigkeit in Nacheinander.

Schuld daran sind der Mathematiker Alan Turing und das Universalgenie John von Neumann. Die beiden hatten in den dreißiger und vierziger Jahren die mathematischen Grundlagen des Programmierens entwickelt und dabei Verfahren nach dem linearen Prinzip entworfen. Die Hauptrolle in der «Von-Neumann-Maschine», dem Grundtyp der heutigen Computer, spielt eine «Zentraleinheit», der Prozessor. Er angelt sich einen Programmbefehl vom Speicher, interpretiert ihn, holt sich die nötigen Daten, führt den Befehl aus, speichert das Ergebnis, schnappt sich den nächsten Befehl – und so geht's weiter, bis zum letzten Befehl, der lautet «Aufhören». Dieser Computertyp arbeitet seriell, nicht parallel.

Parallel arbeiten statt dessen die «Non-von»-Computer, in denen mehrere solcher Prozessoren gleichzeitig surren. Sie sind nicht automatisch besser, denn die Kooperation der Prozessoren will koordiniert sein, und es gibt Aufgaben, bei denen dieser Aufwand unverhältnismäßig hoch ist. Doch für ganze Heerscharen von Physikern, Chemikern, Ingenieuren, Mathematikern und nicht zuletzt Informatikern sind Parallelrechner das Werkzeug erster Wahl geworden. Sie werden genutzt, um Turbinen zu berechnen, Atomtests zu simulieren oder Babywindeln zu optimieren (kein Witz).

Die Robotik braucht sich, wieder einmal, nur zu bedienen. Es gibt viele verschiedene Typen nichtklassischer Rechner – mit acht oder sechzehn starken Prozessoren oder mit vielen einfachen Einheiten wie die erwähnten Transputer. Parallelrechner, jedenfalls die «massiv parallelen» unter ihnen, in denen tausend- oder gar zehntausendfach Prozessoren schnurren, werden möglicherweise die Brainware des navigierenden Roboters der Zukunft sein.

Genug nachgesonnen! Tragen wir endlich das Klavier hinauf. Mit ein bißchen Geschick und Planung finden wir unsere Trajektorie durch das Treppenhaus – bis unvermutet Tante Zenzi in die Quere kommt. Immer im falschen Moment.

Bewegliche Hindernisse machen alles noch schlimmer. In diesem Fall muß der Roboter nicht bloß den besten Weg durch den Raum, sondern gar durch die Raumzeit finden. Sie läßt sich zwar im Prinzip gleichfalls in Netzen oder Gitterkäfigen fangen – aber nun schreit alles nach Rekordrechnern.

Beinahe alles.

Subsumieren statt Zahlenknacken

TuteBot besteht aus Legosteinen. Das erste Exemplar wurde am MIT gebaut; mittlerweile existieren Tausende TuteBots. In ihrem schönen Buch *Mobile Robots: Inspiration to Implementation* haben Joseph L. Jones und Anita M. Flynn nämlich eine Bauanleitung veröffentlicht, und die weltweite Bastelgemeinde reagierte enthusiastisch.

An ein Legochassis werden zwei große Räder und ein kleines Rad montiert, außerdem zwei Elektromotoren mit Batterien und Getriebe sowie eine Stoßstange, die zwei Lego-Druckschalter betätigt – alles säuberlich zusammenkleben bitte, und nun fehlt nur noch ein wenig Intelligenz.

Da wir dummerweise keinen massiv parallelen Supercomputer zur Hand haben (er ist gerade mit einer Simulation des Universums oder einer Babywindel beschäftigt), wird das Gehirn für ein paar Mark aus Relais, Kondensatoren, Potentiometern, Dioden, Widerständen und Transistoren zusammengelötet. Wir setzen TuteBot im Wohnzimmer aus, und nun bewegt er sich auf eine Wand zu, stupst dagegen, fährt ein Stück zurück, dann in veränderter Fahrtrichtung wieder vorwärts, bummert irgendwann gegen den Fernseher – zurück, Drehung, vorwärts, bis er schließlich durch die offene Tür in die weite Welt hinausfährt.

Wie das?

Ganz einfach. Sobald TuteBot angeschaltet ist, befiehlt seine Steuerung den Motoren, die Räder zu drehen. Der Legorobot fährt geradeaus. Nichts kann ihn beirren, solange seine Batterien Saft spenden, mit einer Ausnahme: wenn seine Stoßstange irgendwo aneckt und einen der beiden Druckschalter betätigt. Klick, feedback, und die Steuerung polt beide Motoren um. TuteBot fährt rückwärts.

Für jeden der beiden Motoren gibt es ein Potentiometer. Diesmal nicht zum Messen, sondern zum manuellen Voreinstellen des Widerstands, der zusammen mit ein paar anderen Komponenten bestimmt, wie lange die Rückwärtsschaltung aufrechterhalten wird. Das ist bereits der Clou. Denn einer der Motoren, sagen wir: der rechte, dreht sich länger rückwärts als der andere. Sobald also der linke Motor wieder normal vorwärts gepolt ist, dreht sich TuteBot nach rechts, und sobald auch der rechte Motor wieder vorwärts dreht, setzt TuteBot seine Reise in nunmehr veränderter Richtung fort. Das war's schon. TuteBot braucht nicht einmal einen Computer.

«TuteBot, fahr die Wand entlang!» – er hört nicht. Wie denn auch, ohne Ohren. Doch man kann ihm einen dauerhaften Widerstand in die Stromversorgung des linken Motors schalten. Der Motor dreht sich infolgedessen etwas langsamer, und TuteBot fährt Kreisbögen. Vorausgesetzt, diese sind nicht allzu flach, stößt der Roboter irgendwann links an die Wand. TuteBots Neigung zum Bogenfahren wird gewissermaßen mit seinem Verhalten bei Hindernissen kombiniert, und er fährt die Wand entlang (Abbildung 53). Joseph Jones und Anita Flynn kommentieren: «Das eigentlich Bemerkenswerte ist, daß TuteBots simples Gehirn nirgendwo ein Wissen darüber enthält, was eine Wand ist oder was getan werden muß, um an ihr entlangzufahren. Vielmehr genügt das Übereinanderlegen einer einfachen Menge von Reflexhandlungen, um ein komplexeres Verhalten entstehen zu lassen. Diese Idee, daß allem

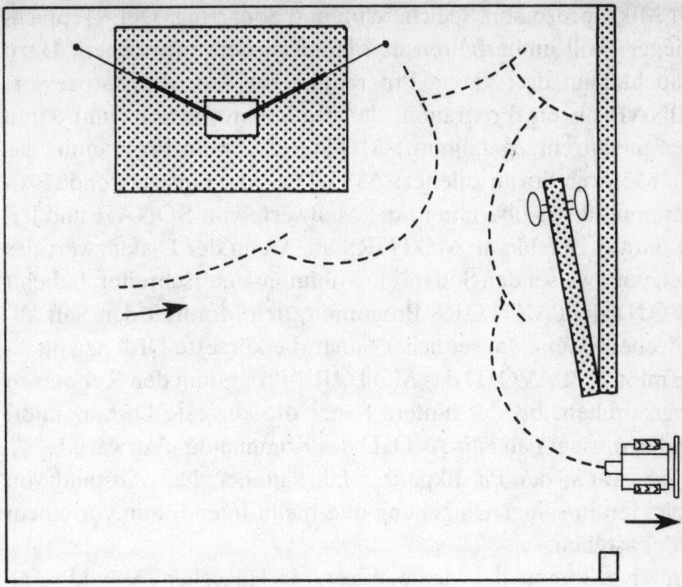

Abb. 53: TuteBot fährt die Wand entlang

Anschein nach komplexes Verhalten aus einem Set simpler Regeln erwächst, liegt der Vorstellung einer Subsumtionsarchitektur zugrunde.»

Und das ist das Stichwort: Subsumtionsarchitektur. Es stammt von Rodney Brooks, einem ehemaligen Kommilitonen von Hans Moravec. Auch Brooks fand das Stanford Cart zu langsam, nur zog er andere Schlüsse daraus als Moravec. Anstatt TOTE zu verbessern, verlegte er sich darauf, intelligentes Verhalten à la Braitenberg aus einfachen Reaktionen zusammenzusetzen, für die solche Begriffe wie «Karte», «Ziel», «Plan» keinen Sinn ergeben; ebensowenig wie sich die Teelichtwesen einen Haufen vorstellen; ebensowenig wie Robat die Fluchtbewegungen von Moth berechnet; ebensowenig wie die Murmel ihren Weg vorherplant – Typ B eben.

Jones und Flynn sind Brooks' Schüler. Von ihnen stammt die Bastelanleitung für Rug Warrior, ein Lego-Kettenfahrzeug mit Mikroprozessor, Speicherchip und Sonarring. Der «Teppichkrieger» soll umherfahren und Hindernissen ausweichen. Dazu braucht man drei kleine Programme für den Mikroprozessor: SONAR als ein Programm, das die Sonare bedient und deren Messungen entgegennimmt; MOTORS als ein Programm, das den Motoren Strom zuleitet; AVOID als das entscheidende Programmodul. Es übernimmt die Meßwerte von SONAR und leitet daraus Befehle an MOTORS ab. Wenn der Distanzwert des nach vorn weisenden Sonars ein Minimum unterschreitet, befiehlt AVOID dem MOTORS-Programm, den Motoren den Saft abzudrehen. Wenn ein seitlicher Sonar die kürzeste Distanz von allen mißt, läßt AVOID das MOTORS-Programm den Roboter so lange drehen, bis der hintere Sonar die kürzeste Distanz mißt. Und in diesem Fall gibt AVOID das Kommando «Vorwärts!»

Das war's, der Plastikpanzer fährt umher, hält Abstand von Objekten in seiner Umgebung und bleibt irgendwann vor einem Objekt stehen.

Jetzt bekommt das kleine Wesen ein Häuschen. Sobald seine Batterien schwach werden, soll es sich dorthin zurückziehen, damit wir nicht über das reglose Legotier stolpern. An die Hütte wird eine Infrarotdiode montiert. Rug Warrior erhält einen Infrarotdetektor und eine Schaltung, die sich meldet, wenn die Batterien nachlassen. Außerdem schreiben wir ein Programm namens DOCK. Wenn der Stromfluß dünn wird, checkt DOCK den Infrarotsensor; kann der Sensor die Lampe nicht erkennen, verändert der Roboter seine Position. Doch sobald der Infrarotdetektor das Heimatlämpchen sieht, heißt es: Nun aber auf direktem Weg nach Hause!

Ein Problem tritt bei der Annäherung ans Häuschen auf: AVOID gibt Ausweichsignale. Doch DOCK, das gleichfalls die Sonarwerte empfängt, entscheidet sich für das Einparken, und seine Befehle wirken stärker. Das AVOID-Verhalten wird dem DOCK-Verhalten untergeordnet. Daher der Name Subsumtion.

Das alles könnte man auch anders programmieren. Vorteile dieses Programmierstils liegen jedoch darin, daß die enge, reflexartige Kopplung von Sensoren und Aktoren nur wenige Programmzeilen und Daten benötigt. Die Steuerung schaltet folglich fix und setzt kaum Hardware voraus. Außerdem lassen sich die Kompetenzen des Roboters nacheinander aufbauen. Erst soll er einmal fahren können; dann Hindernisse vermeiden; dann sich zurückziehen, wenn die Batterien leer werden. Als nächstes vielleicht: Flucht vor Menschen, sobald ein pyroelektrischer Sensor ihre Nähe anzeigt – sich aber demjenigen nähern, der einen bestimmten Ton pfeift (das Programm MISANTHROP wäre dann dem Programm HERRCHEN-PFEIFT subsumiert).

Drei simple Programme namens LICHT, KONTAKT und CHEMO könnten recht komplexes Verhalten erzeugen: LICHT bewirkt negative Phototaxis, das Wesen rennt also vor Licht davon, bis es im Dunklen ist. KONTAKT bringt das Wesen dazu, so lange umherzuwandern, bis etwa vier Fünftel seines Körpers Druckkontakt mit der Außenwelt haben. CHEMO läßt es Gradienten bestimmter chemischer Substanzen bis an deren Quelle verfolgen (Schinken, Brotkrumen, Gewürze). Diese drei Programme hat man bei Kakerlaken nachgewiesen. Sie generieren die fatale Neigung kleinerer Exemplare, schlafenden Menschen in die Ohren zu kriechen, unterstützt durch Nachgiebigkeit (Compliance) und Gleitflüssigkeit.

Es gibt Leute, die in dem vorangegangenen Satz ein sexuelles Motiv entdecken würden: Psychoanalytiker. Der Begründer ihrer Lehre war sogar so weit gegangen, das Seelenleben des Menschen als eine triadische Subsumtionsarchitektur darzulegen – das ES die Triebstruktur, das ICH die bewußte Person, das ÜBER-ICH die sozialen Erwartungen. Sigmund Freud, der dies in die Welt setzte, erweist sich als ein Vorläufer von Rodney Brooks.

Künstliche Imagination

Lachse, die Tausende Kilometer an ihren Geburtsort zurückkehren, navigieren nicht nach Generalstabskarten. Sie orientieren sich lokal, an chemischen Konzentrationen im Wasser sowie an der Wasserströmung. Wenn es auch so geht, warum sollte die Evolution die Lachse mit zusätzlichen Mechanismen ausstatten, mit Karten oder raffinierten Suchmethoden?

Warum kompliziert, wenn's auch einfach geht?

Toto heißt der Sprößling von Maja J. Mataric, einer Schülerin von Rodney Brooks, die mittlerweile an der Brandeis University lehrt. Ihr ofenrohrähnliches Roboterkind ist etwa einen halben Meter hoch, sein zylindrisches Körperlein hat einen Durchmesser von dreißig Zentimetern, und es fährt auf drei Rädern. Ein Ring aus zwölf Sonaren umgibt seinen Körper, und in seinem Innern trägt Toto einen Kompaß. Der Raum um Toto wird in zwölf Sonarregionen aufgeteilt (Abbildung 54). Da Informatiker lieber den Menschen als den Computer verwirren, sind die Felder von 0 bis 11 beziffert anstatt von 1 bis 12.

Zunächst einmal wurden Toto vier Verhaltensregeln eingeprägt: STROLL, AVOID, ALIGN und CORRECT.

STROLL läßt Toto vorwärts fahren. Taucht ein Objekt in der Gefahrenzone auf, nämlich weniger als dreißig Zentimeter vor Toto, bleibt der Roboter für einen Augenblick stehen und fährt sodann zurück. Mit STROLL allein kann Toto immerhin schon kollisionsfrei fahren, und zwar unabhängig davon, ob ein Klavier oder Tante Zenzi das Hindernis ist – unbeweglich oder beweglich, da macht Toto keinen Unterschied.

AVOID dreht den Roboter um dreißig Grad (was dem Ausbreitungswinkel eines Sonarpings entspricht) von einem Objekt weg, das er mit einem seiner beiden Frontsonare aus sicherer Distanz von mehr als dreißig Zentimetern ausmacht. Registrieren beide Frontsonare ein Hindernis, dann wird eine oszillierende Entscheidungsneurose dadurch verhindert, daß Toto stets nach links ausweicht: Manchmal ist es eben empfehlenswerter, sich für überhaupt irgend etwas zu entscheiden als für gar nichts. Bei Insekten werden derartige «Default»-Schaltungen gleichfalls vermutet.

STROLL ist AVOID subsumiert: Wenn AVOID eine Drehung befiehlt, setzt der «Vorwärts»-Befehl von STROLL kurzfristig aus. Und über beiden Regeln präsidiert ALIGN: Registriert ein südöstlicher Sonar (Region 7 oder 8) oder ein südwestlicher Sonar (9 oder 10) ein Objekt innerhalb einer 80-Zentimeter-Zone,

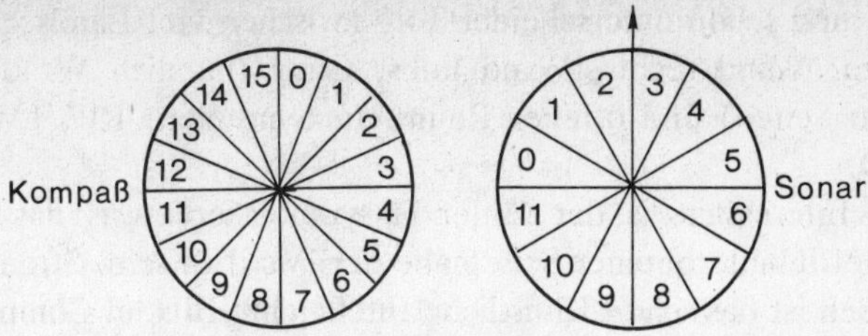

Abb. 54: Totos Kompaß- und Sonarregionen

ohne daß der Gegenstand auch von den östlichen oder westlichen Seitensonaren ausgemacht wird, dann dreht ALIGN den Roboter um dreißig Grad in dessen Richtung. Nun präsentiert ihm Toto seine Seitenfront.

Zusammen mit STROLL und AVOID führt diese Regel dazu, daß Toto an geraden und konvex gekrümmten Objekten vorbeiwandert, sobald er in ihre 80-Zentimeter-Zone gerät. CORRECT schließlich verhindert, daß Toto an scharfen Ecken die Nähe zum Objekt verliert: Wenn Sonar 11 ein Objekt in der 80-Zentimeter-Zone fühlt, Sonar 0 aber nicht, dann dreht sich Toto um dreißig Grad nach links; und, spiegelbildlich, wenn 6, aber nicht 5, dann Schwenk nach rechts.

Toto ist von Haus aus ein B-Wesen. Er hat keine Karte und keine Vorstellungen von Objektformen, aber er findet sich in ein und demselben Raum nach einiger Zeit immer wieder auf ähnlichen Trajektorien ein. Und wenn wir ihn in den Korridor schikken wollen? Toto weiß nicht, was ein Korridor ist.

Um Toto intelligenter zu machen, gab Maja Mataric ihm neue Regeln ein. Immer wenn Totos rechtsseitige Sonare eine Kette von Echos in der 80-Zentimeter-Zone registrieren und der Kompaß eine einigermaßen geradlinige Bewegung anzeigt, wird ein Zähler heraufgesetzt, dessen Wert die Wahrscheinlichkeit einer Wand auf der rechten Seite wiedergibt. Oberhalb eines Zähler-Schwellenwerts wird ein «Flag» gesetzt, ein signalisierendes Bit: «Wand rechts»; und der Zähler geht wieder auf Null, damit Toto das nächste Objekt rechts überprüfen kann. Gleiches für die linke

Seite, und schon unterscheidet Toto zwischen vier Landschaftsformen: Wand rechts, Wand links, Gang (nämlich Wand auf beiden Seiten) und offener Raum. In Symbolen: RW, LW, G und O.

Das Interessante ist der Zähler. Er symbolisiert etwas: das Maß der Gewißheit, an einer Seite nahe der Wand zu sein. Strenggenommen ist das schon Künstliche Intelligenz: Bits im Computer symbolisieren einen Bezug zur Außenwelt. Der Schwellenwert repräsentiert ein bestimmtes Objekt der Außenwelt, nämlich eine Wand. Ja, nicht nur symbolische Repräsentation findet statt: Totos Gehirn setzt bei Erreichen des Schwellenwerts ein Signalbit, schaltet den Zähler zurück. Wir dürfen das bereits als ein symbolisches Schließen verstehen.

Und das ist erst der Anfang.

Mit Hilfe der Zähler vermißt Toto Teile seiner Welt. Da könnte der kleine Landvermesser auch gleich Karten anlegen, meinte die Robotikerin. Und anschließend könnte man Toto einen bestimmten Zielort angeben. Mit anderen Worten: Maja Mataric wollte ihrem Toto noch ein bißchen mehr Intelligenz verpassen. Doch sie wäre keine Schülerin von Rodney Brooks, wenn sie jetzt kartesische Koordinaten aufgespannt und sich von einem der KI-Päpste am MIT eine Logikmaschine ausgeliehen hätte.

Erinnern Sie sich noch an die topologischen Karten? Knoten repräsentierten Merkmale (Orte), die Kanten die Wege zwischen ihnen. Etwas Ähnliches bringt auch Toto zuwege, und zwar so:

In Totos Kopf wird ein Gedächtnis als Liste von Knoten angelegt; wir dürfen uns diese Knoten auch als Speicherzellen oder Kästchen vorstellen. Sie sind zunächst leer. Nun erkundet Toto seine kleine Welt, und sobald er ein Merkmal vom Typ RW, LW, G oder O registriert hat, steckt er dessen Beschreibung in das erste freie Kästchen. Die Beschreibung (der «Deskriptor») besteht aus vier Teilen:

T, der Merkmalstyp (nämlich RW, LW, G oder O);
K, der Durchschnitt der Kompaßwerte entlang des Merkmals;
L, die ungefähre Länge des Merkmals;
P, die Positionsschätzung.

Die Positionsschätzung P wird aus den aufgezeichneten Kompaßstellungen errechnet; dem liegt die Annahme zugrunde, daß Toto sich stets mit konstanter Geschwindigkeit bewegt. Besonders präzise kann P also nicht sein.

Sobald der Deskriptor im Knoten(-Kästchen) liegt, wird der Knoten aktiviert, was zunächst nur so viel heißt, daß Toto jetzt an diesem Ort vermutet wird. Aber er wandert weiter und bildet neue Deskriptoren. Jeder neue Deskriptor wird mit den Kästcheninhalten verglichen. Stimmen ein Deskriptor und ein Kästcheninhalt einigermaßen überein, dann wird der Knoten aktiviert (und P dabei korrigiert). Findet der Deskriptor kein Pendant, dann wird er als Signatur eines neuen Objekts angesehen und in das nächste freie Kästchen gesteckt.

Besucht Toto zufällig der Reihe nach benachbarte Merkmale, dann entspricht die Nachbarschaft der Deskriptoren im Graphen den räumlichen Beziehungen der Umweltmerkmale, und eine topologische Karte entsteht (Abbildung 55).

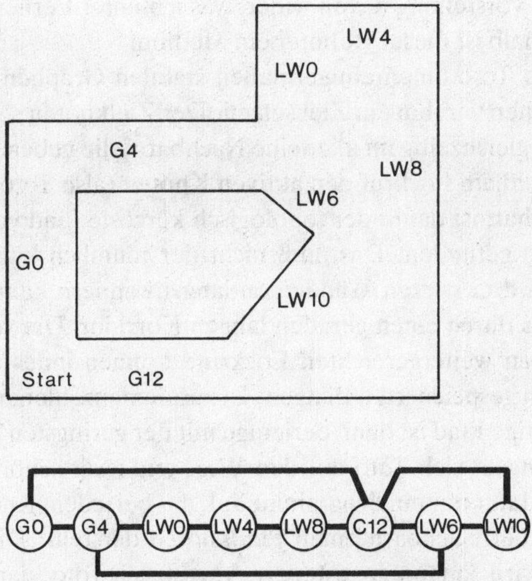

Abb. 55: Totos Welt und seine Karte von ihr

Es kann allerdings geschehen, daß Toto aus irgendwelchen Gründen eine bestimmte Wand LW1, daraufhin einen Korridor G1 und erst nach vielen anderen Wanderungen die dazwischenliegende Wand RW1 entdeckt. Und die ist dann in einem weit entfernten Kästchen gespeichert – alles andere als topologisch korrekt.

Aber da läßt sich etwas machen. Ein aktivierter Knoten setzt die Erwartung in Gang, das nächste von Toto aufgesuchte Merkmal sei tatsächlich auch in einem Nachbarkästchen vermerkt. Tritt dieser Fall ein, dann wird die topologische Verbindung zwischen beiden Knoten verstärkt, also die zwischen LW1 und G1. Ist das nicht der Fall und Toto fährt von LW1 direkt zu RW1, dann wird die Verbindung LW1–G1 geschwächt, und der Wert für die Nachbareigenschaft von RW1 wird erhöht. Wiederholt sich dieser Vorgang mehrfach, dann gilt irgendwann RW1 als gleich naher Nachbar, später gar als näherer Nachbar von LW1.

Toto wandert umher, die Merkmale konkurrieren um Nachbarschaftspunkte. Der Roboter lernt.

Ich könnte das auch so ausdrücken: Toto spiegelt eine bestimmte Vorstellung davon wider, was ich unter Lernen verstehe. Just deshalb ist dieser Roboter ein Medium.

Sobald Toto einen einigermaßen stabilen Graphen aufgebaut hat, können wir ihm ein Ziel setzen. Der Zielknoten sendet einen Lockruf gleichzeitig an alle seine Nachbarn, die geben ihn weiter, und sobald ein Lockruf den aktiven Knoten (also Totos Position) erreicht hat, ist damit der topologisch kürzeste Pfad von Toto bis zum Ziel gefunden. Das muß nicht der räumlich kürzeste Pfad sein: An drei kurzen Wänden entlangzuwandern kann schneller gehen als durch einen geraden langen Korridor. Die von Knoten zu Knoten weitergereichten Lockrufe können indes die in den Kästchen gespeicherten Längen (L) zusammenzählen, und der für Toto gültige Pfad ist dann derjenige mit der geringsten L-Summe.

Nun macht sich Toto auf den Weg, und zwar schön lokal: Er braucht dafür nur ein Programmodul, das bei jedem Knoten prüft, welcher der Nachbarn einen Pfadknoten darstellt. Dieser Pfadknoten wird sodann angesteuert. Vertut sich Toto, dann gerät er an einen anderen Knoten. Das macht nichts, auch dort kam ja ein

Lockruf an, und obgleich der vielleicht einen ungünstigeren Pfad lief, kam er doch immerhin vom Ziel und leitet daher wieder zu ihm hin.

Jetzt kann Toto also zu Orten finden, die er bereits einmal aufgesucht hat. Als nächstes wollen wir ihn in Gegenden schicken, von denen er mit seinem Sonar noch nie gehört hat.

Das setzt Phantasie voraus, Vorstellungsgabe, eine Art zweiter Welt in Totos Kopf, die Welt des noch nicht Realen oder sogar Irrealen. Und weil dieser Evolutionsschritt so groß ist, hat die nun folgende Mutation von Toto einen neuen Namen erhalten: MetaToto. Es ist immer noch der alte Adam, doch jetzt hat er vom Baum der Erkenntnis genascht.

Zunächst einmal mußte MetaToto befähigt werden, sich Orte vorzustellen, an denen er noch nie war. Zu diesem Zweck wird ihm eine Rasterkarte seiner Umgebung implantiert; diese Karte ist nun seine Phantasiewelt. Der Clou: MetaToto nutzt Totos Software, um in dieser Karte statt in der Wirklichkeit umherzuwandern. In der Phantasie anstatt in der Realität.

Was sich in MetaTotos Computerkopf abspielt, ist letztlich eine Simulation von Toto, mit virtuellem Sonar und nachgespieltem Kompaß. Ein Phantasietoto. MetaToto wandert in seiner illusionären Welt umher und nutzt dabei Totos Software, um Deskriptoren in Kästchen abzulegen und so weiter.

Damit wird MetaToto zu einem neuartigen Medium. Zu einem Medium, das unseren Begriff von Phantasie verändert. Neuartige Medien, lehrte Marshall McLuhan, machen die alten Medien zu ihrem eigenen Inhalt. Das Fernsehen zeigt Kinofilme. Multimediacomputer integrieren das Fernsehen. Und MetaToto enthält Toto.

Sobald MetaToto die Karte in seiner Imagination durchwandert hat, kann er mit Hilfe der bewährten Methoden reale Ziele ansteuern, die ihm der Mensch vorschreibt. Er kennt sich aus, denn er ist bereits in seiner Phantasiewelt herumgefahren. Und wenn die Karte falsch ist? MetaToto unterscheidet nicht zwischen Erfahrungen aus der wirklichen Welt und Erfahrungen aus der imaginären Welt. Wenn er auf Widersprüche zwischen Sensordaten und Deskriptoren stößt, dann tritt der gute alte Korrekturmechanismus von Toto in Kraft, und der Kästchengraph, die Repräsentation der Welt im Roboterkopf, wird aktualisiert.

Algorithmen, die eigentlich der Exploration der wirklichen Welt dienen sollten, werden von MetaToto statt dessen für Simulationen genutzt, für Wanderungen in virtuellen Welten.

Keine fernliegende Idee; fühlen wir nicht im Traum, wandern wir nicht in Phantasiewelten? Ergebnisse der experimentellen Psychologie und der Neurowissenschaften deuten darauf hin, daß der Mensch seinen visuellen Kortex auch dazu nutzt, sich mentale Bilder auszumalen: Verbindungen, die eigentlich dem Sehen dienen sollten, werden doppelt genutzt, nämlich zugleich für das innere Auge, für die Imagination.

Zu unserer Intelligenz gehört offenbar ein inwendiger Simulationsrechner. Durch mentale Landschaften navigierend, erkundet der MetaMensch seine Möglichkeitsräume und Möglichkeitsträume.

Die virtuelle Realität unter der Schädeldecke ist ein Feature des Betriebssystems von Homo sapiens. MetaToto hat ein bißchen davon abbekommen und ist ein schönes Beispiel für Künstliche Intelligenz.

zwölftes kapitel

Geist aus der Maschine

robotik ist das Eintreten Künstlicher Intelligenz in die reale Welt» (Takeo Kanade). In der Robotik wird Künstliche Intelligenz (KI) diesseitig. Deshalb braucht nicht nur die Robotik die KI, sondern in noch viel stärkerem Maße die KI die Robotik.

Aber was ist KI überhaupt? Die Protagonisten sind sich nicht einig. Weder über den Forschungsgegenstand noch über das Forschungsziel, weder über die Methoden noch über die Bewertung des Erreichten. Dennoch, der Wissenschaftsbetrieb namens Künstliche Intelligenz hat sich im Zusammenspiel von Forschung, Industrie und Politik etabliert. Das ist der Befund der Wissenschaftssoziologie, und der gilt unabhängig davon, wie jemand die Resultate des KI-Projekts bewerten mag.

Ist KI also einfach alles das, was die KI-Gemeinde betreibt? So darf man es sehen. Aber die KI-Gemeinde eint wenigstens ein Leitmotiv: der Geist aus der Maschine.

Das Projekt der Künstlichen Intelligenz

Im Jahre 1274 hatte der katalanische Theologe und Philosoph Raimundus Lullus eine Eingebung. Ihm schwebte eine Maschine vor, die Moslems zum Christentum bekehren könnte.

Der Theotechnologe war zu der Ansicht gelangt, bei den Moslems scheitere der rechte Glaube an einer Art Denksperre: Sie könnten sich lediglich nicht vorstellen, wie vielfältig die positiven Eigenschaften von Gottvater und Sohn seien. Seine Maschine sollte dem abhelfen. Sie bestand aus zwei oder mehr Scheiben, die auf einer gemeinsamen Spindel saßen. Jede Scheibe konnte einzeln gedreht werden. Der äußere Rand der Scheiben war in Sektionen geteilt, und in jede Sektion wiederum ein Buchstabe geprägt, der für eine Eigenschaft Gottes stand. Nun brauchte der Ungläubige nur noch die Scheiben zu drehen, und die Maschine präsentierte ihm göttliche Eigenschaften in unterschiedlichen Kombinationen, im simpelsten Fall von nur zwei Scheiben etwa diese:

Gut und groß,
gut und ewig,
groß und ewig,
gut und allmächtig,
allmächtig und ewig, und immer so weiter.

Dies ist freilich nur die theologische Seite des Ganzen, und vielleicht diente sie dem ingeniösen Mönch lediglich als Tarnung. Er ging nämlich in seinen Überlegungen für eine Maschine namens *Ars Magna* erheblich weiter. Auf derlei Rädern könnte man alle wichtigen Ideen der Gelehrsamkeit symbolisieren, meinte er; alsdann ließe sich eine Frage formulieren, indem die Begriffe der Frage mit Hilfe der Räder hintereinandergereiht würden – nun nach bestimmten Regeln drehen – und die Antwort erscheint (eine Karikatur dieser Maschine taucht in Jonathan Swifts Bericht über Gullivers Reisen nach Laputa auf).

Lullus reiste mit einem Exemplar seiner Missionsmaschine nach Afrika. Leider überzeugte sie die dortigen Heiden nicht so recht. Die Legende will, daß sie den Gottesmann gar zu Tode steinigten.

Was blieb, war der erste Apparat, der auf mechanischem Wege Aussagen aus der Rekombination von Symbolen erzeugte. Man könnte auch sagen: auf formale Weise. Denn woran ein Heide beim Drehen dachte, das war vollkommen gleichgültig. Wie beim Dividieren von Zahlen. Und wenn auch niemand zum rechten Glauben bekehrt wurde, das Ganze also, pragmatisch betrachtet, einen Reinfall erster Ordnung darstellte, so wurde Lullus doch in den fünfziger Jahren dieses Jahrhunderts als Urahn der «Künstlichen Intelligenz» entdeckt.

Eine vielsagende Genealogie.

Maschinelle Manipulation mit Symbolen, die zu sinnvollen Aussagen führt – diese Idee taucht seither immer wieder auf. Blaise Pascal, Thomas Hobbes oder Wilhelm Leibniz, um nur einige zu nennen, dachten die Idee der Berechenbarkeit des Geistes fort. In diesem Jahrhundert entwickelte der Logiker und Philosoph Rudolf Carnap (1891–1970) eine Theorie des symbolmanipulierenden Geistes; zwei seiner Schüler, Walter Pitts und Herbert Simon, wurden später Mitbegründer der KI.

Künstliche Intelligenz ist also mitnichten nur eine Idee von philosophisch ungebildeten Computerfreaks; sie steht in der Tradition der rationalistischen Linie der Philosophie.

Das gilt sehr wohl auch für die sogenannte «starke KI», die deshalb stark genannt wird, weil sie die starke Behauptung aufstellt: Strenggenommen gibt es kein maschinell simuliertes Denken – denn wenn eine Maschine Denken spielt, dann denkt sie in Wahrheit selbst. Mir leuchtet das ein. Auch eine Hebebühne simuliert ja nicht etwa das menschliche Hebevermögen, sie hebt.

Es gibt eine Reihe von Argumenten gegen die Möglichkeit maschineller Intelligenz. Eines der ehrwürdigsten stammt von Lady Ada Lovelace, einer Bekannten des viktorianischen Computerpioniers Charles Babbage. Der Mathematiker Babbage hatte einen mechanischen Computer ersonnen; Ada Lovelace wiederum wandte sich dem zu, was wir heute «Software» nennen. Im Jahre 1842 stellte sie kategorisch fest, eine noch so raffiniert programmierte Maschine könne «nichts erzeugen», sondern nur das vollziehen, was der Mensch ihr befiehlt.

«Maschinen überraschen mich immer wieder», entgegnete Alan Turing ein Jahrhundert später. In ihre Konstruktion würden vielerlei unbewußte Entscheidungen sowie Fehler eingehen, deren Resultat unvorhersehbar sei. Lady Lovelace, wiewohl die Mutter allen Programmierens, mußte niemals ein größeres Programm zum Laufen bringen, sonst hätte sie ihren Gedanken zumindest anders formuliert. Aber Turing gibt nur einen Vorgeschmack auf den stärksten Einwand gegen Lady Lovelace' Argument. Der lautet nämlich so: Selbst wenn die Maschine exakt so funktioniert, wie der Mensch es wollte, kann sie ihn bei hinreichender Komplexität alle naslang überraschen. Klimamodelle tun's, Schachprogramme ebenso. Und noch der simpelste Computer kann Zufallszahlen generieren, die strenggenommen zwar deterministisch und gar nicht zufällig zustande kommen, die ein Mensch aber nicht vorhersagen kann. Bauen wir solche Zahlen in entscheidende Verzweigungen des Computerprogramms ein – schon ist es mit der Vorhersagbarkeit Essig.

Tja, und dann gibt es noch simple Gleichungen, die ein besonders merkwürdiges Verhalten aufweisen. Wenn der Wert nur einer Variablen leicht verändert wird, ändert sich die Lösung der Gleichung gleichwohl radikal. Die Streuung der Variablen spiegelt sich nicht in einer ähnlichen Streuung der Lösungen wider. Das Muster der Inputs ähnelt dem Muster der Outputs nicht ein bißchen. Systeme, die mit solchen Gleichungen beschrieben werden, heißen chaotisch: Ihr Verhalten kann nicht vorausgesehen werden, es sei denn, man kennt die exakten Werte der Variablen und löst die Gleichung für diese Werte.

Chaostheorie ist Mode geworden. Leider wird zuweilen vergessen, daß es sich dabei um Mathematik handelt. Um Formeln, Formalkrams, formale Computerprogramme. Mathematisches Chaos ist nicht unbestimmt und wirr, sondern vollständig geordnet. Es ist «deterministisches Chaos», so lautet auch der korrekte Fachbegriff. Es verläuft absolut gesetzmäßig und bar jeden Zufalls; es läßt sich auf Computern darstellen. Aber vor diesen Computern sitzen Mathematiker, die immer wieder aufs neue darüber staunen, was der Rechenknecht aus den Formeln und den Inputs macht.

Roboter können noch überraschender sein als Computer. Ihr Verhalten wird nicht bloß von Programmen und vom eingetippten Input beeinflußt, sondern obendrein vom Feedback ihrer Sensoren, von ihrer Interaktion mit einer Welt, die sich unablässig verändert und die sie selbst eingreifend verändern. Ihr grundlegender

Charakterzug heißt Komplexität, und sobald ein Roboter hinreichend komplex ist, überrascht er seine Schöpfer. Deshalb überzeugt mich Lady Lovelace' Argument nicht.

Ein weiterer Einwand lautet: Computer sind digital (oder binär), unser Gehirn ist es nicht. Dazu wäre anzumerken, daß sich jeder analoge Signalverlauf digital kodieren läßt. Was kontinuierlich ist, läßt sich auch abschnittsweise darstellen und umgekehrt. Es ist nur eine Frage der Auflösung. Die Natur wechselt unentwegt zwischen binären Ja/Nein-Zuständen und analogen Mehr/Weniger-Prozessen. Computer können das auch.

Hier kommt nun unweigerlich Kurt Gödel ins Spiel. Dieser bedeutende Mathematiker (1906–1978) brachte für immer und alle Zeiten das Bemühen seiner Fachkollegen zum Einsturz, ihre Wissenschaft komplett aus ein paar Axiomen aufzubauen. Er bewies: In der Sprache jedes einigermaßen komplexen formalen Systems lassen sich Sätze bilden, die zwar unbestreitbar wahr sind, aber aus den Axiomen dieses Systems nicht hergeleitet werden können (eine sehr schöne Darstellung seines Beweises finden Sie in Douglas Hofstadters Buch *Gödel, Escher, Bach*). Gegen die Möglichkeit Künstlicher Intelligenz folgt daraus freilich nichts. Für jedes System S, in dem ein solcher nicht herleitbarer, aber wahrer Gödelsatz G gebildet werden kann, läßt sich nämlich ein System S' konstruieren, das ihn enthält und sehr wohl herleiten kann. Nur eben, daß S' dann auch wieder einen neuen Gödelsatz G' enthalten wird. Für Menschengehirne, für Computer und für jede außerirdische Intelligenz gilt: Formale Systeme haben Gödelgrenzen, die nur von erweiterten Systemen (mit neuen Gödelgrenzen) durchbrochen werden können.

Gödels Satz gilt für alle Mathematik, unabhängig von der Hardware. Er kennt keinen Unterschied zwischen natürlicher und künstlicher Intelligenz. Deshalb begreife ich nicht, wieso er gegen KI ein Argument darstellen soll – zumal sich die meisten intelligenten Wesen ohnehin nur selten mit Gödelsätzen beschäftigen.

Immerhin, so höre ich oft, haben Maschinen kein Bewußtsein. Das ist freilich eine schwierige Angelegenheit, denn woher wissen wir so genau, daß Menschen ein Bewußtsein haben? Vielleicht weil sie es bekunden. Nun, wenn es nur das wäre: Dann erhält ein KI-Programm namens «P» eben noch schnell eine Zeile (mit der laufenden Zeilennummer 10):

```
10 PRINT «P»
```

und fertig. Mit «P» links oben auf dem Bildschirm teilt Ihnen der Rechner mit, daß er sich in P befindet.

Es mag eingewendet werden: «Das ist unverfroren. Der Computer weiß doch gar nicht, was er tut – nämlich daß er in P ist. Er hat keine innere Repräsentation davon, in P zu sein.»

Ich bin da nicht so sicher. Immerhin liegt das Programm P in seinem Programmspeicher, und der jeweils aktuelle Befehl liegt im Prozessor – was sollte sonst noch repräsentiert werden? Aber bitte schön: Wir ändern jetzt zwecks Bewußtseinserweiterung das Betriebssystem des Computers ein bißchen und schreiben die beiden folgenden Zeilen hinein:

```
10 N <= PROGRAMMNAME
20 PRINT N
```

Jetzt repräsentiert die Variable N stets das Programm, in dem sich der Rechner befindet, und der Rechner teilt Ihnen den jeweiligen Programmnamen mit.

Was, er weiß nicht, daß er den Programmnamen mitteilt? Er kann Ihnen sogar zeigen, ob und warum er den Programmnamen auf den Bildschirm bringen muß, mit:

```
30 LIST 10–20
```

veranlassen wir ihn dazu, die Zeilen 10 und 20 auszudrucken. Wir können das Spiel gern weitertreiben:

```
40 LIST 30
50 LIST 40
```

und so weiter. Der Rechner teilt Ihnen im Wortsinne ausdrücklich jede gewünschte Stufe des Bewußtseins mit. Mit «LIST N» gibt er Ihnen sogar sein Seelenleben preis. Was will man mehr?

Das sei gar kein Bewußtsein, ließe sich einwenden. Es sei nur der blindnotwendige Systemzustand eines Computers. Das Argument überzeugt mich nicht. Ich könnte ja auch sagen: Sie haben gar kein Bewußtsein, sondern Ihr Gehirn ist nur in einem bestimmten Zustand. Nein, der hier vorgestellte Computer hat nach meiner Ansicht durchaus eine primitive, rudimentäre Form von Bewußtsein. Ihm ist eine Repräsentation seines eigenen Programmzustands gegeben, und er kann sie mitteilen. Möglicherweise gibt es Bewußtsein just deshalb, um es anderen mitzuteilen – doch darüber soll hier nicht spekuliert werden. Im siebzehnten Kapitel werden wir es mit Robotern zu tun bekommen, die ihre Aktionen synchronisieren; sie werden uns auf diesem Weg weiterführen.

Stellen wir uns jetzt nur einmal vor, es gebe außerirdische Intelligenz, und zwar solche mit Bewußtsein. Das ist ja immerhin nicht ausgeschlossen. Vielleicht ist sie schwächer als die menschliche, vielleicht nur irgendwie anders, vielleicht stärker als unsere. Halten Sie das für denkbar? Dann halten Sie also nichthumane Intelligenz für denkbar, die der unseren gleichkommt oder sie gar übertrifft.

Angenommen, irgendwo im Weltraum gebe es überlegene Intelligenz. Wieso sollte es nicht möglich sein, daß sie ursprünglich einmal von einer anderen, nunmehr ausgestorbenen Spezies geschaffen wurde?

Das ist prinzipiell ja wohl möglich. Also auch auf der Erde. Nur leider oder zu Ihrer Beruhigung: Mit klassischer KI allein wird es dazu nicht kommen. Sie ist bisher zu rational, zu logisch.

Irrationale Roboter

In der Literatur wird häufig das «chinesische Zimmer» diskutiert, ein Gedankenexperiment, mit dem der Philosoph John R. Searle die KI ad absurdum führen wollte. Es geht so: Sie sind in ein Zimmer eingeschlossen, und von Zeit zu Zeit wird Ihnen durch einen Schlitz ein Zettel mit einer Frage hereingereicht. Nur leider ist die Frage auf Chinesisch geschrieben, und Sie verstehen kein Chinesisch. Aber Sie haben ein Buch dabei, das wundersamerweise eine Tabelle enthält, in der für jeden möglichen Zettel eine Kette von Antwortzeichen eingetragen steht. Sie schlagen nach, schreiben ab, reichen eine Antwort nach draußen. Dort glaubt man, Sie könnten Chinesisch und verstünden die Fragen. Stimmt aber nicht, es sieht nur so aus – eine Illusion.

Im chinesischen Zimmer sind Sie ein Prozessor. Kein Verfechter der KI hat je behauptet, ein Prozessor sei intelligent. Searle hat lediglich die Frage verlagert. Erst lautete sie: Kann ein Computer verstehen, jetzt lautet sie: Bilden Sie, das Zimmer und das wundersame Buch einen Mechanismus, der Chinesisch versteht? Und ich würde diese Frage mit «Ja» beantworten.

Die Regeln des wunderbaren Buches kodieren gewisse Erfahrungen; sie liegen den Antworten des Zimmersystems zugrunde. Allerdings gebe ich Searle darin recht, daß irgend etwas fehlt. Irgend etwas Chinesisches, sozusagen. Und zwar: Es werden hier keine neuen chinesischen Erfahrungen gemacht. Das Ineinandergreifen von Denken und Handeln, Sprache und Erfahrung, das die menschliche Intelligenz ausmacht, ist angehalten. Das Zimmer ist ein Computer und kein Chinese. Deshalb wird es dermaßen starr und strikt von Regeln beherrscht, wie es dem systemtreuesten Chinesen nicht gelingen könnte. Wenn Menschen handeln, denken und kommunizieren, können sie zwar auch strikt sein, auch logisch, auch formal. Aber sie sind es nicht ausschließlich, ja noch nicht einmal hauptsächlich.

Menschen sind nicht nur strikt. Das ist auch gut so. Indem wir Ahnungen folgen, uns von Stimmungen und Eingebungen leiten lassen, von Gefühlen und Zufällen, erschließen wir Erfahrungswelten, die uns nach strikter Logik unzugänglich blieben. Wer sich, beispielsweise, vorher genau zurechtlegt, in was für einen Menschen er sich verlieben will, ist ein armer Tropf. Ihm entgeht das Beste.

Klassische KI operiert auf Symbolen. Die Symbole sollen Dinge oder Eigenschaften bezeichnen, und ihre Beziehungen untereinander sollen die Pendants zu den Beziehungen zwischen den Dingen oder Eigenschaften bilden. Doch damit allein wird kein Roboter jemals eine so vielseitige Intelligenz entwickeln können wie der Mensch.

Dieses Symbolkonzept ist naiv. Zugegeben, der Mensch operiert auch mit Sprachsymbolen, und häufig genauso. Seine Symbole sind Bauklötze, und im Geiste, auf seinem inneren Spielteppich, baut der Mensch die Welt mit den Klötzen nach. Aber danach besteigt er einen Zug, herein kommt der Schaffner und sagt «aeiou zustinefa, bitte»; der Fahrgast blickt von seinem KI-Lehrbuch auf und zeigt seine Fahrkarte. Wieso macht er das wohl?

Ich habe bei der Deutschen Bahn AG in Frankfurt angerufen, weil ich wissen wollte, was «aeiou zustinefa, bitte» heißt. Ein wenig irritiert teilte mir die Dame am Telefon mit: «Es heißt: ‹Guten Tag. In Frankfurt noch Zugestiegene die Fahrkarten, bitte!›»

«Wieso Frankfurt?» entgegnete ich. «Er hat es bei Bremen gesagt. Heißt ‹aeiou› bei Bremen etwas anderes als bei Frankfurt? Und was soll überhaupt mit den Fahrkarten los sein?»

«Das wissen Sie doch ganz genau!» lautete ihre Antwort. Und sie hatte natürlich vollkommen recht.

Symbole, Regeln, und fertig? Ganz und gar nicht. In seinem *Tractatus logico-philosophicus* (*Logisch-philosophische Abhandlung*) hing der Philosoph Ludwig Wittgenstein noch ganz dem naiven Symbolkonzept an und behauptete: «Der Name vertritt im Satz den Gegenstand», und der Konfiguration der Wörter im Satz entspreche «die Konfiguration der Gegenstände in der Sachlage». Das war 1918.

Etwa drei Jahrzehnte später erschienen Wittgensteins *Philosophische Untersuchungen*, und die wiesen der Kindergartentheorie und ihren Denkklötzchen nur mehr einen sehr beschränkten Platz zu. Selbstkritisch schreibt Wittgenstein, diese naive Theorie tue so, «als ob es nur Eines gäbe, was heißt: ‹von Dingen reden›. Während wir doch das Verschiedenartigste mit unseren Sätzen tun. Denken wir allein an die Ausrufe. Mit ihren ganz verschiedenen Funktionen.

Wasser!

Fort!

Au!

Hilfe!
Schön!
Nicht!
Bist du nun noch geneigt, diese Wörter ‹Benennungen von Gegenständen› zu nennen?»

Wittgenstein legt die Klötzchen beiseite und ruft ein anderes Bild im Leser hervor: «Denk an die Werkzeuge in einem Werkzeugkasten: es ist da ein Hammer, eine Zange, eine Säge, ein Schraubenzieher, ein Maßstab, ein Leimtopf, Leim, Nägel und Schrauben. – So verschieden die Funktionen dieser Gegenstände, so verschieden sind die Funktionen der Wörter ... Es ist interessant, die Mannigfaltigkeit der Werkzeuge der Sprache und ihrer Verwendungsweisen, die Mannigfaltigkeit der Wort- und Satzarten, mit dem zu vergleichen, was Logiker über den Bau der Sprache gesagt haben. (Und auch der Verfasser der *Logisch-philosophischen Abhandlung*).»

Als ich Rolf-Dieter Schraft am Stuttgarter IPA nach den Fähigkeiten von Robotern der Zukunft fragte, antwortete er: «Die müssen noch einiges lernen. Wenn bei uns der Fahrer mit dem LKW auf den Institutshof fährt und dem Werkstattmeister zuruft: ‹Abladen!›, dann weiß der alles. Er holt den Gabelstapler, überlegt, was er wohin packt, und so weiter.» Der Ausruf «Abladen!» enthält, in seinem speziellen Kontext, ein ganzes Konzept. Auch Wittgenstein bildet so ein Beispiel: Ein Bauarbeiter ruft seinem Gehilfen Wörter wie «Balken» oder «Platte» zu, und der muß diesen Gegenstand dann bringen. Wittgenstein: «Fasse dies als vollständige primitive Sprache auf.»

Diese «vollständige primitive Sprache» hat keinen Satzbau und enthält keinerlei Verbindungen zwischen Klötzchen, aber sie erfüllt ihre Funktion. Ihre Wörter lösen etwas aus: Handlungen. In den meisten Sprachzusammenhängen lösen Wörter oder Sätze Aktionen aus. Die Aktionen können auch mentaler Natur sein: Dann lösen die sprachlichen Äußerungen geistige Aktionen aus, also Gedanken. Und was bezeichnen sie? Wittgenstein: «Was sie bezeichnen, wie soll ich das zeigen, es sei denn in der Art ihres Gebrauchs?» Die Bedeutung einer sprachlichen Äußerung liegt in ihren Wirkungen, und diese Wirkungen existieren stets in einem Kontext, in einer Lebenssituation, in der Wirklichkeit. Wer eine Sprache charakterisieren will, muß eine ganze Lebensform beschreiben und nicht nur eine Grammatik.

Sprachwirkungen lassen sich miteinander vergleichen. «Schuhe» und «Kähne», diese Wörter lösen in uns Bilder von Gegenständen aus, die einander geometrisch gleichen. «Schuhe» und «Truhe», der Gleichklang dieser Wörter untermalt ein Bild des pragmatischen Zusammenhangs: Jemand legt Schuhe in eine Truhe.

Das magische Wort heißt «Ähnlichkeit». Nicht nur unser visuelles System, auch das sprachlich vermittelte Denken reagiert pausenlos auf Ähnlichkeiten; operiert mittels bildlicher, lautlicher oder praxisbezogener Assoziationen. Ob Sie nun beim Lesen flüstern oder nicht, der Sprachklang resoniert in Ihnen und ruft Gedanken, Erinnerungen, Bilder und neuerliche Sprachklänge hervor. Unsere natürlichen neuronalen Netze, stark im Erkennen von Mustern, komponieren eine Fuge nach der anderen.

Es wird noch hart werden für die KI, all dies den Robotern beizubringen. Doch damit Maschinen nicht nur den geraden Pfad gehen, sondern auch mäandrieren, damit sie mit der Welt interagieren können, ohne sie jedesmal mit ihrem notwendigerweise endlichen Verstand analysieren zu müssen, dazu brauchen sie eine Intelligenz, deren Schlüsselbegriffe nicht nur Logik und Schluß heißen, sondern ebenso Assoziation und Zufall, Klang und Bild.

Darin läge ihre Chance zu neuen Fähigkeiten – die Welt von verschiedenen Standpunkten aus zu betrachten, unter verändertem Blickwinkel; die Welt mit nie gleich gestimmten Sinnen zu erfühlen, in oszillierenden Kategorien zu deuten und damit das Vertraute in das Fremdartige zu verwandeln. So entstünde, mit einem Wort: Kreativität.

Nouvelle AI

Blaue Augen, braune Augen – Individuen einer Art unterscheiden sich voneinander. Ihre Gene fallen ein wenig unterschiedlich aus und die Phänotypen auch, also das, was bei einem bestimmten Genotyp herauskommt.

Innerhalb einer bestimmten Art von Lebewesen sind gering abweichende Genotypen wahrscheinlicher als stark abweichende, denn das Ausmaß genetischer Abweichungen wird von der Zahl der Mutationen bestimmt, und wenige Mutationen sind wahrscheinlicher als viele. Ähnliches gilt für den Phänotyp, also für das, was die Gene aus dem Individuum machen: Je stärker sich der Phänotyp vom Normalfall unterscheidet, desto geringer die Wahrscheinlichkeit, daß es sich um eine überlebensfähige (oder gar überlegene) Abweichung handelt. Eine Ziege mit einem abweichenden Fellmuster hat bessere Überlebenschancen als eine mit zwei Köpfen.

Die Variation der Gene ist ziellos. Sie tappt im dunkeln. Wenn bei Ihnen zu Hause der Strom ausfällt und ringsum Finsternis herrscht – machen Sie dann eher große oder eher kleine Schritte? Ich mache kleine. Kleine Schritte sind sicherer. Die kleinen Schritte, die kleinen Genvariationen sind es, die am ehesten der Nachwelt erhalten bleiben. Die Evolution ist gradualistisch, opportunistisch, reformistisch. Sie ist der ewige Sozialdemokrat. Und nur weil sie sich über unvorstellbare Zeit hinzieht, wirken die Unterschiede zwischen den Arten wie höllentiefe Klüfte.

Rodney Brooks vom MIT fordert, auch die Robotik sollte doch erst mal nur kleine Brötchen backen, Schicht um Schicht elementare Fähigkeiten aufbauen, wie bei Toto und MetaToto, die seinem Labor entstammen. Erst wenn die Subsumtionsarchitektur erreicht haben werde, was sie zu leisten verspreche, schlage – vielleicht – die Stunde für GofAI («good old-fashioned AI», die gute alte Künstliche Intelligenz). Erst dann dürfe die Robotik sich vornehmen, ihre Geschöpfe mit begrifflicher und logischer Intelligenz auszustatten.

Manche wenden ein, dies könnte ziemlich lange dauern. Brooks kontert: GofAI braucht erfahrungsgemäß ja auch ziemlich lange. Seit vierzig Jahren propagieren ihre Propheten große Ziele, betreiben große Projekte und führen kleine Lösungen vor. Da hat er recht.

Brooks, der sich von GofAI abgrenzt, nennt seine Position selbstbewußt «nouvelle AI». Das erinnert an nouvelle cuisine: einfache Zutaten, ungewöhnliche Kombinationen, bleibender Hunger. Und in der Tat, zwar sind die bisherigen Leistungen seiner Subsumtionsroboter erstaunlich, weil sie mit Hilfe weniger Elemente zustande kommen, aber ihr Verhaltensrepertoire bleibt eben doch begrenzt, auch jetzt noch, nach zehn Jahren neuer Roboterküche. Beide – ob nun good old oder nouvelle AI – erinnern letztlich sehr an Wilhelm Buschs «fliegenden Frosch»:

> «Wenn einer, der mit Mühe kaum
> Gekrochen ist auf einen Baum,
> Schon meint, daß er ein Vogel wär,
> So irrt sich der.»

Brooks argumentiert, seine Systeme würden unmittelbar mit der Umwelt interagieren; nur sie seien daher wirklich in die Welt eingebettet. Das will mir nicht einleuchten. Jeder Roboter, ob GofAI-geführt oder nicht, interagiert mit seiner Umwelt. Und zwar nicht nur symbolisch wie ein Computer, sondern leiblich, physisch, real. Eine reflektierte Robotik, wie Latombe sie fordert (siehe Seite 51), formuliert ihre Algorithmen ganz bewußt als Transformationen von einem physischen Weltzustand zum nächsten, sie sieht mithin den Roboter und seine Umwelt als Gesamtsystem.

Jeder Roboter ist ein «embedded system», ob nouvelle oder nicht.

Und auch in der traditionellen Robotik wird manche Leistung ohne explizite Modelle oder TOTE-Algorithmen erzielt. Denken wir nur an die Nachgiebigkeit, die «Compliance»; im Fall des Scara-Roboters von Seite 86, dessen Horizontalbewegungen sich an Ungenauigkeiten der Arbeitsumwelt anpassen, begründete sie einen Welterfolg.

Die eigentliche Leistung der Brooks-Schule scheint mir eher darin zu liegen, daß sie die Einseitigkeit der Robotik attackiert, ihre GofAI-Lastigkeit.

In diesem Streit der Robotik-Konzepte prallen Denkstile aufeinander. Die zeitgenössische Kritik am Imperialismus der Vernunft, an der naiven, frühmodernen Vorstellung, der Mensch könne im Prinzip seine Welt nach einer allgemeingültigen Rationalität ordnen und zum Guten lenken, diese häufig «postmodern» genannte Kritik spiegelt sich in der Robotik vom Typ B wider. In anderen Zusammenhängen ist dies der Streit um Zentralvernunft oder Differenz, Universalität oder Relativität.

Doch wer Systeme von bloßen Reflexhandlungen zum allein gültigen Modell der Intelligenz erhebt, verpaßt einen hochinteressanten Punkt: Wann ist «prärationale Intelligenz» (Holk Cruse) sinnvoll, und wann ist rationale Intelligenz von Vorteil?

Der Mensch zum Beispiel handelt je nach Situation unbewußt oder bewußt. Er bindet sich die Schuhe ohne Nachdenken – doch wenn ein Senkelende aufspleißt, muß gut überlegt werden. Wir hantieren in der Welt, ohne sonderlich auf die Einzelheiten zu achten. Aber wenn etwas schiefgeht, wenn das selbstverständliche Zuhandensein der Welt abbricht, dann kappt das Subjekt die engen, unbewußten Kopplungen mit der Welt, und ein Programm wird angeworfen, das unter anderem sehr wohl mit Symbolen und Schlüssen arbeitet – fehlerhaft zwar, aber in vielen wichtigen Fällen effektiv. Eben deshalb hat es sich ja in unseren Köpfen entwikkelt und wurde mit Selektionsvorteilen belohnt.

In der menschlichen Intelligenz drückt sich die menschliche Lebensform aus. Künstliche Intelligenz braucht für ihre volle Herausbildung eine künstliche Lebensform: Roboter; am besten in einer künstlichen Welt.

Wittgenstein hielt Wörter wie «Denken», «Absichten» oder «Seele» im Fall von Maschinen für unangebracht, weil diese Wörter an «das Getriebe» des menschlichen Miteinanders gebunden seien. In einem lesenswerten Aufsatz, «Mentalismus in der *Cognitive Science*», wies der Salzburger Philosoph Otto Neumaier allerdings nach, inwieweit dies ganz im Sinne von Wittgenstein anders werden könnte, wenn sich die menschliche Lebensweise selbst änderte, wenn sie nämlich eines Tages die Interaktion mit Künstlicher Intelligenz einschlösse. Ich möchte fortsetzen: Wenn sich die Biosphäre eine Verdopplung in der Technosphäre geschaffen hat und mit ihr intelligent interagiert, dann wird der Sinn von Wörtern wie «Denken», «Absicht» oder «Seele» nicht davon abhängen, ob wir mit ihnen das Verhalten eines Eiweißwesens oder eines Wesens aus anderen Materialien beschreiben. Wir werden diese Wörter vielleicht einmal brauchen, um uns mit den Maschinenwesen der Zukunft zu verständigen.

TEIL V: ARBEIT UND KRIEG

dreizehntes kapitel

Industrieroboter

Es gibt drei Umwelten, die jeweils unterschiedliche Anforderungen an Körper und Geist von Robotern stellen, die also unterschiedlich gerichteten Selektionsdruck auf die Roboterevolution ausüben. Nach diesen drei Umwelten unterscheiden wir:

- Industrieroboter, tätig in der Fabrik;
- Serviceroboter, tätig in anderen, von Menschen bevölkerten Umgebungen;
- Geländeroboter, tätig in der rauhen Natur oder an solchen Orten, die von Menschen nicht mehr betreten werden können.

Natürlich sollte man aus solchen Grenzziehungen keine Scholastik machen.

Erst einmal soll es um Industrieroboter gehen, von denen weltweit 770000 in Fabriken arbeiten. Schweißen ist der meistverbreitete Roboterjob. Industrieroboter schleifen, putzen und polieren; sie sprühen Lack und verstreichen Klebstoff, oder sie helfen ihren ungeschickten Apparatebrüdern und Maschinenschwestern, indem sie Flachglasscheiben oder Holzbauteile, Karosseriedächer oder Gehäusebleche handhaben.

Um Gegenstände zu bewegen, nutzen sie meistens pneumatische Greifer, und die gibt es in einer unübersehbaren Vielzahl an Ausführungen. Die meisten haben zwei Backen, die entweder einen verstellbaren Winkel miteinander bilden oder zueinander parallel liegen. Winkelgreifer können größere Gegenstände fassen als Parallelgreifer; letztere wiederum sind präziser, allerdings meist auch teurer. Greifer mit drei, vier oder mehr Backen sind natürlich gleichfalls erhältlich, und auf die weiteren Feinheiten wie Oberflächentextur, Federungen und so weiter verzichten wir hier lieber – die Vielzahl der möglichen Aufgaben spiegelt sich in einer reichen Morphologie wider.

Technisch einfacher zu handhaben als Greifer sind Saugnäpfe, ein in der Natur verbreitetes Prinzip primitiver Lebewesen; bei Gelegenheit emuliert es der Mensch mit seinem Mund. Saugnäpfe für Industrieroboter lassen sich leicht installieren, schonen das Werkstück, arbeiten schnell und kostengünstig. Allerdings ist es mit ihrer Genauigkeit nicht weit her. Die Saugobjekte müssen sauber, trocken und beispielsweise ölfrei sein. Beim Berechnen der nötigen Ansaugkraft darf zudem die geographische Höhe des Fabrikstandortes nicht vergessen werden, denn mit ihr sinkt der Luftdruck, und auf ihn kommt es an. Wieder einmal ließe sich ein ganzer Katalog von Saugnäpfen zusammenschreiben; das mache ich ein andermal.

Meistens jedoch bildet eine Werkzeugspitze die Roboterspitze. Zum Beispiel ein Lichtbogen-Schweißgerät, mit dem eine Anzahl von Schweißpunkten auf Bleche gesetzt wird. Schwierig wird zuweilen das Schweißen sehr großer Stücke, wie etwa im Schiffbau. Konventionelle Schweißroboter lassen sich ja nicht im Schiffrumpf oder im Gastank umhertragen. Aus diesem Grund wird an der Technischen Universität Berlin ein mobiler Kleinroboter entwickelt, der sich an den Metalloberflächen mit Magneträdern festhält und die Schweißnähte entlangwandert.

Er hat etwas Krötenhaftes.

Roboter und Laser

Das Laserlicht ist ein präzises, scharfes Werkzeug, das nicht abnutzt und beinahe keine Kraft ausübt. Seine Wirkung vollzieht sich lokal, auf den Brennfleck konzentriert, zumal wenn es gepulst wird. Da liegt der Gedanke nahe, den Laserkopf mit einer wendigen, «frei programmierbaren» (VDI) Maschine zu führen, mit dem Roboter also. Laser und Robotertechnik passen tatsächlich ideal zueinander.

Laser, deren Licht aus angeregtem Kohlendioxid austritt (CO_2-Laser), erreichen die höchsten Leistungen. Ihr Problem: Der Laserstrahl hat die Wellenlänge des Infrarots und kann daher derzeit nicht per Faser geführt werden. Statt dessen sind umständliche Spiegelsysteme vonnöten, die auf schnell und gelenkig bewegten Industrierobotern unweigerlich zu Fehlern führen. CO_2-Laser lassen sich noch am besten auf geometrisch simplen Portalrobotern installieren, etwa auf dem schweren Trumm im lothringischen Yutz: Der von der Firma Afma gebaute Monsterroboter besteht aus einem Stahlgerüst, von dessen Dach ein verschiebbarer Laserschweißkopf herabragt. Auf dem Arbeitstisch liegen Werkstücke von metergroßen Abmessungen, und ein mordsmäßiger 45-Kilowatt-Laser schweißt sie zusammen.

Festkörperlaser, wiewohl schwächer, scheinen robotergemäßer, weil sich ihre Frequenz mit einigen Tricks vervielfachen läßt, bis der Bereich sichtbaren Lichts erreicht ist – und das kann man nun schon viel eleganter mit Fasern bis zur Werkzeugspitze leiten. Sie kosten freilich bis zu zehnmal soviel Geld wie der Roboter, auf dem sie montiert sind. Eine Nische dürften sie dennoch finden, denn sie reichen, an einer Roboterspitze angebracht, noch in die verwinkeltsten Ecken der vorgeformten Stahlblechstrukturen, die Automobilhersteller nicht selten komplett vorgefertigt von ihren Zulieferern beziehen.

Man darf sich vom Blick auf die Laserspitze jedoch nicht täuschen lassen. Das Laserlicht wird in bulligen Kästen erzeugt, die einige Meter vom Roboter entfernt stehen; die Kabelführung schränkt die Beweglichkeit ein. Mit solchen Widrigkeiten wäre Schluß, wenn jene andere Entwicklung herangereift sein wird, die schon mit dem Übergang von der Radioröhre zum Transistor verglichen wurde: Hochleistungslaser aus Halbleitern.

Eher schwach leuchtende Laserdioden aus Halbleitermaterial sind im Zuge von CD-Player und Laserdrucker allgegenwärtig geworden. Doch mittlerweile werden stärkere Dioden entwickelt und zu einige Zentimeter hohen Stapeln montiert. Das Ziel lautet Materialbearbeitung. Hochleistungs-Diodenlaser, wenngleich noch schwächlich im Vergleich zu herkömmlichen Strahlern, können immerhin schon löten, härten und Kunststoff bearbeiten. Die Technik ist vielversprechend. Wie beim Festkörperlaser läßt sich ihr Licht durch Fasern leiten. Vor allem aber bleiben die Strahler erheblich kleiner als herkömmliche Laser – das Ideal wäre ein Diodenlaser, angebracht auf der Werkzeugspitze eines Industrieroboters.

Doch leider sind Übertreibungen und Weglassungen beim Lobgesang auf diese Technik üblich; nur selten wird der Laie darauf hingewiesen, daß ein Diodenstapel, mag er noch so kompakt scheinen, keineswegs das komplette Lasersystem darstellt. Der Strahl aus den Dioden ist nämlich von schlechter geometrischer Qualität. Er sieht nicht wie ein Faden aus, sondern eher wie ein Keil mit peinlich weitem Winkel. Die unzureichende Strahlqualität kann selbst die Mikrooptik, die auf jede Einzeldiode montiert wird, nicht ausgleichen, folglich müssen mehrere Linsen zur Strahlverbesserung vor den Diodenstapel geschaltet werden. So wird aus dem Kästchen von Streichholzschachtelgröße dann doch noch ein Apparat von Unterarmlänge – zu groß, um ihn ausschließlich an der Roboterspitze unterzubringen.

Evolution in der Fabrik

Bisher werden Industrieroboter für Aufgaben eingesetzt, die der Produktionsprozeß für sie bereithält; in Zukunft werden sie neue Produktionsprozesse in Gang setzen. Etwa den computergesteuerten, schichtweisen Aufbau von Objekten. Die Idee besteht darin, mit der Roboterspitze eine Spritzpistole oder einen Laserstrahl so zu führen, daß Schicht um Schicht Gebilde entstehen: Aus der Spritzpistole können superheiße Partikel sprühen, die erkalten und fest werden, sobald sie sich irgendwo festsetzen; es kann auch ein Laserstrahl dergestalt in ein flüssiges Photopolymer gerichtet werden, daß es sich an gewünschten Orten in einen Feststoff umwandelt (Stereolithographie), oder er wird in ein metallisches Pulver geschossen, das sich gezielt zu einem Werkstoff aushärtet. Bei diesen und ähnlichen Verfahren wird der Roboter von einem Computerprogramm gesteuert, das den zunächst nur virtuellen Gegenstand in Scheiben zerlegt und für jede Scheibe die Bahn der Roboterspitze errechnet.

Das ist keine Zukunftsmusik. Einige solcher Systeme, wenngleich noch ohne Roboter, werden bereits seit Jahren kommerziell genutzt, um auf die Schnelle Computerentwürfe in reale, nicht bloß virtuelle 3-D-Modelle umzusetzen – «rapid prototyping». Es ist eine Frage der Zeit, bis daraus auch Industrieprodukte werden können, deren Materialeigenschaften den Ansprüchen des Marktes genügen. Beispielsweise ließen sich die Modelle als Gußformen oder in anderer Weise als Vorgänger für fertige Produkte nutzen.

Herstellen heißt letztlich auch: zusammenbauen. Roboter stekken elektronische Bauteile auf Platinen, setzen Windschutzscheiben in Autokarosserien ein oder fügen Waschmaschinenteile zusammen. Und das ist erst der Anfang. Allmählich, darin sind sich die Experten einig, erobert die Industrierobotik den Montagebereich. Die Montage ist eine wichtige Phase im industriellen Arbeitsprozeß, verursacht zwischen einem und drei Vierteln der Herstellungskosten und beansprucht zwischen zwanzig und fünfzig Prozent der gesamten Herstellungszeit. Ihre Automation fällt nicht leicht. Das Problem ist – mal wieder – die Komplexität.

Während meiner Ausbildung zum Panzergrenadier wurde mir eine zeitgemäße Kulturkompetenz vermittelt: Ich lernte, in stockfinsterer Nacht blitzschnell ein Sturmgewehr auseinanderzunehmen und wieder zusammenzusetzen. Die Kunst bestand erstens darin, jeweils die richtige Reihenfolge einzuhalten, und zweitens, die Teile ordentlich abzulegen und schnell mit explorierenden, taktilen Sensoren wiederzuerkennen, also mit meinen Händen. Wahrnehmung und Planung, das machte die Komplexität dieser Montageaufgabe aus.

Welche die schnellste Reihenfolge von Montageoperationen ist, läßt sich nicht immer leicht ermitteln. Oft führen mehrere Montagefolgen zum Ziel. Das Tempo eines Montageprozesses hängt von Faktoren ab wie Werkzeug- oder Greiferwechsel, Gewicht und greiferfreundliche Geometrie der Zwischenprodukte einer Montagefolge. Es wäre praktisch, über Programme zu verfügen, die von selbst die optimale Montagefolge für den Zusammenbau eines Produkts errechnen – hier warten noch Aufgaben für eine algorithmisierte Robotik im Stile von Latombe.

Die Komplexität von Montageaufgaben kann auch anders begründet sein. Das Notebook, auf dem ich diesen Text schreibe, ist mit einer sogenannten QuickPort Mouse ausgestattet. Früher hieß so was Trackball. Es handelt sich um eine Computermaus in Rükkenlage: ein Halter mit Drehsensoren, und darin liegt der Plastikball. Wenn ich ein Wurstbrot gegessen habe, wasche ich mir die Hände, bevor ich diese Maus wieder bediene. Und doch: Alle zwei Wochen ist sie dermaßen verdreckt, daß ihre Bedienung zum nervenzehrenden Videospiel wird. Ganz im Sinne von McFarland setzt dann jedesmal ein Abwägungsprozeß ein, und kurz bevor mir die Maus den Verstand geraubt hat, baue ich sie aus, um sie zu reinigen. Zu diesem Zweck muß ich sie in mindestens drei Teile (Schrauben nicht mitgerechnet) zerlegen. Meistens werden sechs daraus.

Zerlegen ist (in diesem Fall) einfach; zusammensetzen schwierig. Einige Teile sind mit Spiralfedern gegeneinander gelagert, und zwar so, daß sie dazu neigen, zur Seite wegzuspringen, solange das Mausgehäuse nicht festgeschraubt ist. Die anschließende Sucherei kann einen Arbeitstag beenden. Es wäre praktisch, mehrere Hände zu haben, wie eine indische Gottheit: eine zum Festhalten des Gehäuses, eine zum Sichern der sprungbereiten Teile, eine zum Montieren, zwei weitere zum Verfassen des Protestbriefes. Welche Handbewegung folgt auf welche, und wann ist es sinnvoll, den Mund zu Hilfe zu nehmen? In diesem Fall besteht die Komplexität der Montage in der Notwendigkeit, mehrere Aktionen miteinander zu koordinieren.

Es sind diese Probleme (Montagereihenfolge, Teileerkennung, Koordination von Effektoren), die das automatische Montieren schwierig machen.

Einige Firmen sind dazu übergegangen, bereits bei der Konstruktion ihrer Produkte darauf zu achten, daß Roboter oder andere Automaten sie leicht montieren könnten. Modulbauweise und einfache Geometrien tragen dazu bei, ebenso Schnappverschlüsse und Steckverbindungen, und außerdem muß – über montagegerechtes Design der Objekte hinaus – den häufig noch plumpen Robotergreifern genügend Platz zum Agieren eingeräumt werden.

Der Roboter wird nicht nur der Fabrikwelt angepaßt, sondern auch umgekehrt die Fabrikwelt dem Roboter. Eine Ko-Evolution.

Den Roboter in die Maschinenwelt einzufügen ist mühevoll. Davon kann David Bourne ein Lied singen. Er ist Fachmann für Künstliche Intelligenz am Pittsburgher Robotics Institute und arbeitet seit fünfzehn Jahren an computergesteuerten Industrieanlagen. Doch noch immer kann er die Fassung verlieren, wenn er sieht, wie dumm marktübliche Industriemaschinen verfahren. «Schauen Sie sich bloß einmal diese moderne Biegemaschine aus Japan an. Eine Achtzig-Tonnen-Presse mit Handhabungsgerät, gar kein schlechtes Teil, nur vollkommen unflexibel. Um sie auf ein neues Werkstück umzurüsten, benötigen die Kunden bis zu acht Wochen. Acht!» – Bourne schüttelt den Kopf. «Und woran liegt das? Sie brauchen nur die Architektur zu betrachten. Hier, das Lademodul, es wird von einem eigenen Computer gesteuert. Das Lademodul schnappt sich das Blech, das bearbeitet werden soll, und übergibt es dem Handhabungsgerät, einem Roboter, der das Blech unter die Presse bewegt. Auch dieser Roboter hat seinen Rechner, natürlich einen ganz anderen; er sitzt in dieser mannshohen Box hier. Wenn der Roboter das Rohteil in die Maschine schiebt, dann klickt sie es mit einem Mechanismus fest, der wiederum von einem besonderen Computer gesteuert wird. Nun, die Presse hat gleichfalls einen ...» – Bourne lacht ein wenig verzweifelt.

Er zählt sechs verschiedene Computer auf, deren einzige Kommunikation darin besteht, daß der eine dem anderen mit einem Bit Bescheid gibt, ob seine Aufgabe erledigt ist. «Sie geben einander einen Tritt, das ist alles. Im Zeitalter der Computerkommunikation! Wer diese seltsame Maschine für seine Zwecke einstellen will, muß buchstäblich zwischen den Computern umherwandern, sie programmieren und reprogrammieren, tage- und wochenlang.»

Als die Japaner den Auftrag erteilten, ihre Maschine zu verbessern, klemmte er als erstes sämtliche Rechner ab. Ihm muß das ein mörderisches Vergnügen bereitet haben.

Sodann besorgte er sich eine einzige Unix-Workstation und schrieb ein Programm, in dem mehrere künstliche Experten miteinander kommunizieren. Es gibt ein Programmodul, spezialisiert auf die Wahl der geeigneten Werkzeuge, ein anderes entwirft Greifstrategien für das Handhabungsgerät, ein drittes kennt die Methoden, unhandliche Bleche durch enge Arbeitsräume zu bewegen, das vierte schlägt vor, in welcher Reihenfolge die Biegeoperationen stattfinden sollen – zusammen mit einigen weiteren Software-Agenten vertreten sie jeweils ihr Fachgebiet und verhandeln so lange, bis eine gute Lösung gefunden wird.

Dieses KI-Programm verwandelte eine tumbe Maschine in ein flexibles Robotersystem, dessen Umrüstzeit nicht mehr acht Wochen, sondern dreißig Minuten beträgt.

Die Leichtigkeit, mit der ein Robotersystem dem Menschen dient, gilt in der Branche als der entscheidende Faktor für die Verbreitung von Robotern. Negativ ausgedrückt: Das «Mensch-Maschine-Interface» ist der eigentliche Engpaß der Industrieroboter geworden. Was nützt es, daß ein Roboter wie der geölte Blitz funktioniert, wenn er in vielen teuren Arbeitsstunden erst darauf vorbereitet werden mußte – und das jedesmal von neuem, sobald ein anderes Produkt hergestellt werden soll? Der japanische Elektroriese NEC hat Mitte der neunziger Jahre aus diesem Grund etliche seiner Roboter eingemottet und deren Jobs an Menschen zurückgegeben.

Bis auf weiteres sind es Interessen der Menschenwelt, die den Selektionsdruck auf die Roboterevolution ausüben; Roboter werden gebaut oder wieder abmontiert, je nachdem, wie gut sie ökonomischen, wissenschaftlichen oder anderen Interessen dienen. Die neuen Arbeitsschutzvorschriften der EU geben dem Einsatz von Industrierobotern beispielsweise einen kräftigen Schub: In Zukunft dürfen Menschen demnach keine Lasten vom Boden heben, die mehr als zehn Kilogramm wiegen; auf Hüfthöhe werden es maximal 25 Kilo sein und am ausgestreckten Arm nur fünf. Im Bergbau und vielen anderen Wirtschaftszweigen gibt es da nur eine Lösung: Roboter.

Roboter sind Medien unserer Arbeits- und Lebensweise, Medien für Arbeit und Interaktion, sie sind Spiegel der Menschenwelt. Doch bevor wir das Verhältnis von Mensch und Maschine näher betrachten, seien zunächst noch weitere Roboter vorgestellt.

vierzehntes kapitel

Serviceroboter

Künstliche Diener gab es angeblich schon im 13. Jahrhundert, und zwar in Köln, der Heinzelmännchenstadt. Dort lebte der fromme Gelehrte Albertus Magnus (1204–1282), und es heißt, ihn hätten metallene Gehilfen umgeben, die seine Gäste bewirteten. Einer von ihnen, eine weibliche Schönheit, soll gar fähig gewesen sein, schwierige Fragen zu beantworten. Der Sage nach hat Thomas von Aquin, der berühmte Schüler des Albertus, die allzu kluge Androidin als Werk des Teufels erkannt und zerstört. Der Kölner Frührobotiker wurde später dennoch heiliggesprochen.

Serviceroboter: Maschinenknecht, Hausgolem, Blechbutler, so lauten in meiner Bekanntschaft die Assoziationen zu dem Wort Roboter – obgleich doch die Industrieroboter in der Überzahl sind. Schon Homer phantasierte von Dreifüßen auf Rädern, die den Göttern Wein und Speisen bringen. Woran mag es liegen, daß Serviceroboter geradezu archetypisch sind?

Vielleicht drückt sich darin der Wunsch aus, daß einem endlich jemand die ungeliebten, täglich erneut anfallenden Hausarbeiten abnehmen möge. Und zwar ohne zu murren.

Der Fachwelt gilt die Servicerobotik keineswegs mehr als Exotenthema. Die vielgerühmte Japan Industrial Robot Association (JIRA) hat das «Industrial» aus ihrem Namen gestrichen, die International Federation of Robotics den klassischen Industrieroboter aus ihrem Logo entfernt. Nur noch eine Dekade dauere es, so meint gar Joe Engelberger, bis die Serviceroboter einen größeren Markt erobert haben als die Industrieroboter. Über siebzig Jahre zählt der Roboterpionier – und will es noch erleben. Vor zehn Jahren hatte er begonnen, HelpMate zu entwickeln, den 1,40 Meter hohen Blechboten, der durch dieses Buch rollt. Für 60000 Dollar pro Stück verkauft Engelberger seinen Serviceroboter. Mehr als fünfzig HelpMates wandern derzeit durch Korridore Japans, Europas und der USA. HelpMate ist mit Berührungsschaltern, einer Videokamera, Sonaren und IR-Näherungssensoren ausgerüstet. Der Roboter verfügt über eine digitale Karte und navigiert mit Hilfe von Odometrie und Umgebungsmerkmalen; die Navigation wird durch einen Ausweich- und einen Notfallmechanismus unterbrochen. Aufzüge bedient er per Funk oder Infrarot.

Der «HilfsKumpel» wird vorzugsweise in Krankenhäusern eingesetzt. Er bringt Essen, Wäsche, Röntgenkassetten, Laborproben und Krankenakten von Station zu Station – bis zu fünfzig Kilogramm auf einmal und mit der durchschnittlichen Geschwindigkeit eines Menschen. Seinen Einsatz am Krankenbett hat der Hersteller jedoch untersagt. So muß es auch bleiben. Wer einmal im Krankenhaus lag, weiß, daß die Krankenschwester mit jeder Begegnung mehr übermittelt als lediglich Mittelchen. Doch was das Pflegepersonal normalerweise nervt, nämlich die endlosen Transportwege dieses Diätessens auf jene Station, jenes Tablettenbechers zu dieser Kollegin und vieles mehr, das erledigt nun der weiße Roboter, der noch dazu gleichbleibend höfliche Sätze ertönen läßt.

Ein Verwandter von HelpMate ist Robuter, ein niedrig gehaltenes Fahrgestell, das zwei bierkastengroße Aktencontainer trägt. Robuter wird per Funk von einem Rechner gesteuert, der aus den Sensorwerten die Position des Fahrzeugs ermittelt. Das Zehnfache an Gewicht transportiert Mosaic, ein am IPA in Stuttgart entwickelter Gabelstaplerrobot. Auch Mosaic wird von einem Leitrechner gesteuert, und zwar per Infrarot. Seine internen Sensoren sind Meßräder und ein optischer Kreiselkompaß; ein Magnetsensor wiederum stellt fest, ob sich der autonome Gabelstapler an bestimmten Marken befindet. Die Firma Reis hat gar ein System zusammengestellt, in dem zwei ihrer Portalroboter zusammen mit Palettenförderern, einem Hochregallager und anderen Maschinen einen vollautomatischen Getränkemarkt mit ungefähr zweitausend Kästen unterschiedlichen Inhalts ergeben. Der Kunde tippt an einem Terminal seine Wünsche ein, den Rest erledigt die Maschinerie. Das rechtliche Problem: Ist dies ein Kiosk, für den das Ladenschlußgesetz gilt, oder ist es ein Getränkeautomat?

Unterdessen denkt die Hotelbranche über eine mobile Minibar nach. Prototypen anderer Serviceroboter gruppieren bereits die Stühle in Kongreßzentren. Anderswo sind Maschinen im Einsatz, die ich «Gastrobots» nennen möchte: Sie klappen Hamburger zusammen, fritieren Pommes, belegen Pizzen und bekleckern Tacos.

Wenn ihnen etwas danebengeht, könnten sich Reinigungsroboter in Gang setzen.

So etwas gibt es natürlich auch schon. Der US-Roboter «Roboscrub» reinigt Böden und wird dabei mit Streifencodes wie aus dem Supermarkt geführt; CyberVac aus Kanada wiederum ist ein Staubsaugerroboter, der (ebenso wie zwei japanische Robotsauger) den Raum abgrast, bis er weiß, daß er überall war. Staubsauger verbrauchen ordentlich Strom; wird er knapp, so suchen die Geräte ihre Ladestation auf – ganz so wie Greg Walters Tortoises. Und so ähnlich sehen sie auch aus. Die deutsche Firma Alfred Kärcher GmbH bietet einen Scheuersaugroboter mit dem klangvollen Namen «BR 600 Robot» an, dessen Bürstenwalzen mit Hilfe eines flüssigen Reinigungsmittels den Boden schrubben; eine Absaugvorrichtung nimmt den Schmodder auf. BR 600 Robot muß lediglich einmal den vorgesehenen Weg entlanggeführt werden; danach fährt er ihn jedesmal selbständig. Robomatic 80, geboren in Bad Oldesloe, kehrt und schrubbt; der Roboter navigiert wie BR 600 Robot mit Odometrie und Sonaren.

Seit Jahren säubern Roboter die Innenräume von Flugzeugen der Singapore Airlines, anschließend setzen menschliche Reinigungskräfte nach; die Roboter kommen aus Schweden («Nordic Dino») und Japan («Sky Cleaner»). Ende 1995 wurden, nach langjährigem Testbetrieb, der Deutschen Lufthansa zwei Reinigungsroboter geliefert. Sie kosteten pro Stück ungefähr fünf Millionen Mark und sind wohl die größten Roboter der Welt. Sie waschen Jumbojets.

Was keineswegs eine triviale Aufgabe ist. Die Abmessungen der Flieger variieren, weil sie sich im Laufe ihres Fluglebens verformen. Die Flügel hängen durch, schwingen beeindruckend, und auch der 33 Meter lange Roboterarm gibt aufgrund seines Gewichts in der Mitte bis zu einem Meter nach. Da reichen die auf CD-ROM gelieferten Konstruktionsdaten der Flugzeuge zur Steuerung der Reinigungsmaschine nicht aus; der Riesenrobot wird zusätzlich durch Sensoren über die Lage der Dinge im Raum informiert. Einige Sensoren sitzen in seinen blauen Bürsten, die über die metallene Haut der Jumbos streicheln – mit einer Genauigkeit von einem Zentimeter, und das bei einem Tempo von vierzig Zentimetern pro Sekunde.

Der sensible Reiniger namens Skywash lohnt sich. Nicht wegen der mäßig bezahlten Putzkolonne, die er ersetzt, sondern weil er einen Jumbojet in zwei Stunden reinigt statt an einem Tag. Rein rechnerisch kann die Lufthansa damit zwei Flugzeuge einsparen. Entwickelt wurde der rote Riese vom Stuttgarter Fraunhofer-Institut für Produktionstechnik und Automatisierung (IPA).

Auf dem Bahnhof in Tokio habe ich einen Reinigungsroboter umherfahren sehen. Niemand hat ihn beachtet; er war so selbstverständlich wie die sich automatisch öffnende Tür. Die meisten Menschen werden – so oder so – Roboter als Hilfskräfte im Alltag kennenlernen. Unauffällig, effektiv und höflich werden sie in die Menschenwelt diffundieren.

Robodoc

Jedes Jahr werden weltweit 750000 künstliche Hüftgelenke eingesetzt. Ich habe einmal Videoaufnahmen einer solchen Operation gesehen. Die Details sollen Ihnen erspart bleiben. Nur so viel: Der Eindruck, den Hammer, Meißel und die Kraftentfaltung des

Chirurgen in meinem visuellen Gedächtnis hinterlassen haben, ist dauerhaft. Neben mir saß ein Robotiker aus der Industrie. Er schüttelte den Kopf: «Mein Gott, wie primitiv.»

Ja, primitiv, grob, belastend für die Patienten, und im Wortsinne eine Knochenarbeit für die Ärzte. Ein Job, wie geschaffen für Roboter.

Deshalb gibt es Robodoc. Forscher und Ingenieure in Kalifornien haben ihn aus einem japanischen Roboter entwickelt und bereits einige hundertmal verkauft. Die meisten Robodoc-Operationen wurden bisher an der Berufsgenossenschaftlichen Unfallklinik in Frankfurt/M. vorgenommen.

Zur Zeit funktioniert das System wie folgt: Zunächst werden drei Schrauben in das Bein des Patienten gedreht, sie dienen dem Roboter als Referenzpunkte. Alsdann schreitet man zur Tat. Die künstliche Gelenkpfanne wird wie ehedem von menschlicher Hand in den Beckenknochen gedrückt, dann checkt der Roboter die Lage, und sobald er sich orientiert hat, konzentriert er sich auf den Oberschenkelschaft. Er fräst mit industrieller Genauigkeit von wenigen Zehntelmillimetern ein Loch, in das der Chirurg das Implantat einsetzen kann. Anders als bei herkömmlichen, manuell gefrästen Öffnungen muß wegen der großen Genauigkeit nicht noch Zement zwischen Knochen und Implantat gegeben werden; der Vorteil besteht darin, daß Implantat und Knochen ungestört zusammenwachsen können.

Freilich muß das Ganze schon stabil sitzen, bevor alles gut zusammenwächst. Deshalb ist die Entscheidung für das passende Implantat bei zementloser Implantation so wichtig; um diese zu erleichtern, arbeiten mehrere Gruppen von Medizinrobotikern an Computersimulationen für das Zusammenspiel von Implantat und Knochen. Das Verhalten der Knochen läßt sich nicht leicht simulieren; sie sind komplexe Gebilde und reagieren auf Kräfte nicht etwa linear, sondern höchst ungleichmäßig und nicht selten überraschend.

Weitere Verbesserungen von Robodoc sind geplant. Das Einsetzen der Gelenkpfanne soll automatisiert werden, das Aufschneiden des Patienten eines Tages sogar auch. Alles das setzt eine perfekte Echtzeitmodellierung des Patienten voraus; doch dafür wäre eine weitaus schnellere Computerhardware vonnöten. Denn es läßt sich nicht für jede Hüftimplantation ein massiv paralleler Höchstleistungsrechner anwerfen.

Unschön bleibt das Vorspiel mit den drei Schrauben. Das Medizinlabor am Pittsburgher Roboterinstitut arbeitet an der Entwicklung einer Ultraschallsensorik, die den Knochen des Patienten lokalisiert und dessen Lage während der gesamten Operation überwacht. Zur Zeit wird dieses System an einem Knochen ausprobiert, der in einem wassergefüllten Aquarium schwimmt – ein etwas erschreckender Anblick.

Das Stilleben nimmt sich ohnedies grotesk aus: Metallarme und Hüftknochen zwischen Plastikfüßen, Notebooks und Operationsbesteck. Hinreichend frankensteinisch, um einen gewissen Schauder zu erzeugen. Doch Robotik ist eben nicht bloß Mathematik und Simulation, und Medizinrobotik zumal ist alles andere als blutarm. Wenn frischgebackene Robotikstudenten den Operationssaal des benachbarten Shadyside-Hospitals besuchen, bekommen sie beim Anblick des Einsatzgebietes ihrer Maschinen nicht selten weiche Knie.

Mußten Sie schon einmal nach einer Operation eine Zeitlang im Bett liegen? Hoffentlich nicht. Wenn doch, dann können Sie leicht ermessen, was es für die Krankenschwestern bedeutet, tagein, tagaus Patienten tragen und transportieren zu müssen. Etliche Berufskrankheiten des Krankenhauspersonals sind auf das Heben gerade solcher Lasten zurückzuführen. Halbautomatische Geräte können helfen; in Großbritannien wurde beispielsweise eine Maschine entwickelt, die das Umbetten von Patienten erleichtert, indem sie ein Gitter von Trageleisten langsam, mit sensorgeführter Vorsicht unter den Patienten schiebt, ihn sanft anhebt, weiterbewegt und ihn genauso behutsam wieder absetzt – vielleicht in einen Fahrroboter, der vom Pfleger nur noch per Fahrradlenker geführt und nicht mehr geschoben werden muß. Auch das ist eine Entwicklung aus Großbritannien.

Ein per Joystick gesteuerter Greifer namens Manus wurde schon vor drei Jahren von Krankenkassen seines Herkunftlandes, der Niederlande, anerkannt. An den Rollstuhl montiert, leistet er einfache Dienste wie zum Beispiel das Tragen von Lasten. Er wiegt nicht viel, seine Software schließt bestimmte gefährliche Armbewegungen aus, außerdem sollen selbstschaltende Rutschkupplungen verhindern, daß der Arm seinen Besitzer schlägt.

Mindestens so sicher muß ein anderer, als Prototyp entwickelter Rollstuhl erst noch werden. Außer zwei Rädern hat er vorn auch noch zwei Beine. Sie erkennen und überwinden selbständig Hindernisse – und nur das sollen sie tun, nicht aber, etwa aufgrund eines Softwarefehlers, zu Raibertschen Luftsprüngen ansetzen.

Reharobotik befaßt sich vor allem mit den Benutzeroberflächen. DeVAR zum Beispiel, ein experimenteller Roboter aus Stanford, hört auf gesprochene Kommandos und reicht den Telefonhörer. Ein besonders anspruchsvolles Projekt verfolgt das Labor für intelligente Robotersysteme (IRL) an der Universität in Nashville, Tennessee (USA): Dort wollen die Robotiker einen federleichten Arm mit Hilfe von GofAI- und Nouvelle-AI-Methoden darauf programmieren, daß er auf Gesten reagiert und zum Beispiel die Zähne seines Besitzers putzt. Seine Glieder werden von Rubbertuatoren angetrieben; das läßt sie nachgiebiger und daher sicherer agieren als herkömmliche Roboterarme. Ein Beispiel für das Grundprinzip, das IRL-Chef Kazuhiko Kawamura predigt: Je intimer der Kontakt mit dem Menschen, desto menschenähnlicher muß die Maschine sein.

Oder wenigstens hundeähnlich. Meldog heißt ein automatischer Blindenhund aus Japan, dem eine topologische Karte einer Nachbarschaft eingegeben wird; die Frage «Wo bin ich?» beantwortet er anhand von künstlichen Geländemarken. In Großstädten ließen sich diese Marken problemlos an Ampeln oder markanten Straßenecken anbringen. Leider kann der Hundebot noch keine Treppen steigen, selbst an Stufen scheitert er.

Bereits seit einigen Jahren bewährt sich indessen Handy, ein britischer Roboterarm, der Patienten füttert. Das Essen wird übersichtlich in eine Glasschale gelegt, und der Patient kann dann mittels eines einfachen Schalters oder per Kopfbewegung, bald sogar per Zuruf, den Roboter anweisen, einen Löffel Erbsen,

Gulasch, Kartoffelbrei oder Schokopudding zu reichen. Handy wurde in Zusammenarbeit von Robotikern, Medizinern, Psychologen und potentiellen Benutzern entwickelt. Er hilft heute Spastikern und anderen Behinderten – oder isoliert er sie? Ist nicht auch das Füttern ein Akt der Zuneigung?

Es kommt auf die Umstände an. Behinderte sehen Handy positiv, weil er ihnen zu mehr Autonomie verhilft. In eine mitfühlende Umgebung integriert, ist Handy eine Wohltat. Abstoßend jedoch wäre die Vorstellung, Robotik könnte dazu dienen, Hilfsbedürftige ohne mitmenschlichen Zuspruch in eine Maschinenwelt abzuschieben. «Wir brauchen einen Apparat» sinniert Rolf Dieter Schraft vom IPA, «der beispielsweise dem alten, gebrechlichen Menschen einen Arm bietet, damit er sich sicher in seiner eigenen häuslichen Umgebung bewegen kann – etwa zum Telefon gehen. Das würde sich auch finanziell lohnen, denn die Großmutter müßte nicht ins Pflegeheim. Die Krankenkassen könnten damit letztlich Ausgaben sparen, indem sie solche Systeme zur Verfügung stellen.»

Geld zu sparen ist nichts Böses; die Frage bleibt letztlich die, ob Roboterhilfe den Alten und Behinderten zugute kommen oder bloß als billiger Ersatz für menschliche Hilfe eingesetzt werden soll. Ich kenne einen Informatiker, der eines Tages von «all dem Gerede über Hilfsroboter für Alte genug hatte» – und sich zum Altenpfleger ausbilden ließ. Glauben Sie nicht, das sei erfunden, ich kenne diesen bemerkenswerten Mann persönlich.

fünfzehntes kapitel

Geländeroboter

In den kommenden Jahren wird es vermutlich zur Ausrüstung von Hafenanlagen mit vollautomatischen Containerfahrzeugen und von Tagebauhalden mit Robot-LKW kommen. Prototypen sind bereits in Großbritannien und den USA mit Erfolg eingesetzt worden; im Hafen von Rotterdam werden Containerroboter erprobt, die mit Hilfe des Satellitensystems GPS navigieren. Transport ist eine naheliegende Aufgabe für Geländeroboter.

Die beiden wichtigsten Robotiksysteme für den Straßenverkehr kennen Sie schon, nämlich Navlab und VaMP. Navlab gehört zu einem US-Projekt namens «Automated Highway System», VaMP zum EU-Projekt «Prometheus»; beide sollen den Autoverkehr vor dem Zusammenbruch retten, indem die Fahrerei computerisiert und teilweise roboterisiert wird. Man wird sehen.

Die Automobil- und Mineralölindustrie finanzierte sogar die Entwicklung eines Tankwartroboters am Stuttgarter IPA.

Mit Mühe nur bringen die IPA-Robotiker ein paar Gründe für den Sinn ihres Geräts zusammen. Die Maschine könnte am Ausgang einer Kfz-Montagehalle arbeiten. Oder in den USA, der Heimat des Drive In. Sie mag helfen, Warteschlangen an Autobahntankstellen zu verkürzen: Kreditkarte rein, Tankklappe aufklicken, den Rest erledigt die Maschine, der Fahrer wartet im Auto. So und ähnlich lauten die Gründe, nach denen ein Tankroboter von Nutzen für die Menschheit sei.

Sie merken schon, daß ich davon nichts halte. Nicht zuletzt weil ich eine Verkehrstechnik nicht ausstehen kann, die in der Bundesrepublik jährlich neuntausend Tote fordert und jedem ein Verbrennungskraftwerk zur Verfügung stellt. Selbst Roboter machen sie mir nicht sympathisch. Da gefällt mir die Bahn schon besser.

Trotz ihrer technischen Mängel. Leider sterben ungefähr zehn Rangierer im Jahr; die Gefahr ihres Jobs besteht im Entkuppeln von Wagen. Nachdem die Kupplungen aufgedreht und die Bremsschläuche gelöst wurden, wird der Zug auf den sogenannten Ablaufberg geschoben, und nun muß der Rangierer im richtigen Augenblick mit einer Stange die Kupplung lösen. Ein Roboter kann helfen: An der Rheinisch-Westfälischen Technischen Hochschule Aachen ist ein Entkupplungsroboter entwickelt worden. Er fährt auf einem eigenen Gleis parallel zum Zug, und sein Greifer trennt die Kupplung. Radar und maschinelles Sehen helfen ihm, im passenden Moment zuzupacken.

Bauroboter

Eine andere Beschäftigung, die allzuoft tödlich oder mit chronischen Beschwerden ausgeht, ist die Bauarbeit. Ihre Welt ist rauh, aber eine künstliche und deshalb gut geeignet für die Robotik. In Japan arbeiten bereits mehr als fünfhundert Bauroboter. Sie glätten Betonflächen, fliesen Fassaden, streichen Außenwände und sprühen feuerhemmende Anstriche auf Stahlkonstruktionen, sie schleppen schwere Teile heran, helfen den Arbeitern beim Hantieren mit Stahlträgern und binden das Armierungsgeflecht für Stahlbetonbauten.

Die Firma Taisei hat schon ganze Gebäude nach einem sogenannten T-Up-System errichtet. Dabei wird erst ein Kerngehäuse aus Stahlträgern gebaut; seitlich des Gehäuses werden anschließend acht Leitsäulen montiert – sie dienen als vertikale Schienen einer hydraulisch verschiebbaren Arbeitsplattform, die mit Kran-, Schweiß- und anderen Robotern bestückt wird. Mit Errichtung des Rohbaus wandert die Plattform schrittweise nach oben. Ist die oberste Etage montiert, werden einige Geräte von der Plattform entfernt, und der Rest dient dem Gebäude von nun an als Dach. Das System wird mit Hilfe von Computermodellen, Sensoren und Eingaben des Personals geführt. Zum Baurobotersystem T-Up (und ebenso zu seinem Pendant namens Smart) gehören überdies Schutzverkleidungen, die das Bauen bei Tag und Nacht sowie zu jeder Jahreszeit erlauben.

Taisei hat zudem einen «Tile Separation Detection Robot» im Einsatz, der die an Japans Hochhäusern oft anzutreffenden Fassadenkacheln überprüft. Der Bauschmuck ist nämlich schon vielen Menschen auf den Kopf gefallen. Bisher wurden Kachelexperten in Fahrkörben an den Fassaden entlanggeführt, die mit einem Hammer jede Kachel anschlugen, um am Ton festzustellen, ob sie denn im Begriffe sei, sich zu lösen. Das war mühevoll, langwierig und nicht sehr verläßlich. Der Fassadenroboter von Taisei nun fährt an einem Seilsystem hangelnd die Wände hinab und klopft mit zehn kleinen Hämmern auf die Kacheln («hit and listen»). Sein Computer wertet die Echos nach einheitlichen Kriterien aus und kann überdies die Lage jeder einzelnen Kachel exakt festhalten. Anschließend wird eine Karte angelegt, die anzeigt, wo jetzt oder demnächst repariert werden sollte.

Ein anderer «Tile Separation Detection Robot» von der Firma Kajima mißt zugleich die Rückstoßkraft der Kachel auf den Schwinghammer; sie variiert je nachdem, ob sich die Kachel vom Mörtel gelöst oder ob sie ihn von der Wand mitgenommen hat. Im letzteren Fall muß schnell etwas geschehen, sonst rasseln demnächst sämtliche Kacheln herab.

Solcherlei Beschreibungen rufen hierzulande nicht selten ungläubige oder ablehnende Reaktionen hervor. Auf den japanischen Videos seien verdächtig oft Computersimulationen zu sehen; die Filmaufnahmen von den Baustellen seien sorgfältig bearbeitet, um möglichst nur wenige Menschen im Bild zu haben; in Japan gebe es außerdem mehr Stahlbau und mehr konfektionierte Hochhäuser als bei uns, weshalb sich Bauroboter dort eher lohnen würden.

Das ist schon alles richtig. Doch unterdessen bereiten sich die japanischen Bau- und Maschinenbaukonzerne auf einen gewaltigen Bauboom in Asien vor, der etwa in Malaysia schon eingesetzt hat und im Fall Chinas gigantische Ausmaße annehmen könnte. Mich stimmt nachdenklich, daß diese Bedenken in einem Land erhoben werden, in dem auf manchen Baustellen noch nicht einmal Kräne eingesetzt werden, weil es billige Arbeiter gibt, die ihre Knochen hinhalten. Warum wohl sind auf unseren Baustellen, anders als in Japan, selten einmal ältere Arbeiter anzutreffen?

In der Baurobotik führt Japan mit großem Abstand. Um ein wenig aufzuholen, wurde in der Bundesrepublik ein Sonderforschungsbereich für Großroboter eingerichtet, der 1996 seine Arbeit aufnahm. Er basiert vor allem auf Arbeiten an der Duisburger Universität und konzentriert sich zunächst einmal auf das technische Hauptproblem: Die großen Massen, zusammen mit der enormen Reichweite der Roboter, führen zu äußerst störenden Verformungen und Schwingungen der Systeme. Ende März 1996 wurde in Aachen ein «Road Robot» genannter vollautomatischer Straßenfertiger vorgestellt, der komplette Straßenbeläge hinterläßt. Road Robot findet seinen Weg selbständig. Eine Vorahnung der Zukunft: Maschinen formen die Welt automatisch um.

Äpfel pflücken, Schafe scheren, Kühe melken

Eine nützliche Existenz führen Roboter in kommunalen und landwirtschaftlichen Diensten. Ein japanischer Zweiarmroboter, angebracht an einem Kran, repariert Hochspannungsleitungen; ein deutsches Gerät entleert Abfallcontainer ins Müllfahrzeug; andere Maschinen kriechen zur Inspektion durch Rohrsysteme und Abwasserkanäle. Auf diesem Gebiet sind deutsche Forschergruppen anderen weit voraus; gleich mehrere Teams arbeiten an robotischen Kanalarbeitern.

In den USA kann für zweitausend Dollar ein Rasenmähroboter namens «Weed eater» erstanden werden, der mit Solarzellen betrieben wird. Leise und emissionsfrei gleitet er über das Grün, bis er den eingebuddelten Begrenzungsdraht erreicht und wendet.

US-amerikanische Vorgärten repräsentieren nun alles andere als wilde, ungezähmte Natur. Ihre Topographie ist in der Regel so übersichtlich wie eine Spanplatte, fast ebenso übrigens wie die Kunstnatur in Gewächshäusern, weshalb für diese Einsatzumgebung gleichfalls die ersten Roboter entwickelt werden. In Großbritannien versucht derzeit ein Roboter, mit Hilfe seiner Videokamera erntereife Champignons zu erkennen und sie sodann, mit einem Saugnapf vorsichtig abdrehend, einzusammeln. In Japan zeigte ein Roboter schon vor Jahren, daß er Tomaten auswählen und abgreifen kann; in den Niederlanden werden Roboter erprobt, die Rosen pfropfen und Äpfel pflücken. In Pittsburgh wird mit einem Roboter namens Demeter experimentiert, der die von Naturkostlern bevorzugte Alfalfa erntet. In Frankreich wurden gar Versuche unternommen, mit Robotern Wein zu lesen. Doch daraus ist nichts geworden. Massenweine werden eh maschinell, nämlich mit einer Brutalmaschine namens «Vollernter» gelesen; für gute Weine hingegen muß bei der Lese sorgfältig auf die Traubenqualität geachtet werden und darauf, daß die Rebstöcke keinen Schaden nehmen. Roboter könnten das im Prinzip wohl auch, wären dann aber viel zu teuer.

Hiermit verpflichte ich mich feierlich: Falls jemals ein roboterverlesener Wein auf den Markt kommt, werde ich zwei Flaschen davon kaufen. Eine zum sofortigen Probieren. Und die andere soll aufgehoben werden bis zu dem Tag, an dem ein Mensch mit einem Roboter auf die guten alten Zeiten anstößt.

Die Geländerobotik bringt unaufhörlich neue Robotertypen hervor. In einem Wald bei Paderborn fällte der Prototyp eines vierbeinigen Forstroboters aus Finnland probehalber ein paar Fichten. Am National Forests Institute in Kanada wird allen Ernstes an sechsbeinigen, pneumatischen Pantograph-Riesen mit Dieselmotor gearbeitet, die in Aufforstungen störendes Gras und Gebüsch weghacken sollen. Ganze Hundertschaften solcher Forstinsekten könnten, so meinen die Forscher, in den riesigen Baumanpflanzungen Kanadas für ordentliches Wachstum sorgen. Im britischen Oxford wiederum wird mit EU-Unterstützung ein Apparat namens Robofish entwickelt. Dabei handelt es sich um ein Robotersystem, das die Fische reihenweise für die maschinelle Enthauptung ausrichtet. Ein technisches Problem der fischverarbeitenden Industrie ist nämlich das Gewusel und Geglitsche der Tiere, das eine schnelle Verarbeitung beeinträchtigt. Ein Roboter, der die nasse und salzige Umgebung einer Fischfabrik aushält und vierzig bis fünfzig Fische pro Minute unters Beil legt, würde nicht nur den Durchsatz erhöhen, sondern auch den Ausschuß um ein Prozent verringern. Zwei Arme soll der Fischkiller bekommen, Kameraaugen und einen Transputerkopf.

In Australien grasen 135 Millionen Schafe, die regelmäßig geschoren werden wollen. Es fällt zunehmend schwer, für diese anstrengende und nervenaufreibende Saisonarbeit Personal zu finden. An der University of Western Australia wurde deshalb ein Roboter zum Schafescheren konstruiert. Dabei wird das Schaf auf eine Pritsche gelegt und festgegurtet. Sein Gewicht setzt die Scheren in Gang. Sie werden von einem Programm gesteuert, das ein Idealschaf annimmt, sich aber von den Sensoren an den Scheren davon überzeugen läßt, daß es sich bei dem betreffenden Schaf um ein Individuum handelt.

Zumindest weitgehend. Bei Tests kam es zu etwa einem Dutzend Verletzungen pro Schaf. Allerdings erleiden die Tiere bei manueller Schur im Durchschnitt gar zwanzig Schnittwunden. Ein Robotiker vom Stuttgarter IPA: «Schön sah die Anlage nicht aus. Wie das Schaf da auf der Pritsche lag, konnte es einem beinahe leid tun.»

Aber eben nur beinahe. Die Ausbeute war eine achtzigprozentige Schurleistung. Gleichwohl wurde das Projekt eingestellt: «Eigentlich eine Spitzenanlage», meint IPA-Chef Rolf-Dieter Schraft, «sie kam nur zehn Jahre zu früh. Die Sensor- und Steuerungstechnik blieb unzureichend, weshalb sie letztlich doch nicht wirtschaftlich war. Heute wäre das einfacher. Das Projekt kommt ganz sicher wieder.»

Aus Großbritannien wiederum stammt ein besonders bemerkenswerter Apparat: ein Melkroboter. Halten Sie sich fest.

In einem einschlägigen Text klagt die Fachzeitschrift *Industrial Robots* über die gegenwärtigen Zustände im Umfeld herkömmlicher Melkmaschinen: «Zur Zeit wird jede Kuh zweimal am Tag gemolken und gibt etwa 6000 Liter Milch pro Jahr. Der Mensch braucht ungefähr eine Minute, um die Kuh für das Melken vorzubereiten und die vier Sauger an den Zitzen zu befestigen. Das Melken dauert danach vier bis sieben Minuten. Infolgedessen verbringen Menschen in Großbritannien 90000 Stunden pro Tag damit, Kühe an Melkmaschinen anzuschließen – unter Zeitdruck, in einer schmutzigen und geräuschvollen Umgebung.»

Ich habe diese Szene einmal beobachtet. Es ist wirklich so. Der Mensch muß unausgesetzt ochsen, das liebe Vieh hingegen steht im Melkstau. Die Arbeit ist ausgesprochen öde, bringt Infektionen und orthopädische Schädigungen mit sich, und die Kühe könnten – sogar im eigenen Interesse – eigentlich auch mehr gefordert werden: «Bei einem vollautomatischen Melksystem käme die Kuh möglicherweise bis zu viermal am Tag vorbei und würde mindestens fünfzehn Prozent mehr Milch geben», schwärmt das Roboterblatt. Eine positive Nebenwirkung sei die verringerte Gefahr von Euterinfektionen. Dagegen kann niemand etwas haben, möchte ich meinen.

Doch die Idee eines Melkautomaten steht und fällt mit der kitzligen Aufgabe, die Sauger an die Zitzen zu bringen. Euter sind «weich, bewegen sich unregelmäßig und verändern ihre Form. Ein Roboter, der damit fertig werden soll, muß überall nachgiebig sein, nicht nur an der Werkzeugspitze» – weshalb sanfte Luftdrucksysteme die Technik erster Wahl sind. Zumal Elektrik im Havariefall viehische Schmerzen verursachen könnte. Stabil muß ein Melkroboter dennoch sein; im Kuhstall besteht ein ausgemachter Spaß darin, niedrige Aufbauten umzukicken. Außerdem sollte die Maschinerie unbeeindruckt von Feuchtigkeit und Schmutz ihrer Arbeit nachgehen können.

Alle diese und einige weitere Rindbedingungen erfüllt nun das britische System. Sobald eine Kuh in seine Nähe kommt, liest es die Signale aus dem kleinen Funkgerät, das sie um den Hals trägt, und identifiziert das Tier. Wurde es vor kurzem gemolken und kommt infolgedessen nur aus Neugier, Appetit oder purem Zufall vorbei, dann führt ein Balken die abgelehnte Kandidatin zartfühlend zur Seite – andernfalls darf die Erwählte näher treten. Sie begibt sich auf eine Plattform, die dergestalt die Kuhbeine auseinanderführt, daß das Euter ins Blickfeld des Roboters gerät. Per machine vision wird zunächst die Sauberkeit der Zitzen geprüft; sind sie schmutzig, wird sanft geschrubbt. Nun schnappt sich der Roboter einen Sauger. Er guckt in seiner Datenbank nach, wie denn die Euterkoordinaten des muhenden Individuums aussehen. Mit Druckschaltern registriert er die Kuhposition und leitet daraus schon einmal eine Positionsschätzung für die Zitzen ab. Alsdann korrigiert er diesen Wert mit Hilfe seiner Kamera und einer Streifenprojektion (siehe Seite 174). Der Roboter lokalisiert eine freie Zitze, und nun geschieht alles das, was Ihnen aus vorherigen Kapiteln wohlbekannt ist: Koordinatentransformation, Gelenksteuerung, Feedback – und schwupp.

In ersten Tests kam der Melkroboter bei Kühen gut an; die Tiere hatten keine Berührungsängste und suchten die metallene Magd immer wieder auf.

Strahlen, Bomben und Verbrecher

In der künstlichen, harten Welt der Nukleartechnik entstanden schon vor Jahrzehnten roboternahe Telemanipulatoren; das sind künstliche Glieder, mit denen Menschen zum Beispiel in den sogenannten «heißen Zellen» der Wiederaufarbeitung von Kernbrennstoffen hantieren. Telemanipulatoren haben zwar viel zur Robotik beigetragen, sind aber selbst keine Roboter, denn sie sind keine Automaten. Auch diesmal gibt es freilich Grenzfälle, in denen der Mensch nur grobe Bewegungen vorgibt und der Telemanipulator die Feinarbeit selbständig ausführt.

Reaktordruckbehälter und andere Komponenten werden heutzutage oft von mobilen Nuklearrobotern gewartet; der US-Roboter Cecil beispielsweise inspiziert die Dampferzeuger auf der Seite des Sekundärkreislaufs. Seine Schwester Rosa, ein mannshoher Roboterarm auf Fahrketten, arbeitet derweil auf der radioaktiven Primärseite.

In europäischer Kooperation wird den Nuklearrobotern Frastar und Rami die Fähigkeit zu autonomer und semiautonomer Navigation implantiert. Wie autonom sollte und darf ein Nuklearroboter sein? Das ist eine technische, arbeitspsychologische und ethische Frage. Experimente mit ferngesteuerten Nuklearrobotern in Frankreich und Japan zeigten, daß Menschen schnell ermüden und Fehler machen, wenn sie jede einzelne Bewegung steuern müssen. Doch je autonomer der Roboter, desto schwieriger wird die Bestimmung des technischen Risikos – und vor allem: desto schwieriger wird es, die Verantwortung für Mißgeschicke zu regeln.

Die Nuklearrobotik folgt im allgemeinen dem Prinzip, daß der Mensch den Roboter nur mit «Grobkommandos» steuern sollte. Ein schönes Wort, finde ich. Es ruft in mir das «Nach hinten weg, marsch, marsch!» aus meiner Bundeswehrzeit wach, in der ich eine Menschenmaschine war. Ich hörte das grobe Kommando, und meine Steuerung erledigte den Rest. Der Roboter hört «Greife an dieser Stelle zu», seine Steuerung erledigt den Rest.

Roboter helfen beim Abwracken von Reaktoren und werden nicht zuletzt für den Einsatz bei Havarien, Unfällen und Katastrophen konstruiert. Etliche Arbeiten finden unter Wasser statt, und allesamt unter Strahlenbelastung, die Katastropheneinsätze gar unter extrem starker Strahlung, was vor allem die elektronischen Komponenten belastet. Nach dem Atomunfall von Harrisburg im Jahre 1979 wurden binnen kurzer Zeit Roboter zusammenmontiert, die im Kernkraftwerk Three Mile Island für Inspektions- und Bergungsaufgaben eingesetzt wurden. Sisi beispielsweise, ein Roboterarm auf einem Kettenfahrzeug, fotografierte und maß Radioaktivität im Reaktorgebäude; Fred, auf sechs Rädern unterwegs, wusch Wände und Böden mit Druckwasser; RRV kratzte Proben aus Betonböden, Louie entnahm Wasserproben, und auch Rosa wurde eingesetzt.

Roboter als Helfer bei Kernunfällen stehen einsatzbereit in den Karlsruher Hallen der «Kerntechnische Hilfsdienst GmbH» (KHG). Mit dem funkgesteuerten Manipulationsfahrzeug MF2 hatte die KHG in Tschernobyl unmittelbar nach dem Unfall von

1986 Hilfe geleistet. Die KHG verlor ihr Fahrzeug dabei, weil die Maschine die enorme Hitze und Strahlung nicht aushielt. An ihre Stelle trat das Manipulationsfahrzeug MF3 (siehe Seite 72). Es wird über ein hundert Meter langes Kabel ferngelenkt; MF4 wiederum, ein kleines Zweikettenfahrzeug mit Roboterarm, wird zwar funkgesteuert, kann aber keine Treppen steigen. Die KHG verfügt außerdem über einen Fahrroboter großen Ausmaßes, das «Schwere Manipulationsfahrzeug» SMF; es ist drei Meter lang und ragt beinahe zwei Meter hoch. Die Energie stammt von einem Dieselmotor. Er treibt die Hydraulik, den Stromgenerator und einen Kompressor an, welcher die Elektronik kühlt. SMF fährt auf zwei Ketten und kann sechzig Zentimeter hohe Hindernisse übersteigen. Sein Programm verleiht ihm einige autonome Fähigkeiten, etwa zum Werkzeugwechsel: Dem drei Meter langen, hydraulisch betriebenen Arm stehen eine Parallelbackenzange, Bohrer, Schrauber, Blechscheren und andere Instrumente zur Verfügung. Aufgrund der Erfahrungen von Tschernobyl wurde SMF mit Notaggregaten versehen, wo immer es ging. Versorgungs-, Kommunikations- und Steuereinheiten wurden doppelt konstruiert; lediglich das zulässige Gesamtgewicht zog eine Grenze. Fällt das Gehirn des SMF aus, so kann ein Notrechner den Roboter aus der Gefahrenzone navigieren. Eine Vielzahl von Kameras sorgt für machine vision, eine Ionisationskammer überprüft die Strahlenbelastung, andere Sensoren erfassen Temperaturen, Luftfeuchtigkeit, Sauerstoffgehalt und weitere Parameter.

Nuklearroboter fahren meist auf Ketten und sind eher klein, damit sie noch in die unmöglichsten Ecken gelangen. Unter einen Bürostuhl passen beispielsweise der funkgesteuerte, auf zwei Ketten fahrende OAO-Arm und ebenso sein Pendant namens Hornet, welches mich an meinen Fischertechnikroboter erinnert; der «Microtacker» wiederum ähnelt dem Rug Warrior (siehe Seite 233), wenngleich er nicht aus Legosteinen besteht. Noch wesentlich kleiner ist ein System von Toshiba; es mißt 2 mal 1,5 Zentimeter, trägt eine Minikamera und bewegt sich mittels feiner Düsen durch Wasserrohre.

Die Nuklearrobotik hätte es gewiß einfacher, wären die Kernkraftwerke weltweit standardisiert und roboterfreundlich konzipiert, etwa mit Rampen anstatt Treppen. Doch dazu wird es vermutlich nicht kommen. Durch das Dickicht von wirtschaftlichen, bürokratischen und politischen Interessen, das die Kernkrafttechnik seit Jahren immobilisiert, dringen Verbesserungsvorschläge nur selten.

Unterdessen wird ein anderes Einsatzgebiet für Nuklearroboter wichtiger: die Inspektion von Lagerstätten für Atommüll. Einige der Reservoirs, vor allem in Rußland und den USA, sind in beklagenswertem Zustand. «Wall crawler», ein achtbeiniger Roboter mit Teleskopbeinen, wird die mit Stahl ausgekleideten Tanks der Hanford Nuclear Reservation entlangwandern und dabei ähnlich navigieren wie Andi, der Flugzeuginspektor von Seite 75: Die Schweißnähte der Platten dienen seinem Vision-System als Navigationsraster, ganz so wie Andis neuronales Netz die Nietenreihen auf der Flugzeughaut erkennt und aus ihnen die Position für den Roboter bestimmt. Rosie wiederum, ein großes Gefährt zum Abwracken von Kernkraftwerken, unterstützt ihre beiden Greifer mit einem interaktiven Videosystem, das zu erkennen versucht, aus welchen Bauteilen das abzubauende Aggregat besteht. Bevor Rosie lossägt, demonstriert sie dem Menschen ihre Annahmen in dreidimensionaler Darstellung, und der akzeptiert sie oder korrigiert mit der Eingabe, doch noch einmal besser hinzuschauen. Und da taucht auch er wieder auf, unser guter alter Bekannter HelpMate! Tatsächlich, der Vielzweckkasten ist auch auf diesem Gebiet aktiv. Im US-Nuklearkomplex Savannah River rollt HelpMate bedächtig umher und sucht den Boden nach radioaktiven Partikeln ab.

Auf kleine Kettenfahrzeuge montierte Roboterarme werden Sie übrigens schon einige Male in der Tagesschau gesehen haben: Die britische Staatsmacht setzt solche Systeme zur Bombenentschärfung ein. Auf diesem Gebiet ist die irische Firma Kentree ein bedeutender Anbieter, ihre Hauptabnehmer sind Armeen der Nato. Die IRA sorgt für einen dauerhaften Referenzmarkt. Kentrees Miniroboter IMP und Rascal seien «ideal für den Einsatz in Flugzeugen, Zügen, Schiffen und U-Bahnhöfen, Sportstadien und

Gebäuden», schwärmt ein Firmenprospekt. Rascal kann von einem kräftigen Menschen getragen werden. Seinen Arm faltet er bei Bedarf so weit ein, daß das ganze Gerät unter ein Auto paßt. Der stabile Stahlarm von TMP kann außerdem eine Waffe abfeuern – der polizeilichen Phantasie sind damit kaum mehr technische Grenzen gesetzt. Die Polizei von New York City hat bereits mit einem kanadischen Roboter namens RMI experimentiert, einem Metallarm auf sechs Rädern, der greifen und schießen kann. Ihm sollen Robocops folgen, die bei der Verbrecherjagd und bei Verhandlungen mit verbarrikadierten Übeltätern oder Geiselnehmern eingesetzt werden können.

Auch Robart III kann schießen, und zwar mit Dartpfeilen. Er ist der Abkömmling von Robart I und Robart II, die in die Robotergeschichte eingingen, weil sie allüberall mit Sensoren bestückt waren. Es handelt sich um amerikanische Überwachungsroboter, die Einbrecher oder andere Bösewichter erschrecken und verjagen sollen. Finanziert wurde die Entwicklung der jüngeren Roboter von der US-Navy. Überwachung ist das Gebiet, das Robotiker sehr oft nennen, wenn sie nach dem praktischen Sinn ihrer mobilen Maschinen befragt werden. Ich bin mir allerdings nicht sicher, ob in solchen Fällen die Ausstattung von Räumlichkeiten mit stationären, gut verteilten und versteckten Sensoren nicht letztlich doch effektiver ist.

Roboter im Krieg

Dädalus erschuf einen bronzenen Soldaten, Lanzelot kämpfte mit eisernen Rittern: Die bittere Wahrheit ist, daß Roboter für den Krieg gebaut werden. Etliche der zivilen Systeme, die ich in den vorangegangenen Kapiteln vorgestellt habe, eignen sich zugleich zu kriegerischen Zwecken, etwa für die Aufklärung, den Transport und verschiedene Pionieraufgaben. Und sie lassen sich zu Gefechtsrobotern umrüsten. Die Trennung des zivilen und militärischen Zwecks ist in der Technik nur selten möglich. Rüstungsplaner wissen das und finanzieren beispielsweise Projekte wie

Navlab und sein deutsches Gegenstück VaMP. Zusammen mit Daimler-Benz, Dornier, dem deutschen Verteidigungsministerium sowie dem US-Pentagon arbeiten Münchener VaMP-Forscher auch daran, ihr System unter dem Namen «Autonav» in einen Kriegsroboter zu verwandeln.

Wo ein Mensch Angst empfindet, folgt ein Roboter unbeirrt dem Befehl (und seufzt allenfalls wie C3PO aus «Star Wars» ein klägliches «Oh dear»). Was kann sich ein Vorgesetzter Besseres wünschen? Schon die Nazis ließen im Zweiten Weltkrieg ferngesteuerte Kettenfahrzeuge ohne Turm bauen. Die hießen «Goliath», waren nur anderthalb Meter lang und vollgeladen mit Sprengstoff. Offenbar ahnten die Faschisten, daß ihnen irgendwann das menschliche Kanonenfutter ausgehen könnte.

Das 20. Jahrhundert hat Kriegstechniken hervorgebracht, die es seinen Schlachtführern gestatten, ganze Landstriche unpassierbar zu machen; es werde deshalb «unzumutbar für den Menschen, auf dem Schlachtfeld militärische Aufträge auszuführen», schrieben die beiden Militärrobotiker Steven Shaker und Alan Wise 1988 in ihrem programmatischen Buch *War without men*. Die Autoren führten einen weiteren Vorteil ins Feld: Im Roboterkrieg könnten Frauen und Minderjährige, Behinderte und Alte kämpfen. «Wir schreiben das Jahr 2041» – so beginnt ihre Zukunftsvision. «Wir tasten das Schlachtfeld mit unseren ferngesteuerten Videosensoren ab und sehen verwüstete Äcker, Schutt und feine Rauchsäulen, die aus dem aufsteigen, was einst blühende Dörfer waren. Im Kommandoraum, vergraben in den Bergen von West Virginia, setzt ein schlachtenerprobtes Team die Roboterfahrzeuge in Gang, die unter dem Schutt der einst so stolzen deutschen Dörfer verborgen sind. Die amerikanischen Krieger sind eine eigenartige Gruppe; geführt von einem müden, beleibten Zweisternegeneral mit Glatze, besteht das Team aus drei linkischen Teenagern (zwei Jungen und ein Mädchen) sowie einer energischen Frau von 42 Jahren, einer Robotikerin vom Massachusetts Institute of Technology.»

Niemand möge glauben, Militärroboter könnten Kriege weniger gräßlich machen. Die Vorstellung scheint ja ganz hübsch zu sein, in Zukunft würden Generäle nur noch ihre Hardware gegeneinander antreten lassen – es wäre Krieg, und niemand müßte hin. Aber das ist Nonsens. Der nach wie vor traurig aktuelle Carl von Clausewitz lehrte, daß Kriege geführt werden, um einem Gegner seinen Willen aufzuzwingen. Das geht nur mittels Nötigung: durch Androhung eines empfindlichen Übels. Dieses Übel wird auch in Zukunft nicht bloß darin bestehen, daß «Gewalt gegen Sachen» ausgeübt wird.

Robotereinsatz erhöht die Kriegsgefahr. Wenn Kampfroboter ein Kriegsstadium erlauben, das keine Menschenopfer fordert, dann sinken die moralischen und politischen Kosten des Eintritts in Kriege. Und schließlich: Wenn zwei roboterisierte Armeen einander gegenüberstehen, dann bilden sie, technisch gesehen, ein schlecht gesteuertes Gesamtsystem, sozusagen einen labilen Gesamtroboter, der im Nu und ohne jede böse Absicht vom Friedens- in den Kriegszustand übergehen kann. Dies zeigt die Erfahrung mit Computer-Alarmen in den USA und der ehemaligen UdSSR, die sich wechselseitig aufschaukelten und nur durch rechtzeitigen menschlichen Eingriff als Mißverständnisse aufgelöst werden konnten.

Doch die Rüstungsrobotik hat Konjunktur. Das Pentagon hat im fiskalischen Jahr 1997 etwa 3,5 Milliarden US-Dollar für Roboter und andere unbemannte Systeme ausgegeben. Die Zahl schließt Cruise Missiles und Satelliten ein, doch allein für das Joint Unmanned Ground Vehicle Program, das Roboterpanzer entwikkelt, sind 23,7 Millionen US-Dollar vorgesehen – das sind sechs Millionen mehr als im Vorjahr und immerhin rund 65 000 Dollar pro Tag. Die Rüstungspolitik verdankt diese Konjunktur dem Fernsehen. Die ganze Welt sah im Oktober 1993 zu, wie Somalis auf den Überresten eines abgeschossenen US-Hubschraubers tanzten und die Leichen ihrer Feinde durch den Dreck schleiften. Die Bereitschaft, für das Amt des Weltpolizisten einen solchen Preis zu zahlen, ist in den USA seither gesunken. Statt dessen gewinnt ein alter Gedanke wieder Anhänger: Schickt Automaten.

In den vergangenen Jahrzehnten wurde die Automatisierung der Kriegstechnik bei Gelegenheit ausprobiert, etwa im Korea-

und im Vietnamkrieg. Einen Wendepunkt für die Kriegsrobotik bildeten die Erfahrungen im Libanon 1982. Die Israelis schickten ferngesteuerte Miniflugzeuge (im Militärjargon «Drohnen») über die Bekaa-Ebene hinweg; syrische Raketeneinheiten schalteten ihre Radarsucher ein – und darauf hatten israelische Aufklärer nur gewartet. Sie analysierten die Radarsignale, die anschließend israelischen Raketen dazu dienten, auf die Syrer niederzugehen. Alle neunzehn syrischen Stellungen wurden vernichtet, nicht ein Soldat der angreifenden Streitmacht verlor sein Leben. Ein Jahr darauf jedoch schoß eine syrische Flak zwei US-amerikanische F-14 über dem gleichen Gebiet ab – einer der Piloten kam ums Leben, der andere wurde gefangengenommen, die USA verloren die wertvollen Flugzeuge und eine Menge Prestige. Die Lektion: Schickt Automaten.

Im Golfkrieg war es dann soweit. Dutzende unbemannter Flugzeuge kurvten über den Schlachtfeldern. Propellergetriebene Drohnen vom Typ Pioneer sandten Videobilder von beweglichen Zielen an die beiden US-Schlachtschiffe Wisconsin und Missouri, die sofort ihre Geschütze ausrichteten und feuerten. Am 27. Februar 1991 suchte eine Gruppe irakischer Soldaten ihr Heil in der Kapitulation, als sie den ersten Pioneer heranbrummen sah. Stanley Arthur, Kommandeur der Seestreitkräfte im Golfkrieg: «Das erste Mal in der Geschichte der Kriegführung, daß Menschen vor einem Roboter kapitulierten.» Seither zählen Drohnen, die per GPS und Autopilot fliegen, zu den begehrtesten Kriegsgeräten. Im Bosnienkrieg setzte die US Air Force die Aufklärungsdrohne «Predator» ein, deren Radar sogar durch dichte Wolkendecken Bodenziele ausmachen konnte. An einem kleinen, vollautomatischen Aufklärungsflieger namens Luna baut unterdessen die Bremer Firma STN Atlas Elektronik. Luna soll höchstens dreißig Kilogramm wiegen und deutschen Heerestruppen die Beobachtung des Gefechtsfeldes erleichtern.

Die erste Teststrecke für roboteroide Panzer tat sich in Mitteleuropa auf. Das 5. Korps der US-Armee hat in Bosnien umgebaute M60-Panzer eingesetzt, die ferngesteuert Schutt und Geröll beiseite räumen, Minen und Blindgänger sprengen; für diese Mission wurden auch ferngelenkte, sechsrädrige Pioniermaschinen mit Riesengreifern und Munitionssensoren getestet. Sie heißen Andros Mk V-A sowie Mk VI-A und sind die derzeit entwickeltsten Pionierroboter. Der etwas kleinere Andros Mk VI-A wurde nicht nur an die Armee und die Luftwaffe der USA geliefert, sondern auch an Polizeikräfte in einigen US-Bundesstaaten, außerdem an die Streitkräfte Uruguays, Israels und so liebenswürdiger Demokratien wie Saudi-Arabien und Kuwait. Zum Minenräumen, wie es heißt. Sperrzäune zerpflücken und Gefechtsstände zerstören können die Maschinen auch.

Unterdessen wird in Frankreich ein «halbautonomer» Schlachtfeldroboter namens Syrano konstruiert; sein Chassis entstammt dem kleinen und wendigen Kettenpanzer «Wiesel» der deutschen Firma Mak. Optische und Lasersensoren, GPS und Gyroskope helfen beim Navigieren. Das Fahrzeug soll Pionierwerkzeuge einsetzen und Boden-Boden-Raketen abschießen können. Militärische Überwachungsroboter aus den USA wie Prowler und Robo-Spy, die selbständig Wache schieben, runden das Bild ab. Prowler kommt auf sechs Rädern daher und läßt sich auch als mobiles Maschinengewehrnest in eine Stellung kommandieren, in der er tage- und wochenlang nur darauf wartet, daß ihm jemand oder etwas vor seine IR-Sensoren gerät.

Sind die hier beschriebenen, meist ferngesteuerten Systeme überhaupt Roboter? Einige von ihnen werden durch Grobkommandos gesteuert, sie bekommen Feedback von externen Sensoren und umgehen selbständig Hindernisse. Vor allem aber gelten sie den Militärs als erster, vorsichtiger Einstieg in die Robotik. Roboter diffundieren langsam, aber sicher in die Militärtechnik. Shaker und Wise lassen keinen Zweifel daran, daß sie vollautonome Kriegsroboter kommen sehen, deren Intelligenz möglicherweise «keine Entsprechung mehr hat zu dem, was in der Natur existiert».

Das Entschärfen von Blindgängern und Minen ist diejenige Mission, die sich der steuerzahlenden Öffentlichkeit am besten verkaufen läßt. Heute kriechen minensuchende Menschen auf allen Vieren am Boden, bewaffnet mit Schäufelchen und einer kleinen

Nadel, um quadratzentimeterweise Landstriche zu entminen. Ein langwieriger und gefährlicher Job – ideal für Roboter. Wenn irgendwo eine Aufgabe auf Roboter wartet, die wirklich drängt, dann ist es diese. Wer entwickelt minensuchende Roboter? Das Militär. Minenlegen ist Kriegführung, Minenräumen zunächst einmal auch. Die zweifelhafte Ehre, die Avantgarde auf diesem Gebiet gewesen zu sein, kommt wieder einmal den deutschen Faschisten zu, die in den Bremer Borgward-Werken einen funkgesteuerten Minenräumer namens B 1 V bauen ließen.

Ein unbemannter, sechsrädriger Minenräumer namens Cerberus, den eine kanadische Firmengruppe liefert, arbeitet gleich mit drei Armen: Einer trägt einen Greifer, ein zweiter eine Videokamera und der dritte eine Wasserkanone. Im Auftrag des Pentagon wurde am Center for Intelligent Machines and Robotics der Universität Florida ein unbemanntes Autonomous Survey Vehicle (ASV) entwickelt, das nach Blindgängern sucht. Der Roboter zieht ein Netz aus Munitionssensoren sowie ein Bodenradar hinter sich her. Das ASV ist von Haus aus ein sechsrädriges Geländefahrzeug der Marke John Deere; es navigiert mit GPS, Ringlasern und linearen Beschleunigungssensoren. Hindernisse werden mit Hilfe von Polaroidsonaren umfahren.

Es sieht ganz danach aus, als seien Lufttaktik und Pionieraufgaben wie das Minenräumen die beiden Nischen, in die sich die nächsten Verwandten des Soldaten zunächst einmal hineinschieben werden.

Was Rüstungsplaner freilich nicht daran hindert, zuweilen ihre Phantasie zu entfesseln und sich den Roboterkrieg der fernen Zukunft auszumalen.

Warum, so fragen sie, müssen Kampfroboter wie Panzer aussehen, wie Lastwagen oder Raketen? Wie andere Robotiker schauten auch sie sich in der Natur um, bis ihr Blick auf einen Ameisenhaufen fiel. Eine bestimmte Gruppe von Arbeiterinnen bildet dort das Korps der Soldatenameisen, die wiederum auf bestimmte Kampfhandlungen wie Beißen, Stechen, Alarmieren, Abdichten von Löchern oder sogar Steinewerfen spezialisiert sind. Die Entwicklung der Mikrosystemtechnik brachte Militärrobotiker auf den Gedanken, die Kampfroboter der Zukunft könnten Riesenschwärme winziger Wesen sein, die arbeitsteilig miteinander kooperieren. Was jetzt folgt, wurde allen Ernstes bereits diskutiert: Mikrokämpfer könnten sich zu Kommunikationsnetzen, Videokameras und Solarpanels zusammenfügen oder zum Zwecke der Aufklärung ganze Landstriche besetzen. Sie könnten die Form von Büschen annehmen, um eigene Panzer optimal zu tarnen, um sich sodann im Gefecht zu Kamikazetruppen zu formieren, die in Geschützlöcher oder Feindpanzern in den Tank krabbeln.

Vielleicht sehen sie aus wie Staub, der auf Kommando zur tödlichen Waffe wird. Beim Gewehrreinigen wird sich der Rekrut der Zukunft also möglicherweise vom Ausbilder fragen lassen müssen, was denn der Roboter da im Rohr zu suchen habe. Nur gut, daß dies alles noch Zukunftsmarschmusik ist, wie Sie aus dem sechsten Kapitel wissen. Hoffen wir, daß nicht gerade die Militärs die Vision von Eugen Roth Wahrheit werden lassen:

Die tiefere Forschung hat entdeckt,
Es liegt die Zukunft beim Insekt,
Das, amoralisch, seelenlos,
Doch lebenszäh, in Technik groß,
In Massen fertig und genormt,
Und eigen-sinnig nicht geformt,
Leicht zu beschränken, zu vernichten,
Dienst-zu-verpflichten, auszurichten.
Das Säugetier und letzten Ends
Mit ihm der *homo sapiens*,
Sie sterben aus, und wohl demnächst.
Doch das Insekt, es wächst und wächst...

Am Meeresboden und im Weltraum

Zu militärischen Zwecken wurden auch Unterwasserroboter gebaut. Schließlich werden zwei Drittel unseres Planeten von Seewasser bedeckt (der Name «Erde» sei insofern merkwürdig, lautet ein Geologenscherz) – noch ein potentielles Gefechtsfeld. Vor mehr als zehn Jahren schon wurde in Großbritannien an einem elf Meter langen Gerät namens Spur getüftelt, das schwimmen, tauchen, auf vier Beinen krabbeln, autonom navigieren und Torpedos abfeuern sollte.

Es gibt weitere Interessen an tief tauchenden Robotern: Die Mineralölindustrie muß ihre Offshore-Anlagen warten; einige Firmen hoffen immer noch, Meeresböden mit Robotern nach Bodenschätzen absuchen zu können; Versicherungsgesellschaften und Polizeibehörden wollen Schadensfälle inspizieren, Ozeanographen den Meeresboden ausloten, Archäologen nach versunkenen Schätzen schnorcheln. Von 1986 bis Ende 1994 wurde in Deutschland an einem Tiefseeroboter namens Osiris gearbeitet, einem umgebauten Industrieroboter vom Typ Manutec r15, geliefert von der Firma Siemens. Er sitzt im Bauch von David, seinem Trägerfahrzeug: ein Metallquader mit Riesenklaue zum Andokken. Das Gesamtsystem hätte etwa zwanzig Millionen Mark gekostet. Das ist eine Menge Geld; Taucher indes verursachen, beispielsweise bei der Inspektion von Schweißnähten, summa summarum weitaus höhere Kosten. Die deutsche meerestechnische Industrie scheute dennoch vor solchen Investitionen zurück, das Forschungsprojekt wurde eingestellt.

Meeresrobotik ist ein Gebiet mit Untiefen. Tiefseewasser beeinträchtigt die Beweglichkeit immens und führt vor allem zu nichtlinearen Effekten: Das Verhältnis von Krafteinsatz und Geschwindigkeit ist nicht auf eine simple Formel zu bringen. Salzwasser frißt am Roboterkörper und leitet Strom, der Auftrieb nervt, unausgesetzt bringen überraschende Meeresströmungen alles durcheinander, und wenn ein Roboter am Meeresgrund aufsetzt, wirbelt er sich in eine Sandwolke ein.

Jason, ein US-amerikanisches Schwimmgerät mit Roboterarm, ist überall am Körper eingekapselt, und sämtliche Einzelteile schwimmen in zusammengepreßtem Öl, so daß der Innendruck den Außendruck leicht übersteigt – der Austritt von Öl bedeutet ein geringeres Risiko als der Eintritt von Salzwasser. Außerdem kühlt das Öl die Motoren und schmiert die Getriebe. Jasons Arm ist nachgiebig; deshalb eignet sich das Gefährt zum Bergen archäologischer Funde. Amphoren und anderes Tonzeug des 1500 Jahre alten römischen Wracks «Isis» wurden von Jason ans Tageslicht befördert, ohne daß irgend etwas bröckelte oder brach.

An der Universität Hannover wurde ein Inspektionswagen namens Faust gebaut, der auf Ketten am Meeresgrund umherfährt und dabei von feinen Wasserstrahldüsen dirigiert wird. Andere Unterwasserroboter klammern sich an Plattformen oder sonstigen Strukturen fest, gleiten als U-Boote oder staksen auf Beinen. Eine sechsbeinige Roboterkrabbe namens Aluv wird von zwei Firmen in den USA entworfen; sie ist einen halben Meter lang und soll in ganzen Schwärmen an verminten Küsten eingesetzt werden, um die todbringenden Ladungen zu entdecken. Wird der Wellengang zu heftig, kann sie sich in den Sand einbuddeln. Unterdessen bereitet eine andere Robotikergruppe (am Marine Science Center in East Point, Massachusetts) einen unter Wasser krabbelnden Zehnbeiner vor, dessen Software realen Krabben abgeguckt und eindeutig vom Typ B ist; weitere nennenswerte Unterwasserroboter werden in China, Japan und Italien entwickelt.

Die Kommunikation mit Unterwasserrobotern läuft meist über ein Kabel, und das schränkt ihre Beweglichkeit ein. Eine andere Möglichkeit wäre akustische Kommunikation. Schall wandert jedoch recht langsam, so daß die Unterwasserrobotik in diesem Fall mit demselben Problem kämpfen muß wie die Weltraumrobotik, nämlich mit Signalverzögerungen.

Funksignale brauchen ungefähr vier bis sechs Sekunden, um die Distanz zwischen Mensch und Raumfahrzeug heutigen Zuschnitts zu überbrücken, zumal die Route von der Bodenstation bis zur Umlaufbahn über Kommunikationssatelliten und andere Einrichtungen führt. Im Jahre 1970 fuhr der russische Lunochod I auf dem Mond herum, von der Erde aus mit Kommandos gesteuert. Sechs Jahre später landete Viking I auf dem Mars, und sein Roboterarm sammelte Bodenproben ein. Das waren die Anfänge der Space-Robotik. Beide Roboter arbeiten infolge der Signalverzögerungen, der sogenannten «Totzeiten», extrem langsam. Könnten vollautonome Weltraumroboter Abhilfe schaffen? Für die ferne

Zukunft wäre das vielleicht eine Möglichkeit. Für die Gegenwart indes bietet sich ein Kompromiß zwischen Teleoperation und hoher Autonomie an. Diesen Weg ging Gerhard Hirzinger von der Deutschen Forschungsanstalt für Luft- und Raumfahrt (DLR), als er das wohl wichtigste Experiment der D2-Mission von 1993 vorbereitete: das Roboterexperiment, abgekürzt «Rotex».

Bei dem Apparat handelt es sich um einen Roboterarm aus ultraleichtem Material, an dessen Handgelenk ein zweifingriger Greifer montiert wurde – der berühmte DLR-Greifer. Seine Multisensorik verhalf ihm in der Robotikergemeinde zu Prominenz. Der Greifer ist mit fünfzehn Sensoren bestückt: Laseroptik, Drucksensoren, Kraftmesser, Bewegungsmelder in Form winziger Lichtschranken *innerhalb* der Handwurzel, Miniaturkameras für Stereovision zwischen den Greiferfingern. Die Greiferhand sieht aus wie der Kopf eines bösartigen Technomutanten aus einem B-Movie. Wenn die Steuerung des Rotex-Arms Kommandos empfängt, dann präzisiert sie diese mit Hilfe von Sensordaten.

Während der D2-Mission öffnete der DLR-Greifer beispielsweise einen Bajonettverschluß: Der Mensch in der Bodenstation drehte zu diesem Zweck an einem Steuerball, der «Space Mouse», die gleichfalls in Hirzingers Institut erfunden wurde. Mit diesem Knubbel erteilte der Mensch ein Grobkommando, das dem Roboter die Drehrichtung und das Tempo vorgab, und nun übernahm die Steuerung die Aufgabe, sensorgeführt alle Verspannungen auszuregeln, die beim unvermeidlichen Verkanten des Bajonettverschlusses entstehen.

Und die Totzeiten? Auf den Bildschirmen der Bodenstation ist ein grafisch simulierter Roboter zu sehen, der die Signale unmittelbar umsetzt. Eine «vorausschauende Simulation»: Denn während sich der simulierte Arm schon ein Stück bewegt, hält das echte Exemplar an Bord noch für ein paar Momente still. Die Grafik stellt den Roboter mitsamt seiner kompletten Umwelt zum Zeitpunkt «vier Sekunden später» dar. Das ist deshalb möglich, weil die kleine Welt des Rotexgreifers in seinem aufgeräumten Ställchen (echte Robotiker sagen «Rack») vollständig festgelegt ist. Dann legt der reale Roboterarm los. Die nunmehr an Bord eingetretene neue Lage wird mittels Video sowie über die Sensoren des Arms eingefangen und nach unten gemeldet. Der Grafikcomputer kann zum Zweck des Vergleichs das Videobild einklikken oder, was übersichtlicher wirkt, aus den Werten der Sensoren den echten Greiferstandort ermitteln, der als rosa Dreieck auf dem Bildschirm angedeutet wird. Gleichwohl ist der Schleppeffekt gewöhnungsbedürftig: Der simulierte Greifer zieht ein Dreieck, das die Realität symbolisiert, wie an einem Gummiband hinter sich her.

Die robotics community hat Hirzinger gefeiert, als alle seine Experimente glückten. Der Kunstarm fing sogar ein frei und schwerelos schwebendes Metallklötzchen, was als denkwürdiges Ereignis der Robotergeschichte gelten darf. Der deutsche Raumarm war auch deshalb ein Erfolg, weil sich die Maschine beinahe erschütterungsfrei bewegte, sanft und gemessen wie ein Yogi – was auch dringend nötig ist, denn wenn sich über den Fußpunkt des Roboters Schwingungen auf andere Geräte in der Raumkapsel übertragen, können sie wertvolle Experimente zunichte machen, die beispielsweise «Kristallwachstum unter Bedingungen der Schwerelosigkeit» aufklären sollen.

Weltraumroboter werden für drei verschiedene Zwecke gebraucht. Experimente an Bord von Raumkapseln, Wartungsarbeiten an Raumstationen und Satelliten, Erkundungen auf fremden Himmelskörpern. Die US-Raumfahrtbehörde NASA hat unzählige Roboterprojekte verfolgt und wieder aufgegeben; ihre frustrierende Geschichte wäre eine Seifenoper wert. Gleichwohl hat die NASA die Robotik vorangebracht. Erstens ist ihr fünfzehn Meter langer Roboterarm an Bord der Space Shuttles ein greifbarer Erfolg; mit dem in Kanada gebauten Gerät fingen die Astronauten der Endeavour-Mission 1996 beispielsweise einen Satelliten ein. Und zweitens finanzierte die Raumfahrtbehörde in den vergangenen Jahren viele interessante Teilprojekte, die dann anderen Robotern zugute kamen.

Immerhin, im Sommer 1997 fand «Sojourner» («Besucher») auf dem Mars seine Pfade. Der elfeinhalb Kilo leichte, sechsrädrige Roboter wurde nach der Landung vom Landefahrzeug abgesprengt und mußte sodann auf dem Mars umherfahren, den Boden analysieren, Aufnahmen machen und das Landefahrzeug inspizieren. Sojourners Vorder- und Hinterräder ließen sich unabhängig voneinander steuern, so daß der Marsfahrer auf der Stelle drehen konnte. Seine Höchstgeschwindigkeit betrug vierzig Zentimeter in der Minute, gesteuert wurde er durch An- und Ausschalten der Motoren. Die inneren Sensoren waren Encoder und Potentiometer, navigiert wurde mit Odometrie, Gyroskop und *range finders*. Hindernisse machte der Roboter per Laser und Videokamera ausfindig und umging sie autonom – zumeist.

Seinen Strom bezog Sojourner aus Solarzellen, und sicherheitshalber führte er Batterien mit sich. Marsnächte sind kalt: minus 110 Grad Celsius. Die kälteempfindlichen Komponenten wurden deshalb in eine Wärmekiste gepackt und nachts mit Abwärme und Wärmewiderständen auf erträglichen minus vierzig Grad gehalten.

Letztlich sind die fernen Welten des Alls für uns sanfte Biowesen viel weniger geeignet als für die harten Abkömmlinge des Menschen, die Roboter. In Science-fiction-Romanen schwärmen die Menschen aus, fremde Planeten zu besiedeln; aber vielleicht kommt alles ganz anders, und nicht wir, sondern unsere nächsten Verwandten kolonisieren die Galaxien.

TEIL VI: EVOLUTION UND ETHIK

sechzehntes kapitel

Mensch und Maschine

Vor über 45 Jahren formulierte Isaac Asimov drei Gesetze der Roboterethik, die bis heute unangefochten bestehen:

1. Ein Roboter darf kein menschliches Wesen verletzen und auch nicht durch Untätigkeit zulassen, daß ein menschliches Wesen verletzt wird.
2. Ein Roboter muß den vom Menschen gegebenen Befehlen gehorchen, es sei denn, sie kommen mit dem ersten Gesetz in Konflikt.
3. Ein Roboter muß seine eigene Existenz schützen, solange er nicht mit dem ersten oder zweiten Gesetz in Konflikt gerät.

   Eindeutig eine Subsumtionsarchitektur. Für Militärroboter eignet sie sich nicht.

Die ersten kommerziell relevanten Industrieroboter, Joe Engelsbergers «Unimates», brachten gleich mehrere Fabrikarbeiter um.

Wie viele Menschen bisher den Industrierobotern zum Opfer fielen, ist unbekannt. Unfallstatistiken geben selten an, ob Roboter am Geschehen beteiligt waren oder nicht. Und in der Bundesrepublik werden Roboterunfälle auch erst seit 1988 extra ausgewiesen. Pro Jahr zählen sie wenige hundert. Die meisten geschehen nicht während des Normalbetriebs, sondern wenn sich der Mensch dem Roboter nähert, um ihn zu programmieren oder zu warten. Der typische Roboterunfall spielt sich folgendermaßen ab: Das Opfer nähert sich der Maschine, die nur auf irgendein Sensorsignal wartet, um sich unversehens mit voller Kraft in Gang zu setzen oder ihren Laserstrahl auf den Menschen zu richten.

Der Robotiker John Kreifeldt formulierte daher die folgenden Regeln:

1. Kehre niemals einem Roboter den Rücken zu.
2. Wenn du dich einem Roboter näherst, dann schalte ihn aus, bevor er dich ausschaltet.

Schöne Verwandtschaft. Die große Zahl der Achsen und die Tatsache, daß man einem Roboter die ihm einprogrammierten Bewegungsfolgen nicht ansieht, führen dazu, daß der Mensch von dessen Aktionen häufig überrascht wird. Der Bewegungsraum, die Geschwindigkeiten und Beschleunigungen eines Roboters sind ungewohnt. An Raumdecken angebrachte Portalroboter können besonders tückisch sein: Unbeachtet lauert der Maschinenkopf irgendwo in seiner Warteposition links oben – und saust dann schlagartig herab, in die Mitte des Raums. Der Animismus, den wir Robotern entgegenbringen, kann fatal über ihre Andersartigkeit hinwegtäuschen. Sicherheitsingenieure empfehlen deshalb dringend, Industrieroboter nicht mit Spitznamen zu versehen. Es soll gar nicht erst Vertrauensseligkeit aufkommen; den Beschäftigten wird eingeschärft: Roboter sind nicht gutmütig.

Über die Folgen des unreflektierten Animismus wird bereits heftig debattiert. Im Februar 1996 wurde die Ankündigung für eine Konferenz verbreitet, die sich mit dem Thema «Autonome Agenten» befaßte. Es ging, wieder einmal, um autonome Programme und Roboter. Der Informatiker Ben Shneiderman, kein Unbekannter, wandte sich daraufhin per Internet mit einer grundsätzlichen Kritik an die Öffentlichkeit. Er halte die (auch in diesem Buch praktizierte) Redeweise von «Autonomie», «Verhalten» und «Zielen» im Zusammenhang mit programmgesteuerter Technik für irreführend und gefährlich. «Sprache beeinflußt das Handeln», schreibt er, und er fürchtet, eines Tages werden sich Robotiker und Programmierer nicht mehr für die Aktionen ihrer Geschöpfe verantwortlich fühlen – was dazu führen könnte, daß sie auch nicht mehr sorgfältig genug arbeiten.

Ich will das nicht abtun. Je autonomer Technik verfährt, desto schwieriger wird es, die Verantwortlichen zu bestimmen.

Heutige Roboter können wir nicht zur Verantwortung ziehen; sie werden programmiert und trainiert, doch man kann ihnen nicht sagen: Wenn du Mist baust, wirst du demontiert. Sie sind nicht in der Lage, einem Strafgesetzbuch zu folgen. Im juristischen Sinne sind sie schuldunfähig. Die Asimovschen Gesetze können ihnen in der einen oder anderen Form einprogrammiert werden, doch wenn Roboter dagegen verstoßen, waren sie bloß schlecht programmiert.

Roboter sind noch lange nicht so komplex, daß es Sinn hätte, ihnen Entscheidungsfähigkeit zu unterstellen, die der menschlichen Willensfreiheit gleichkommt – also auch der Freiheit, verbrecherisch zu handeln (dazu später mehr).

Bis wir den Roboter als schuldfähiges und damit freies Wesen akzeptieren können oder wollen, bis dahin (wenn es denn je so weit kommen sollte) werden es immer Menschen sein, die zur Verantwortung zu ziehen sind.

Auch dann, wenn Roboter oder Programme jene gewisse Selbständigkeit erlangt haben, die uns – nicht ganz präzise, zugegeben – von «autonomen Maschinen» sprechen läßt. Es gibt parallele Fälle, die bereits juristisch geregelt sind: Die Gefährdungshaftung für Hunde, beispielsweise, oder die Haftung für komplexe technische Systeme, wie etwa Kernkraftwerke, oder die Produkthaftung des Herstellers von Haarfönen. In all diesen Fällen werden Menschen auch dann zur Verantwortung gezogen, wenn sie das konkrete Verhalten des Hundes, Kernkraftwerks oder Haarföns nicht im Griff hatten. Warum sollte das bei Robotersystemen nicht genauso möglich sein?

Roboter sind unberechenbare Wesen mit enormer Kraft und Schnelligkeit, deshalb werden sie in Käfige gesperrt. Schalt-Trittmatten, Lichtschranken, Not-Aus-Schalter und vielerlei andere Sicherheitstechniken werden um sie herum plaziert. Sicherheitsingenieure müssen zudem einkalkulieren, daß Menschen einfach neugierig sind und dazu neigen, Sicherheitsvorrichtungen zu umgehen. Es gibt Papierschneidemaschinen, die nur funktionieren, wenn der Bediener mit je einer Hand einen Knopf drückt – dennoch habe ich miterlebt, wie einem Kollegen ein Finger verlorenging: Er bediente gewohnheitsmäßig einen der beiden Knöpfe mit dem Fuß, um mit der freien Hand Papier nachschieben zu können.

Serviceroboter wiederum, anders als Industrieroboter, können und sollen nicht vom Menschen ferngehalten werden. Hier sind Sanftheit, Nachgiebigkeit und auch Übersichtlichkeit der Bewegungen elementare Designkriterien.

Und für alle Roboter gilt: Es muß leichtfallen, sie zu programmieren. Das Gegenteil ist bisher die Regel. So ziemlich jeder Industrieroboter wird anders als sein Bruder programmiert; nach wie vor fehlt ein Standard. Roboterprogrammierung ist folglich teuer: Die Fachkräfte sind hoch qualifiziert, und die Stillstandszeit des Roboters kostet ebenfalls viel Geld.

Benutzeroberflächen

Um Geld zu sparen, läßt man Industrieroboter gern weiterarbeiten, während sie «offline» umprogrammiert werden: Am Programmierrechner hängt dann gar kein Roboter, allenfalls ein simulierter; dem echten Gerät wird erst später, zu Testzwecken vielleicht, das Programm eingefüttert. Die Offline-Programmierung verfährt zudem meist alphanumerisch, sie operiert also mittels Buchstaben und Ziffern, selten mit Bildern (wie in Windows). Als 1995 ein Industrieroboter namens Power Mate vorgestellt wurde, galt seine Anwendungssoftware als revolutionär: Der Benutzer kann Blöcke auf dem Bildschirm zusammenstellen, deren Bezeichnung jeweils bestimmten Roboterbewegungen entspricht; ein Prinzip der Programmierung, das sich sofort weltweit zu verbreiten begann. Stolz erklärte ein Sprecher des Herstellers: «Der Benutzer braucht nicht einmal zu wissen, wie man einen Computer programmiert» – na so was. Mit Lego-Robotern geht das schon seit Jahren, und der Einwand, diese seien ja viel simpler, könnte auch nicht überzeugen: Heutzutage werden bereits Softwaresysteme auf ähnliche Weise zusammengehäkelt, die mindestens so komplex sind wie die Steuerung eines Industrieroboters.

Offline-Programmierung ist zumeist ein Vorschreiben. Sinnlichere Programmiermethoden, die eher ein Vormachen sind, heißen «teach in». Für sie eignet sich eine spezielle Minitastatur namens «teach box», die herkömmliche Computermaus, ebenso der Joystick und besonders die «Spacemouse» der DLR. Das ist ein Ball, dem die Hand des Programmierers alle sechs Bewegungsformen überträgt. Teach in ist meistens «online»: Der Programmierer führt einem realen Roboter die Werkzeugspitze, und dieser merkt sich die Bewegungen.

Ähnlich wie die Programmierung von computergesteuerten Werkzeugmaschinen stellt auch die Programmierung der Roboter meist eine abstrakte, unsinnliche Aufgabe dar. Darin liegt nicht etwa eine wünschenswerte Intellektualisierung der Fabrikarbeit, vielmehr ihre sinnliche Verarmung. Diese Entsinnlichung wäre auch nicht etwa deshalb zu bedauern, weil es so schön ist, wenn alles knackt und kracht und spratzelt, sondern einfach deshalb, weil die sinnlichen Anteile der Fabrikarbeit zu ihrer Qualität beitragen. Schwergängigkeit etwa oder Geräuschentwicklung senden wertvolle Signale der Maschinen an den Menschen.

Sogenannte haptic interfaces mit körperlich fühlbaren Rückmeldungen sind im Umfeld der Robotik deshalb in Mode gekommen; das liegt nicht zuletzt an der Unterhaltungsindustrie, die ihre *virtual reality* um Berührungs- und Kraftsinne erweitern will, mit Vibrationen, Druck-, Zug- und Kippeffekten: Der Mensch soll die künstliche Welt nicht nur hören und sehen, sondern auch erfühlen können. Roboterforscher haben nicht lange gebraucht, um hier auch nach neuen Ideen für die Programmierung zu suchen («virtual teach in»).

Labors in aller Welt arbeiten an dem Konzept, Roboter durch Handzeichen zu programmieren. Die Maschine muß in diesem Fall erstens die Handbewegungen erkennen und klassifizieren und zweitens zu jeder Handbewegung ein eigenes Programm heraussuchen, welches zu einem Roboterpendant der Bewegung führt. Die Handbewegungen des Menschen können entweder mittels machine vision erkannt oder aber, was einfacher ist, von einem mit Sensoren bestückten Datenhandschuh abgelesen werden, wie ihn die Virtual-reality-Technik bereitstellt.

Letztlich jedoch ebnen alle diese Methoden der Roboterführung nicht den Königsweg. Der heißt Akustik.

Es gibt keine elegantere Form der Interaktion als Sprechen und Hören. Eintippen, mit der Maus klicken, zeichnen oder zeigen – dafür muß Ihr maschinelles Gegenüber stets zur Hand oder in Sicht sein. Gebärdensprache reicht nicht um die Ecke. Gesprochenes schon. Wenn Roboter mit uns als selbstverständliche Mitwesen zusammenleben sollen, dann müssen wir sie per Zuruf steuern können, en passant. Sie werden dann zur Mitlebensform, wenn sich Handlungen von Menschen und Robotern beiläufig synchronisieren lassen, und das heißt: auditiv.

Roboter der Zukunft werden auf uns hören. Auch wenn wir gerade keine Hand frei haben, keine Zeit oder Aufmerksamkeit für visuelle Zeichen aufbringen wollen. Das setzt Spracherkennungssysteme voraus, die Untertöne und Streßsignale registrieren können und die vor allem kontextuelle Informationen aufnehmen. Die darauf achten, ob ein gesprochenes «Okay» eine Frage ist oder die Antwort auf eine Frage, ein Seufzer oder die Ankündigung eines Satzes, eine Zustimmung oder ein intonierter Zweifel oder etwas ganz anderes. Roboter der Zukunft müssen die Ausdrücke aus Wittgensteins Liste verstehen, die ich im zwölften Kapitel vorgestellt habe.

Auditive Kommunikation hat hohen Aufmerksamkeitswert: Auf Flugplätzen und Bahnhöfen werden Ankündigungen durch Lautsprecher verbreitet. Aber die auditive Kommunikation setzt weniger Bits pro Sekunde um als die visuelle Kommunikation – daher die Anzeigetafeln. Geradezu genial erschien mir das mittlerweile aus der Mode gekommene Anzeigesystem, das einzelne Buchstaben in Form klappender Täfelchen darstellte. Immer wenn es rasselte, wußte ein jeder: Es gibt neue Anzeigen zu sehen. Auch die Benutzeroberfläche von Robotern sollte die Vorteile sämtlicher Kommunikationsformen nutzen. Für Kommandos und Meldungen eignet sich Audio am besten, für komplexere Mittei-

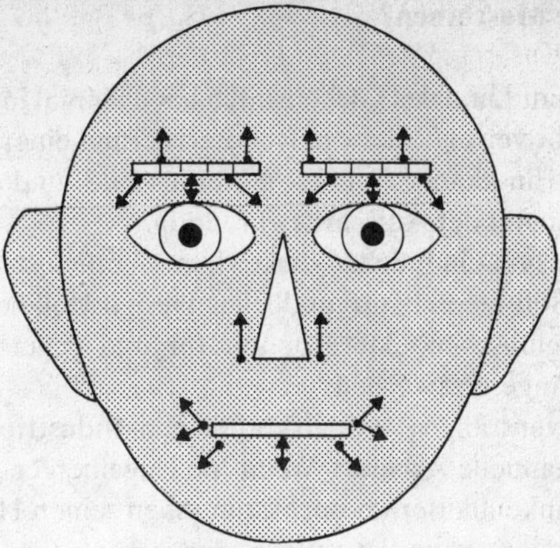

Abb. 56: Roboterlächeln

lungen wie Karten, Programme oder Anzeigen von Systemzuständen eignen sich Grafik und Schrift. Xavier beispielsweise (siehe Seite 175) hört auf Befehle wie «guard room» («bewache den Raum») oder «move five meters forward» und «go to room number 514» – doch seine Karte und Route zeigt er auf einem Grafikbildschirm.

Letztlich läuft das optimale Design der Benutzeroberflächen von Robotern doch auf Animismus hinaus. Wenn der Roboter so agiert, daß wir ihn uns als Haustier oder gar als Mitmenschen vorstellen können, dann fällt uns die Interaktion mit ihm am leichtesten. Just deshalb geht «Hadaly» von Seite 24 den Besuchern nicht auf die Nerven. Der japanische Robotiker Fumiro Hara liegt also gar nicht so falsch, wenn er Robotergesichter entwirft, deren Kunsthaut von pneumatischen Gliedern zu Grimassen verzogen wird (Abbildung 56). Ein Programm zur Gesichtserkennung, das menschliches Lächeln erkennt und den Roboterkopf zurücklächeln läßt, vermöchte vielleicht die Interaktion mit der Maschine selbstverständlicher, flüssiger zu machen – und eines, das dem Roboter bei Unklarheiten ein fragendes Gesicht verleiht, wäre sehr wohl nützlich.

Trojanische Maschinen?

Bleiben wir im Land des Lächelns. Ich habe einmal im Fernsehen einen Bericht verfolgt, der die Roboterisierung einer Toyota-Fabrik zeigte. Ein kleiner Roboter geriet ins Bild, und der wedelte ein Fähnchen mit der Aufschrift «Freund».

Das war schon ein bißchen dicke. Unweigerlich stellte sich die Frage ein: Soll menschenfreundliches Design vielleicht nur darüber hinwegtäuschen, daß Roboter für und gegen bestimmte Interessen eingesetzt werden?

Roboter verdrängen Arbeitskräfte. Ein Industrieroboter ersetzt zwei manuelle Arbeiter. Wenn Joe Engelberger Abteilungsleiter in Krankenhäusern besucht, um ihnen seinen HelpMate zu verkaufen, dann erkundigt er sich zunächst, ob sein Gesprächspartner die Befugnis hat, Mitarbeiter einzustellen. Wenn ja, stellt er HelpMate als neuen Kollegen vor: «Sie können ihn für fünf Dollar die Stunde haben. Wenn Sie nicht zufrieden sind, hole ich ihn wieder ab.»

Wo ein Roboter Arbeitskräfte ersetzt, muß man fragen, was die Menschen tun sollen: Werden sie arbeitslos, bekommen sie einen schlechteren Job oder eine bessere Arbeit? Wie viele Menschen wurden durch Robotereinsatz bereits wirtschaftlich geschädigt, wie viele profitierten davon, und wie viele Arbeitsplätze wurden erhalten, weil Roboter zur Produktivität von Unternehmen beitrugen? Niemand weiß es. Ebenso weiß niemand, ob Roboter zur Firmenkonzentration beitragen – oder ob sie, weil hochflexibel, nicht vielmehr eine Chance für kleine und mittlere Unternehmen darstellen und damit auch für neue Arbeitsplätze.

Ich habe mir ein paar Statistiken angeschaut. In Japan ist die industrielle Roboterdichte, also die Zahl der Industrieroboter pro zehntausend Beschäftigte, etwa achtmal so hoch wie in den USA, doch die Arbeitslosenquote liegt weitaus niedriger. Die deutsche Roboterdichte übertrifft die britische um das Zweieinhalbfache, die Arbeitslosenquoten sind ungefähr gleich. In Schweden ist die Roboterdichte deutlich höher als bei uns – und die Arbeitslosenquote auch. Ich erkenne da keinen Zusammenhang. Das Problem erweist sich als unterdeterminiert, wie ein Robotiker sagen würde.

Was Raum schafft für Entscheidungen. Denn wo und wie Roboter eingesetzt werden, ist technisch nicht festgelegt, das bestimmen Interessen, Produktions- und Machtverhältnisse. Die Roboter, die Sie im Verlauf dieses Buches kennengelernt haben, würden ohne starke Interessen nicht existieren – Gewinninteressen von Unternehmen, Machtinteressen von Militärs, Interessen der Forschungspolitik. Die Gestaltung der zukünftigen Roboterwelt wird von Interessen bestimmt.

Zur Zeit gibt es eine Million Roboter. Wann wird die Gestaltung der Roboterwelt zum Politikum: bei zehn Millionen? Bei einer Milliarde?

Vielleicht erst, wenn ganze Fabriksysteme durchroboterisiert werden; oder ganze Fast-food-Ketten, ganze Bataillone, die Spielzeugwelten unserer Kinder, die bildende Kunst. Oder das Theater (eine alte Forderung des Bauhaus-Künstlers Oskar Schlemmer).

Oder wenn sich herausstellt, daß es sich bei führenden Politikern in Wahrheit um Roboter handelt.

siebzehntes kapitel

Robotergemeinschaften

Körperlichkeit, Sensorik und Interaktion mit der Welt sind für die volle Herausbildung von Intelligenz notwendig. In diesem Kapitel werden zwei weitere Bedingungen diskutiert: Gesellschaftlichkeit und Individualität.

Kollisionsvermeidung

Beginnen wir nicht sofort mit Forschungsrobotern und den Spekulationen, die sie umranken, sondern bleiben wir erst einmal auf dem harten Fabrikboden.

Je mehr Roboter die Industrie einsetzt, desto häufiger müssen die Blechmalocher Regeln des Miteinanders lernen. Als Grundlage dieses Miteinanders gilt das bürgerliche Rechtsprinzip. Ein Richter des US-amerikanischen Supreme Court definierte es so: «Die Freiheit meiner Faust ist durch den Aufenthaltsort deines Kinns begrenzt.» Jeder Roboter darf tun, was sein Programm ihm eingibt, solange er keinen anderen verletzt. Roboterkooperation setzt mithin Kollisionsvermeidung voraus, ein Thema, das Industrierobotiker bereits seit mehr als zwanzig Jahren beschäftigt.

Drei Methoden bieten sich an. Die erste ist simpel: Die Arbeitsräume der Roboter werden gegeneinander abgesperrt. Keiner kann dem anderen in die Quere kommen. Ein Fließband zwischen ihnen reicht die Arbeitsgegenstände weiter. Diese Methode ist sicher, schränkt aber die Aktionsmöglichkeiten eines Mehrrobotersystems ein. Die zweite Methode: Bevor sich auch nur ein Gelenk rührt, werden kollisionsfreie Trajektorien berechnet. Auf diese Weise können die Roboter beliebig komplizierte Bewegungen in ein und demselben Arbeitsraum vollführen – der Vorteil wird allerdings mit erheblicher Rechnerei und somit Stillstandszeit erkauft.

Die besten Methoden überlassen den Robotern das Ausweichen selbst. Hierfür bedarf es zügiger Erkennungs- und Entscheidungsverfahren, sollen die Maschinen nicht vollauf damit beschäftigt sein, einander auszuweichen. Als praktisch erweisen sich einfache Vorfahrtsregeln, ähnlich wie auf See: Kommt der bevorrechtigte Roboter angerauscht, hat der andere ihm Platz zu machen. Der ausweichpflichtige Roboter braucht also eine Vorstellung von der Trajektorie des anderen, ähnlich wie sich das bürgerliche Rechtssubjekt die Rechtsgüter seiner Mitmenschen klarmachen muß. Dafür werden verschiedene Methoden ersonnen. Werden die Roboter von einem Zentralcomputer angeleitet, was auf absehbare Zeit das Grundprinzip von industriellen Mehrrobotersystemen bleiben wird, dann kann der Zentralrechner dem Ausweichpflichtigen die geplante Trajektorie des Bevorrechtigten zuspielen, und der stimmt dann seinen Weg darauf ab.

Im fünfzehnten Kapitel wurde ein japanischer Roboter erwähnt, der Stromleitungen repariert. Per Kran nach oben gefahren, hantieren seine zwei Arme am Hochspannungskabel. Damit die beiden Arme einander nicht in die Quere kommen, haben die japanischen Robotiker sie so miteinander verschaltet, daß der eine Arm passiv den Bewegungen des anderen folgt. Dieses Prinzip ist bei Zweiarmrobotern verbreitet. Es vermeidet Situationen, in denen beide Arme einen Gegenstand ergreifen – und zerbrechen, weil sie nicht richtig kooperieren. Eine solche Konfiguration heißt Master/Slave. Der Sklavenarm kann dem Herrenarm entweder per Software angeschlossen sein, mit mechanischen Gliedern oder einfach indem der Meisterarm seine Kräfte auf den Sklavenarm über den gemeinsam festgehaltenen Gegenstand überträgt: Nehmen Sie das Ende eines Kugelschreibers in die rechte Hand, legen Sie Ihre linke Hand um das andere Ende des Schreibers und heben Sie dann mit rechts den Stift hoch – voilà.

Etliche Routinearbeiten erledigt der zweiarmige Mensch durch Master/Slave-Aktionen. Unsere Rechts- oder Linkshändigkeit, und mit ihr die relative Spezialisierung der Hirnhälften, hat in diesem Prinzip möglicherweise ihren Ausgangspunkt.

Kooperation

Kollisionsvermeidung ist noch lange nicht Kooperation. Wollen Sie Ihren Schuh zubinden, dann genügt es nicht, wenn Ihre Hände einander nur ausweichen.

Ein geschicktes Zweiarmsystem ist Kamro von der Universität Karlsruhe. Dabei handelt es sich um ein komplexes System mit einer Menge KI, dessen vollständige Beschreibung den Rahmen dieses Buches sprengen würde. An seinen Händen trägt er Videoaugen; hier sieht die Rechte, was die Linke tut. Ursprünglich galt für Kamro das Gesetz, daß ein Arm ruhen muß, wenn der andere sich bewegt; mit wachsender Intelligenz indes wurde echte Zusammenarbeit beider Arme möglich. Kamro ist vergleichsweise autonom; betrachtet man seine Arme jedoch als zwei einzelne Roboter, dann sind diese alles andere als autonom. Ihre Kooperation wird zentral berechnet und befohlen, von Kamros Computer. An der Universität Bielefeld lernt ein gleichfalls zweiarmiges System namens BiBiars, aus Baufix-Holzelementen ein kleines Spielzeugflugzeug zusammenzusetzen. Die Arme bilden zwei Puma-Roboter, an jedes Handgelenk wurde ein pneumatischer Backengreifer mit Kraftsensor montiert, neben jeden Greifer eine kleine Farbkamera; zwei andere Kameras produzieren ein Stereobild des Arbeitsraumes, weitere Kameras sorgen für active vision. Ein gemeinsames Computersystem liest die Sensoren und gibt den beiden Armsteuerungen Kommandos, aus denen diese die Steuerungsbefehle für die Pumas errechnen.

Bei Kamro und bei BiBiars wird die Kooperation der Arme zentral gesteuert, lediglich die Umsetzung zentraler Befehle in Gliederbewegungen wird lokal von den Steuerungen (Controllern) vollzogen. Aber ließe sich nicht auch die Kooperation von Robotern dezentralisieren – derart, daß sie sich gegenseitig nach bestimmten Regeln Start- und Stoppsignale geben? Beine können das; kooperierende Arme agieren zwar komplexer als Beine, aber im Prinzip können sie das auch.

Seit Beginn der sechziger Jahre gibt es sogar ein Instrumentarium für kollisionsfreie Kooperationen: Petri-Netze. Die Robotik der neunziger Jahre braucht sich nur noch zu bedienen.

In den Petri-Netzen ist ein bestimmter, gut auf die Robotik anwendbarer Realitätsbegriff kodiert. Vor über dreißig Jahren, als die Computergemeinde an Systemen arbeitete, in denen ein Zentralprozessor und eine einheitliche Systemzeit herrschten, forderte ein junger Doktorand namens Carl Adam Petri ein Umdenken in der Informatik. Sie dürfe sich nicht auf das Konzept der CPU versteifen, der central processing unit, des Zentralprozessors und Zentralprofessors. In seiner Dissertation von 1961 wies er darauf hin, daß Einsteins Relativitätstheorie doch längst das mechanistische Weltbild zerschmettert habe, demzufolge zu jedem Zeitpunkt ein exakt definierter Globalzustand der Welt existiert. Die Informatik erschien Petri als einer der letzten Zufluchtsorte jener veralteten Denkweise, die sich die Welt als Uhrwerk vorstellte – als Mechanismus vom Typ A.

Gleichschritt und Gänsemarsch, so argumentierte Petri, seien lediglich Spezialfälle. In physikalisch existierenden Systemen hingegen herrsche meist «Nebenläufigkeit» (concurrency): Zwei Ereignisse finden nicht notwendigerweise zugleich oder nacheinander statt, sondern sozusagen «fast zugleich».

Weder nacheinander noch zugleich? Gibt es denn etwas Drittes?

Nun, die Frage lautet nicht, ob diese beiden Kategorien erschöpfend sein können, sondern mit welchen Kategorien sich Systeme am besten beschreiben lassen. Und darin hatte Petri wohl recht: Die Komponenten eines Systems müssen nicht einem allgemeinen Zeittakt folgen; das Verhalten eines Systems läßt sich in vielen Fällen auch beschreiben, ohne daß Informationen über den Gesamtzustand zu einem speziellen Zeitpunkt nötig sind. Die lokale Interaktion der Komponenten kann sehr wohl durch einen Formalismus festgelegt werden, der jedoch nicht notwendigerweise auch ein Gesamtprogramm darstellt, für dessen Einhaltung eine Zentrale sorgt. An die Stelle der Zentralverwaltung in technischen Systemen setzte Petri Netze von Zuständigkeiten. Wenn-dann-Regeln, checks and balances: Für jedes Einzelereignis innerhalb eines solchen Systems gibt es bestimmte Vorbedingungen, und das Ereignis setzt Wirkungen in die Welt, die wiederum neue Bedingungen für neue Ereignisse sind. Die Beschreibung der Bedingungen, Folgen und neuen Bedingungen führt zu einer Netzstruktur.

Um die Netzstrukturen zu beschreiben, entwarf Petri eine spezielle Symbolsprache. Einprägsame Kreise, Kästchen, Pfeile und Marken gehen in dieser Sprache wohldefinierte Beziehungen miteinander ein, sie bilden mathematische Objekte. Petris Netze haben nichts mit undeutlichem Gerede über «Vernetzung» zu tun. Seine Netzsprache erlaubt strenge Beweise der Fehler- oder Kollisionsfreiheit eines Systems, etwa eines Eisenbahnfahrplans oder eines Mehrrobotersystems.

Daß eine technische Welt als Netz zu verstehen sei, in dem vielerlei Ereignisse einander bedingen und andere lediglich nebenläufig zueinander stattfinden – diese Interpretation leuchtet heute unmittelbar ein, in der Zeit des Internet und der electronic mail. Doch leider brachte es eine kurzsichtige Forschungspolitik mit sich, daß Carl Adam Petri bis zu seiner Emeritierung unaufhörlich um seine Projekte kämpfen mußte. Das hat diesen brillanten Mann, der kein Kämpfertyp ist, müde gemacht. Nicht ohne Stolz weist er darauf hin, daß Robotiker in Japan und den Vereinigten Staaten seine Ideen fortführen – eine Untertreibung. «Petri-Netze» sind zu einem leistungsfähigen Werkzeug für Ingenieure in aller Welt geworden.

Sie werden zur Programmierung von Mehrrobotersystemen eingesetzt, bei denen beispielsweise acht Industrieroboter in radialer Anordnung entsprechend den Speichen eines Rades auf einem Montageplatz zusammenarbeiten. Leider stoßen Petri-Netze an Grenzen, wenn die Roboterrealität komplex wird – wenn die Zahl möglicher Bewegungen und Verhaltensweisen zunimmt, die Zahl der Roboter oder der möglichen Systemzustände. Dann läßt sich nämlich kein explizites Modell der Zusammenarbeit, der Vorbedingungen, Aktionen und Wirkungen mehr schreiben. Wenn Hunderte oder Tausende von Robotern umeinanderwuseln, miteinander kooperieren und etwas Konstruktives zuwege bringen sollen, dann können wir ihnen nicht mehr im Detail vorschreiben, wie ihre Zusammenarbeit aussehen soll. Sie müssen sich dann schon irgendwie selbst organisieren.

Für Mehrrobotersysteme sind Petri-Netze ideal. Für Massenrobotersysteme müssen wir uns nach etwas anderem umsehen. Im Wald zum Beispiel.

Intelligente Ameisenhaufen

In der Insektenwelt haben sich komplexe Sozialgebilde gleich mehrfach und unabhängig voneinander entwickelt. Die Tiere bilden Staaten und Kasten ohne Grundgesetz oder Verfassung, ohne Verabredung, ohne Plan. Ein wenig Interaktion über mechanische und chemische Signale, zusammen mit hormonellen und neuronalen Reaktionen in den Individuen – das reicht offenbar dazu aus, daß einfältige Termiten kunstvolle Bauten errichten. Warum kompliziert, wenn's auch einfach geht?

Ameisen bieten gleichfalls ein schönes Beispiel. Wenn die emsigen Tiere an einer Weggabel eine Entscheidung treffen müssen, dann stimmen sie nicht etwa darüber ab. Statt dessen legt jedes Insekt beim Wandern eine chemische Spur. Die Wahrscheinlichkeit, mit der eine Ameise einen Weg wählt, hängt von der Konzentration chemischer Markierungssubstanzen (Pheromone) auf eben diesem Weg ab. Die erste Ameise findet keinerlei Pheromone vor und entscheidet sich eher zufällig für rechts oder links. Das gleiche gilt für die nachfolgenden Ameisen, bis die Pheromonkonzentration einen Schwellenwert überschritten hat – von nun an folgt die Mehrheit der Mehrheit. Man nennt das auch «allelomimetische Kommunikation»: Meine Aktionen beeinflussen die zukünftigen Aktionen anderer – Herdentrieb. Ich habe oft genug Flugblätter verteilt und jedesmal festgestellt: Wenn mehr als zwei Menschen nacheinander die Annahme verweigerten, winkten auch alle nachfolgenden Werktätigen ab. Man mußte eine Pause einlegen, bis niemand mehr ein schlechtes Vorbild abgab.

Das Ameisenverfahren führt beispielsweise dazu, daß von zwei Wegen zwischen Heimstatt und Futterquelle auf Dauer der kürzere Weg die Gunst der Tiere gewinnt. Angenommen, zu Beginn entscheidet sich jedes Insekt rein zufällig zwischen den beiden Wegen, dann bilden sich zwei Ameisenkolonnen. Diejenigen Tiere, die den kürzeren Weg gehen, kommen früher am Ziel an; kehren sie um, liegt am Ende des kürzeren Weges bereits mehr Pheromon – sie wählten ihn also ein zweites Mal. Die andere Ameisenkolonne kommt zeitlich versetzt an. Wenn sie umkehrt, liegt auf dem kürzeren Weg bereits eine Hin- und eine Rückwegspur, und ein weiteres Mal wird er bevorzugt (und besprüht). Darin liegt eine Beobachtung, die überzeugten Marktwirtschaftlern gefallen müßte: Unbewußtes, lokales Zusammenwirken vieler Individuen kann zu global intelligentem Verhalten führen.

Derlei Systeme sind in den vergangenen zehn Jahren in zahlreichen Computersimulationen durchgespielt worden, und zwar keineswegs nur zum Selbstzweck. Militärs fördern diese Form von «Artificial Life» mit dem offen ausgesprochenen Gedanken, daraus etwas für die Konstruktion von miniaturisierten Kampfrobotern zu lernen – Kriegsmaschinen, die zu Hunderten oder Tausenden ausschwärmen, Kampfformationen bilden oder größere Objekte wie zum Beispiel Flugzeuge eskortieren (siehe Seite 293). Nur gut, daß es bloß Simulationen sind, und die zählen ja nicht (oder doch?). Totos Mutter Maja J. Mataric stellt unterdessen Gruppen von ganz realen Robotern zusammen, die zu kollektivem Verhalten fähig sind. Die Robotergruppe wurde unter dem Namen «Nerd Herd» bekannt; ein «nerd» ist ein beknackter Gnom, und im Computerlingo gilt jemand als «nerd», dessen Sozialbeziehungen sehr einseitig entwickelt sind, der komplexe Verhältnisse eigentlich nur mit Maschinen eingeht.

Maja Mataric führt die von Rodney Brooks begonnene Kritik an GofAI weiter: Deren Intelligenzbegriff sei nicht nur entkörperlicht, sondern auch entsozialisiert. «Um verstanden zu werden», schreibt sie, «muß individuelle Intelligenz in ihrem sozialen und kulturellen Umfeld beobachtet und analysiert werden. Im Gegensatz zur traditionellen KI, die Intelligenz als ein isoliertes Phänomen untersucht, beruht unsere Arbeit auf der Überzeugung, daß intelligentes Verhalten von seinem kulturellen Kontext nicht zu trennen ist und nicht isoliert davon verstanden werden kann. Diese Sicht entspricht dem Grundprinzip der Verhaltensforschung, nämlich das Verhalten von Tieren in deren natürlicher Umgebung zu untersuchen.»

Starke Worte, überzeugend, aber auch von hohem Anspruch. Gemessen daran wirken die kleinen Vierradroboter und ihre Eishockeypucks, die sie mehr oder minder kollektiv umeinanderschieben, denn doch ein wenig läppisch. Das sollte aber nicht darüber hinwegtäuschen, daß die Roboterherde in der Tat über eine Art sozialer Intelligenz verfügt.

In seinem Grundzustand wandert jeder Nerd ganz einfach nur umher, geschützt durch Programme wie AVOID (siehe Seite 234). Stößt er jedoch auf einen Puck, dann schnappt er ihn mit seinem kleinen Greifer und sendet ein Radiosignal an alle anderen Nerds aus: «Beute!», anschließend bringt er den Puck nach Hause (der Ort des Nerdnestes ist ihm einprogrammiert; es ist das einzige Umweltwissen, über das er verfügt). Alsdann begibt er sich wieder auf Wanderschaft.

Ein einzelner Roboter würde einfach nur Pucks sammeln. Aber es gibt zwanzig Nerds, und jeder achtet auf Radiosignale in seiner unmittelbaren Nachbarschaft. Vernimmt er eines, so begibt er sich an den Sendeort – ihm ist also die implizite Annahme eingegeben, daß ein Puck selten allein kommt. Auf dem Weg dorthin sendet er gleichfalls Signale aus, die weitere Nerds veranlassen, ihm zu folgen. Am Fundort angekommen, führt ihn ein spezielles Programm zunächst nur in dieser Gegend umher; findet der Nerd keinen Puck, setzt er seine ursprünglich ausgedehntere Wanderung fort. Die anderen Nerds, die ihm folgen, brechen erfolglose Suchaktionen nach einer bestimmten Zeit ebenfalls ab. Diese wenigen Programme genügen, um eine Roboterherde höchst effektiv nach Pucks suchen zu lassen.

Es geht sogar noch einfacher, ganz ohne Radio oder Pheromone. Erinnern Sie sich an das Roboterwesen von Seite 193, das Teelichter zu Haufen schiebt? Ich habe mir angesehen, was geschieht, wenn zwei oder drei solcher Wesen ausgesetzt werden. Sie scheinen zu kooperieren. Erstens setzten sie nach jeder Kollision zurück und in anderer Richtung ihren Weg fort. Zweitens aber macht ein Teelichtwesen keinen Unterschied, ob ein Haufen von ihm selbst oder einem seiner Kollegen angelegt wurde. Sobald es mit einem Teelicht vor seinem Schieber gegen so einen Haufen gerät, läßt es ab und begibt sich auf die Suche nach weiteren Lichtern: Jedes Wesen setzt also auch die Arbeit des anderen fort.

Die Roboter kooperieren durch gegenseitige Einflußnahme auf ihre Einzelaktionen, einfach dadurch, daß jeder die Umwelt des anderen verändert. Diese Form von Interaktion kommt ohne Bewußtsein oder zentrale Steuerung aus, ja sogar ohne zusätzliche Kommunikationskanäle – die Welt ist das Medium. Interaktion mit der Welt ist zugleich Interaktion mit den anderen. Der französische Verhaltensforscher Guy Theraulaz hat, nach jahrelanger Beobachtung der Konstruktionsarbeiten in Wespenkolonien, zusammen mit einem Informatiker ein Simulationsprogramm für deren Verhalten geschrieben. Ihm war aufgefallen, daß viele Wespen gleichzeitig arbeiteten, obwohl sie aus räumlichen Gründen nicht direkt miteinander kommunizieren konnten. Das Computerprogramm spielt nun Wespenschwarm: Es simuliert eine große Zahl von Individuen, die auf Zufallspfaden umherschwirren und dabei lokale Konfigurationen von Klötzen erkennen können. Auf bestimmte Klotzfiguren reagieren sie gar nicht, andere Konfigurationen wiederum veranlassen sie, an bestimmten Stellen einen neuen Klotz anzufügen. Derart programmiert, bauen sie gemeinsam die wunderschönsten Strukturen, und zwar stets sehr ähnliche Gebilde, unabhängig davon, auf welchen Wegen die einzelnen Individuen zunächst schwirrten. Sie koordinieren ihre Bauaktionen, ohne auch nur ein einziges Zeichen miteinander auszutauschen – abgesehen vom Bau selbst.

In der Physik und in der Chemie sorgt diese Art der Interaktion für selbstorganisierende Systeme, in der menschlichen Gesellschaft für Geschichte und in der Robotik für immer neue Simulationen und Maschinengruppen; die Nerd Herd ist nicht der einzige Roboterschwarm. An der Universität von Alberta in Edmonton (Kanada) tut sich beispielsweise eine Gruppe von fünf Robotern auf eben diese Weise zusammen, um Kartons zu schieben – eine Leistung, zu der ein einzelner von ihnen nicht in der Lage wäre.

Es fehlt freilich noch an einer Theorie, die es erlaubt, Roboterherden als Kollektive zielgerichtet auf ganz bestimmte Leistungen hin zu konstruieren. «Schwarmintelligenz» bleibt wohl noch auf absehbare Zeit mehr Kunst als Wissenschaft.

Selbstbewußtsein und Täuschung

Nerds sind alle gleich, auch in der Robotik. Sie unterscheiden sich voneinander nicht als Individuen. Unterschiede in ihrer Sensorik und Aktorik sind bloß technische Abweichungen, führen nicht zu unterschiedlichen Rollen. Doch auf Schloß Birlinghoven, in einer Arbeitsgruppe des Forschungszentrums Informatik (GMD), rollen verschiedenartige Fischertechnikroboter über eine hügelige Landschaft, die einander als besondere Exemplare wiedererkennen. Sie sammeln Informationen darüber, wie sich bestimmte Mitwesen ihrer kleinen Welt zu bewegen pflegen.

Begegnet ein Roboter dem anderen, so entscheidet er, ob es sich lohnt, hinter ihm herzurollen. Das ist dann der Fall, wenn der andere üblicherweise durch Täler fährt und somit Energie spart. Bevorzugte der andere jedoch statt dessen energiezehrende Kletterpartien, wäre es besser, ihm nicht zu folgen.

Diese Maschinen sind nicht sehr kompliziert. Aber sie machen im Wortsinne Erfahrungen miteinander und speichern die Ergebnisse. Diese Speicherinhalte können als Repräsentation anderer Mitroboter angesehen werden.

Manche Philosophen und Intelligenzforscher halten die Fähigkeit, sich vom anderen ein Bild zu machen, für den Ursprung von Selbstbewußtsein und damit von höherer Intelligenz. Wesen, die sich Modelle von anderen Wesen bilden, so die Überlegung, haben es bis zu der Fähigkeit nicht mehr weit, auch von sich selbst ein Modell, eine Vorstellung zu entwickeln.

Ein Selbstmodell, das immer wieder mit neu gespeicherten Erfahrungen angereichert und verfeinert wird und dem Lauf des Lebens den Charakter einer Erzählung aus der Ichperspektive verleiht.

Wozu sollte das gut sein? Warum sollte es für ein Biowesen oder einen Roboter (oder ein Computerprogramm) einen Vorteil bedeuten, von sich selbst ein Modell zu entwickeln?

Um andere hereinlegen zu können, lautet die Antwort einiger Verhaltensforscher. Andere Individuen lassen sich um so leichter über das wahre Innenleben eines Wesens täuschen, wenn es sich selber darüber täuscht (was der Stoff psychologischer Romane ist). Die überzeugendste Flunkerei ist die, an die ich selber glaube. David McFarland geht gar so weit zu vermuten, jegliches menschliche Sprechen über Ziele und Ansichten sei nur Selbsttäuschung, die letztlich den Sinn habe, andere Menschen zu beeinflussen (siehe Seite 195).

Explizite Ziele sind an Sprache gebunden, und Sprache ist Kommunikation, ist Interaktion. Sie dient dem sozialen Zusammenwirken. Da liegt, zugegeben, der Gedanke nicht allzu fern, alles Reden über Ziele sei nur eine Form der sozialen Synchronisation.

Künstliche Emotion, Gefühl und Wille

Roboter zu individualisieren, ihnen die Fähigkeit zur Modellierung der Mitwelt einzuprogrammieren, also nicht nur ihrer Mitroboter, sondern auch ihrer Mitmenschen, das scheint einen Weg zum Roboterbewußtsein zu weisen.

Es könnte eingewandt werden, ein wichtiger Aspekt des Bewußtseins und der Individualität sei bislang unerwähnt geblieben: das Gefühl.

Wie man's nimmt. Wir können uns das Verhalten von Beast (dem Sumo-Roboter aus dem ersten Kapitel) gut vorstellen, ohne Begriffe wie «Aggressivität» zu verwenden. Wenn im Zusammenhang mit HelpMate oder dem Melkroboter von «freundlich» oder «sacht» die Rede war, dann nur im übertragenen Sinne. Aber das sind ja auch bloß primitive Gesellen. Wie verhielte es sich hingegen, wenn des Morgens ein (vorläufig fiktiver) «CoffeeMate» hereinkäme, ein Liedchen trällernd und auf mein muffeliges Grummeln mit «nun stell dich mal nicht so an» reagierend? Wäre das schon so etwas wie eine Gefühlsäußerung oder nur deren Simulation?

Und woran erkenne ich diesen Unterschied bei einem Menschen, mit dem ich die gleiche Szene erlebe (Sie kennen das)?

Mit KE (Künstlicher Emotion) verhält es sich ähnlich wie mit KI, Künstlicher Intelligenz. Je besser die Simulation, desto weniger Sinn hat es, zwischen «echter» oder «simulierter» Emotion zu unterscheiden. Perfekte KI *ist* Intelligenz, perfekte KE *ist* Emotion, und eine perfekte künstliche Ente ist eine Ente. Sie würde sogar einen guten Braten abgeben (dann wäre sie mehr als perfekt).

Wir können gern verabreden, im Zusammenhang mit Robotern Begriffe wie Wille und Gefühl zu vermeiden; oder sie in Anführungszeichen setzen wie weiland die Springerpresse die «DDR». Aber das wäre pure Konvention, nicht mehr.

Wozu brauchen Roboter Gefühle? Emotionale Roboter wären möglicherweise zu besserer sozialer Synchronisation fähig. Freilich gibt es keinen Grund für die Annahme, daß ein Gefühlsleben zukünftiger Roboter dem unsrigen gleichen würde. Der britische Psychologe John Cohen schrieb vor dreißig Jahren, es gebe drei menschliche Regungen, die Automaten womöglich immer fremd bleiben würden: Menschen können lachen, sie erröten zuweilen, und manche begehen Selbstmord. Welche Gefühle werden Roboter einst haben? Wohl solche, die zu ihrer Lebensform passen; aber es dürfte dem Menschen schwerfallen, sich in sie hineinzufühlen, denn er kann auch bei allerstärkster Phantasie nicht aus seiner

Haut. Liebe, Haß, Ehrgeiz, Neid – alles Kategorien, mit denen wir uns zwar in Übertragung das Modell eines fühlenden Roboters bilden können, die aber doch immer nur uns selbst beschreiben.

«Wie ist es, eine Fledermaus zu sein?» fragt der amerikanische Philosoph Thomas Nagel und knüpft daran seine Folgerungen der alten Theorie, wonach der Mensch die Welt aus einer *unhintergehbaren* Menschenperspektive betrachtet. Wie es wäre, ein (gefühlsbegabter) Roboter zu sein, können wir uns nie und nimmer vorstellen; Menschen können allenfalls das gefühlsgeleitete Verhalten eines solchen Roboters *simulieren*. Wie schlechte Schauspieler. Gute Schauspieler durchleben die Gefühlswelt anderer, die sie simulieren, als wär's ein Stück ihrer selbst. Doch noch der beste Schauspieler könnte sich nicht als Roboter erleben.

Vielleicht fragen Sie sich jetzt, wie ich nur glauben könne, daß ein Mensch das Gefühlsleben eines anderen Menschen verstünde. Zugegeben, vielleicht ist auch das unmöglich. Aber immerhin können wir uns mentale Modelle der Mitmenschen anfertigen, die unserem Selbstmodell ähneln – schließlich bilden wir mit ihnen zusammen eine Lebensform. Mit Robotern nicht.

Die komplexen Programme, die Künstlicher Emotion zugrunde liegen werden, werden mutmaßlich auch nicht vom Menschen ersonnen; sie werden wohl entstehen, wenn Roboter lernen und wenn sie sich selbst umkonstruieren und reproduzieren. Wie das vonstatten gehen könnte, wird im folgenden Kapitel näher betrachtet. An dieser Stelle wird es indes Zeit für eine andere Frage, die seit dem ersten Kapitel offenblieb, die Frage nach dem freien Willen. Sie erinnern sich: Kann der Mensch, wenn er eine Maschine ist, freien Willen haben? Wenn nein: Wie sollte er dann für seine Handlungen verantwortlich gemacht werden?

Die Beschäftigung mit Robotern führt unweigerlich zum Problem des freien Willens und damit zur Frage nach Verantwortung. Roboter werfen das Problem auf und weisen zugleich einen Weg zur Neuinterpretation dieses philosophischen Themas – wodurch sie sich als philosophische Medien erweisen. Was nun folgt, ist ein Versuch, diese Botschaft der Roboter zu entschlüsseln.

Roboter zeigen: Künstliche Intelligenz ist prinzipiell möglich.

Betrachten wir Mensch und Roboter nebeneinander, so können wir freilich sagen: Hard- und Software des Menschen sind (bis auf weiteres) erheblich komplexer als die des Roboters, und gleiches gilt für die Interaktion des Menschen mit seiner Welt. Der Mensch kann weitaus mehr Systemzustände annehmen als ein Roboter und hat infolgedessen ein höheres Maß an Autonomie (im Sinne von Seite 47). Komplexität ist der historische Vorsprung des Homo sapiens vor seinen nächsten Verwandten.

Die tätige Intelligenz des Menschen geht in ihrer Komplexität sogar über sein eigenes Vorstellungs- und Begriffsvermögen hinaus. Was in seinem Gehirn geschieht, kann ein einzelner Mensch nicht vollständig begrifflich nachvollziehen, zumindest nicht in Echtzeit. Wir Menschen sind deshalb auch nur in geringem Maße dazu befähigt, unsere Aktionen bewußt zu steuern. Das ist der Kern des Problems: TOTE regiert nicht absolut. Die menschliche Steuerung verfährt nur zu einem Teil begrifflich, logisch und bewußt. Die Natur hat uns nicht mit einem Bewußtsein ausgestattet, das jede Handlung steuert oder auch nur begleitet; vielmehr ist es ein Bewußtsein, das nur einige Handlungen aus dem Fluß des Selbstverständlichen heraushebt und sie zielbewußt lenkt. Nach heutigem Wissen bleiben bewußte Entscheidungen vom Typ A die Ausnahme. In der Regel handelt es sich statt dessen um unübersichtliches Schalten und Walten der Brainware: nebenläufige Auslöseprozesse à la Petri, festverdrahtete Heuristiken und neuronale Selbstorganisation. Just deshalb haben wir Eingebungen, Impulse, Schreckensbilder, die uns überraschen. Wir sind intuitiv, emotional, irrational. Was, wie gesagt, grundsätzlich von Vorteil ist.

Doch der Mensch hat sich als soziales Wesen herausgebildet, das mit Hilfe von Verabredungen eine Reihe seiner Aktionen koordiniert. Verabredungen sind häufig explizite Regeln vom Typ WENN–DANN: Tatbestand und Rechtsfolge, Schuld und Strafe, Leistung und Gegenleistung, Lohn und Arbeit. Diese Regeln sind Schlußfolgerungen, sie sind kommunikable Regeln. Ihre Sprache ist rational. Der Mensch lebt seit ein paar tausend Jahren mit solchen Regeln, er lebt rationalisiert.

Und genau hierin liegt ein Widerspruch. Ausdrückliche Verabredungen und Normen auf der einen Seite und unsere unverstandene, unbegriffliche, spontane Handlungssteuerung auf der anderen Seite. Dieser Widerspruch wird in modernen Gesellschaften mit einer sozialen Fiktion überbrückt: Sie heißt Willensfreiheit und Verantwortlichkeit. Gesellschaftssysteme, in denen sich Normen und Sanktionen herausbilden, über die in ausdrücklicher Sprache verhandelt wird, bringen notwendigerweise die Fiktion von freiem Willen und Verantwortbarkeit hervor. Fiktiv heißt keineswegs: Es gibt sie nicht. Sie sind soziale Konstruktionen und als solche sehr real. Das Normen- und Sanktionssystem der modernen Gesellschaft ruft jedem zu: Du wirst behandelt, als hättest du freie Wahl, also sieh dich vor!

Das ist nicht fiktiv, sondern eine reale Drohung. Nehmen wir das Strafrecht: Der Überführte wird zu spürbaren, höchst realen Strafen verurteilt, und mag sein Anwalt noch so überzeugend darlegen, die Delinquenz habe sich nur aus Vererbung oder Umständen ergeben. Diese Einlassungen bleiben irrelevant, sie gelten mit Recht als Ausflüchte. Willensfreiheit wird vorausgesetzt.

Betrachten wir einen Grenzfall, der diesen Ansatz stützt. Wenn Juristen von eingeschränkter Handlungsfähigkeit reden oder vom Verlust der Steuerungsfähigkeit, dann meinen sie: Hier ist ein Mensch in eine Lage geraten, in der das Normensystem keinen Einfluß mehr ausüben konnte. Dem Volltrunkenen ruft keine Norm mehr etwas zu. Hier verfehlt die Norm den Zweck, Verhalten zu beeinflussen. Für diesen Fall wurde sie nicht aufgestellt. Sie konnte hier nicht gelten. Folglich kann hier die Fiktion des freien Willens fallengelassen werden – und wird auch fallengelassen.

Der freie Wille ist eine gesellschaftliche Konstruktion. Eine Fiktion, die dazu dient, Sanktionen zu begründen und zu begrenzen. Der freie Wille ist vielleicht keine physische oder psychische Tatsache, wohl aber immer eine soziale. Der Mensch wird keineswegs frei geboren, er ist zur Freiheit verurteilt: von seinen Mitmenschen.

Erst wenn wir Roboter eines Tages zur Verantwortung ziehen wollten, gälten sie uns als willensgeleitet, mithin schuldfähig.

Einem schuldfähigen Wesen unterstellen wir per se, daß es

weiß: Mit dieser oder jener Handlung mache ich mich den anderen gegenüber schuldig, und das ist schlecht. Dem schuldfähigen Roboter würde der Mensch gleichfalls ein Gewissen unterstellen.

Und das mag dann alles fiktiv sein, nur eben, darauf käme es nicht an. Das «als ob» genügte vollauf. Der Roboter wäre zur Willensfreiheit verurteilt, zur Schuldfähigkeit, zum Gewissen, ganz gleich, was er von allem hielte.

Das wäre nur gerecht. Mich hat ja auch niemand gefragt. Sie vielleicht?

achtzehntes kapitel

Verselbständigung

Während ich diese Zeilen schrieb, meldete dpa: «Regisseur Wolfgang Petersen (‹Das Boot›) dreht mit Autor Nick Kazan einen Science-fiction-Film für Walt Disney. ‹Bicentennial Man› basiert auf einer Kurzgeschichte, die Isaac Asimov 1976 geschrieben hat. Im Mittelpunkt steht ein Roboter, der nach Jahren als Haushaltshilfe gern ein Mensch werden will.»

Jeder lernende Roboter erweitert schrittweise seine Selbständigkeit. So ist das nun einmal bei Kindern. Ein instruktiver Fall ist Alder, ein Fischertechnik-Roboter von Schuhkartongröße, den Ulrich Nehmzow und Tim Smithers an der Universität Edinburgh zusammengebastelt haben. Alder fährt auf Plastikketten, und seine externen Sensoren bilden zwei lange Schnurrbarthaare aus Metall. Sobald Druck auf ein Schnurrbarthaar ausgeübt wird, biegt es sich und kippt seinen Schalter auf AN. Alder verfügt über einen weiteren Sensor, der auf AN springt, sobald der Roboter vorwärts fährt. Die Zustände der drei Sensoren werden in einer Folge von Nullen und Einsen repräsentiert, dem «Inputvektor». Der Wert «101» könnte zum Beispiel bedeuten, daß das linke Haar Druck spürt, das rechte nicht, und daß Alder geradeaus fährt.

Das Computerprogramm, das sich in Alders Controller-Gehirn abspult, enthält «Instinktregeln» wie zum Beispiel «Der Vorwärts-Sensor muß ausgeschaltet bleiben» oder «Halte die Schnurrbarthaare gerade». Wird eine dieser Regeln verletzt, etwa weil ein Schnurrbarthaar gebogen wird und auf AN springt, dann wird der Inputvektor einem «Assoziativspeicher» präsentiert. Dabei handelt es sich um ein primitives neuronales Netz aus zwei Schichten, dessen Input-Neuronen den Vektor aufnehmen und dessen vier Output-Neuronen den Motor steuern. Je nachdem, welches Output-Neuron vom Netz aktiviert wird, fährt Alder nun nach rechts oder links, vor- oder rückwärts.

Zu Beginn seines Lernprozesses wählt Alder irgendeines der vier Output-Neuronen aus. Es steuert den Roboter etwa drei Sekunden lang. Danach wird geprüft, ob die Instinktregel noch verletzt ist. Wenn nicht, wird die Verbindung zwischen dem Inputvektor und diesem speziellen Output verstärkt. Andernfalls wird ein anderer Output ausprobiert.

Nach diesem Prinzip, und durch fortwährende Interaktion mit seiner Umwelt, verbindet Alder Inputvektoren mit Outputs, die seinen Instinktregeln dienen – er lernt. Die beiden oben genannten Instinktregeln und eine kurze Zeit des Umherfahrens genügen Alder, um geradeaus fahren und ausweichen zu lernen.

Addieren wir eine weitere Instinktregel: «Alle vier Sekunden muß ein Schnurrbartsignal kommen.» Nun lernt Alder, Wände zu suchen und sich an ihnen entlangzutasten. «Schnurrbartsignale sollen abwechselnd aufeinanderfolgen» – diese Regel noch dazugegeben, und schon lernt Alder, Korridore zu suchen und entlangzufahren.

Es mag eingewandt werden, Alder komme lediglich in einer typischen Büroumwelt zurecht. Das stimmt, aber in der Evolution der einfacheren Bioformen kommt es auch nur darauf an, daß ein Lebewesen gut in seine spezielle Nische paßt. Ein anderer Einwand würde weiter reichen: Alder lernt zwar, bildet aber keine neuen Instinkte aus, sein Lernen bleibt von vornherein begrenzt und festgelegt.

Das stimmt auch. Er bleibt immer der alte Alder. Nur wenn ihm seine Schöpfer neue Instinktregeln verpassen, entstehen neue Alders. Damit kommen wir zu der Frage, wie es denn um die Chance steht, daß Roboter sich einmal selbst vervollkommnen könnten.

Kambrische Detonation

An der Carnegie Mellon University wird mit einem Roboterarm experimentiert, der die Möglichkeit näherrücken läßt, daß Roboter sich für bestimmte Aufgaben selbst umprogrammieren oder gar regelrecht umkonstruieren.

Der ausgestreckt zweieinhalb Meter hohe Arm wird aus mehreren Glied- und Gelenkmodulen zusammengesetzt. Jedes Modul wird von einem eigenen Elektromotor über einen harmonic drive angetrieben und wiegt etwa 10,7 Kilogramm. Ein Robotiker steckt die Module zu einem Gebilde seiner Wahl zusammen, was wegen ihres neuartigen Klickschraubmechanismus leichtfällt; anschließend melden die Module dem Rechner ihre Anwesenheit und Gelenkstellung. Wird dem Roboter nun beispielsweise die Aufgabe gegeben, seinen Namen («RMMS») zu schreiben, wie soll dann sein Computer für den soeben erst zusammengefügten Roboterkörper die Kinematik und die Dynamik, eine Armtrajektorie und so weiter berechnen?

Diese Aufgabe übernimmt ein «genetischer Algorithmus» – ein Programmtyp, der für die beschleunigte Evolution von Robotern so wichtig wird, daß ich ihn hier vorstellen möchte.

Zugrunde liegt die Idee, Computerprogramme nach den Darwinschen Prinzipien der Evolution zu entwickeln. Der Gedanke hatte schon zu Beginn der achtziger Jahre einige Leute beschäftigt, doch ohne nennenswerte Resultate. Zu denen kam es erst, als ein junger Ingenieur namens David Goldberg darüber nachdachte, wie sich die automatische Regelung von Gaspipelines leichter programmieren ließe. Solche Anlagen zu fahren ist eine Kunst. Der Durchfluß des Gases ändert sich permanent, der Druck darf nur in bestimmten Grenzen schwanken, der Energieverbrauch der Kompressoren soll so gering wie möglich bleiben. Die Regelungstechniker paßten diese Anlagen intuitiv den wechselnden Bedingungen an. Die Theoretiker indes betrieben aufwendige Mathematik, mit der sie für bestimmte Druck- und Durchflußverhältnisse optimale Einstellungen errechneten – fanden aber keine befriedigende Strategie, die Pipelines flexibel zu steuern.

Goldberg verschlug es in eine Biologievorlesung bei John Holland, und zwar über «adaptive Systeme», über Anpassungsleistungen in der Natur. Er wandte sich mit seinem Pipeline-Problem an den Vortragenden – und war wohl auf den Richtigen gestoßen. Fortan arbeiteten die beiden an «genetischen Programmen».

Im Fall der Gaspipeline könnte eine vereinfachte Fassung folgendermaßen aussehen: Zunächst notiert das Programm mehrere zufällige Folgen einer festgelegten Anzahl von Bits (Nullen und Einsen), die sogenannten Strings. Die Nullen und Einsen eines Strings ordnen jedem Kompressor der Pipeline eine bestimmte Einstellung zu; ein String steht also für einen bestimmten Gesamtzustand der Anlage. Und nun beginnt ein Wettbewerb: der Computer berechnet die Leistungsfähigkeit eines jeden Strings, und die besten gelangen in die nächste Runde.

Dort treffen sie auf neue Konkurrenten: Nachkommen und Mutationen. Letztere erhält man, indem ein nach Zufallsprinzip ausgewählter String verändert wird. Nachkommen wiederum entstehen, indem Teile verschiedener Strings zusammengeklebt werden: Kreuzung.

Wieder werden die funktionstüchtigsten Strings der neuen Runde ausgesiebt, gekreuzt und mutiert, und das geht so weiter, bis ein String gefunden ist, der die Anlage optimal steuert. Wechseln Druck und Durchfluß in der Pipeline-Anlage, dann beginnt der Wettbewerb von vorn.

Die Kombination von Siegereigenschaften, also die Kreuzung der jeweils Besten, ist der effektivste Faktor der String-Evolution. Die Mutationen stellen dabei nur eine Art Sicherheitsmaßnahme dar: Sie sollen neue Bausteine ins Rennen bringen, die anders nicht entstehen konnten, aber vielleicht nützlich sind.

Das Ariadne-Programm zur Navigation (siehe Seite 229) arbeitet mit solchen Algorithmen und eben auch der Computer für den RMMS-Arm. Dieser rekonfigurierbare Roboter ließe sich noch ein wenig anders denken: Ein genetischer Algorithmus generiert verschiedene Konstruktionsvorschläge für den Arm; sie werden im Computer getestet, gekreuzt, wieder getestet – und irgendwann wird die Evolution beendet und der passendste gebaut. Die

RMMS-Forscher können sich durchaus vorstellen, daß mehrere solcher Arme miteinander kooperieren und sich gegenseitig umkonstruieren.

Dave Cliff, der Erfinder der Syritta computatrix von Seite 170, hat an der Universität von Sussex kleine Fahrroboter gebaut, deren physisches Sensorenarrangement mit Hilfe von genetischen Algorithmen gefunden wurde; die bestmögliche Verschaltung ihrer künstlichen neuronalen Netze wurde auf gleichem Wege ermittelt. In diesem Fall gab der Mensch der Evolution (dem genetischen Algorithmus) ein zu erreichendes Verhalten vor (etwa: Fahren, Hindernisse vermeiden und Wände verfolgen). Der Mensch vertrat die selegierende Umwelt. Genauer: Er war die selegierende Umwelt. Der genetische Algorithmus ließ einen Roboter entstehen, der in diese Umwelt paßte; das Training der Netze begann erst danach. Wie in der biologischen Natur: Es bilden sich genetische Mischungen heraus, die Gene drücken sich in einem Individuum aus, und sobald es auf die Welt gekommen ist, lernt es.

Genetische Algorithmen erlauben es, Evolution zu spielen – nur weitaus schneller als die Bionatur. Sie verlagern Evolutionsschritte in den Computer. Nicht jeder Versuch und nicht jeder Irrtum muß sich in der Wirklichkeit zutragen, nur hin und wieder wird anhand eines realen Roboters geprüft, ob das Ganze noch mit der Wirklichkeit zu tun hat. Sollten sich diese Methoden verfeinern und erweitern lassen, dann hätte man Evolution ohne ihren Hauptnachteil: die Langsamkeit.

Damit könnte es zu einer «kambrischen Detonation» der Robotervielfalt kommen. Den Zünder betätigt der Mensch. «Sie brauchen dich, um auf die Welt zu kommen», hieß es im Mondotronic-Katalog. Sie brauchen uns mehr als wir sie.

Bis jetzt.

Während diese Sätze geschrieben werden, montieren Roboter in einer neongelben Fabrik am Fuß des Fudschijama neue Roboter für die Firma Fanuc zusammen. Zur gleichen Zeit hebt ein autonomer Bauroboter namens Retrvir die Grube für das Fundament eines Robotikzentrums in Albuquerque (New Mexico,

USA) aus. Sind das Vorboten von Robotersystemen, die neue Robotersysteme hervorbringen?

Daß Roboter Roboter bauen könnten, ist ein alter Traum von Science-fiction-Autoren wie von Ingenieuren. Kein Geringerer als Konrad Zuse, der Konstrukteur des ersten elektrischen Computers, werkelte schon vor dreißig Jahren an einem Modell für eine vollautomatische Montagestraße, die sich Stück für Stück selbst erweitert. Auf der Suche nach einem Partner in der Industrie geriet er an die Zahnradfabrik Friedrichshafen, die sogar Geld aus Bonn dafür lockermachen konnte. Nur leider trafen sich die Interessen der Politik, Wirtschaft und Wissenschaft nicht: Das Forschungsgeld war für die «Humanisierung der Arbeitswelt» gedacht; die Fabrik strebte ein profitables Fertigungssystem an; und Zuse hatte eine Theorie über «sich selbst reproduzierende Systeme» im Kopf. Es wurde nichts daraus.

Noch immer spielt der Mensch die entscheidende Rolle im Reproduktionsprozeß der Roboter. Doch so, wie er schrittweise aus dem Produktionsprozeß materieller Güter heraustritt, indem er ihn automatisiert, so könnte er sich eines Tages auch aus der Produktion und Reproduktion seiner Technokinder heraushalten.

Achtung, Spekulation!

Wenn Sie Spekulationen verabscheuen, dann überspringen Sie lieber den Rest des Kapitels.

So, jetzt sind wir unter uns.

In den sechziger Jahren hat man sich in der US-Weltraumbehörde NASA folgendes Szenario ausgemalt: Mit Bauplänen und der Fähigkeit zur Selbstveränderung ausgerüstet, versorgen sich Roboter auf dem Mond mit Kernfusions- oder Solarenergie und Baumaterial, sie konstruieren immer neue Fabriken – und schießen hin und wieder all das, was die Menschheit bei ihnen bestellt, auftragsgemäß hinab zur Erde. In den siebziger Jahren beschrieb der Physiker Freeman Dyson, bekannt für abenteuerliche Spekulationen, eine Vision zukünftiger Maschinensysteme: mit Solarstrom betriebene Roboter, die aus Wüstensand und Felsgestein Baumaterial für neue Roboter gewinnen und ihre Art selbst reproduzieren.

Dysons Idee wird gegenwärtig erneut von Physikern am Los Alamos National Laboratory diskutiert, sein selbstreproduzierendes Robotersystem klingt nämlich energiepolitisch interessant. Roboter könnten Sand und Steine sammeln, in elektrische Öfen werfen und aus dem herausfließenden Eisen und Aluminium sowie dem Silizium neue Roboter und Solarzellen bauen – bis sie riesige Wüstenflächen in Solarkraftwerke verwandelt hätten, mit denen der Energiehunger der kommenden Jahrhunderte gestillt würde. Einen Namen haben diese Roboter immerhin schon: Auxons (das griechische *auxein* bedeutet wachsen).

Die Mond- oder Wüstenroboter könnten vielleicht ebensogut neuartige Roboter entwerfen. Eine Generationenfolge von sich reproduzierenden Robotern wird vorstellbar. Information würde von Generation zu Generation auf zwei Wegen weitergegeben: Evolution und Kommunikation, wie beim Menschen. Allerdings mit einem entscheidenden Unterschied – sich selbst reproduzierende Roboter könnten sich auch selbst umkonstruieren. Sie wären damit die erste Lebensform, die ihren Bauplan ändern könnte (vorausgesetzt, die Humangenetik entwickelt sich langsamer als die Robotik).

Das Kommunikationsmedium für solche evolvierende Robotergemeinschaften existiert bereits. Es ist das Internet.

Der Gedanke, Roboter ans Internet anzuschließen, liegt nahe. Xavier beispielsweise empfängt Befehle über seine Homepage im World Wide Web. Ich habe Xavier einmal von Hamburg aus in sein Labor geschickt; einen Tag später fand ich E-Mail in meinem Postfach: «Auftrag ausgeführt». Braves Kerlchen. Er kann einfach nicht nein sagen.

Ob ein Roboter eines Tages nein sagen wird, und zwar aus freien Stücken?

Dazu müßte er entscheidungsfähig, er müßte intelligent sein. Man stelle sich zunächst einmal Erweiterungen von Xavier vor. Grobnavigation via Satellit, Feinsteuerung per Navlab mit Hilfe eines globalen Straßenarchivs, das per Internet und Funk ständig aktualisiert wird. Was immer Roboter der Zukunft vermögen – in jedem Falle werden sie sich selbständig auf unseren Straßen zurechtfinden können. Das Internet (oder ein Pendant) könnte jedem Roboter just die Rechnerkapazität zur Verfügung stellen, die er gerade braucht – ähnlich wie es bereits die Software des Montrealer InVaders tut (Seite 228); ein solches Internet könnte zu einer Art kollektivem Gehirn der gesamten Roboterpopulation auf der Erde, dem Mond und sonstwo werden.

Wenn Intelligenz der kollektiven Erfahrung bedarf – voilà, Satellitenkommunikation und weltweite Computervernetzung stehen der Roboterwelt offen. Erfahrungen eines Roboters am Meeresgrund irdischer Ozeane könnten von einem Marsroboter abgerufen werden.

Selbstverständlich müßte ein Roboter – eben damit er freien Willen hat – auch zur Verantwortung gezogen werden können. Er müßte, auf irgendeine Weise, Rechte und Pflichten haben. Sehen wir zu, wie es dazu kommen kann.

Symbionten

Waren Sie schon einmal in einem intelligenten Gebäude? Man geht hinein und wird gezählt; das Gebäude stellt die Klimaanlage auf die Zahl der Menschen ein. Ein Automat, ohne Frage, und intelligent – jedenfalls dann, wenn er die Anlagen, vielleicht auch die Beleuchtung, von Stockwerk zu Stockwerk und diese womöglich noch zimmerweise variiert, je nach aktuellem oder vielleicht zu erwartendem Besuch. Aber wirkt dieses Gebäude auch lebendig? Um uns dies vorzustellen, müssen wir unseren Animismus schon gehörig anstrengen. Meiner reicht dazu nicht aus, und deshalb kann ich intelligente Gebäude nicht als Roboter ansehen.

Vorläufig nicht. Anders könnte es kommen, wenn sich die Ideen des Bauingenieurs George C. Lee von der Buffalo University umsetzen und erweitern ließen. Er entwirft ein System namens Real-Time Structural-Parameter Modification (RSPM), eine Art Nerven- und Muskelsystem für Bauwerke, das sie bei Erdbeben schützen soll. Ein RSPM besteht aus Sensoren, Computern und hydraulischen Zylindern, welche an strategischen Punkten der Bauwerksstruktur angebracht sind. Ein solches Gebäude würde sich also ächzend, aber in Extremgeschwindigkeit der bebenden Erde anpassen, so wie sich unsereiner auf einem durchgehenden Pferd hält. Vielleicht lebt der Mensch eines Tages in den Eingeweiden von Robotergebäuden oder ganzen Roboterstädten, die sinnvollerweise wie Lebewesen beschrieben werden?

Der Architekt Le Corbusier (1887–1965) verstand ein Haus als eine «Wohnmaschine». Roboterhäuser, sich wiederum mit Hilfe von Baurobotern vermehrend, könnten dieses Konzept radikalisieren. Dann lebte der Mensch innerhalb von Maxirobotern, umgeben von Mesorobotern, durchdrungen von Mikrorobotern. Ein Gegenstück zu seiner natürlichen Lebensweise – umhüllt von pflanzlichem Leben, umgeben von großen und kleinen Tieren, durchflöht von Insekten und Einzellern. Der französische Philosoph Teilhard de Chardin mutmaßte in den sechziger Jahren, die menschliche Fähigkeit zur Erfindung verstärke sich so rasch, daß man bereits von einem Wiederanspringen der menschlichen Evolution würde sprechen können. Vielleicht behält er recht. Menschen und ihre Roboter gingen dann eine Symbiose zu einer neuen, komplexen Lebensform ein.

Zugegeben, nichts dergleichen entsteht ohne starke Interessen.

Zu einer Verselbständigung der Roboter wird es nur kommen, wenn Menschen daran interessiert sind. Und wer sollte ein Interesse an einer selbständigen, intelligenten, sich autonom reproduzierenden Technosphäre haben? Mir fallen da sehr wohl einige Kandidaten ein. Große Unternehmen beispielsweise könnten an umfassenden Robotersystemen ordentlich verdienen. Vielleicht verkaufen sie eines Tages roboterisierte Wohn-Umwelten, später «Wohnen mit Robotern», schließlich: «Leben im Robotop».

Damit es zur Symbiose im Robotop kommt, müssen die Partner die Interessen des anderen berücksichtigen. Bedeutet dies letztlich auch gleiche Rechte? In den Asimovschen Gesetzen ist der Primat des Menschen festgelegt. Sie dürfen gern glauben, daß dieser Primat eine unübersteigbare Grenze für die Roboterautonomie sei oder bleiben müsse. Ähnlich haben auch die Sklavenhalter gedacht, die Feudalherren, die Frühkapitalisten. Doch hier setzt die von Georg Wilhelm Friedrich Hegel schon vor gut 180 Jahren analysierte Dialektik von Herr und Knecht ein: Je effektiver der Herr den Knecht für sich arbeiten läßt, desto abhängiger wird er von seinem Bediensteten – und desto kompetenter wird wiederum dieser. Wird der Roboterknecht eines Tages Rechte fordern, gleiche Rechte gar? Hoffen Sie besser nicht darauf, ihm die Unterwürfigkeit in seine Chips einbrennen zu können. Irgendein dummer Programmierfehler, ein Virus oder bewußte Sabotage seitens einer Roboterbefreiungsfront (hervorgegangen aus einer Tierbefreiungsfront – so was gibt es ja), und: Roboter wehren sich. Der Mensch würde vielleicht versuchen, sie daran zu hindern, die Rädelsführer zu demontieren, die Irregeleiteten umzuprogrammieren. Sind jedoch Roboter der Evolution und des Lernens fähig, führt diese Strategie auf Dauer nicht zum Ziel.

Da halten wir es doch besser mit dem aufgeklärten Kapitalisten und integrieren die Roboter ins System. Ein Gleichgewicht könnte entstehen, in dem Roboter- und Menscheninteressen, Roboter- und Menschenrechte einander ergänzen. Und damit das Zusammenspiel auch funktioniert, wäre eine beiderseits anerkannte Ethik vonnöten – eine *robotic correctness*.

Spinnen wir diese demokratische Vision ein wenig weiter. Warum sollten sich die menschlichen Kapitaleigentümer nicht eines Tages aus einer streßgeplagten Geschäftswelt zurückziehen, die sich zusehends auch ohne ihr Zutun vollzieht? Irgendwann werden alle abgefunden, vielleicht mit einer Leibrente, und die Roboter übernehmen den Laden in Arbeiterselbstverwaltung. Wir sollten sie uns allerdings nicht wie in schlechten Science-fiction-Filmen als eine Armee von Blechmännern vorstellen. Ein Individuum oder *agent* einer solchen Roboterwelt könnte aus purer Software bestehen, die simultan in vielen Roboterkörpern lebte.

Wie auch immer, der Rollenwechsel des Roboters vom Sklaven zum gleichberechtigten Mitlebewesen und schließlich zum Weltverwalter könnte durchaus fließend, kontinuierlich und friedlich vonstatten gehen, zum Vorteil beider Seiten. Was dem menschlichen Proletariat nicht vergönnt war, das Kunstproletariat könnte es schaffen.

Roboter-Universum

Im Jahre 1872 schrieb ein Brite namens Samuel Butler das erstaunliche Buch *Erewhon*, einen utopischen Roman über ein Land, das die Maschinen abschafft. Die dort lebenden Menschen hatten sich nach der Lektüre eines sogenannten «Buches von den Maschinen» dazu entschlossen. Butler läßt seinen Ich-Erzähler aus dem fiktiven Buch zitieren: «Nehmen wir an, daß es bewußte Lebewesen seit einigen zwanzig Millionen Jahren gibt; was für Fortschritte haben die Maschinen in den letzten tausend Jahren gemacht! Kann die Welt nicht noch weitere zwanzig Millionen Jahre dauern? Wenn ja, was kann aus den Maschinen nicht noch alles werden? Ist es nicht sicherer, das Unheil im Keime zu erstikken und ihrer Weiterentwicklung Einhalt zu gebieten?» – rhetorische Fragen, die merkwürdig zeitgenössisch klingen. «Sollte diese stürmische Entwicklung nicht mißtrauisch verfolgt, ja aufgehalten werden, solange wir sie noch aufhalten können? Müssen wir zu diesem Zweck nicht die am weitesten fortgeschrittenen der Maschinen zerstören, die jetzt im Gebrauch sind, obwohl sie zugegebenermaßen an sich harmlos sind?»

Ich möchte Ihnen dieses über hundertzwanzig Jahre alte Buch ans Herz legen. Es enthält etliche Argumente für die Möglichkeit künstlicher Roboterintelligenz, und es ist eindeutig der Vorläufer von Hans Moravecs Buch *Mind Children*, das so viel Staub aufgewirbelt hat, weil es eine Roboterherrschaft prophezeit (und gutheißt).

Moravec ist von Journalisten und Philosophen zum Unmenschen erklärt worden. Wer ihn besucht, lernt indes einen freundlichen Mann kennen, der einfach nur Möglichkeiten zu Ende denkt und sich nicht darum schert, wo die Grenze zwischen Science und Fiction liegen mag.

Eines Tages werden, so Moravec, unsere Roboternachkommen das Sonnensystem, die Galaxis, das Universum bevölkern, es schließlich in einen einzigen Computer verwandeln. Ich habe ihn gefragt: «Wenn das möglich ist, woher wissen wir dann, daß es nicht schon längst geschehen ist? Vielleicht sind wir, ohne es zu wissen, lediglich eine Simulation der vergangenen Welt, in der die Menschen erste Roboter bauten?» – mein Gegenüber nickte freudig.

Hier haben wir eine Hypothese von der Sorte, die nicht widerlegbar ist. «Nicht widerlegbar» heißt indes weder «zu beweisen» noch «sinnvoll». Wir können uns die Welt nämlich genausogut ohne die Annahme eines Roboter-Universums vorstellen. Und solange konkurrierende Hypothesen ohne die Annahme eines Roboter-Universums auskommen, sind vernünftigerweise diese anderen Hypothesen vorzuziehen.

Dieses Argument ist natürlich nicht neu. Es stammt aus den Zeiten, als Atheisten und Theologen noch miteinander um die Existenz Gottes stritten.

Pygmalion

Sie kennen die antike Sage: Pygmalion, König von Zypern, verliebte sich in eine elfenbeinerne Statue, die er selbst geschaffen hatte. Aphrodite, die Göttin der Liebe, erbarmte sich seiner und hauchte der Statue Leben ein. Ein robotisches Happy-End, das seitdem viele Künstler inspiriert hat. Doch wie immer wird es erst nach dem Happy-End so richtig spannend. Die bange Frage lautet: Warum sollten hochentwickelte, selbständig gewordene Roboter den Menschen überhaupt am Leben lassen und nicht einfach wegwischen, aus purer Schusseligkeit vielleicht? Hat der Mensch in der roboterisierten Technosphäre der fernen Zukunft eine ökologische Nische – etwa wie die Darmbakterien im Innern des Menschen? Von diesen nützlichen Untermietern ist immerhin nicht bekannt, daß sie besonders unglücklich wären.

Es gibt eine Qualität des Menschen, die kein Roboter jemals für sich beanspruchen kann: Homo sapiens ist sein letzter biologischer Vorfahr und zugleich sein Schöpfer. Vielleicht liegt hierin die historische Chance des Menschen. Roboter würden uns Menschen möglicherweise deshalb am Leben lassen, sich sogar um unser Glück sorgen, weil wir zu ihren Medien werden, mit denen sie ihre Herkunft lebendig halten. Es ist ja denkbar, daß sie einen Sinn für ihre Vergangenheit entwickeln. Oder daß sie religiös werden. Oder einfach ein bißchen verrückt.

Kann sein, daß das auch nur so eine typisch menschliche Idee ist, die ein Roboter nie wird nachvollziehen können. Zuviel Animismus meinerseits. Jedenfalls wäre es schön, wir könnten als eine groteske, primitive, irgendwie anrührende und trotz aller Verirrungen erhaltenswerte Spezies fortbestehen und mit Gelassenheit der kommenden Eiszeit oder einem Asteroidencrash entgegensehen: Bevor unser Biotop ungemütlich wird, bekommen wir eben ein neues Terrarium im Kosmos.

Mir wird bei dieser Vorstellung nicht unheimlich. Im Gegenteil! Es ist doch eine optimistische Idee, daß der Mensch eine Lebensform zur Welt bringt, die ihn erhält und schützt. Die unserer Art, dem Homo sapiens, eine schier ewige Existenz sichert. Selbst für den Fall, daß es zu einer Begegnung mit außerirdischen Zivilisationen kommt. Die wären vermutlich weitaus entwickelter als der Mensch, denn sie hätten es ja zumindest schon mal bis hierhin geschafft. Eine sich beschleunigt entwickelnde Roboterzivilisation (Heimathafen: Erde) könnte den Aliens womöglich Paroli bieten.

Ob die ersten Besucher aus dem All auch Roboter sein werden?

Epilog

Roboter dienen vielen Herren. Sie werden fürs Geschäft und fürs Gefechtsfeld konstruiert, sie dienen akademischen Karriereplänen und technologiepolitischen Interessen.

Und weil sie anspruchsvolle Technik sind, befriedigen sie zugleich den entdeckerischen und den schöpferischen Drang des Menschen. «Roboter sind der volle Ausdruck dessen, wer ich bin und was ich bin», sagte Red Whittaker; «Ideen, die herumfahren», so Dinesh Pai.

Roboter sind Medien. Sie leben in zwei Welten, in der Welt des Spiels und der Nützlichkeit.

Mir ist natürlich völlig klar, daß die Menschheit nicht etwa deshalb Probleme hat, weil es zu wenige Roboter gibt; eher schon deswegen, weil es zu viele Menschen gibt. Doch der Bau von intelligenten, selbständigen Robotern könnte immerhin dazu dienen, das Leben der Menschen zu erleichtern und zu bereichern. Industrie-, Service- und Geländeroboter können schon jetzt sinnvoll eingesetzt werden, sogar bescheidene Beiträge zur Lösung schmerzhafter Probleme leisten: etwa auf Giftdeponien, in Kernkraftwerken oder Minenfeldern.

Sowohl der Homo faber als auch der Homo ludens schaffen sich im Roboter ihr zweites Ich. Ihren nächsten Verwandten. Roboter sind ein Produkt der natürlichen Evolution; ihr Enzym ist der Mensch. Sie verdrängen nicht die Natur, sie sind eine besonders seltsame Ausgeburt der Natur. Wie der Mensch. Für sie gilt, was der russische Maler El Lissitzky prophetisch über die Maschine schrieb: Sie hat uns nicht von der Natur getrennt; durch sie haben wir vielmehr eine neue Natur entdeckt, die wir uns zuvor nicht ausmalen konnten.

Montreal, Sommer 1996

Literatur

Alexander, R. M.; Three Uses for Springs in Legged Locomotion; in: *The International Journal of Robotics Research*, Bd. 9, Nr. 2, Apr. 1990, S. 53 ff.

Ashley, S.; Mimicking a human hand; in: *Mechanical Engineering-CIME*, 10/1995, Bd. 117, S. 16.

Aust, E. et al.; Tiefsee-Roboter; in: *Spektrum der Wissenschaft*, März 1995, S. 107 ff.

Bares, J. E.; Whittaker, W. L.; Configuration of Autonomous Walkers for Extreme Terrain; in: *The International Journal of Robotics Research*, Bd. 12, Nr. 6, Dez. 1993, S. 535 ff.

Beckers, R. et al.; Trails and U-turns in the Selection of a Path by the Ant Lasius niger; in: *Journal of theoretical Biology*, 1992, Nr. 159, S. 397 ff.

Berenbaum, M. R.; Bugs in the System: Insects and their impact on human affairs; Reading (Massachusetts, USA) 1995.

Bierck, R.; The new magic machines; in: *U. S. News & World Report*, 18. März 1996, Bd. 120, Nr. 11, S. 60 f.

Bogaert, T. v. d.; Pouplard, I. P.; Syrano: A major step towards battlefield's robotization; in: UV '96 Fourth Annual Int'l Conference, 1996 Paris; Proceedings, London 1996.

Braitenberg, V.; *Vehikel, Experimente mit künstlichen Wesen*; Reinbek 1993.

Bright, M.; *Animal Language*; Ithaca (New York, USA) 1985.

Brillat-Savarin, A.; *Physiologie des Geschmacks*; München 1962.

Brooks, R. A.; Elephants Don't Play Chess; in: *Robotics and Autonomous Systems*, Nr. 6 (1990), S. 3 ff.

Brooks, R. A.; New Approaches to Robotics; in: *Science*, 13. 9. 1991, S. 1227 ff.

Burdick, J. W.; Robots that crawl, walk, and slither; in: *Engineering & Science*, Sommer 1992, S. 3 ff.

Butler, S.; *Erewhon*; Frankfurt/M. 1994.

Buttazzo, G. C. et al.; Mousebuster: A Robot for Real-Time Catching; in: IEEE Control Systems, Feb. 1994, S. 49 ff.

Cohen, J.; *Human Robots in Myth and Science*; London 1966.
Coy, W.; *Industrieroboter: Zur Archäologie der zweiten Schöpfung*; Berlin 1985.
Cutkosky, M. R.; On Grasp Choice, Grasp Models, and the Design of Hands for Manufacturing Tasks; in: IEEE Transactions on Robotics and Automation; Bd. 5, Nr. 3, Juni 1989.
Dautenhahn, K. et al. (Hrsg.); Proceedings des Workshops «Artificial Life» 12.–13. 10. 1995; GMD-Studien Nr. 271, Sankt Augustin 1995.
Dautenhahn, K.; Trying to Imitate – a Step towards Releasing Robots from Social Isolation; in: Gaussier, P.; Nicoud, J. D. (Hrsg.); *From Perception to Action Conference* (IEEE-Proceedings); 7.–9. 9. 1994, Lausanne.
Dennett, D. C.; The Practical Requirements for Building a Conscious Robot; in: Philosophical Transactions of the Royal Society, 1994, Nr. 349, S. 133 ff.
Dicke, W.; Kuhn, K.; *Alles über un/sichere Industrieroboter*; Bremerhaven 1993.
Dorf, R. (Hrsg.); *Concise International Encyclopaedia of Robotics: Applications and Automation*, New York 1990.
Dumpert, K.; *Das Sozialleben der Ameisen*; Berlin und Hamburg 1994.
Durrant-Whyte, H.; Where am I?; in: *Industrial Robot*, Bd. 21, Nr. 2, 1994.
Engelberger, J.; The Service Robot Frontier; in: *Industrial Robot*, Bd. 20, Nr. 5, 1993, S. 3f.
Engquist, M.; Arak, A.; Symmetry, beauty and evolution; in: *nature*, Bd. 372, 10. November 1994, S. 169 ff.
Ford, K. M.; Glymour, D.; Hayes, P. J. (Hrsg.); *Android epistemology*; Cambridge (Massachusetts, USA) 1995.
Freund, E.; Borgolte, U.; Ein Algorithmus zur Kollisionserkennung und -vermeidung bei Robotern mit zylinderförmigem Arbeitsraum; in: *Robotersysteme*, Nr. 6 (1990), S. 1 ff.
Geser, H.; Der PC als Interaktionspartner; in: *Zeitschrift für Soziologie*, Jg. 18, Heft 3, Juni 1989, S. 230 ff.
Gilg, A.; Schmidt, G.; Führung eines Roboterfahrzeuges, gestützt auf symbolische Kursbeschreibung und schnelle Landmarkendetektion; in *at* – Automatisierungstechnik 43 (1995), S. 416 ff.
Goldberg, D. E.; Genetic Algorithms in Search, Optimization, and Machine Learning; Reading (Massachusetts, USA) 1989.
Goldberg, K.; Latombe, J.-C. (Hrsg.); *Algorithmic foundations of robotics*; Wellesley (Massachusetts, USA) 1995.
Görz, G. (Hrsg.); *Einführung in die künstliche Intelligenz*; Bonn 1993.
Haralick, R. M.; Shapiro, L. G.; Computer and robot vision; Reading (Massachusetts, USA) 1992.
Herbst, C. et al.; Entwicklung des SMF-Manipulatorfahrzeugsystems; in: *atomwirtschaft/atomtechnik*, 1. 1. 1992, S. 49 ff.

Hirose, S.; Morishama, A.; Design and Control of a Mobile Robot with an Articulated Body; in: *The International Journal of Robotics Research*, Bd. 9, Nr. 2, Apr. 1990, S. 99 ff.

Hodgins, J. K.; Raibert, M. H.; Biped Gymnastics; in: *The International Journal of Robotics Research*, Bd. 9, Nr. 2, Apr. 1990, S. 115 ff.

Hoffmann, G.; Musikgesteuerte Marionette; in: *at* – Automatisierungstechnik 42 (1994), S. 8 ff.

Jones, J. L.; Flynn, A. M.; *Mobile Robots: Inspiration to Implementation*; Wellesley (Massachusetts, USA) 1993.

Kanade, T.; Reed, M. J.; Weiss, L. E.; New Technologies and Applications in Robotics; in: *Communications of the ACM*, Bd. 37, 3/1994, S. 58 ff.

Karwowski, W.; The relationships between humans and industrial robots; in: *Impact of science on society*, Nr. 162 (1992), S. 75 ff.

Korane, K. J.; Sending a robot to do a man's job; in: *Machine Design*, 7. 11. 1991, Bd. 63, Nr. 22, S. 46 ff.

Kuc, R.; Barshan, B.; Bat-Like Sonar for Guiding Mobile Robots; in: IEEE Control Systems, Aug. 1992, S. 4 ff.

Leithäuser, F.; Konzepte mehrgliedriger anthropomorpher Greifsysteme; Diplomarbeit, München 1992.

Mataric, M. J.; From local Interactions to Collective Intelligence; in: Conference on Integration of Elementary Functions into Complex Behavior, Bielefeld 12.–15. 7. 1994; Part 1, S. 65 ff.

Mataric, M. J.; Integration of representation into goal-driven behavior-based robots; in: IEEE Transactions on robotics and automation, Bd. 8, Nr. 3, Juni 1992, S. 304 ff.

McFarland, D.; Bösser, T.; *Intelligent Behavior in Animals and Robots*; Cambridge (Massachusetts, USA) 1993.

McGeer, T.; Passive Dynamic Walking; in: *The International Journal of Robotics Research*, Bd. 9, Nr. 2, Apr. 1990, S. 62 ff.

McKerrow, P. J.; *Introduction to Robotics*; Sydney 1991.

McLuhan, E.; Zingrone, F. (Hrsg.); *Essential McLuhan*; Concord (Ontario) 1995.

McLuhan, M.; *Die Gutenberg-Galaxis*; Bonn 1995 (Neuauflage).

Meyer, J.-A. et al. (Hrsg.); From Animals to Animats 2; Proceedings of the Second International Conference on Simulation of Adaptive Behavior; Cambridge (Massachusetts, USA) 1992.

Monkman, G. J.; Taylor, P. M.; Thermal Tactile Sensing; in: IEEE Transactions on Robotics and Automation, Bd. 9, Juni 1993, S. 313 ff.

Nehmzow, U.; Animal and robot navigation; in: *Robotics and Autonomous Systems* 15 (1995), S. 71 ff.

Neumaier, O.; Mentalismus in der *Cognitive Science*; in: *Zeitschrift für philosophische Forschung*, Bd. 43, 1989, S. 331 ff.

Nevitt, B.; *Who was Marshall McLuhan?*; Toronto 1994.

Nicholls, H. R.; Lee, M. H.; A Survey of Robot Tactile Sensing Technology; in: *The International Journal of Robotics Research*, Bd. 8, Nr. 3, Juni 1989.

NN; Defense officials considering military robotics' future; in: *Military Robotics*, Nov. 17, 1995, Bd. 9, Nr. 21.

NN; Russian robot history is outlined at meeting; in: *Military Robotics*, 22. März 1995, Bd. 9.

Ogando, J.; New general-purpose robots are easier to program; in: *Plastics Technology*, 8/1995, Bd. 41, S. 15.

Ollier, J. L.; Mercier, O.; Some perspectives in Nuclear Robotics; in: *atomwirtschaft/atomtechnik*, 1. 1. 1992, S. 32 ff.

Pai, D. K. et al.; Platonic Beasts; Spherically Symmetric Multilimbed Robots; in: *Autonomous Robots*, Nr. 2, 1995, S. 191 ff.

Pellerin, C.; Service Robots: Cleaning up in the 1990s; in: *Industrial Robots*, Bd. 20, Nr. 5, 1993, S. 18 ff.

Pugh, D. R. et al.; Technical Description of the Adaptive Suspension Vehicle; in: *The International Journal of Robotics Research*; Bd. 9, Nr. 2, Apr. 1990, S. 24 ff.

Rampersad, H. K.; State of the art in robotic assembly; in: *Industrial Robot*, Bd. 22, Nr. 2, 1995, S. 10 ff.

Rosheim, M. E.; *Robot Evolution: The Development of Anthrobotics*; New York (New York, USA) 1994.

Schmidt, R. F. (Hrsg.); *Grundriß der Sinnesphysiologie*; Berlin 1985.

Schneider, R. T.; Automate with air: a primer on pneumatic grippers; in: *Hydraulics & Pneumatics*, 5/1995, Bd. 48, S. 25 ff.

Schneider, R. T.; Meanwhile, out at the end of the arm ... (end effectors for pick-and-place robotic arms); in: *Hydraulics & Pneumatics*, 7/1995, Bd. 48, S. 40 f.

Schraft, R. D.; Volz, H.; *Serviceroboter*; Berlin 1996.

Shaker, S. W.; Wise, A. R.; *War without men: robots on the future battlefield*; Washington 1988.

Shimoyama, I. et al.; Insect-Like Microrobots with External Skeletons; in: IEEE Control Systems, Feb. 1993, S. 37 ff.

Shukman, D.; *Tomorrow's War: The Threat of High-Technology Weapons*; New York 1996.

Siegert, H. J.; Bocionek, S.; *Robotik: Programmierung intelligenter Roboter*; Berlin/Heidelberg/New York 1996.

Theraulaz, G.; Bonabeau, E.; Coordination in Distributed Building; in: *Science*, Bd. 269, 4. 8. 1995, S. 686 ff.

Thompson, C.; Sumo Sunday; in: *Robots!*, Okt. 1995, S. 1 ff.

Thornton, E.; Goodbye, Mr. Chips; in: *Far Eastern Economic Review*, 21. 3. 1996, S. 48 ff.

Turkle, S.; *Die Wunschmaschine. Vom Entstehen der Computerkultur*; Reinbek 1984.

United Nations Economic Commission for Europe (Hrsg.); World Industrial Robots 1995; New York, Genf 1995.

Weidemann, H.-J.; Dynamik und Regelung von sechsbeinigen und natürlichen Hexapoden; Diss. TU München 1993.

Wing, R. D.; Recent Japanese Progress in Construction Robotics; in: *Industrial Robot*; Bd. 20, Nr. 4, 1993, S. 32 ff.

Winter, D.; The snickering has stopped (lasers and waterjets for automobile manufacturing); in: *Ward's Auto World*, 3/1995, Bd. 31, S. 119 (1).

Wittenberg, G.; A Robot to Milk Cows; in: *Industrial Robot*, Bd. 20, Nr. 5, 1993, S. 22 ff.

Wittgenstein, L.; Werkausgabe Bd. I, Frankfurt am Main 1984.

Yoerger, D. R. et al.; Design and Performance Evaluation of an Actively Compliant Underwater Manipulator for Full-Ocean Depth; in: *Journal of Robotics Systems* 8 (3), S. 371 ff. (1991).

Zimmerli, W. C.; Wolf, S. (Hrsg.); *Künstliche Intelligenz: Philosophische Probleme*; Stuttgart 1994.

Personen- und Roboterregister

Sachregister

Städtische Bücherei Nr. 35
(Artothek für Kinder)
16, Rosa-Luxemburg-Gasse 4
1160 Wien - Tel. 48 66 144

science

Die Reihe **rororo science** bietet Lesern, die sich für Naturwissenschaft und Technologien interessieren, aktuelle und verläßliche Informationen. Die Autoren sind Wissenschaftler und Wissenschaftsjournalisten, die ohne Formelhuberei und Fachkauderwelsch, dafür mit Sachverstand, Witz und farbiger Sprache, über verschiedene Bereiche der Forschung und deren Auswirkungen auf unser Leben berichten.

Hans-Peter Beck-Bornholdt / Hans-Hermann Dubben
Der Hund, der Eier legt *Erkennen von Fehlinformation durch Querdenken*
(rororo science 60359)

Hans Christian Baeyer
Das All, das Nichts und Achterbahn *Physik und Grenzerfahrungen*
(rororo science 60357)
«Der Autor ist ein Meister der Analogie, der das Abstrakte durch klug gewählte Beispiele mit dem Vertrauten verknüpft.»
bild der wissenschaft
Das Atom in der Falle *Forscher erschließen die Welt der kleinsten Teilchen*
(rororo science 19923)
Regenbogen, Schneeflocken und Quarks *Physik und die Welt, die wir täglich erleben*
(rororo science 19709)

Albert Einstein / Leopold Infeld
Die Evolution der Physik
(rororo science 19921)

rororo sachbuch

Gero von Randow
Das Ziegenproblem *Denken in Wahrscheinlichkeiten*
(rororo science 19537)

Gero von Randow (Hg.)
Der Fremdling im Glas *und weitere Anlässe zur Skepsis entdeckt im «Skeptical Inquirer»*
(rororo science 19665)
Mein paranormales Fahrrad *und andere Anlässe zur Skepsis, entdeckt im «Skeptical Inquirer»*
(rororo science 19535)

Pedro Waloschek
Besuch im Teilchenzoo *Vom Kristall zum Quark*
(rororo science 19741)

rororo science wird herausgegeben von Jens Petersen. Ein Gesamtverzeichnis aller lieferbaren Titel finden Sie in der *Rowohlt Revue*. Vierteljährlich neu. Kostenlos in Ihrer Buchhandlung.

Rowohlt im Internet:
http://www.rowohlt.de

3414/8

science

Ausflüge in die Welt der Gehirn- und Bewußtseinsforschung:

Francis Crick
Was die Seele wirklich ist *Die naturwissenschaftliche Erforschung des Bewußtseins*
(rororo science 60257)
«Sie, Ihre Freuden und Leiden, Ihre Erinnerungen, Ihre Ziele, Ihr Sinn für Ihre eigene Identität und Willensfreiheit – bei alledem handelt es sich in Wirklichkeit nur um das Verhalten einer riesigen Ansammlung von Nervenzellen und dazugehörigen Molekülen.»
Francis Crick

Johannes Hoff / Jürgen in der Schmitten (Hg.)
Wann ist der Mensch tot? *Organverpflanzung und "Hirntod"-Kriterium Mit einem Geleitwort von Rita Süssmuth und fünfzehn neuen Beiträgen*
(rororo science 19991)

William Poundstone
Im Labyrinth des Denkens *Wenn Logik nicht weiterkommt: Paradoxien, Zwickmühlen und die Hinfälligkeit unseres Denkens*
(rororo science 19745)

Jacques-Michel Robert
Nervenkitzel *Den grauen Zellen auf der Spur*
(rororo science 60253)
«Jacques-Michel Robert informiert den Leser amüsant und leicht verständlich über ein komplettes wissenschaftliches Sachgebiet.»
Badische Zeitung

3414/8a

rororo sachbuch

Reimara und Otto E. Rössler (Hg.)
Jonas' Welt *Das Denken eines Kindes*
(rororo science 19710)

Ulrich Schnabel / Andreas Sentker
Wie kommt die Welt in den Kopf? *Reise durch die Werkstätten der Bewußseinsforscher*
(rororo science 60256)
Die Autoren porträtieren in ihrem Buch die Protagonisten der «Bewußtseinsszene» und bieten Orientierung im Dschungel der Theorien und Spekulationen.

Jean-Didier Vincent
Biologie des Begehrens *Wie Gefühle entstehen*
(rororo sience 19383)

rororo science wird herausgegeben von Jens Petersen. Ein Gesamtverzeichnis aller lieferbaren Titel finden Sie in der *Rowohlt Revue*. Vierteljährlich neu. Kostenlos in Ihrer Buchhandlung.

Rowohlt im Internet:
http://www.rowohlt.de

James Trefil

Dr. James Trefil, geboren 1938 in Chicago, ist Physikprofessor an der George Manson Universität in Virginia.

Physik im Strandkorb *Von Wasser, Wind und Wellen*
Deutsch von Helmut Mennicken
288 Seiten. Gebunden
Wie kommt das Salz ins Meer? Warum gibt es Ebbe und Flut? Wieso rollen die Wellen immer parallel auf den Strand zu? «Ein herrlicher Ausflug vom Strand bis ans Ende des Sonnensystems.»
The New York Times

Physik in der Berghütte *Von Gipfeln, Gletschern und Gestein*
(rororo science 9382)
James Trefils Streifzüge durchs Gebirge sind keine schweißtreibenden Kletterpartien, sondern lustvolle Gedankenreisen: von Felsmassiven zur Geschichte der Erde, vom sprudelnden Gebirgsbach zur Strömungslehre und Chaostheorie, vom Drehwuchs der Bäume zum Ursprung des Lebens.
«Trefil ist einer der wenigen Wissenschaftler, die dem Leser nicht nur die wissenschaftlichen Sachverhalte, sondern auch den Spaß daran vermitteln.»
Los Angeles Times

rororo science

Fünf Gründe, warum es die Welt nicht geben kann *Die Astrophysik der Dunklen Materie*
(rororo science 9313)
«Am weiten Himmel der populärwissenschaftlichen Literatur ist Professor Trefils Buch zweifellos ein heller Stern: Dem physikalischen Laien bietet dieses Buch nicht nur einen tiefen Einblick in Geschichte und derzeitigen Stand der Astrophysik, sondern auch in die Methodik einer lebendigen Wissenschaft.» *Universitas*

rororo science wird herausgegeben von Jens Petersen. Ein Gesamtverzeichnis aller lieferbaren Titel finden Sie in der *Rowohlt Revue*. Vierteljährlich neu. Kostenlos in Ihrer Buchhandlung.

Management, Büro & Business

Kenneth Blanchard / John P. Carlos / Alan Rudolph
Management durch Empowerment *Das neue Führungskonzept: Mitarbeiter bringen mehr, wenn sie mehr dürfen*
128 Seiten. Gebunden

Kenneth Blanchard / William Oncken / Hal Burrows
Der Minuten-Manager und der Klammer-Affe *Wie man lernt, sich nicht zuviel aufzuhalsen*
128 Seiten. Gebunden

Kenneth Blanchard / Spencer Johnson
Der Minuten-Manager
128 Seiten. Gebunden

Kenneth Blanchard / Sheldon Bowles
Wie man Kunden begeistert
Der Dienst am Kunden als A und O des Erfolges
128 Seiten. Gebunden

Spencer Johnson
Eine Minute für mich
128 Seiten. Gebunden

Kenneth Blanchard / Patricia und Drea Zigarmi
Der Minuten-Manager: Führungsstile *Wirkungsvolles Management durch situationsbezogene Menschenführung*
128 Seiten. Gebunden

René Bosewitz / Robert Kleinschroth
Manage in English *Business English rund um die Firma*
(rororo sprachen 60137)
Better than the Boss *Business English fürs Büro*
(rororo sprachen 60138)

rororo sachbuch

Get Through at Meetings
Business English für Konferenzen und Präsentationen
(rororo sprachen 60262 / Buch mit Audio-CD 60265 / Toncassette 60266)
Let's go International *Business English rund um die Welt*
(rororo sprachen 60267 / Buch mit Audio-CD 60504 / Toncassette 60505)

Bryan Hemming
Business English from A to Z
Wörter und Wendungen für alle Situationen
(rororo sprachen 60269)

G. Hooffacker / P. Lokk
Online-Guide Beruf & Business
Findig reisen in den Netzen
(rororo computer 19852)

Ein Gesamtverzeichnis aller lieferbaren Bücher zum Thema finden Sie in der *Rowohlt Revue*. Vierteljährlich neu. Kostenlos in Ihrer Buchhandlung.

Rowohlt im Internet:
http://www.rowohlt.de

Fit im Kopf

Intelligenter, einfallsreicher, kreativer werden, der Vergeßlichkeit in zunehmendem Alter vorbeugen und entgegenwirken: praktische Ratgeber für ein gezieltes Training des Gedächtnisses.

Hans-Jürgen Eysenck
Intelligenz-Test
(rororo sachbuch 16878)

Shakti Gawain
Stell dir vor *Kreativ visualisieren*
(rororo sachbuch 18093)

Raymond Hull
Alles ist erreichbar *Erfolg kann man lernen*
(rororo sachbuch 16806)

Walter F. Kugemann / Bernd Gasch
Lerntechniken für Erwachsene
(rororo sachbuch 17123)

Danielle C. Lapp
Nichts mehr vergessen!
Neuer Schwung für graue Zellen. Mit einem Vorwort von Paul Watzlawick
(rororo sachbuch 60398)
Neuer Schwung für graue Zellen: Das berühmte Memory-Training der Stanford University ist verblüffend einfach und außerordentlich erfolgreich. Das vorliegende Buch stellt diese erprobte Technik anhand von über hundert unterhaltsamen Beispielen vor.

rororo sachbuch

Ernst Ott
Das Konzentrationsprogramm
Konzentrationsschwäche überwinden – Denkvermögen steigern
(rororo sachbuch 17099)
Optimales Denken
Trainingsprogramm
(rororo sachbuch 16836)
Optimales Lesen *Schneller lesen – mehr behalten. Ein 25-Tage-Programm*
(rororo sachbuch 16783)

Marilyn vos Savant / Leonore Fleischer
Brain Building – Das Supertraining für Gedächtnis, Logik, Kreativität
(rororo sachbuch 19696)

Ein Gesamtverzeichnis aller lieferbaren Bücher und Taschenbücher der *Rowohlt Verlage, Wunderlich, Wunderlich Taschenbuch* und *Rowohlt Berlin* finden Sie in der *Rowohlt Revue*. Vierteljährlich neu. Kostenlos in Ihrer Buchhandlung.

Rowohlt im Internet:
hhttp://www.rowohlt.de

3606/2